निबंध
सागर

निबंध सागर

पृथ्वीनाथ पांडेय

www.prabhatbooks.com

प्रकाशक

प्रभात पेपरबैक्स

4/19 आसफ अली रोड, नई दिल्ली-110002

फोन : 23289555 • 23289666 • 23289777 ❖ फैक्स : 23253233

इ-मेल : prabhatbooks@gmail.com ❖ वेब ठिकाना : www.prabhatbooks.com

संस्करण

2018

मूल्य

दो सौ पचास रुपए

अ.मा.पु.स. 978-93-86300-32-4

मुद्रक

नरुला प्रिंटर्स, दिल्ली

———— ★ ————

NIBANDH SAGAR

by Prithvi Nath Pandey

Published by **PRABHAT PAPERBACKS**

4/19 Asaf Ali Road, New Delhi-10002

ISBN 978-93-86300-32-4

₹ 250.00

उन विद्यार्थियों को,
जो अपने लक्ष्य के प्रति अब भी निराश हैं,
उन्हें इस प्रोत्साहन और आह्वान के साथ
कि आत्म-परीक्षण करो
और
अपनी अध्यवसायिकता का
पूर्ण परिचय दो !
फिर देखोगे—'सफलता' तुम्हारे चरणों को
चूमने के लिए ललक रही है !

प्रामाणिकता की परख

'साहित्य' शब्द 'सहित' शब्द से बना है। सहितता के भाव से युक्त रचना 'साहित्य' है। धर्मग्रंथों में 'शब्द' का इतिहास तथा अन्य शास्त्रों में 'अर्थ' का और साहित्य में 'शब्द और अर्थ' दोनों का प्राधान्य होता है; अर्थात् धर्मग्रंथों का शब्दशः ग्रहण और पालन आवश्यक होता है। इतिहासादि शास्त्रों में शब्दों द्वारा व्यक्त अर्थ अथवा तात्पर्य महत्त्वपूर्ण होता है तथा साहित्य में शब्द और अर्थ, दोनों की ही महत्ता है और इन दोनों द्वारा व्यक्त 'भाव' उसका प्रधान लक्ष्य है। इस प्रकार साहित्य में शब्द, अर्थ तथा भाव की सहितता अथवा संश्लिष्टता होती है। हितयुक्त (कल्याणकारी) होने से भी साहित्य का सहित भाव सार्थक है।

साहित्य को दो वर्गों में विभाजित किया जा सकता है—गद्य-साहित्य और पद्य-साहित्य। वर्णों के किसी विशिष्ट क्रम और यति की नियमित व्यवस्था से युक्त लयबद्ध रचना को 'छंद' कहते हैं तथा छंदबद्ध रचना 'पद्य' कहलाती है। कविता पद्य-रचना ही होती है। छंद-बंधन से मुक्त सामान्य बोलचाल जैसी वाक्य-गठन पद्धति पर लिखित रचना 'गद्य' कहलाती है। भारत में गद्य-पद्य मिश्रित रचना को 'चंपू' कहा जाता है।

कथानक-निरपेक्ष या सापेक्ष, सभी प्रकार के गद्य-साहित्य को पद्य-साहित्य के समान 'दृश्य' और 'श्रव्य', दो वर्गों में विभाजित किया जा सकता है। दृश्य-साहित्य के उपभेद नाटक, एकांकी आदि अभिनेय साहित्य रूप (विधाएँ) हैं। श्रव्य-साहित्य केवल पढ़ या सुनकर ग्रहण किया जा सकता है। इसमें निम्नलिखित साहित्य रूप सम्मिलित हैं। उपन्यास, कहानी, प्रबंध, निबंध, रेखाचित्र, रिपोर्टिंग, संस्मरण, जीवनी, यात्रा-वृत्तांत, पत्र, डायरी और आलोचना।

इन समस्त गद्य विधाओं को एक अन्य प्रकार से भी दो वर्गों में विभक्त किया जाता है—ललित साहित्य (उपन्यास, कहानी, नाटक, एकांकी आदि) एवं गंभीर साहित्य (आलोचना, निबंध, प्रबंध आदि)।

निबंध गंभीर गद्य-साहित्य की कथानक-निरपेक्ष श्रव्य विधा है।

'निबंध' शब्द नि + बंध के योग से बना है। इसका एक अर्थ है—'निश्चितार्थेन विषय अधिकृत्य बन्धनम्' अर्थात् किसी विषय को निश्चितार्थ में बाँधना, संग्रह करना और दूसरा अर्थ है—'निबध्यते अस्मिन् इति, अधिकरणे निबन्धनम्' अर्थात् वह अधिकरण (या माध्यम), जिसमें कोई वस्तु, विचार आदि बाँधा जाए।

'निबंध' शब्द क्रमशः विकसित होकर विभिन्न अर्थों में प्रयुक्त होता रहा है। प्राचीनकाल में फुटकल पत्रों पर लिखित सामग्री को एकत्र कर बाँधने को 'निबंधन' कहा जाता था। कालांतर में भावों और विचारों को व्यवस्थित रूप में एकत्र करने के लिए भी इस शब्द का प्रयोग हुआ। भास ने 'वासवदत्ता' में इस शब्द का प्रयोग किसी भी 'रचना' के अर्थ में किया। माघ ने सर्वप्रथम निबंध शब्द को भाष्य ग्रंथ के अर्थ में प्रयुक्त किया (विन्यास वैदग्ध्य निधिर्निबन्धम्) और वाचस्पति मिश्र ने 'न्यायवार्तिक टीका' में इसका ऐसी टीका के लिए प्रयोग किया, जिसमें टीकाकार ने अपने किसी मत के प्रतिपादन या पुष्टि के निमित्त किसी ग्रंथ की व्याख्या की हो। इसके पश्चात् सभी प्रकार के भाष्य, वृत्ति, व्याख्या, टीका आदि के लिए 'निबंध' शब्द प्रयुक्त होने लगा। इस शब्द का अर्थ-विकास होता गया और जयंत भट्ट ने अपने 'न्याय-मंजरी' ग्रंथ को निबंध नाम दिया तथा आनंद मुनि ने 'तत्त्वोद्दीपन' में नानाविध निबंधाह्व (नाना प्रकार के निबंध कहे जानेवाले) पद के प्रयोग द्वारा स्पष्ट कर दिया कि विविध प्रकार की रचनाओं को इस नाम से अभिहित किया जाने लगा था। संस्कृत में 'निबंध' और 'प्रबंध' शब्द प्रायः समान अर्थ में प्रयुक्त हुए हैं, किंतु आज किसी विषय के व्यापक, पूर्ण तथा लगभग वस्तुपरक विवेचन करनेवाले ग्रंथ अथवा इन्हीं गुणों से समन्वित शोध-ग्रंथों (थीसिस या डेसरटेशन) के लिए 'प्रबंध' तथा एकदेशीय, तात्कालिक भाव-विचारधारा के व्यक्तिनिष्ठ वर्णन, विवेचन अथवा विश्लेषण के लिए 'निबंध' शब्द रूढ़ हो गया है।

आज हिंदी में 'निबंध' शब्द अंग्रेजी के 'एसे' शब्द का पर्याय है। 'एसे' शब्द का अर्थ है—अभीप्सित विषय के निरूपण का प्रयास। मॉण्टेन ने इसी अर्थ में इसका प्रयोग किया है। निबंध जैसे रूप में किसी तात्कालिक विचार या भाव की स्वतंत्र अभिव्यक्ति सर्वप्रथम फ्रांसीसी लेखक रोबेल ने की, किंतु तब वह साहित्य की स्वतंत्र विधा नहीं बन पाई। सोलहवीं शताब्दी के फ्रांसीसी लेखक माइकेल डी मॉण्टेन ने 'एसाई' नाम से एक निबंध-संग्रह प्रकाशित किया। उनके अनुकरण पर अंग्रेजी में सर फ्रांसिस बेकन ने सोलहवीं शती के अंतिम चरण में निबंध लिखे। बेकन ने अपने इस संकलन को 'एसेज' नाम से प्रकाशित कराया। इस प्रकार निबंध-लेखन की परंपरा चल पड़ी और मॉण्टेन निबंध-विधा का जनक माना जाने लगा। मॉण्टेन के पूर्व पाश्चात्य साहित्य में संस्कृत के समान ही 'एसे' शब्द का प्रयोग अनिश्चित से अर्थों में होता था, जैसे—अलेक्जेंडर पोप ने अपने एक काव्य-ग्रंथ का नाम 'दि एसे ऑन मैन' रखा। लॉक ने विषय के विस्तृत,

गंभीर और वैज्ञानिक प्रतिपादन करनेवाले ग्रंथ को 'लॉक्स एसे ऑन ह्यूमन अंडरस्टैंडिंग' नाम दिया। तात्पर्य यह कि 'एसे' और 'निबंध' शब्दों का प्रयोग विभिन्न अर्थों में होते रहने के पश्चात् आज एक विशिष्ट साहित्य-विधा के अर्थ में रूढ़ हो गया है। हिंदी में 'निबंध' शब्द अंग्रेजी के 'एसे' के अनुवाद रूप में प्रचलित हुआ। प्रारंभ में, हिंदी में निबंध के लिए 'रचना' और 'लेख' शब्दों का भी व्यवहार हुआ, किंतु अब इस सबमें स्पष्ट भेद स्वीकृत हो गया है।

'रचना' सामान्यतया किसी भी गद्य या पद्य कृति के लिए उपयुक्त शब्द है। अंग्रेजी में इसे 'कंपोजीशन' कहते हैं। 'रचना' का शाब्दिक अर्थ है—'निर्माण करना', 'सृजन करना'। इस प्रकार 'रचना' शब्द का 'निबंध' के लिए व्यवहार करना अतिव्याप्ति दोष से युक्त है। 'लेख' का शब्दार्थ है—'लिखा हुआ'। इस अर्थ में हर लिखी हुई रचना (और निबंध भी) लेख है, किंतु आज किसी विषय पर सांगोपांग या एकांगी दृष्टि से विषय-प्रधान और शास्त्रीय पद्धति में प्रकाशित गद्य-बद्ध विचारों को व्यक्त करनेवाली रचना को लेख कहते हैं। अंग्रेजी में इसे 'आर्टिकल' कहते हैं। 'निबंध' भी लेख से साम्य रखनेवाली रचना है, किंतु अंतर यह है कि निबंध में 'विषय' नहीं, लेखक का व्यक्तित्व प्रधान होता है। लेखक के ज्ञान, भाव, चित्त-दशा, अभिरुचि आदि व्यक्तित्व के समस्त अंगों में अनुरंजित आत्मानुभूतिपरक विषय का सर्वांगिक या एकांगी प्रतिपादन ही निबंध कहलाता है, जिसका उद्देश्य पाठक में ज्ञान-वृद्धि करना नहीं, बल्कि संवेदना जगाना है, किंतु व्यवहार में प्राय: 'लेख' को भी निबंध कह दिया जाता है। निबंध के स्वरूप को अधिक स्पष्टता से समझने के लिए कुछ अन्य साहित्यिक विधाओं के साथ इसकी तुलना कर लेनी चाहिए। आरंभ में, मैंने स्पष्ट कर दिया है कि 'प्रबंध' किसी विषय के विस्तृत, सर्वांगीण, पूर्ण और वस्तुपरक अध्ययन को निबद्ध करनेवाली गद्य-रचना को कहते हैं। शोध के आधार पर इसी प्रकार के जो ग्रंथ (थीसिस) लिखे जाते हैं, वे भी 'प्रबंध' कहलाते हैं, जबकि निबंध उसकी तुलना में संक्षिप्त, अपेक्षाकृत अपूर्ण रचना है और सबसे बड़ा वैषम्य यह है कि निबंध वस्तुपरक नहीं, व्यक्तिपरक और अनुभूतिप्रधान रचना होती है। प्रबंध का उद्देश्य ज्ञान-प्रकाशन है और निबंध का आत्माभिव्यंजन। आकार और विषय-विस्तार की दृष्टि से प्रबंध और निबंध में वही संबंध है, जो नाटक और एकांकी या उपन्यास और कहानी में होता है।

रेखाचित्र किसी ऐसे व्यक्ति या वस्तु का स्वानुभूति-रंजित शब्द-चित्र होता है, जिससे कभी भेंट हुई हो। रेखाचित्र में वर्ण्य व्यक्ति के स्वरूप, कार्य एवं चरित्र की वे मोटी-मोटी, किंतु अति स्पष्ट विशेषताएँ संक्षेप में अंकित की जाती हैं, जिनसे वह एकदम पहचाना जा सके। निबंध के लिए विषय के साथ ऐसी प्रत्यक्ष भेंट और उसका ऐतिहासिक यथार्थ आवश्यक नहीं होता। रेखाचित्र में यद्यपि घटनावली का महत्त्व नहीं,

वह तो किसी का कुछ क्षणों का एक स्थिर चित्र है। फिर भी उसमें कथात्मकता की एक हलकी 'द्युति' आ ही जाती है, निबंध में इसकी आवश्यकता नहीं होती। रेखाचित्र में विवरणात्मक और भावात्मक निबंधों से अत्यल्प साम्य अवश्य रहता है, उतना ही साम्य वह कहानी और संस्मरण से भी रखता है। ललित निबंधों में विषय के अतिरिक्त इधर-उधर विचरने के लिए लेखक जितना स्वतंत्र होता है और उसका व्यक्तित्व जितना अधिक झाँकता रहता है, उतना रेखाचित्र में संभव नहीं। रेखाचित्र में लेखक की अपेक्षा 'विषय' प्रधान होता है।

'रिपोर्टिंग' किसी घटना का संक्षिप्त, किंतु संवेदनात्मक मार्मिक विवरण है, जिसमें घटना का मानस-चक्षुओं के समक्ष पुनर्प्रत्यक्षीकरण और पाठक के मन पर उसका प्रभाव-प्रक्षेपण मुख्य लक्ष्य होता है। रिपोर्टिंग विवरणात्मक निबंध के अति निकट होते हुए भी निबंध से पृथक् विधा है। रेखाचित्र, संस्मरण और रिपोर्टिंग का निबंध के साथ कुछ-कुछ स्वरूपगत साम्य होने के कारण ही व्यावहारिक रूप में प्रायः इन्हें भी निबंधों के साथ संकलित कर लिया जाता है।

निबंध के स्वरूप के संबंध में संक्षेप में कहा जा सकता है कि अपनी अत्यंत लचीली प्रकृति के कारण निबंध परस्पर विरोधी सीमाओं पर स्थित साहित्य-विधाओं का स्पर्श करने लगता है। गंभीर विवेचन, समालोचना तथा तर्कपूर्ण विचार प्रस्तुत करनेवाले लेख, कथात्मक या संवादात्मक सूत्र में ग्रथित रचनाएँ—रिपोर्टिंग, यात्रा-प्रसंग, रेखाचित्र या संस्मरण—जैसे स्मृति-संदर्भ, गर्भित वर्णनात्मक-विवरणात्मक कृतियाँ, पत्र, डायरी, आत्मचरित और स्वानुभूति के व्यक्तिगत भावुकतापरक माध्यम अथवा भाषण के सार्वजनिक माध्यम के शिल्प में ढाली गई रचनाएँ, सभी निबंध में समाविष्ट हो जाती हैं। विषय की दृष्टि से इसका क्षेत्र असीम है। वैसे ही विभिन्न शैलियों में से यह आवश्यकतानुसार किसी के भी प्रयोग करने में संकोच नहीं करता। यहाँ तक कि मैथिलीशरण गुप्त की 'भारत भारती' सरीखी पद्यबद्ध रचनाएँ भी एक प्रकार से निबंध की ही श्रेणी की हैं। निबंध में लेखक और पाठक का परोक्षत्व समाप्त हो जाता है; दोनों अपने सामने खड़े होकर कहते-सुनते हैं। लेखक का प्राणवान् व्यक्तित्व अपनी चिंतनशीलता, भाव-प्रवणता और प्रामाणिक आप्तता के साथ अवतरित होकर लेखक में सम-संवेदनाओं को जगाकर सहलाता, उद्दीप्त करता और रस-तृप्त करता है। निबंध में जीवन के समस्त क्षेत्रों की वास्तविकता, कहानी की जिज्ञासा और संवेदना, दृश्य-काव्य की नाटकीयता, उपन्यास की चारु कल्पनाशीलता, गद्य-काव्य की भावातिशयता, महाकाव्य की गरिमा, विचारों की उत्कृष्टता, भावों की उष्ण तरंग, कल्पना की उड़ान, शैली की बहुविविधता और विदग्ध चमत्कृति सभी कुछ एक साथ प्राप्त होते हैं।

अपने विद्यार्थी-जीवन के उन समस्त श्रद्धेय गुरुजनों को, जिन्होंने प्रत्यक्ष-परोक्ष

मेरे शिष्यत्व को अंगीकार कर, सद्संस्कारों से संपन्न किया है तथा उन गुरुजनों को भी, जिन्होंने अवसर निकालकर/चुराकर मेरी गति-प्रगति को थामने का असफल प्रयास किया है और कर रहे हैं, विशेष रूप से इस कृति के माध्यम से 'नमन' संप्रेषित है। उन कैक्टसों को, जो बराबर घात-प्रतिघात करने के लिए बाट जोहा करते हैं, मेरे ये शब्द— छू सको तो छू लो!

अपनी दोनों जागरूक, जानकार-जिज्ञासु पुत्रियों—कंजिका-कर्णिका को इस कृति के माध्यम से अपनी शुभकामनाएँ देता हूँ।

मेरे इन अति श्रमसाध्य निबंधों में ये सारे उपादान रेखांकित हैं। यह कृति प्रतियोगी विद्यार्थियों के लिए अत्यंत उपयोगी तथा अन्य के लिए ज्ञानवर्धक सिद्ध होगी।

—पृथ्वीनाथ पांडेय

निबंध-लेखन : तथ्य और विचार

किसी भी वस्तु को परिभाषित करना कठिन कार्य है। साहित्य अथवा संस्कृति जैसे अमूर्त तत्त्वों की परिभाषा निश्चित करना तो और भी कठिन है। काव्य का अंतरंग और निबंध का बहिरंग विवाद का विषय रहा है, इसलिए इनकी सर्वमान्य परिभाषाएँ भी आज तक नहीं बन सकीं। फिर भी विभिन्न विद्वानों द्वारा निबंध की जो परिभाषाएँ दी गई हैं, उनके आधार पर मैंने यहाँ निबंध की परिभाषा के निर्धारण और स्वरूप-विवेचन का प्रयत्न किया है।

मॉण्टेन कहते हैं, ''निबंध विचारों, उद्धरणों और कथाओं का मिश्रण है।'' वे इसमें अपने (लेखक के) निजी विचार तथा कल्पनाओं की अभिव्यक्ति मानते हैं, कोई नई खोज का दावा नहीं करते। इस प्रकार उन्होंने निबंध में वैयक्तिकता या आत्माभिव्यक्ति पर बल दिया है।

बेकन ने निबंध को विचारों के टुकड़े या बिखरा हुआ अनुचिंतन कहा है। इस प्रकार बेकन केवल विचारों को महत्त्व देकर वैयक्तिकता की उपेक्षा करते हैं। निबंध को 'बिखरा हुआ अनुचिंतन' मानने पर उसमें असंबद्धता का दोष भी आ सकता है।

डॉ. जॉनसन ने मन के अव्यवस्थित उद्रेक और अगूढ़, अपरिपक्व, अनियमित विचार-खंड को निबंध कहा है। यह परिभाषा अंग्रेजी के प्रारंभिक निबंधों के आधार पर गठित है, किंतु अंग्रेजी में भी 'एसे' में बुद्धि-तत्त्व एवं व्यवस्था का विकास हुआ और अब अव्यवस्था तथा असंबद्धता को 'एसे' का दोष माना जाता है। इस प्रकार अब 'एसे' का अर्थ और स्वरूप हिंदी के 'निबंध' शब्द के समकक्ष हो गया है।

'ऑक्सफोर्ड डिक्शनरी' में निबंध को शैली की दृष्टि से बहुत कुछ विशद, किंतु विषय-विस्तार की दृष्टि से सीमित रचना माना गया है। इस प्रकार इसमें शैली-तत्त्व को महत्त्व प्राप्त हो जाता है और जॉनसन की परिभाषा की असंगति स्पष्ट हो जाती है; फिर भी इस परिभाषा द्वारा निबंध का पूर्ण और शुद्ध स्वरूप स्पष्ट नहीं हो पाया।

कुछ विद्वानों ने बेकन के समान विचारात्मक पक्ष पर विशेष बल दिया है।

आचार्य रामचंद्र शुक्ल ने भी निबंध को गंभीर विचार-प्रकाशन का साधन माना है, किंतु वे वैयक्तिकता को भी उसमें आवश्यक ठहराते हैं। वैयक्तिकता से उनका तात्पर्य यह है कि लेखक अपनी प्रवृत्ति के अनुसार स्वच्छंदता से विषय की किन्हीं भी सूत्र-शाखाओं में विचरण कर सकता है, किंतु वह जिधर भी जाए, अपनी समग्र मानसिक सत्ता (अर्थात् बुद्धि) और हृदय को साथ लिये रहे (हिंदी साहित्य का इतिहास, पृ. ५०५-५०६)। इस प्रकार आचार्य रामचंद्र शुक्ल बुद्धि और भावना-संपृक्त विषय के किन्हीं भी अंगों पर अयत्नसिद्ध साहचर्य से प्राप्त सुसंबद्ध विचारों को निबंध कहते हैं।

ए.सी. बेनसन के मतानुसार, निबंध में कुछ विनोदी तत्त्वों का होना अनिवार्य है। इस प्रकार कुछ विद्वान् निबंध को हलका-फुलका रूप देना चाहते हैं। पं. प्रतापनारायण मिश्र ने पाठक को निबंधगत विनोद के द्वारा गुदगुदाना मात्र निबंधकार का कार्य नहीं माना। वे विनोद में भी गांभीर्य का अभाव पसंद नहीं करते। बालकृष्ण भट्ट और बाबू बालमुकुंद गुप्त के निबंधों में विनोद और गांभीर्य का सुंदर समन्वय है।

उपर्युक्त सभी परिभाषाएँ अपूर्ण हैं। उनमें निबंध के किसी एक अंग या तत्त्व पर विशेष बल दिया गया है। डॉ. गुलाबराय ने उपर्युक्त परिभाषाओं में व्यक्त प्रायः सभी विशेषताओं को मिलाकर निबंध की निम्नलिखित परिभाषा दी है—

''निबंध उस गद्य-रचना को कहते हैं, जिसमें एक सीमित आकार के भीतर किसी विषय का वर्णन या प्रतिपादन, एक विशेष निजीपन, स्वच्छंदता, सौष्ठव और सजीवता तथा आवश्यक संगति और संबद्धता के साथ किया गया हो।'' (काव्य के रूप)

यद्यपि यह परिभाषा निबंध के स्वरूप को बहुत-कुछ स्पष्ट करती है, तथापि 'किसी विषय के वर्णन या प्रतिपादन' में वस्तुनिष्ठता प्रमुख हो जाती है। 'निजीपन' के अंतर्गत केवल शैली का निजीपन भी तो माना जा सकता है। इस प्रकार इस परिभाषा में भावात्मक निबंधों के समावेश का अवकाश प्रायः नहीं है।

डॉ. श्रीकृष्णलाल ने (निबंध-संग्रह की भूमिका में) निबंध को भावों और विचारों की प्रधानता तथा शैली की रमणीयता के योग से रचित साहित्य माना है। प्रो. जयनाथ नलिन के मतानुसार—''निबंध स्वाधीन चिंतन और निश्छल अनुभूतियों का सरस, सजीव और मर्यादित गद्यात्मक प्रकाशन है।''

उपर्युक्त परिभाषाओं से निबंध की निम्नलिखित विशेषताएँ स्पष्ट होती हैं—

१. निबंधकार का व्यक्तिगत वैशिष्ट्य अथवा वैयक्तिकता,

२. बुद्धि और हृदय पक्ष की समस्तता या दोनों का समन्वय,

३. शैली की रमणीयता,

४. रचनात्मक अखंडता तथा स्वयं-संपूर्णता

५. विषयों की व्याप्ति (किसी भी वस्तु, घटना, भाव, विचार आदि का निबंध

की विषयवस्तु बन सकना),

६. कसावट (भावों, विचारों तथा वर्णनों की सुसंबद्धता, संक्षिप्तता एवं भाषा का सुगठित, संगत प्रयोग)।

निबंध के अंगों का विवेचन

निबंध के तीन अंग या खंड होते हैं—प्रस्तावना, विवेचन और उपसंहार। प्रस्तावना में विवेच्य विषय का आवश्यकतानुसार अभिप्राय, स्पष्टीकरण, विवेचन की सीमाओं का निर्धारण और अपनाई जानेवाली विवेचन-पद्धति का स्पष्टीकरण हो सकता है। निबंध का प्रारंभिक भाग होने से इसमें शैली की दृष्टि से अधिक आकर्षण ही उपकारक होगा। विवेचन के अंतर्गत विषय-संबंधी ज्ञातव्य तथ्यों का वर्गीकरण, प्रधान आशय को विकसित करनेवाले विचार, गौण विचारों का आवश्यकतानुसार और व्यवस्थित समावेश—इन सब विचारों का अनुच्छेदात्मक क्रम-व्यवस्थापन तथा स्पष्टीकरण, आवश्यक तथ्यों का विस्तार, अनावश्यक एवं अप्रामाणिक तथ्यों का परित्याग, उद्देश्य तथा विचारों की गरिमा, उपादेयता, मूल्यांकन का समावेश आदि वांछनीय होता है। विचारों और शैली की रमणीयता एवं वैयक्तिकता सर्वत्र आवश्यक है। उपसंहारवाला भाग अत्यंत संक्षिप्त तथा विवेचन के सारांश को अधिक प्रभावशाली ढंग से प्रस्तुत करनेवाला होना चाहिए, जो पाठक की जिज्ञासा को शांत करके किसी विशेष भाव या विचार की एकान्वित छाप छोड़ने में समर्थ हो।

निबंध के तत्त्व

निबंध के सात तत्त्व हैं—१. वर्ण्य-वस्तु, २. भाव या अनुभूति, ३. विचार या बुद्धि-तत्त्व, ४. उद्देश्य, ५. कल्पना, ६. भाषा-शैली तथा ७. वैयक्तिकता।

१. वर्ण्य-वस्तु—विश्व का कोई भी पदार्थ, प्राणी, घटना या व्यापार निबंध की वर्ण्य-वस्तु हो सकती है। लेखक इसके आश्रय से अपने भाव, विचार, अनुभूति, वैयक्तिक रुचि और विशिष्ट उद्देश्य को कल्पना और भाषा के माध्यम से व्यक्त करता है। विषयवस्तु में सुसंबद्धता होनी चाहिए। कभी कोई विचार, सिद्धांत, भाव या अनुभूति ही वर्ण्य-वस्तु बन सकती है। ऐसे निबंध में कोई स्थूल वस्तु या व्यापार विवेच्य नहीं होता। विचारात्मक, आलोचनात्मक, भावात्मक आदि निबंधों में प्राय: ऐसा ही होता है।

२. भाव या अनुभूति—गद्य-काव्य या भावात्मक निबंध में यह तत्त्व स्वयं प्रमुख और अभिव्यंज्य बन जाता है। अन्य निबंधों में यह वस्तु और विचार के साहचर्य से व्यंजित होता चलता है। इसी के माध्यम से लेखक का व्यक्ति वैशिष्ट्य भी झलकता चलता है।

३. विचार या बुद्धि-तत्त्व—विचारात्मक या आलोचनात्मक निबंधों में यह

तत्त्व स्वयं ही वर्ण्य-वस्तु होता है। अन्य निबंधों में यह वस्तु तथा भाव के साहचर्य से व्यंजित होता है। सभी प्रकार के निबंधों में बुद्धि-तत्त्व सहायक के रूप में भी कार्य करता है और इस रूप में यह विषय में सुव्यवस्था, संगति, उद्देश्य की सार्थकता आदि गुण उत्पन्न कर उसे प्रलाप मात्र होने से बचाता है।

४. उद्देश्य—पूर्वोक्त तीन तत्त्वों के आश्रय से निम्नलिखित में से कोई एक या एकाधिक उद्देश्य निबंध में अवश्य होता है—

१. किसी वस्तु, दृश्य, प्राणी, चरित्र, घटना या व्यापार का वर्णन या विवरण या विवेचन प्रस्तुत करना और पाठक को उससे परिचित कराना।
२. किसी भाव या अनुभूति की जागृति, उद्दीप्ति और पाठक तक उसका संप्रेषण कर उसमें समानुभूति उत्पन्न करना।
३. किसी विचार, सिद्धांत या दर्शन का प्रतिपादन, खंडन-मंडन, गुण-दोष विवेचन या आलोचना करना।
४. व्यंग्य, विनोद या मनोरंजन और आनंद की सृष्टि करना।

परिणाम या उपसंहार तक पहुँचते-पहुँचते इसका क्रमिक विकास, पुष्टि और संसिद्धि होना आवश्यक है। इसकी सफलता पर ही लेखक की सफलता तथा निबंध का प्रभाव निर्भर करता है। अन्य समस्त तत्त्व इसके प्रत्यक्ष या परोक्ष रूप में सहायक होते हैं।

५. कल्पना—यह वस्तु, विचार या भाव-तत्त्व को उदात्त, चमत्कारपूर्ण विलक्षण और प्रभावशाली रूप देने में तथा उसकी अभिव्यक्ति के साधन—भाषा, अलंकार, वचन-वक्रता आदि को विषय तथा उद्देश्य के अनुरूप ढालने में द्विविध सहायता देनेवाला तत्त्व है। अभिव्यंज्य और अभिव्यंजना, दोनों में रमणीयता उत्पन्न करने में इसका अत्यधिक महत्त्व है।

६. भाषा-शैली—(क) शैली के तीन प्रमुख भेद किए जा सकते हैं—उद्देश्य-आश्रित शैली, अभिव्यंजना-प्रकाराश्रित शैली तथा भाषा-आश्रित शैली।

- **उद्देश्य-आश्रित शैली**—ऊपर 'उद्देश्य' तत्त्व के अंतर्गत निबंध के जितने उद्देश्य दरशाए गए हैं, उनमें से प्रत्येक के अनुरूप निबंध की एक-एक शैली का स्वरूप गठित होता है। इन सबका 'उद्देश्याश्रित शैलियाँ' नाम उपयुक्त है। इनके निम्नलिखित उपभेद हो सकते हैं—वर्णनात्मक (परिचयात्मक), विवरणात्मक (कथात्मक), विवेचनात्मक (व्याख्यात्मक), विचारात्मक (चिंतनात्मक), आलोचनात्मक, भावात्मक और व्यंग्यविनोदात्मक शैली। 'संस्मरण' का संबंध यद्यपि अभिव्यंजना-प्रकाराश्रित शैली से है तथापि संस्मरण का उद्देश्य लेखक की संवेदनाओं-अनुभूतियों का संप्रेषण ही प्रमुख है। अतः संस्मरणात्मक शैली को भी भावात्मक शैली के निकट

'उद्देश्याश्रित शैली' से उपभेद के रूप में रखा जा सकता है।

- **अभिव्यंजना-प्रकाराश्रित शैली**—वर्ण्य-वस्तु को अथवा वर्णन, विवेचन, आलोचना आदि उद्देश्यों को सिद्ध करने के लिए अभिव्यंजना के जो ढंग अपनाए जाते हैं, उनको हम अभिव्यंजना-प्रकाराश्रित शैली कहेंगे। इसके निम्नलिखित उपभेद हो सकते हैं—पत्र शैली, डायरी शैली, स्वप्न कथन शैली, संवाद शैली, संभाषण शैली, कथात्मक शैली, प्रतीक शैली, रूपक शैली, इतिवृत्तात्मक शैली।
- **भाषाश्रित शैली**—भाषा के गठन को प्रभावशाली बनानेवाले कौशल पर आश्रित शैलियों को भाषाश्रित शैली कहना अधिक उपयुक्त है। इसके निम्नलिखित उपभेद हो सकते हैं—व्यास शैली, समास शैली, अभिधा शैली, लाक्षणिक शैली, व्यंजनात्मक शैली, अलंकृत शैली, चित्रात्मक शैली।

(ख) उपर्युक्त शैलियों के 'उपादान' भी इस भाषा-शैली तत्त्व के अंतर्गत विचारणीय हैं, जैसे—शब्द-संयोजन, वाक्य-गठन, वचन-वक्रता, अलंकार-विधान, शब्द-शक्तियाँ आदि।

शैली के इन समस्त अंगों से वैयक्तिकता के साथ विषय, भाव तथा विचार की तीव्रता, स्पष्टता, मार्मिकता, सरसता, सुबोधता और संप्रेषणीयता आती है और उद्देश्य की सिद्धि होती है।

७. वैयक्तिकता—यह निबंध का एक प्रमुख तत्त्व है, जो स्वतंत्र रूप से नहीं, प्रत्युत भाव, विचार, कल्पना, उद्देश्य एवं भाषा-शैली के माध्यम से प्रच्छन्नरूपेण झलकता चलता है। इसी के कारण प्रत्येक लेखक की रचना औरों से पृथक् पहचान ली जाती है।

निबंध के मूल तत्त्वों का यह वर्गीकरण और विवेचन थोड़ा मौलिक है। सामान्यत: भाव-तत्त्व, बुद्धि-तत्त्व और कल्पना-तत्त्व की ही चर्चा की जाती है, किंतु ऐसा करने से इसमें अपूर्णता रह जाती है। कुछ लोग प्रस्तावना, विवेचन तथा उपसंहार को तत्त्वों में गिना देते हैं, पर ये निबंध के खंड हैं। इसी प्रकार सुबोधता, सरलता, प्रसाद गुण आदि से युक्त व्याख्या को भी मूल तत्त्व के अंतर्गत न मानकर, निबंध का वांछनीय गुण मानना चाहिए। उपर्युक्त सात तत्त्व वास्तव में साहित्य की समस्त विधाओं में होते हैं। इतना अवश्य है कि किसी विधा में कोई तत्त्व प्रमुख और कोई अप्रमुख हो जाता है, जैसा कि स्वयं निबंध के भिन्न-भिन्न प्रकारों में भी होता है।

निबंध के प्रकार

निबंधों का वर्गीकरण विषय तथा शैली (केवल उद्देश्याश्रित शैली) के आधार

पर किया जा सकता है।

निबंध के विषय के आधार पर—विषय के आधार पर निबंधों के इतने प्रकार हो सकते हैं, जितने विषय हैं, यथा—सामाजिक, सांस्कृतिक, राजनीतिक, भौगोलिक, ऐतिहासिक, वैज्ञानिक, मनोवैज्ञानिक, दार्शनिक, धार्मिक आदि।

शैली के आधार पर—ऊपर शैली के तीन भेद (उद्‌देश्याश्रित, अभिव्यंजना-प्रकाराश्रित तथा भाषाश्रित) बताए गए हैं। इनमें से केवल उद्‌देश्याश्रित शैली के आधार पर निबंधों का वर्गीकरण होता है, शेष दो शैली-भेदों के आधार पर वर्गीकरण निरर्थक है। शैली के आधार पर निबंधों के निम्नलिखित प्रकार होते हैं—

- वर्णनात्मक (परिचयात्मक)
- विवरणात्मक (कथात्मक)
- विचारात्मक (विवेचनात्मक, आलोचनात्मक आदि)
- भावात्मक
- संस्मरणात्मक
- व्यंग्य-विनोदात्मक

उपर्युक्त सभी निबंधों को दो वर्गों में रखा जा सकता है—

१. **परात्मक या वस्तुनिष्ठ (Objective)**—वस्तुनिष्ठ निबंध में वर्ण्य-वस्तु प्रधान होती है और लेखक के भाव-विचार गौण होते हैं। इसमें वर्णनात्मक और विवरणात्मक निबंध विशेष रूप से एवं कभी-कभी विचारात्मक निबंध भी सम्मिलित हो सकते हैं।

२. **निजात्मक या व्यक्तिनिष्ठ (Subjective)**—इन निबंधों में लेखक के भाव-विचार प्रमुख होते हैं, वर्ण्य-वस्तु गौण और निमित्त रूप होती है। वर्णनात्मक और विवरणात्मक निबंधों को छोड़कर शेष प्रकारों में व्यक्तिनिष्ठता के लिए प्राय: अधिक अवकाश होता है।

विचारात्मक, विवेचनात्मक और आलोचनात्मक निबंध वैयक्तिकता की अल्पता होने पर वस्तुनिष्ठ कोटि में भी पहुँच सकते हैं।

वर्णनात्मक निबंध—इन निबंधों में किसी वस्तु, दृश्य, प्राणी, परिस्थिति, कार्य आदि का स्थानगत (पदार्थों का क्रिया-व्यापारहीन स्थिर रूप का) वर्णन करके उसका परिचय देना प्रमुख उद्‌देश्य होता है। लेखक के विचार, अनुभूति, कल्पना, भाषा-शैली आदि उक्त वर्णन को अधिक मोहक, प्राणवान् और सरस बनाने के साधन मात्र होते हैं। कल्पना की प्रधानता द्वारा वर्ण्य-वस्तु का चित्रात्मक बिंब उपस्थित करने में ऐसे निबंध सफल होते हैं। कल्पना के पश्चात् क्रमश: भाव-तत्त्व तथा विचार-तत्त्व सहायक होते हैं। इन निबंधों में गहन चिंतन, मौलिक विचार, नवीन जीवन-दर्शन एवं गहन अनुभूति

उतनी आवश्यक नहीं, किंतु सुपरिचित सरल विषय को प्राणवान्, आकर्षक रूप देना कठिन होता है। उदाहरणार्थ—बालकृष्ण भट्ट का 'मेला-ठेला', महावीर प्रसाद द्विवेदी का 'प्रभात' आदि।

विवरणात्मक निबंध—विवरण का अर्थ है—वृत्तांत, हाल या बयान, जानकारी, सूचना। इन निबंधों में किसी घटना, कथा आदि का स्थान और कालगत क्रमिक (कार्य-व्यापारयुक्त) वर्णन होता है। कथात्मकता या ऐतिहासिकता ही इनकी विशेषता है। इतिहासकार का वर्णन तटस्थ भाव से होता है, किंतु विवरणात्मक निबंध में लेखक के रागात्मक, विचार और निजीपन रस-सृष्टि बनते हैं। विवरणात्मक निबंध में प्रमुखता की दृष्टि से क्रमशः कल्पना, भाव और विचार सहायक बनते हैं। विवरणात्मक निबंध में कार्य-व्यापार और हार्दिक भावानुभूति संबंधित मानवों या प्राणियों का चित्रण करना पड़ता है, इसलिए इनमें वर्णनात्मक निबंध की अपेक्षा अधिक कल्पना, अनुभूति और कलात्मकता की आवश्यकता होती है। यद्यपि इसमें भी वर्णनात्मक निबंध की भाँति प्रसाद शैली ही प्रधान तथा अधिक उपयुक्त होती है तथापि वर्णनात्मक की अपेक्षा इसमें अभिधात्मकता की कमी और व्यंजनात्मकता की अधिकता के लिए अधिक स्थान रहता है। घटनाओं का प्रभावशाली चलचित्र उपस्थित करने के लिए ग्रहण-त्याग के सविवेक प्रयोग और लेखक के निजी व्यक्तित्व की सशक्त संपृक्ति भी इन निबंधों में अत्यंत आवश्यक है। उदाहरणार्थ—राधाचरण गोस्वामी का 'यमपुर की यात्रा' आदि।

विचारात्मक निबंध—इसके अंतर्गत विशुद्ध विचारात्मक, सविचार विवेचनात्मक और आलोचनात्मक निबंध सम्मिलित किए जाते हैं।

विशुद्ध विचारात्मक निबंधों में अपने विचार का प्रतिपादन या मंडन होता है। आलोचनात्मक निबंधों में किसी अग्राह्य विचार के खंडन, किसी वस्तु, विचार, परिस्थिति या क्रिया-व्यापार आदि के गुण-दोष विवेचन अथवा आलोचना को स्थान मिलता है। विवेचनात्मक निबंधों में किसी विचार, कृति या परिस्थिति आदि का व्याख्यान, विश्लेषण या विवेचन किया जाता है।

विचारात्मक निबंधों के तीनों रूपों में विचार-तत्त्व प्रमुख रहता है। व्यक्तित्व का अबाध और सक्रिय बल विचारात्मक निबंधों में ही प्रकट होता है। विचार की मौलिकता और नुकीलापन, सूक्ष्म चिंतन और पकड़, प्रबोधक-विवेचना पद्धति और निरुत्तर कर देनेवाली तर्क-योजना ही पाठक को अभिभूत कर लेनेवाले सबल साधन हैं। इन निबंधों में भाव और कल्पना को कम ही स्थान प्राप्त है, किंतु इनका अभाव होने पर निबंध में नीरसता आ जाती है तथा निबंध 'लेख' की कोटि में पहुँच सकता है। आचार्य रामचंद्र शुक्ल ने कहा है—शुद्ध विचारात्मक निबंधों का चरम उत्कर्ष वहीं कहा जा सकता है, जहाँ एक-एक पैराग्राफ में विचार दबाकर कसे गए हों और एक-एक वाक्य किसी

संबद्ध विचार-खंड को लिये हों। उदाहरणार्थ—रामचंद्र शुक्ल का 'श्रद्धा और भक्ति', जैनेंद्र का 'सत्यं शिवं सुंदरम्' आदि।

भावात्मक निबंध—भावात्मक निबंधों में हृदय के भाव (प्रेम-घृणा, उत्साह-निराशा, हास्य-व्यंग्य आदि) तथा अनुभूतियों का चित्रण इस प्रकार किया जाता है कि पाठक में भी वैसी ही समानुभूति जाग्रत् हो। अनुभूतियों की गहनता, सघनता और भावों की तीव्रता तथा निश्छलता इस कोटि के निबंधों को सफल बनाती है। भाव या राग की व्यंजना इस प्रकार होनी चाहिए कि उसका एक सजीव बिंब उपस्थित होकर पाठक को तल्लीन कर ले। भावों के प्रकार, कारण, संबंध आदि बताना भावात्मक निबंध का कार्य नहीं है, वरन् शास्त्रीय लेख या विचारात्मक-विवेचनात्मक निबंध का कार्य है। भावात्मक निबंध में तो भावपूरित हृदय की दशा अर्थात् अनुभूतियों की अभिव्यक्ति होती है, किंतु इसमें इन भावानुभूतियों का अव्यवस्थित जमघट नहीं होता। भावात्मक निबंध कोई पागलों का प्रलाप नहीं है। एक निबंध में एक ही भाव का प्रकाशन उपयुक्त होता है। भाव के आधार पर उद्दीपक कारण (विभाव), भावजन्य क्रियाएँ (अनुभाव) तथा सहायक भाव (संचारी), मूल भाव के प्रभाव की एकान्विति आवश्यक है। भावात्मक निबंधों में बुद्धि-तत्व संयम-सीमा और व्यवस्था बनाए रखता है। कल्पना प्रभावोत्कर्ष में सहायक होती है। उदाहरणार्थ—वियोगी हरि का 'अंतर्नाद' आदि।

कल्पनाप्रधान निबंध, अनुभूतिप्रधान निबंध, हास्य-व्यंग्यपरक निबंध और आत्मपरक निबंध भावात्मक निबंधों के ही अवांतर भेद हैं।

कल्पनाप्रधान निबंधों में कल्पना के अतिरेक से भावाभिव्यक्ति भावुकता के निकट पहुँच जाती है। उसमें मधुरता, प्रभविष्णुता तथा वातावरण की कोमलता बढ़ जाती है। उदाहरणार्थ—डॉ. रघुवीर सिंह का 'ताज', हृदयेश का 'दीपावली'।

अनुभूतिप्रधान निबंधों में निबंधकार की उन गहन अनुभूतियों की अभिव्यंजना होती है, जो उसके मन में किसी जड़ या चेतन के निकट संपर्क में आने पर उत्पन्न होती हैं। हिंदी में ऐसे निबंधों की कमी है।

हास्य-व्यंग्यपरक निबंधों में हलकी भावानुभूति और समाज में व्याप्त बुराइयों आदि पर चलती-चुभती भाषा के क्षोभ, आक्षेप, व्यंग्य आदि की व्यंजना होती है। शुद्ध हास्यपरक निबंध में मात्र मनोरंजन होता है। उदाहरणार्थ—बालमुकुंद गुप्त का 'शिव शंभु का चिट्ठा' आदि।

आत्मपरक निबंध—यद्यपि इस प्रकार के निबंध भावात्मक और विचारात्मक, दोनों कोटियों से भिन्न होते हैं, तथापि लेखक के अपने जीवन की यथार्थ घटनाओं, स्थितियों (भूल, अपराध, सफलता, असफलता, हर्ष, संताप, आदतों आदि), निजी सामग्री, नाते-रिश्तेदारों, संपर्क में आए व्यक्तियों आदि का चित्रण होने के कारण इसमें

विचारपक्ष की अपेक्षा भावपक्ष का अधिक संपर्क रहता है और प्रभाव की दृष्टि से भी ये भावात्मक कोटि के अधिक निकट होते हैं, क्योंकि इनके द्वारा पाठक में लेखक के प्रति आत्मीयता, सहानुभूति और संवेदना ही जाग्रत् होती है। भावात्मक निबंधों का संबंध हृदयानुभूति या भाव से रहता है। वे भाव लेखक के निजी जीवन के भी हो सकते हैं और पराए भी, किंतु आत्मपरक निबंधों का संबंध अधिकतर भौतिक जीवन के सामाजिक, पारिवारिक, व्यक्तिगत घटनाओं, संबंधों, वस्तुओं और स्थितियों के आकर्षक चित्रण से होता है, जो विभिन्न भावों को जाग्रत् करता है। इनमें भाव की अपेक्षा घटनाएँ प्रमुख हो जाती हैं, किंतु यह वर्णनात्मक या विवरणात्मक बनकर केवल परिचयात्मक आनंद नहीं देता, प्रत्युत भावांदोलन करता है। उदाहरणार्थ—गुलाबराय का 'मेरे नापिताचार्य' आदि।

संस्मरणात्मक निबंध—इनमें किसी संपर्क में आए व्यक्ति, वस्तु, घटना आदि का स्मृति-आधारित स्वानुभूतिपरक वर्णन या विवरण होता है, किंतु लेखक की भावानुभूतियों से वह इतना अनुरंजित होता है कि उसे वर्णनात्मक या विवरणात्मक कोटि में नहीं रखा जा सकता। ऐसे निबंध के द्वारा पाठक वर्ण्य-विषय के प्रति लेखक से समानुभूति स्थापित करता है तथा स्वयं लेखक की अनुभूतियों और विचारों से परिचित होता हुआ, उसके व्यक्तित्व के वैशिष्ट्य पर रीझ-खीझ भरे विशेष भावों की अनुभूति करता चलता है। वस्तु-विवरण के समान ही इसमें भावना का स्थान होता है, तत्पश्चात् कल्पना एवं बौद्धिकता का। उदाहरणार्थ—महादेवी के 'स्मृति की रेखाएँ' के निबंध।

निबंध का विकास

पाश्चात्य देशों में उद्गम और विकास—हिंदी में निबंध की वर्तमान विधा पाश्चात्य साहित्य के अनुकरण पर विकसित हुई। निबंध जैसे रूप में किसी तात्कालिक विचार या भाव की स्वतंत्र अभिव्यक्ति सर्वप्रथम फ्रांसीसी लेखक रोबेल ने की, किंतु वे इसे स्वतंत्र विधा का रूप नहीं दे पाए। निबंध-विधा के जनक के रूप में फ्रेंच लेखक माइकेल डी मॉण्टेन अति प्रसिद्ध हैं। उन्होंने सन् १५८० में दो निबंध-संग्रह प्रकाशित किए। इसका अनुकरण अंग्रेजी लेखक सर फ्रांसिस बेकन ने किया और १५९७ में 'एसेज' नामक संकलन प्रकाशित किया। फ्रेंच और अन्य भाषाओं में तो निबंध की परंपरा उस समय न चल सकी, किंतु अंग्रेजी में पत्र-पत्रिकाओं के प्रकाशन-प्रसारण के समय संबद्ध होकर निबंध की परंपरा चल पड़ी और निबंध इंग्लैंड का एक वैशिष्ट्य माना जाने लगा।

मॉण्टेन ने सामान्य व्यावहारिक जीवन से संबद्ध विषयों पर आत्मनिष्ठ अनुभूति-व्यंजक निबंध लिखे थे। वे निबंध को अपनी 'स्वच्छंद उड़ान' कहते थे, जिसमें वे किसी नई खोज का नहीं, वरन् स्वयं को खोलकर रख देने का दावा करते हैं। उनकी

दृष्टि में निबंध की प्रमुख विशेषता 'आत्माभिव्यक्ति' है। बेकन ने उपयोगी विषयों पर वस्तुनिष्ठ, विचारात्मक, सर्वजन-उपादेय निबंध लिखे थे। उनके मतानुसार—निबंध किसी विचार का ऐसा अंकुर या विचार-शृंखला का ऐसा संकेत मात्र है, जिसे पढ़कर पाठक स्वयं चिंतनरत हो जाए। बेकन निबंध को 'बिखरा हुआ अनुचिंतन' मानते हैं। अंग्रेजी में मॉण्टेन और बेकन के अनुकरण पर द्विविध निबंध परंपरा विकसित हुई। मॉण्टेन की आत्माभिव्यंजक परंपरा के निबंध-लेखक अब्राहम काउली, रिचर्ड स्टील, जॉनेथन स्विफ्ट, चार्ल्स लैंब, विलियम हैजलिट्, गोल्ड स्मिथ, स्टीवेंसन आदि हुए और एडिसन, जॉनसन, डि-क्विंसी, मैकाले आदि ने बेकन की परंपरा को आगे बढ़ाया। उन्नीसवीं सदी में वैयक्तिक या आत्मपरक निबंधों की परंपरा गौण होने लगी और विचारपरक निबंध अधिक लिखे जाने लगे। बीसवीं सदी में निबंध एक ऐसी विधा बन गया, जिसकी विषय-परिधि में राजनीति, दर्शन, धर्म, साहित्य, विज्ञान आदि सभी विषय समाहित हो जाते हैं।

हिंदी में निबंध का प्रादुर्भाव

संसार की सभी भाषाओं में गद्य का विकास पद्य के पश्चात् हुआ है। हिंदी में गोरखनाथ के कुछ ग्रंथों में ब्रजभाषा-गद्य का प्राचीनतम रूप प्राप्त होता है। विट्ठलनाथ की वार्त्ताओं में भी ब्रजभाषा-गद्य का अपरिष्कृत प्रयोग हुआ है। अकबर के समय में लिखित गंग का गद्य ब्रजभाषा मिश्रित खड़ीबोली में है। जहाँगीर के समय में लिखित जटमल की 'गोरा बादल की कथा' का गद्य भी पर्याप्त परिष्कृत खड़ीबोली में है, किंतु तब गद्य का विकास नहीं हुआ। बहुत कम टीकाओं में ही ब्रजभाषा का अत्यंत अव्यवस्थित गद्य प्राप्त होता है। मुगल साम्राज्य की समाप्ति तथा अंग्रेजी राज की स्थापना के साथ खड़ीबोली प्राय: समस्त उत्तर भारत में फैली और व्यापार, राजनीति आदि का केंद्र दिल्ली से हटकर कलकत्ता हो गया। रेल, छापाखाने आदि नवीन वैज्ञानिक आविष्कारों का प्रचार हुआ तथा सामाजिक, धार्मिक, राजनीतिक, वैज्ञानिक, औद्योगिक आदि सभी जीवन-क्षेत्रों में नई क्रांति का आविर्भाव हुआ। इस काल में कॉलेजों की स्थापना, ईसाई धर्म के प्रचार, पत्र-पत्रिकाओं के प्रकाशन, यूरोपीय शासकों को भारतीय भाषा से परिचित कराने आदि की दृष्टि से गद्य की आवश्यकता महसूस हुई। इस समय तक ब्रजभाषा-गद्य के जो उदाहरण थे, वे अत्यंत अव्यवस्थित और अशक्त थे। खड़ीबोली में कोई साहित्यिक परंपरा ही न थी, किंतु उसका व्यावहारिक भाषा के रूप में प्रचार पर्याप्त मात्रा में था; अत: खड़ीबोली-गद्य ही तत्कालीन अंग्रेज, हिंदू, मुसलमान—सभी को अधिक ग्राह्य हुआ। कथा-कहानी के रूप में खड़ीबोली-गद्य का प्रारंभ हुआ।

प्रारंभ में मुंशी सदासुखलाल ने ब्रज मिश्रित पंडिताऊ गद्य में, इंशाअल्ला खाँ ने

उर्दू-शैली से प्रभावित गद्य में, लल्लूलाल ने सतुकांत पंडिताऊ शैली के गद्य में और पं. सदल मिश्र ने ब्रज प्रभावित गद्य में कथाएँ लिखीं। इनके पश्चात् खड़ीबोली-गद्य के दो प्रमुख लेखक राजा शिवप्रसाद 'सितारेहिंद' और राजा लक्ष्मण सिंह हुए। सितारेहिंद उर्दू से अत्यधिक प्रभावित थे और लक्ष्मण सिंह संस्कृत की ओर आकृष्ट थे। भारतेंदु हरिश्चंद्र ने मध्यम मार्ग अपनाया। इस प्रकार अरबी, फारसी और संस्कृत के प्रचलित शब्दों को अपनानेवाली बोलचाल की हिंदी का साहित्यिक रूप स्थिर हुआ।

भारतेंदु काल में पत्र-पत्रिकाओं का प्रकाशन प्रारंभ हो गया था और उसके माध्यम से न केवल खड़ीबोली का स्वरूप परिमार्जित व सक्षम होता गया, वरन् निबंध-विधा का उदय और विकास भी हुआ। भारतेंदु वर्तमान हिंदी-गद्य के प्रवर्तक हैं। उन्होंने ही जीवन के विविध विषयों तथा नाटक, निबंध आदि विविध विधाओं की ओर लेखकों को प्रवृत्त किया है। इस प्रकार निबंध का प्रारंभ 'भारतेंदु युग' से हुआ। अपनी पत्रिका के लिए 'नोट' और लेख लिखने का श्रेय भारतेंदु, बालकृष्ण भट्ट, बदरीनारायण चौधरी, प्रतापनारायण मिश्र आदि पूरे भारतेंदु मंडल के लेखकों को जाता है, जिन्होंने लगभग एक ही समय में विभिन्न पत्रिकाओं का संपादन-प्रकाशन आरंभ किया; किंतु इन सबके प्रेरणास्रोत भारतेंदु ही थे। भारतेंदु के 'लेखों' और 'नोटों' में निबंध का अंकुरण माना जा सकता है; अत: ऐतिहासिक दृष्टि से प्रथम हिंदी निबंधकार भी भारतेंदु ही हैं; किंतु निबंध के कलात्मक रूप को निखारने में सबसे बड़ा और प्रथम योगदान बालकृष्ण भट्ट का है।

हिंदी-निबंध का विकास : विभिन्न युग

हिंदी-निबंध के विकास को निम्नलिखित कालों में विभक्त किया जा सकता है—

१. प्रादुर्भाव-काल (१८७५ से १९०० ई.)—भारतेंदु युग

२. प्रसार-काल (१९०० से १९२० ई.)—द्विवेदी युग

३. परिपाक-काल (१९२० से १९३५ ई.)—छायावादी युग

४. उत्कर्ष-काल (१९३५ से १९५० ई.)—प्रगतिवादी युग

५. नवसंक्रमण-काल (१९५० से अब तक)—प्रयोगवादी युग

प्रादुर्भाव-काल

हिंदी में निबंध-लेखन का सूत्रपात भारतेंदु-मंडल के लेखकों द्वारा हुआ। पत्र-पत्रिकाओं के प्रकाशन आरंभ होने से संपादकीय टिप्पणियों, सामयिक समस्याओं पर चर्चा-परिचर्चा, विमर्श आदि के रूप में निबंध के प्रारंभिक स्वरूप का प्रादुर्भाव हुआ। अंग्रेजी राज के साथ पाश्चात्य साहित्य का अध्ययन, नए-नए विचारों का आगमन,

वैज्ञानिक कलों, आवागमन के साधनों तथा विचार-संप्रेषण के साधनों का उपयोगारंभ, राजनीतिक, सामाजिक, आर्थिक, सांस्कृतिक और राष्ट्र-प्रेम संबंधी नवीन भावनाओं के क्रांतिकारी उदय आदि के कारण गद्य और निबंध की आवश्यकता अनुभव की गई और इसका व्यापक प्रयोग एवं तीव्रता से विकास हुआ।

इस युग में निबंधों के विषय थे—देश-दुर्दशा, देश-प्रेम, पर्व-त्योहार, धर्म, नैतिकता, भाषा, साहित्य, प्रकृति, इतिहास, सामाजिक कुरीतियों, शिक्षा, मनोभाव आदि। जीवन के जिस क्षेत्र की ओर लेखक की दृष्टि जाती है, उसी को नवीन बौद्धिकता के प्रकाश में अनुरंजित कर वह निबंध में बाँधने का उपक्रम करता है। सामान्य व्यावहारिक जीवन से संबद्ध सामाजिक या व्यक्तिगत किसी भी विषय को निबंध का विषय बनाया गया है। यहाँ तक कि अति परिचित, सरल तथा नगण्य से प्रतीत होनेवाले विषयों पर भी निबंध लिखे गए हैं, यथा—'संगीत-सार', 'मेला-ठेला', 'होली', 'इंग्लैंड और भारतवर्ष', 'आँसू', 'शिवमूर्ति', 'भूकंप', 'मित्रता', 'भारतवर्ष के सुधार का उपाय क्या है' आदि।

इन निबंधों में अतीत के प्रति मोह, आसक्ति, गौरव, वर्तमान के प्रति आह्वान, उद्‌बोधन, परिहास, व्यंग्य, आक्रोश, भर्त्सना, प्रोत्साहन, समीक्षण, व्यग्रता तथा भविष्य के प्रति आशा, सुधार, उन्नति की कामना आदि अनेक भावों की विविधरंगी व्यंजना हुई है। एक ही कृति में एक साथ अनेक भावनाओं की झंकृति कभी-कभी मुख्य व्यंग्य की स्पष्टता में बाधक बनती दिखाई पड़ती है।

इस युग में अधिकांशतः वर्णनात्मक, विवरणात्मक, व्यंग्य-विनोदात्मक, आत्मचरितात्मक, भावात्मक, पत्रात्मक आदि विविध शैलियों के प्रयोग किए गए। इस काल के निबंधों की प्रमुख विशेषताएँ हैं—लेखक की निश्छल आत्माभिव्यक्ति, जिंदादिली, विनोद-व्यंग्य, हास-परिहास का पुट, जीवंतता और नाटकीयता। इस काल के निबंध ही नहीं, समस्त साहित्य और वातावरण में भी एक नई जागरूकता, नई दृष्टि और आलोचना-दृष्टि का उन्मेष, राष्ट्रोत्थान की तीव्र अभिलाषा आदि के दर्शन होते हैं। इस युग के निबंध आदर्शमूलक प्रवृत्तियों तथा जीवन पर सम्यक् दृष्टि से आग्रह के फलस्वरूप उपदेशात्मक हैं।

भारतेंदु युग विषयवस्तु तथा शैली के समान भाषा की दृष्टि से भी प्रयोग-काल ही था। भाषा का रूप स्थिर और परिमार्जित नहीं हो पाया था, अतः इस काल के निबंधों में संस्कृत, अरबी, फारसी, अंग्रेजी, ब्रजभाषा तथा अन्य स्थानीय बोलियों के तत्सम-तद्‌भव शब्द तथा शब्द-रूप निःसंकोच भाव से प्रयुक्त किए गए हैं। व्याकरण तथा विराम-चिह्नों के प्रयोग की दृष्टि से अव्यवस्था एवं सदोषता विद्यमान है। कहावतों, मुहावरों, उद्धरणों आदि का सम्यक् प्रयोग हुआ है। उस समय संस्कृत की चमत्कृत, अलंकृत एवं समस्त शैली का प्रभाव बना हुआ था, फलस्वरूप इन निबंधों में भी

रंगीनी—चमक-दमक, अलंकृति, चमत्कारिता, चटपटापन तथा बालकृष्ण भट्ट की भाषा में प्रौढ़ता के भी दर्शन होते हैं।

इस प्रकार प्रयोग-काल की सभी दुर्बलताएँ होते हुए भी इस काल का निबंध-साहित्य उज्ज्वल भविष्य की संभावनाओं एवं व्यक्ति-वैशिष्ट्य, व्यंग्य-विनोद, सजीवता आदि गुणों से मंडित है। इस युग के प्रमुख निबंधकार हैं—भारतेंदु हरिश्चंद्र, बालकृष्ण भट्ट, पं. प्रतापनारायण मिश्र, बदरीनारायण चौधरी 'प्रेमघन', श्रीनिवास दास, ठा. जगमोहन सिंह, अंबिकादत्त व्यास, पं. मोहनलाल विष्णुलाल पांड्या आदि। इनमें से प्राय: सभी पत्र-पत्रिकाओं के संपादक प्रकाशक भी थे। बालकृष्ण भट्ट तथा प्रतापनारायण मिश्र की रचनाओं में निबंध के स्वच्छ और परिष्कृत रूप से दर्शन होते हैं। बालकृष्ण भट्ट प्रथम कलात्मक निबंध-लेखक हैं। उनकी रचनाओं में आत्मपरकता, व्यक्तित्व की प्रधानता और कलात्मकता का प्रभावशाली प्रयोग देखने को मिलता है।

प्रसार-काल

बीसवीं सदी के प्रारंभ के साथ निबंध के विकास का द्वितीय चरण आरंभ हुआ। वैसे तो अनेक पत्र-पत्रिकाएँ निकलने लगी थीं, किंतु 'नागरीप्रचारिणी' (सन् १८८६ से) और 'सरस्वती' (सन् १९०० से) पत्रिकाएँ निबंध को क्षिप्र विकास देने में सफल हुईं। सन् १९०३ से पं. महावीर प्रसाद द्विवेदी ने 'सरस्वती' का संपादन-भार सँभालकर खड़ीबोली-गद्य का परिनिष्ठित रूप स्थिर कराने, नए-नए लेखकों को प्रोत्साहन देने और बहुविध मार्ग-दर्शन करने, नए-नए विषयों की ओर ध्यान आकृष्ट करने एवं संयम, मर्यादा आदि की प्रतिष्ठा करने में अभूतपूर्व कर्मठता का परिचय दिया। राष्ट्रीयता, नैतिकता आदर्शवादिता, देश-प्रेम, समाज-सुधार, प्राचीन-गौरव आदि भारतेंदुकालीन प्रवृत्तियाँ विकसित तथा परिमार्जित हुईं एवं सभी विषयों पर गंभीर, गवेषणापरक, आलोचनात्मक, ज्ञानवर्धक और आदर्शवादी निबंधों का प्रचुर मात्रा में प्रणयन होने लगा। भारतेंदु युग के समान इस युग का निबंध-लेखन भी पत्रकारिता से संबद्ध था। भारतेंदु युग की स्वच्छंद नाटकीयता के साथ आत्मप्रक्षेपण की प्रवृत्ति का स्थान अब गवेषणा-बुद्धि के साथ पाठकों तथा लेखकों के ज्ञानवर्धन, दिशा-दर्शन, रुचि-परिष्कार के गंभीर प्रयोजन ने ले लिया। भाषा और व्याकरण के संबंध में वाद-विवाद, इस युग की विशेषता बन गया। अंग्रेजी, बँगला, मराठी से निबंधादि के अनुवाद किए गए और निबंधों के विषयों में इतिहास, पुरातत्त्व, आलोचना आदि का अधिकाधिक समावेश हुआ। प्रथम विश्वयुद्ध के पश्चात् उद्दीप्त स्वातंत्र्येच्छा, महात्मा गांधी की प्रभाव-वृद्धि के साथ राष्ट्रीय जागृति, सांस्कृतिक पुनरुत्थान, अतीत-गौरव, सामाजिक-धार्मिक एकता और मानवतावादी विचार तथा पाश्चात्य साहित्य एवं विविध प्रकार के ज्ञान का प्रभाव

निबंध-विधा पर स्पष्टतः परिलक्षित होने लगा। साहित्य-विवेचन की परंपरा का सूत्रपात हुआ तथा भाषा और विषय-प्रतिपादन के क्षेत्र में भी गुणात्मक उत्कर्ष हुआ।

जन-जीवन से संबंधित पर्व, त्योहार, प्राकृतिक छटा आदि भारतेंदुयुगीन विषयों के स्थान पर विशिष्ट जनोपयोगी गंभीर विषयों को अधिक अपनाया जाने लगा। गंभीर आलोचना तथा विवेचन की परंपरा प्रारंभ होने से निबंध के परिपाक का प्रथम चरण संपन्न हुआ। विषय की दृष्टि से निबंध के क्षेत्र का विस्तार तो हुआ ही, शैलियों की दृष्टि से भी उसमें विविधता आई। वर्णनात्मक, विचारात्मक, भावात्मक, आत्मचरितात्मक, विवेचनात्मक आदि सभी शैलियों का सफल प्रयोग किया गया। इतना सब होने पर भी विषय-प्रतिपादन में स्थूल आकार की ही प्रधानता रही, विवेचन की सूक्ष्मता और विचारों की गहनता अधिक नहीं आ सकी। यह युग भारतेंदुयुगीन स्थूलता एवं छायावादी युग की सूक्ष्मता का मध्यवर्ती है और सफलता में भी इसकी मध्यवर्तिनी स्थिति स्वाभाविक ही है। इस काल में भाषा का लगभग पूर्ण परिनिष्ठित, प्रौढ़, व्याकरणसम्मत, प्रमुखतः संस्कृत-आश्रित विरामादि चिह्नों के सम्यक् प्रयोग से युक्त, कलात्मक और अभिव्यक्तिक्षम स्वरूप प्रयुक्त होने लगा।

अध्यापक पूर्णसिंह इस काल के प्रमुख निबंधकारों में मूर्धन्य हैं। व्यंजना लक्षणामयी वक्रता-विचारात्मकता और भावात्मकता का स्वस्थ सम्मिश्रण, कसावट तथा आत्माभिव्यंजन से पुष्ट शैली उनकी महान् देन है। पंडित्यपूर्ण हास्य और अर्थगर्भित वक्रता की दृष्टि से चंद्रधर शर्मा गुलेरी उल्लेखनीय हैं। भावात्मक निबंधकारों में राय कृष्णदास, माधव प्रसाद मिश्र आदि तथा अन्य प्रकार के निबंधकारों में बाबू श्यामसुंदर दास, किशोरी दास वाजपेयी, शिवपूजन सहाय, हरिऔध, गोविंद नारायण मिश्र आदि प्रमुख हैं। इस युग में यथार्थ निबंधकार संख्या में थोड़े ही हुए।

परिपाक-काल

इसे प्रसार-काल के द्वितीय सोपान के रूप में माना जा सकता है। प्रसार-काल की अपेक्षा इस काल में गुणात्मक उत्कर्ष की भिन्नता बहुत अधिक नहीं है, किंतु मात्रात्मक भेद पर्याप्त हैं। प्रसार-काल में ज्ञान-संचय, विषय-निरूपण और भाषा-परिष्कार की प्रवृत्ति प्रमुख रही। परिपाक-काल में सिद्धांतों के समन्वय तथा सत्यान्वेषण के आग्रह से प्रसारकालीन विषय-निरूपण के स्थान पर सैद्धांतिक निर्वचन-विदग्धता को प्रमुखता प्राप्त हुई। यह काल हिंदी-गद्य के विकास का स्वर्ण युग कहा जा सकता है। उपन्यास, कहानी, नाटक, आलोचना, निबंध आदि सभी गद्य-विधाएँ इस युग में अपने चरम विकास को प्राप्त हुईं। इस युग का निबंध-साहित्य प्रौढ़-गंभीर विचारकों, मुग्ध-भावुक कलाकारों और साहित्य-मर्मज्ञों एवं समीक्षकों द्वारा समृद्ध किया गया;

इसीलिए द्विवेदी युग में शेष स्थूलता को भी त्यागकर इस युग का निबंध अधिक सूक्ष्म और अंतर्मुखी हो गया। इस काल में भावात्मक और विचारात्मक निबंध अधिक एवं वर्णनात्मक व विवरणात्मक निबंध कम लिखे गए। भावात्मक काव्यमय गद्य की एक नवीन शैली का प्रादुर्भाव हुआ, जिसे कुछ लोगों ने गद्य-काव्य का नाम दिया। ऐसे निबंधों में भाषा को सरलता, कोमलता, रंगीनी और चित्रोपमा की स्तुत्य विशेषताएँ प्राप्त होती हैं। विचारात्मक निबंध-क्षेत्र में आचार्य रामचंद्र शुक्ल का कृतित्व, अमर और विश्व के श्रेष्ठ निबंध-साहित्य में स्थान रखता है। मनोवैज्ञानिक, प्राचीन इतिहास, दर्शन, साहित्य और संस्कृति, पुरातत्त्व आदि सभी गंभीर विषयों को निबंध ने इस युग में अपनी परिधि में ले लिया।

पाश्चात्य और भारतीय दृष्टि तथा उपलब्धियों का सम्यक् समन्वय इस युग की आवश्यकता तथा विशेषता थी। पूँजीवादी-यंत्रवादी पाश्चात्य तंत्र के प्रथम प्रत्यक्ष संघात से सहस्राब्दियों से सामंती संस्कारों में जकड़ी भारतीय मनीषा आदर्शवाद, व्यक्तिमूलक नैतिकता, प्रकृति-प्रेम तथा रोमानी अंतर्मुखता की ओर आकृष्ट हुई, फलतः गांधीवाद और छायावाद का उदय हुआ। उसी प्रभाववश निबंध में लोक-आग्रही शोधपरक बौद्धिकता का समावेश हुआ। इस युग का निबंध-सृजन विगत युगों के समान पत्रकारिता का उपजीवी नहीं रहा। उच्च कक्षाओं में पढ़ाए जाने-योग्य गंभीर निबंधों का आदर्श अपनाया गया और इस क्षेत्र में आचार्य रामचंद्र शुक्ल देदीप्यमान नक्षत्र की भाँति उदित हुए; इसीलिए इस युग को 'शुक्ल युग' भी कहा जाता है। इस युग में द्विवेदी युग की भाँति ललित, आत्माभिव्यंजक निबंध कम संख्या में लिखे गए।

इस काल में खड़ीबोली-पद्य के क्षेत्र में भी प्रतिष्ठित तथा समर्थ बनकर चरम विकास कर चुकी थी। निबंधों में भी संस्कृतनिष्ठ, प्रौढ़, गंभीर, सुव्यवस्थित, लक्षणादि शक्तियों से पुष्ट एवं नवीन प्रयोगों से समृद्ध भाषा के आदर्श परिनिष्ठित रूप के दर्शन होते हैं। इस प्रकार विषय, विवेचन, शैली तथा भाषा सभी क्षेत्रों में द्विवेदी युग से प्रारंभ हुआ विकास, गुण और मात्रा—दोनों दृष्टि से चरम को छूने लगा।

विचारात्मक निबंध लेखकों में आचार्य रामचंद्र शुक्ल के अतिरिक्त आलोचना क्षेत्र से संबद्ध बाबू गुलाबराय, श्यामसुंदर दास आदि महत्त्वपूर्ण हैं। बाबू गुलाबराय ने मनोवैज्ञानिक निबंध भी लिखे। इस क्षेत्र में वे लगभग एकाकी हैं। वासुदेवशरण अग्रवाल ने इतिहास, दर्शन, साहित्य आदि को अपने निबंधों का विषय बनाया। पदुमलाल पुन्नालाल बख्शी ने शैली की नवीनता के साथ विचारात्मक निबंध लिखे। वैयक्तिक, भावात्मक और विचारात्मक निबंध-लेखकों में शांतिप्रिय द्विवेदी भी उल्लेखनीय हैं। भावात्मक निबंध-लेखकों में माखनलाल चतुर्वेदी ने विचारप्रधान विषय को भी भावात्मकता एवं काव्यात्मकता प्रदान की। डॉ. रघुवीर सिंह, वियोगी हरि एवं राय कृष्णदास के

भावात्मक निबंध भी महत्त्वपूर्ण स्थान रखते हैं। समीक्षात्मक निबंध के क्षेत्र में अन्यों के साथ जयशंकर प्रसाद का नाम उल्लेख्य है, यद्यपि इस क्षेत्र में उनका कोई अधिक देन नहीं है।

उत्कर्ष-काल

उत्कर्ष–काल परिपाक–काल से घनिष्ठ रूप में संबद्ध है। उस काल के अधिकांश लेखक इस काल में भी सृजनरत रहे, फिर भी इसे एक पृथक् काल मानना आवश्यक है; क्योंकि परिपाक–काल तक जो यांत्रिक पूँजीवादी तंत्र का स्वरूप तथा साहित्य में छायावादी पराङ्मुखता प्रतिष्ठित हो गई थी, उसके विरुद्ध रूसी साम्यवादी सफलता के प्रभाव से एक नई सैद्धांतिक बौद्धिक क्रांति–दृष्टि उत्पन्न हो गई।

इसी बीच मनोविश्लेषणवादी मनोवैज्ञानिक स्थापनाओं के प्रति बढ़ते आकर्षण के फलस्वरूप छायावादी रोमांटिक वैयक्तिकता से भिन्न व्यक्तिनिष्ठ यथार्थवाद भी प्रभावशील हुआ। इस प्रकार भिन्न यथार्थवादी विचारधाराओं ने साहित्य के विषय, शैली, भाषा आदि सभी क्षेत्रों में एक गुणात्मक परिवर्तन ला दिया। साहित्य, कला, संस्कृति, राजनीति, अर्थतंत्र, वैज्ञानिक प्रगति, जीवन और समाज की व्यवस्था आदि सभी विषयों पर वादीय दृष्टियों से गंभीर, सैद्धांतिक चिंतन–मनन, खंडन–मंडन, आलोचना, प्रतिपादन आदि का ऊहापोह प्रारंभ हो गया और निबंध के विषय–क्षेत्र में इन सबका प्रवेश हुआ। भारतेंदु काल के बाद विलीन सी हो गई वैयक्तिक निबंध–लेखन परंपरा का एक नए रूप में, नए सिरे से उत्थान हुआ, जिसके पथ–प्रदर्शक प्रथम निबंधकार डॉ. हजारीप्रसाद द्विवेदी रहे।

पत्रकारिता की उपजीविता से तो निबंध परिपाक–काल में ही लगभग मुक्त हो चुका था, किंतु उस काल में उच्च कक्षाओं की पाठ्य–सामग्री बनने का जो मोह उसने ओढ़ लिया था, उससे भी इस काल के निबंध में मुक्ति पाकर एक स्वतंत्र अभिव्यक्ति के गंभीर माध्यम का पद प्राप्त किया। इस प्रकार वैचारिक गांभीर्य एवं स्वातंत्र्य के साथ विस्तार की वृद्धि हुई। इतना होने पर भी प्रगतिवादी विचारधारा का विशुद्ध, गहन, अडिग और सबल प्रतिपादन करनेवाला कोई प्रखर व्यक्तित्व निबंध–लेखकों में नहीं दिखाई देता। यशपाल और कौशल्यायन का नाम एक सीमा तक लिया जा सकता है। बेनीपुरी केवल भाषणों में साम्यवाद का पक्ष लेते रहे। 'गेहूँ और गुलाब' निबंध में उन्होंने गेहूँ से गुलाब को अधिक महत्त्व दिया। यह साम्यवादी विचारधारा के अनुकूल नहीं है। मनोविश्लेषणवादी धारा में भी कोई प्रभावशाली निबंध–लेखक नहीं है। फिर भी इन दोनों धाराओं का कुछ–न–कुछ प्रभाव अवश्य पड़ा।

निबंध के क्षेत्र में यह युग प्रसादोत्तर काल ही है, इसलिए प्रसादयुगीन परिपाक–

काल में कला और संस्कृति को जैसा महत्त्व प्राप्त था, वैसा इस युग में भी बना रहा। इस काल के सबसे समर्थ निबंधकार जैनेंद्र तथा अन्य प्रमुख निबंधकार—डॉ. हजारीप्रसाद द्विवेदी, प्रभाकर माचवे, डॉ. नगेंद्र, नंददुलारे वाजपेयी आदि ने कला, संस्कृति, साहित्य पर भी खूब लिखा। इन सबने अपने-अपने दृष्टिकोण के अनुसार 'प्रगति' के प्रभाव को आत्मसात् अवश्य किया है। विषय की विविधता की दृष्टि से यह युग परिपाक-काल से आगे बढ़ा हुआ दृष्टिगोचर होता है।

कला, शिल्प और शैली के क्षेत्र में अनेकमुखी विकास हुए। गंभीर निबंध-रूप संपादकीय, रेखाचित्र, संस्मरण, रिपोर्टिंग, यात्रा-वृत्त आदि का प्रणयन होने लगा। हास्य-व्यंग्यात्मक निबंध कम लिखे गए। इस क्षेत्र में प्रमुखतः गोपालप्रसाद व्यास और अल्प मात्रा में सियारामशरण गुप्त तथा प्रभाकर माचवे के नाम उल्लेखनीय हैं। आत्माभिव्यंजक निबंधों के क्षेत्र में हजारीप्रसाद द्विवेदी के अतिरिक्त देवेंद्र सत्यार्थी, कौशल्यायन, कन्हैयालाल मिश्र 'प्रभाकर', रामवृक्ष बेनीपुरी आदि का स्थान है। प्रगतिवादी विचारधारा के निबंध-लेखकों में यशपाल, रामविलास शर्मा, प्रकाशचंद्र गुप्त, शिवदान सिंह चौहान, रांगेय राघव, भगवतशरण उपाध्याय आदि तथा मनोविश्लेषणवादी धारा के लेखकों में इलाचंद्र जोशी, जैनेंद्र, अज्ञेय, नगेंद्र, प्रभाकर माचवे आदि के नाम लिये जा सकते हैं। नंददुलारे वाजपेयी, नगेंद्र, दिनकर, शांतिप्रिय द्विवेदी, विनयमोहन शर्मा, विश्वंभर मानव, गंगाप्रसाद पांडेय आदि ने साहित्यिक समालोचना संबंधी निबंधों में प्रायः सामाजिक और वैयक्तिक यथार्थवादी विचारों में समन्वय-मार्ग खोजने के प्रयत्न किए हैं।

भाषा की दृष्टि से परिपाक-काल जैसा उच्च स्तर रहने पर भी जनभाषा की शब्दावली, सरलता, अभिधात्मकता आदि की ओर इस काल में रुचि दिखाई देती है।

नवसंक्रमण-काल

देश की स्वतंत्रता के पश्चात् अद्यतन नवसंक्रमण के लक्षण प्रकट हुए हैं। इस समय अनेक आंदोलनों और विचारों की विविधता, सामंतवादी मान्यताओं के प्रति विद्रोह, पूँजीवादी वर्ग-विभाजन के प्रति अनिश्चित सी मनोदशा, फिर भी पूँजीपति वर्ग के प्रति आक्रोश तथा निम्न-मध्यम वर्ग के साथ लेखकों की आत्मीयता, देश के चारित्रिक पतन, भ्रष्टाचार आदि के कारण उत्पन्न कटुतापूर्ण अवस्था, नवीन औचित्यपूर्ण मार्ग की अनुपलब्धिजन्य भटकन इत्यादि कारणों से एक कुंठाग्रस्त संक्रमण काल व्याप्त होता है। लक्ष्य और मार्ग की अनिश्चितता के कारण वातावरण बोझिल सा है।

□

अनुक्रम

संयुक्त राष्ट्र संघ : कल, आज और कल

संयुक्त राष्ट्र संघ अर्थात् यू.एन.ओ. (United Nations Organisation) ने अनेक उतार-चढ़ाव देखे हैं। उसकी स्थापना के समय उपनिवेशवाद का जो अंतरराष्ट्रीय व्यूह था, वह समाप्त हो गया है। शीतयुद्ध काल की असमंजस भरी स्थितियाँ भी नहीं हैं। अब तो त्रस्त मानवता की रक्षा, विकास के नारों और विश्व शांति की परिकल्पनाओं का समय आ गया है। परतंत्रता की बेड़ियाँ काटी जा चुकी हैं। संघ के कोश से रंगभेद, जातिभेद, धर्मभेद जैसे उत्पीड़न के शब्द अब हट गए हैं, फिर भी संयुक्त राष्ट्र संघ आज भी असहाय है। इसके उत्तरदायित्वों का दायरा तो बढ़ा है, लेकिन उसके साधन दिनोदिन सिमटते जा रहे हैं। संगठन ने कई दशकों की घोषणा की और प्रत्येक वर्ष किसी-न-किसी समस्या का निराकरण का स्वप्न देखा, किंतु एक मोटी रकम खर्च होने के बावजूद स्थितियों में विशेष अंतर नहीं आया। संघर्षरत पक्षों के बीच शांति स्थापना के स्तर पर भी संगठन को उतनी सफलता नहीं मिली, जितनी अपेक्षा की जाती थी। ऐसी स्थिति में संयुक्त राष्ट्र संघ के उद्देश्यों, उसके कार्य करने के तौर-तरीकों, कार्य संचालन में आनेवाले व्यवधानों, संगठन की विवशताओं और उसके भविष्य की परिकल्पनाओं पर विस्तृत और गंभीर विचार करना जरूरी है, क्योंकि उसी स्थिति में कार्यक्रमों का सही-सही मूल्यांकन हो सकेगा।

स्थापना का परिवेश और आवश्यकता

विश्व में शांति का वातावरण बनाने के लिए लंबे समय से प्रयास होते रहे, लेकिन प्रथम विश्वयुद्ध (सन् १९१४-१९१८) के दौरान लाखों लोगों की अकारण मौत तथा अरबों रुपए की संपत्ति के विनाश से दुःखी होकर यह निर्णय किया गया कि राष्ट्र संघ (League of Nations) की स्थापना की जाए, ताकि भावी महायुद्ध की संभावना टाली जा सके। इस तरह अमेरिका के तत्कालीन राष्ट्रपति वुडरो विल्सन की पहल पर सन् १९२० में 'राष्ट्र संघ' की स्थापना हुई। इसमें प्रारंभ में ४२ राष्ट्र शामिल हुए, जिनमें

अमेरिका, ग्रेट ब्रिटेन और फ्रांस के अलावा जापान तथा इटली भी थे। इनमें जापान ने सन् १९३३ में संघ छोड़ दिया, क्योंकि राष्ट्र संघ ने मंचूरिया पर उसके हमले की आलोचना की थी। जर्मनी ने इस संगठन की सदस्यता सन् १९२५ में स्वीकार की थी, लेकिन १० वर्षों बाद हिटलर के सत्ता में आने के पश्चात् उसने संघ छोड़ दिया। इसी तरह इटली ने १९३७ में अबीसीनिया पर हमले के साथ राष्ट्र संघ को अलविदा कह दिया। अंततः महाशक्तियों में फ्रांस और ब्रिटेन ही इसके सदस्य रह गए। रूस ने १९३४ में संघ की सदस्यता ग्रहण की, लेकिन हिटलर के साथ समझौते के बाद उसकी सदस्यता न के बराबर रह गई। अमेरिका ने सदस्यता की परवाह ही नहीं की।

इस तरह 'लीग ऑफ नेशंस' का भविष्य खतरे में पड़ गया। इस बीच द्वितीय विश्वयुद्ध (१९३९) शुरू हो गया। इसमें जो विनाश का तांडव हुआ, उससे मानवता काँप उठी। हिरोशिमा-नागासाकी पर अणु बम के प्रहार ने सारे विश्व को दहला दिया था। अतः तीव्रता से किसी ऐसे संगठन की आवश्यकता अनुभव की जाने लगी, जो विश्व को युद्ध की विभीषिका से बचा सके। इस उद्देश्य की पूर्ति के लिए प्रयास पहले से जारी थे ही। धुरी राष्ट्रों (जापान, जर्मनी और इटली) के विरुद्ध मित्र राष्ट्रों ने जो युद्ध-अभियान शुरू किया, उसी समय संयुक्त राष्ट्र (United Nations) शब्द का प्रयोग होने लगा था। जनवरी १९४२ में एक संयुक्त घोषणा-पत्र में इस नाम का प्रयोग भी किया गया, जिसमें २६ राष्ट्रों के प्रतिनिधियों ने धुरी राष्ट्रों के विरुद्ध युद्ध की शपथ ली थी। इसके बाद सन् १९४३ में मॉस्को में इन राष्ट्रों का सम्मेलन हुआ, जिसमें ग्रेट ब्रिटेन, अमेरिका, रूस और फ्रांस के विदेश मंत्री शामिल हुए थे और विश्व में शांति तथा सुरक्षा के लिए एक अंतरराष्ट्रीय संगठन बनाने पर बल दिया गया था। 'लीग ऑफ नेशंस' को अक्षम मानकर नए संगठन के उद्देश्य से काहिरा, तेहरान, ग्रेट ब्रिटेन, वुड्स और हॉटस्प्रिंग में सम्मेलन करके संगठन की रूपरेखा पर विचार होता रहा। यद्यपि द्वितीय विश्वयुद्ध अपनी पूरी क्षमता से लड़ा जा रहा था। अंततोगत्वा सन् १९४४ के वाशिंगटन सम्मेलन में संयुक्त राष्ट्र संघ का एक प्रारूप प्रस्तुत किया गया। इस सम्मेलन में चीन, सोवियत संघ, ब्रिटेन और अमेरिका के प्रतिनिधि शामिल हुए। इसके बाद एक सम्मेलन २५ अप्रैल से २६ जून, १९४५ तक सैन फ्रांसिस्को में हुआ, जिसमें ५० देशों के प्रतिनिधि शामिल हुए। इसी सम्मेलन में उल्लिखित चार्टर (घोषणा-पत्र) को स्वीकृति प्रदान की गई। इस घोषणा-पत्र पर २६ जून को ५० राष्ट्रों के प्रतिनिधियों ने हस्ताक्षर किए थे। एक अन्य राष्ट्र पोलैंड ने बाद में हस्ताक्षर किया। इस तरह ५१ राष्ट्रों की सहमति से संयुक्त राष्ट्र संघ अपने अस्तित्व में आया, लेकिन विभिन्न राष्ट्रों की ओर से पृथक्-पृथक् पुष्टि के बाद २४ अक्तूबर, १९४५ को इस संगठन की स्थापना हुई। सुरक्षा परिषद् के ५ स्थायी सदस्य—चीन, फ्रांस, अमेरिका, सोवियत संघ (अब रूस) और ग्रेट ब्रिटेन—इस संगठन

के प्रारंभिक स्थापनाकर्ताओं में शामिल हैं और वही बाद में सुरक्षा परिषद् के स्थायी सदस्य घोषित हुए।

उद्देश्य

संयुक्त राष्ट्र संघ के अधिकार-पत्र (घोषणा-पत्र) में मुख्यतः चार उद्देश्यों का उल्लेख है—

१. अंतरराष्ट्रीय शांति और सुरक्षा बनाए रखना।

२. राष्ट्रों के बीच उनके सम्मान, अधिकार (सार्वभौम अधिकार) और आत्मनिर्णय के उनके विशेषाधिकार को ध्यान में रखते हुए मित्रतापूर्ण संबंधों का विकास करना।

३. आर्थिक, सामाजिक, सांस्कृतिक और मानव कल्याण से जुड़ी अंतरराष्ट्रीय समस्याओं का निराकरण करना और मानवाधिकारों के प्रति सम्मान भाव अभिवर्धित करने में अंतरराष्ट्रीय स्तर पर सहयोग करना।

४. इन सभी उद्देश्यों की पूर्ति के साथ विश्व के समस्त राष्ट्रों के बीच आपसी संबंधों का सामंजस्य स्थापित करना।

इन उद्देश्यों की पूर्ति का आधारभूत सिद्धांत इस प्रकार है—

१. संयुक्त राष्ट्र संघ का गठन विभिन्न राष्ट्रों की संप्रभुता को बराबर सम्मान देने के आधार पर हुआ है। अतः सभी सदस्यों की सदस्यता का स्वरूप भी समान है।

२. घोषणा-पत्र के अंतर्गत सदस्य राष्ट्रों ने जो दायित्व या कर्तव्य स्वीकार किया है, उसे वे पूर्ण सत्यनिष्ठा से पूरा करेंगे।

३. सदस्यों को आपसी झगड़ों को शांतिपूर्ण ढंग से इस प्रकार तय करना है, जिससे शांति, सुरक्षा और न्याय को कोई खतरा न हो।

४. सभी सदस्य राष्ट्रों को अन्य सदस्य राष्ट्रों के विरुद्ध धमकी, चेतावनी या बल-प्रयोग से दूर रहना चाहिए।

५. संयुक्त राष्ट्र संघ जो भी कार्य करता है, उसमें प्रत्येक सदस्य राष्ट्र को मदद करनी होगी। जिन सदस्य राष्ट्रों के विरुद्ध राष्ट्र संघ निरोधात्मक काररवाई (Enforcement action), उन्हें विवश करने के लिए, करता है, उनको सदस्य राष्ट्र मदद नहीं करेंगे।

६. संयुक्त राष्ट्र संघ किसी राष्ट्र के आंतरिक मामलों में हस्तक्षेप नहीं करेगा, परंतु जहाँ शांति भंग का खतरा हो या आक्रमण किया गया हो, वहाँ यह धारा लागू नहीं होगी और राष्ट्र संघ बाध्यीकरण या विरोधात्मक काररवाई कर

सकेगा, क्योंकि बाध्यीकरण से अनुशासन का उल्लंघन करनेवाले राष्ट्र को अनुशासन में लाया जा सकता है।

सदस्यता

संयुक्त राष्ट्र संघ की सदस्यता के लिए दो मुख्य शर्तें हैं—

१. सुरक्षा परिषद् की संस्तुति,

२. महासभा द्वारा दो-तिहाई बहुमत से सदस्यता को स्वीकृति, किंतु इनमें से पहली ही शर्त महत्त्वपूर्ण है; क्योंकि यदि सुरक्षा परिषद् ने किसी सदस्य की सदस्यता निलंबित करने की स्वीकृति दे दी तो वह निलंबित होकर ही रहेगा और यदि सुरक्षा परिषद् चाहती है कि निलंबन समाप्त हो जाए, तो वह समाप्त हो जाएगा। इस तरह सदस्यता के लिए सुरक्षा परिषद् की स्वीकृति-अस्वीकृति महत्त्वपूर्ण है। यही कारण है कि संपूर्ण संयुक्त राष्ट्र संघ सुरक्षा परिषद् के अनुसार चलता है।

संयुक्त राष्ट्र संघ के अंग

इस संगठन के प्रमुख अंग हैं—

१. महासभा (General Assembly)

२. सुरक्षा परिषद् (Security Council)

३. आर्थिक और सामाजिक परिषद् (Economic and Social Council)

४. न्यास परिषद् (Trusteeship Council)

५. अंतरराष्ट्रीय न्यायालय (International Court of Justice)

महासभा—सभी इस सभा के सदस्य होते हैं और उनका अपना एक मत होता है। आमतौर पर वर्ष में एक बार महासभा की बैठक होती है और यह दिन सितंबर का तीसरा मंगलवार होता है। इसका सत्र आमतौर पर दिसंबर के मध्य तक चलता है, लेकिन यदि आवश्यक होता है तो यह नए वर्ष के कुछ सप्ताहों तक भी चल सकता है। सुरक्षा परिषद् की पहल पर राष्ट्र संघ का महासचिव विशेष या आपात अधिवेशन बुला सकता है। महासभा का कोई स्थायी अध्यक्ष नहीं होता। वह अपने हर सत्र में नया अध्यक्ष चुनती है। महासभा का पहला सामान्य सत्र सन् १९४६ में १० जनवरी से १४ फरवरी (लंदन) और २३ अक्तूबर से १६ दिसंबर (न्यूयॉर्क) तक चला था। विशेष अधिवेशन प्राय: किसी विशेष मुद्दे को लेकर बुलाया जाता है, जैसे—सन् १९६७ में अरब-इजराइल युद्ध के कारण बुलाया गया था।

सुरक्षा परिषद्—इस संस्था में १५ सदस्य हैं, जिसमें १० अस्थायी और ५

स्थायी सदस्य हैं। अस्थायी सदस्यों को राष्ट्र संघ महासभा में दो-तिहाई बहुमत से प्रति दो वर्षों के लिए चुना जाता है। अवकाश पानेवाले सदस्य तत्काल पुनर्निर्वाचित नहीं हो सकते। इसके अतिरिक्त सुरक्षा परिषद् अपनी बैठकों में गैर-सदस्यों को भी भाग लेने के लिए आमंत्रित कर सकती है। सुरक्षा परिषद् का मुख्य दायित्व विश्व में शांति-व्यवस्था बनाए रखना है। सुरक्षा परिषद् में किसी प्रस्ताव की स्वीकृति के लिए ९ मत आवश्यक होते हैं। यदि स्थायी सदस्य अनुपस्थित रहते हैं तो इसका तात्पर्य 'निषेधाधिकार' नहीं होता, लेकिन उपस्थित सभी स्थायी सदस्यों का मत उन ९ मतों में शामिल होना जरूरी है। शांति और सुरक्षा स्थापित करने में मदद के लिए एक सैनिक कर्मी समिति (Millitary Staff Committee) की व्यवस्था की गई है, जिसमें सभी स्थायी सदस्यों के सेनाध्यक्ष या उनके प्रतिनिधि शामिल होते हैं। सुरक्षा परिषद् के अध्यक्ष अंग्रेजी नामाक्षरों के आधार-क्रम में एक-एक महीने के लिए सदस्य देश होते हैं। सुरक्षा परिषद् के पास विशेषज्ञों की दो समितियाँ हैं, जो नए सदस्यों की सदस्यता की अर्हता का निर्णय करती हैं। इसके अलावा समय-समय पर विभिन्न मसलों पर तदर्थ और विशेष समितियाँ भी गठित की जाती हैं। अणुशक्ति आयोग भी इसी का अंग है। कई स्थायी समितियाँ भी हैं।

आर्थिक और सामाजिक परिषद्—राष्ट्र संघ की आर्थिक, सामाजिक, सांस्कृतिक, शैक्षिक, स्वास्थ्य आदि मामलों का दायित्व इस परिषद् को दिया गया है। इसमें ५४ सदस्य हैं, जो महासभा द्वारा दो-तिहाई बहुमत से चुने गए हैं। प्रतिवर्ष ९ सदस्य चुने जाते हैं, जिनका कार्यकाल ३ वर्ष का होता है। अवकाश ग्रहण करनेवाले सदस्य तत्काल दोबारा भी चुने जा सकते हैं। प्रत्येक सदस्य का एक मत होता है और उपस्थित सदस्यों के बहुमत से निर्णय किए जाते हैं। यह समिति प्रत्येक वर्ष दो सत्र में बैठती है और आवश्यक होने पर विशेष अधिवेशन भी बुला सकती है। इसके अंतर्गत अनेक संगठन हैं, जैसे—सांख्यिकी आयोग, जनसंख्या आयोग, मानवाधिकार आयोग, मादक पदार्थ आयोग, नारी सामाजिक स्थिति आयोग, सामाजिक विकास आयोग आदि। इन आयोगों के अतिरिक्त स्थायी समितियाँ भी हैं, जैसे—आर्थिक समिति, सामाजिक समिति, समन्वय समिति, गैर-सरकारी संगठनों से संबद्ध समिति, सम्मेलनों के कार्यक्रम संबंधी अंतरिम समिति, औद्योगिक विकास समिति आदि। इस तरह आर्थिक और सामाजिक परिषद् का क्षेत्र बहुत व्यापक है।

न्यास परिषद्—इस परिषद् का महत्त्व उपनिवेशवाद काल में अधिक था। उस समय इस तरह के ११ न्यास बनाए गए थे, जिनमें माइक्रोनेशिया अब भी अमेरिका द्वारा शासित है। यह प्रशांत के द्वीपों का समूह है। कुछ ऐसे ही द्वीप फ्रांस के पास भी हैं।

अंतरराष्ट्रीय न्यायालय—यह न्यायालय संयुक्त राष्ट्र संघ के घोषणा-पत्र का एक अंग है और एक अंतरराष्ट्रीय संधि के तहत इसकी स्थापना हुई है। इसमें निष्पक्ष

न्यायाधीशों की नियुक्ति होती है, जिसके लिए किसी देश की राष्ट्रीयता जरूरी नहीं है। उनमें अपने देश में उच्च पद के लिए निर्धारित योग्यता देखी जाती है। इसके अलावा अंतरराष्ट्रीय कानून से संबद्ध ख्याति देखी जाती है। इस समय १५ न्यायाधीश हैं। इनकी नियुक्ति सन् १८९९ और १९०७ के हेग कन्वेंसन के अनुसार गठित स्थायी न्यायाधिकरण द्वारा नामांकित न्यायाधीशों की सूची से की जाती है, जिस पर महासभा और सुरक्षा परिषद् दोनों की स्वीकृति होती है। इन न्यायाधीशों का कार्यकाल ९ वर्षों का होता है। यह न्यायालय अपने अध्यक्ष और उपाध्यक्ष तीन वर्षों के लिए स्वयं चुनता है, साथ ही निरंतर कार्यशील रहता है। आमतौर पर सभी १५ न्यायाधीश न्यायालय में बैठते हैं, लेकिन ९ न्यायाधीशों की उपस्थिति से कोरम पूरा मान लिया जाता है। वैसे बेंच में कम-से-कम ३ न्यायाधीश शामिल होते हैं। किसी फैसले से पहले निम्न बातें ध्यान में रखी जाती हैं—

१. अंतरराष्ट्रीय समझौतों की शर्तें, जिन्हें विवादी राष्ट्रों ने स्वीकार किया है।
२. अंतरराष्ट्रीय परंपराओं तथा विधि द्वारा स्वीकृत शिष्टाचार।
३. अंतरराष्ट्रीय शिष्टाचार के आधारभूत तत्त्व।
४. विभिन्न देशों के उच्चतम न्यायालयों के निर्णय और अंतरराष्ट्रीय ख्याति के कानूनविदों की राय।

इस तरह राष्ट्र संघ स्वयं में एक अति शक्तिशाली संस्था है। इससे संबद्ध अनेक संस्थाएँ हैं, जैसे—विश्व बैंक, अंतरराष्ट्रीय मुद्रा कोष, यूनीसेफ, यूनेस्को, अंतरराष्ट्रीय अणुशक्ति अभिकरण आदि, जो विश्व को साधन-संपन्न बना सकने में समर्थ हैं, लेकिन संयुक्त राष्ट्र संघ अपने दायित्वों को पूरा करने में वहीं सफल हो पाता है, जहाँ सुरक्षा परिषद् के स्थायी सदस्य रुचि लेते हैं। विशेष तौर पर अमेरिका और उसके मित्र देशों का बोलबाला है।

संयुक्त राष्ट्र संघ की असफलताओं के कारण

विश्व शांति की स्थापना का दायित्व वहन करनेवाला, मानवाधिकारों का संरक्षक, बच्चों, युवकों, महिलाओं, विस्थापितों और अल्पसंख्यक राष्ट्रों को संरक्षण देने का दम भरनेवाला संयुक्त राष्ट्र संघ स्वयं में एक निरीह संगठन है। इसके प्रमुखतया पाँच कारण हैं—

१. राष्ट्र संघ का अपना कोई सैनिक तंत्र नहीं है, अतः विभिन्न देशों से जो सेनाएँ और मानव कल्याण से संबद्ध कर्मचारी वह उधार लेता है, उनमें तालमेल बैठाना कठिन हो जाता है। इस प्रकार शांति स्थापित करने का सारा प्रयास बिखर जाता है और राष्ट्र संघ को अपेक्षित सफलता नहीं मिल पाती।

२. संयुक्त राष्ट्र संघ का अपना कोई आय-स्रोत न होने के कारण सदस्य राष्ट्रों से प्राप्त होनेवाला चंदा पर्याप्त नहीं होता और अनेक स्थानों से शांति सेनाएँ इसलिए वापस बुलानी पड़ी हैं, क्योंकि उनके पास उन सेनाओं को रखने की आर्थिक क्षमता नहीं रही। चंदे की रकम भी समय से नहीं मिल पाती। सबसे बड़ा गैर-जिम्मेदाराना कार्य अमेरिका करता है, जिसने चंदे का २५ प्रतिशत देने का दायित्व लिया है; पर उसका भुगतान नहीं करता।
३. असफलताओं का तीसरा प्रमुख कारण महाशक्तियों की स्वार्थपरता है। महाशक्तियाँ जो विवादित पक्षों में से किसी एक की पक्षधरता करने लगती हैं, जिससे शांति सेना को दायित्व निर्वाह करने का अवसर ही नहीं मिल पाता। संयुक्त राष्ट्र संघ के शांति सैनिक युद्ध करने नहीं जाते, बल्कि युद्धरत पक्षों को युद्ध से विरत करने के उद्‍देश्य से भेजे जाते हैं। अत: उन्हें किसी एक पक्ष की तरफदारी का हक नहीं, भले ही वह दोषी ही क्यों न हो।
४. संयुक्त राष्ट्र संघ के समाज कल्याण के सारे कार्यक्रम प्राय: भ्रष्टाचार के शिकार हो जाते हैं और फर्जी आँकड़ों से खानापूर्ति तो कर दी जाती है, मगर मदद लेनेवाले राष्ट्र उस धन का उपयोग अन्य कार्यों में कर लेते हैं। जैसा कि देखा गया है राष्ट्र संघ से समाज कल्याण के लिए मिले धन से हथियार तक खरीदे गए हैं। इसी तरह विस्थापितों के लिए मिलनेवाले धन का भी दुरुपयोग होता रहा है।
५. संयुक्त राष्ट्र संघ की महासभा, जिसके सदस्य सभी राष्ट्र होते हैं, एक असहाय संस्था है। वह अपने बहुमत से ऐसा कोई कार्य नहीं कर सकती, जो सुरक्षा परिषद् के स्थायी सदस्यों, विशेषतौर पर अमेरिका और उसके मित्र राष्ट्रों की इच्छा के विरुद्ध हो। यही कारण रहा कि सन् १९७९ तक जनवादी चीन महासभा का सदस्य नहीं बन सका और जब अमेरिका ने राष्ट्रवादी (ताइवान) चीन को उसके पद से हटाने का निर्णय लिया तो वर्तमान चीन राष्ट्र संघ में शामिल हो सका और सुरक्षा परिषद् का सदस्य बन सका।

उपलब्धियाँ

ऐसी बात नहीं कि इन कारणों से संयुक्त राष्ट्र संघ की सारी उपलब्धियाँ ही नकारात्मक हो गईं। राष्ट्र संघ की सबसे बड़ी उपलब्धि तो यही रही कि विगत ६५ वर्षों में तृतीय विश्वयुद्ध की नौबत ही नहीं आई। छोटी-मोटी लड़ाइयाँ तो कई हुईं, लेकिन संयुक्त राष्ट्र के माध्यम से जो बातचीत के क्षेत्र खुले रखे गए, उनसे समस्याओं के निराकरण में काफी मदद मिली। कुछ मामले तो संयुक्त राष्ट्र के हस्तक्षेप के बाद ही

सुलझ पाए। महाशक्तियों के बीच शीतयुद्ध भले ही पूर्व सोवियत संघ और संयुक्त राज्य अमेरिका की आपसी बातचीत से समाप्त हुआ हो, फिर भी उसमें संयुक्त राष्ट्र का योगदान कम न रहा।

संयुक्त राष्ट्र संघ ने मध्यस्थता और शांति स्थापना के कई महत्त्वपूर्ण कार्य भी किए, जैसे—सन् १९४६ में ईरान से रूसी फौजों की वापसी, १९४८ में अरब-इजराइल युद्ध तथा भारत-पाकिस्तान युद्ध में मध्यस्थता, कोरिया युद्ध में शांति स्थापना, १९५६ में अरब-इजराइल के बीच स्वेज नहर के लिए छिड़े युद्ध में शांति सेना के माध्यम से शांति स्थापित करना, १९६० में कांगो में शांति सेना भेजकर अमन-चैन कायम करना, १९६२ में क्यूबा में प्रक्षेपास्त्रों की तैनाती पर अमेरिका और पूर्व सोवियत संघ के बीच उठे विवाद में बीच-बचाव, १९६४ में साइप्रस के लिए संघर्षरत पक्षों के बीच शांति स्थापित कराना, १९६७ के अरब-इजराइल युद्ध में मध्यस्थता करके युद्ध विराम कराना, १९७८ में लेबनान में शांति स्थापित कराना तथा १९९०-९१ के खाड़ी युद्ध में इराक के हमले को नाकाम करने के लिए बहुराष्ट्रीय सेनाओं को दायित्व सौंपना। सोमालिया, कंबोडिया में शांति स्थापना के प्रयास, बोस्निया में शांति के लिए जद्दोजहद, उत्तरी कोरिया को परमाणु हमले से रोकना, फिलिस्तीन-इजराइल समझौते, ईरान का परमाणु मुद्दा आदि ऐसे कार्य हैं, जिनसे राष्ट्र संघ का महत्त्व स्थापित हुआ है। यह बात और है कि जहाँ महाशक्तियों (विशेषतया अमेरिका) ने सहयोग किया वहाँ संयुक्त राष्ट्र संघ सफल हुआ। फिर भी उसके कार्यों का महत्त्व घटता नहीं, क्योंकि संयुक्त राज्य अमेरिका भी उसका महत्त्वपूर्ण सदस्य है, अतः उसकी मदद से भी जो कार्य राष्ट्र संघ के तत्त्वावधान में होते हैं, उनको उसके ही खाते में रखना समीचीन होगा।

उपनिवेशों की समाप्ति में योगदान

राष्ट्र संघ का सबसे महत्त्वपूर्ण योगदान उपनिवेशों की समाप्ति है। उदाहरण के लिए—नामीबिया की आजादी, निकारागुआ में लोकतंत्र की स्थापना, फिलिस्तीन समस्या की समाप्ति में योगदान, दक्षिण अफ्रीका में लोकतंत्र की स्थापना, अंगोला में गृहयुद्ध की समाप्ति, नारू, न्यूकेलीडोनिया, मॉरीशस, सूरीनाम, फीजी, हैती, सेशेल्स आदि तमाम देशों में उपनिवेश समाप्त करने में संयुक्त राष्ट्र संघ ने महत्त्वपूर्ण योगदान दिए हैं। इन देशों में जागरूकता बढ़ाने में राष्ट्र संघ ने भी काफी मदद की, अतः इसका श्रेय उसे दिया जा सकता है।

सामाजिक-सांस्कृतिक कल्याण कार्यक्रम

राष्ट्र संघ और उससे संबद्ध संगठनों ने इस क्षेत्र में विकासशील देशों तथा अन्य

गरीब देशों की पर्याप्त मदद की और आज भी कर रहे हैं। यूनेस्को, यूनीसेफ, विश्व स्वास्थ्य संगठन, विश्व खाद्य संगठन, अंतरराष्ट्रीय नागरिक उड्डयन संगठन, डाक-तार विभाग से संबद्ध संगठन आदि ने कई दृष्टियों से विकास-कार्यक्रमों, जैसे—साक्षरता, बाल विकास, महिला उत्थान, युवकोत्थान, मलेरिया उन्मूलन, चेचक उन्मूलन, टी.बी. निवारण, एड्स चिकित्सा तथा इसी तरह के अनेक कार्यक्रमों से राष्ट्र संघ ने विश्व की सेवाएँ की हैं, इसमें दो राय नहीं। आज डिफ्थीरिया, काली खाँसी, टिटनेस, पोलियो, टी.बी., खसरा आदि बीमारियों के विरुद्ध अभियान संयुक्त राष्ट्र संघ के विश्व स्वास्थ्य कार्यक्रम का ही एक अंग है। सांस्कृतिक, शैक्षिक, प्रौद्योगिक तथा अन्य क्षेत्रों के कई कार्यक्रम इस विश्व-संस्था के ही हैं। यहाँ तक कि नगरों की सफाई, समुचित मल-निस्तारण व्यवस्था जैसे कार्यक्रमों के लिए भी विश्व बैंक से मदद मिलती है, जो राष्ट्र संघ से संबद्ध हैं। नदी परियोजनाओं, ऊसर-उर्वरीकरण योजना आदि विकास कार्यक्रम भी इसी से जुड़े हैं। इस तरह इस क्षेत्र में 'विश्व संस्था' का आभार माना जा सकता है।

उल्लिखित विवरणों से यह स्पष्ट है कि संयुक्त राष्ट्र संघ ने अपने अब तक के जीवन में बड़े महत्त्वपूर्ण कार्य किए हैं, लेकिन उसकी असफलताएँ भी कम नहीं हैं। जहाँ भी शांति स्थापना में राष्ट्र संघ ने योगदान किया है, वहाँ कहीं भी समस्या का समुचित निराकरण नहीं हो सका। समस्या उठती है, संघर्ष होते हैं, राष्ट्र संघ की शांति योजना शुरू होती और फिर समस्याएँ वहीं दबा दी जाती हैं। इस दृष्टि से राष्ट्र संघ एक निरीह संस्था और अमेरिका की बँधुआ सी लगती है। इसका मुख्य कारण इसकी अर्थव्यवस्था का जर्जर होना है, क्योंकि इसमें विकासशील देशों में से अधिकांश का चंदा १ प्रतिशत भी नहीं है। अन्य प्रमुख देशों ने जो चंदे की धनराशि नियत कर रखी है, उससे उनका महत्त्व बढ़ जाता है। अधिकांश वे देश, जो अमेरिका या उसके प्रभाव में हैं, चंदे की बड़ी रकम देते हैं। इसका परिणाम यह होता है कि राष्ट्र संघ पर उनका ही प्रभाव छाया रहता है। संयुक्त राष्ट्र संघ में प्रमुख सदस्य राष्ट्रों का विवरण इस प्रकार है। इनमें वे ही देश शामिल हैं, जो १ प्रतिशत से अधिक का योगदान करते हैं—

ऑस्ट्रेलिया १.८३, बेल्जियम १.२२, ब्राजील १.२७, कनाडा ३.२८, चीन १.६२, फ्रांस ६.२६, पश्चिमी और पूर्वी जर्मनी ९.७०, इटली ३.४५, जापान ९.५८, नीदरलैंड्स १.६३, पोलैंड १.२४, स्पेन १.७०, स्वीडन १.३१, यूक्रेन १.४६, सोवियत संघ ११.१०, ग्रेट ब्रिटेन ४.४६, अमेरिका २५ प्रतिशत।

यद्यपि यह आँकड़ा कुछ पहले का है, तथापि इसमें यदि कोई परिवर्तन हो सकता है तो वह जापान और जर्मनी के योगदान में ही। भारत का अब योगदान क्या है, कहा नहीं जा सकता; लेकिन उल्लिखित आँकड़ों में उसका योगदान मात्र ०.६० प्रतिशत

का रहा था। अब यह समझा जा सकता है कि अमेरिका राष्ट्र संघ पर इतना अधिक प्रभावी क्यों रहता है।

वित्त संकट का कारण

राष्ट्र संघ के समक्ष वित्त संकट का कारण भी यही है कि अमेरिका ने न तो २५ प्रतिशत चंदा दिया और न शांति स्थापना के लिए ३० प्रतिशत योगदान किया। सन् १९९५ के मध्य तक अमेरिका पर ६६६ मिलियन डॉलर (६६.६ करोड़ डॉलर) बकाया था, जिसमें से २७० मिलियन डॉलर—यानी २७ करोड़ डॉलर संयुक्त राष्ट्र संघ के सामान्य परिव्यय (बजट) का हिस्सा था। उधर, ३९६ करोड़ डॉलर उसे शांति सेनाओं के मद में देना था। उसने धन नहीं दिया तो कंबोडिया और सोमालिया से शांति सेनाएँ वापस बुलानी पड़ीं। अब बोस्निया से भी उनकी वापसी का इंतजार है। अमेरिका राष्ट्र संघ पर दबाव डाल रहा है कि उसकी हिस्सेदारी घटाई जानी चाहिए और जापान, जर्मनी, फ्रांस, चीन तथा अन्य समृद्ध देशों की भागीदारी बढ़ाई जानी चाहिए। इसपर कुछ लोगों ने संयुक्त राष्ट्र संघ मुख्यालय को न्यूयॉर्क से हटाने के भी सुझाव दिए, लेकिन वास्तविकता यह है कि कोई भी देश इस तरह राष्ट्र संघ की कर्मचारी 'सेना' अपने यहाँ पाल नहीं सकता। वैसे कंबोडिया में शांति सेना के रखरखाव का ६० प्रतिशत व्यय-भार जापान ने वहन किया था, लेकिन वह भी कब तक?

राष्ट्र संघ के महासचिव कोफी अन्नान ने सुरक्षा परिषद् के पिछले अधिवेशन में शांति सेनाओं के संबंध में अपना जो प्रतिवेदन रखा था, उसमें उन्होंने तीन महत्त्वपूर्ण बातें बताई थीं—

१. शांति सेना के माध्यम से संघर्षशील गुटों के बीच युद्ध विराम कराना या शांति स्थापित करना संभव नहीं है, क्योंकि रवांडा, सोमालिया तथा बोस्निया के अनुभव बताते हैं कि ऐसा करने पर अकारण शांति सैनिक मारे जाते हैं।
२. राष्ट्र संघ के पास न तो अनुभवी अधिकारी हैं और न तंत्र। इतना ही नहीं, प्रशिक्षण, रसद और उपकरणों के अभाव में शांति सेना निरीह होकर रह जाती है। उसको युद्ध नहीं, शांति की मध्यस्थता का अधिकार होता है, जिसका पालन दोनों पक्षों को करना होता है।
३. एक त्वरित प्रति-काररवाई सेना (Rapid Reaction Force) होनी चाहिए। इसके लिए शांति सेना में सहयोग करनेवाले देशों की तैयारी जरूरी है। अमेरिका ने इसका तत्काल विरोध किया और कहा कि इस तरह की तैयारी संभव नहीं और न आर.आर.एफ. ही बनाई जा सकती है। यही कारण रहा कि वह योजना असफल हो गई।

इस तरह हम इस निष्कर्ष को समक्ष रख सकते हैं कि संयुक्त राष्ट्र संघ का जो व्यापक स्वरूप संपूर्ण विश्व में अपना फैलाव लिये हुए हैं, उसमें कतिपय देशों की दादागिरी प्रमुख है, क्योंकि वे ही अधिक धन देते हैं और सर्वत्र अपना प्रभाव बनाए रखते हैं। जब कभी समन्वित दृष्टिकोण समक्ष आता है या शांति स्थापना की दिशा में कोई ठोस काररवाई की जाती है, वहाँ सफलता न मिले, ऐसी बात नहीं। उदाहरणार्थ—कार्यक्रम कार्यान्वयन की समुचित व्यवस्था रहने पर कंबोडिया में काफी सफलता मिली, लेकिन सोमालिया, रवांडा और बोस्निया में शरणार्थियों को भेजी जानेवाली सामग्री की समुचित सुरक्षा न हो सकी, अत: उसे संघर्षरत गुटों ने रास्ते में ही छीन लिया था। ऐसी स्थिति में यह स्पष्ट हो जाता है कि यदि योजनाओं का कार्यान्वयन नहीं होता तो राष्ट्र संघ असफल होता रहेगा। यदि पर्याप्त कर्मचारी, सुरक्षा और शांति सैनिकों की टुकड़ी नहीं रहती तो शांति स्थापना संभव ही नहीं है और न संघर्षरत गुट ही शांति के लिए बाध्य किए जा सकते हैं।

□

हिंद महासागर में महाशक्तियों की होड़

हिंद महासागर का क्षेत्रफल ७,३४,३०,००० वर्ग किलोमीटर है। पृथ्वी के संपूर्ण जल क्षेत्र का यह २०.३ प्रतिशत भाग है। एशिया, अफ्रीका और ऑस्ट्रेलिया इसके तट पर बसे हुए हैं। लगभग ४० देशों की सीमाओं को यह स्पर्श करता है। पूर्व में मलक्का जलडमरू मध्य इसे प्रशांत महासागर से जोड़ता है और पश्चिम में स्वेज नहर इसे ब्लैक सागर से जोड़ती है। दक्षिण भाग में यह अटलांटिक महासागर को स्पर्श करता है। उत्तर में यह क्रमशः संकीर्ण होता जाता है और अपने प्रक्षेपण बंगाल की खाड़ी तथा अरब सागर के रूप में दो भागों में करता है। अरब सागर पुनः उत्तर की ओर दो भागों में विस्तार पाता है, प्रथम—उत्तर-पूर्व अफ्रीका, अरब-मध्य अदन की खाड़ी और लालसागर के रूप में, द्वितीय—ईरान-अरब के मध्य ओमान तथा फारस की खाड़ी के रूप में। इस प्रकार हिंद महासागर भौगोलिक स्थिति के कारण विश्व राजनीति से अपना गहरा संबंध स्थापित कर लेता है। उल्लेखनीय है कि अमेरिका की जल सीमा भी प्रशांत महासागर और अटलांटिक महासागरों से जुड़ी हुई है तथा सामरिक व राजनीतिक दृष्टि से महत्त्वपूर्ण अनेक छोटे-छोटे द्वीप हिंद महासागर की गोद में समाए हुए हैं, जिनमें से अत्यंत महत्त्वपूर्ण हैं—मॉरीशस, मेडागास्कर, डियागो-गार्शिया, लक्षद्वीप, मालद्वीप और अंडमान निकोबार।

हिंद महासागर का २८ मिलियन वर्ग मील क्षेत्र पूर्व से पश्चिम की ओर ऑस्ट्रेलिया से अफ्रीका तक और कन्याकुमारी से अंटार्कटिक महाद्वीप तक विस्तृत है। विश्व की जनसंख्या का १/३ भाग इस क्षेत्र में रहता है। इसके तटीय राष्ट्र हैं—दक्षिण अफ्रीका, सोमालीलैंड, भारत, मलेशिया, इंडोनेशिया और ऑस्ट्रेलिया। महत्त्वपूर्ण संपर्क राष्ट्र इथोपिया, सूडान, इराक, ईरान, पाकिस्तान, बँगलादेश और म्याँमार हैं।

हिंद महासागर की गहराई ७,५४२ मीटर है और इसका गहरा भाग 'जावा ट्रेंच' (गर्त) है। 'मोजांबिक-मलागासी' स्थित हिंद महासागर जलधारा को 'मोजांबिक चैनल' जोड़ती है। यह विश्व की प्रमुख जलसंधियों में से एक है।

हिंद महासागर की धाराएँ

नाम	प्रकृति
दक्षिणी विषुवत रेखीय जलधारा	गरम और स्थायी
मोजांबिक धारा	गरम और स्थायी
अगुलहास धारा	गरम और स्थायी
पश्चिम ऑस्ट्रेलिया की धारा	ठंडी और स्थायी
ग्रीष्मकालीन मानसून प्रवाह	गरम और परिवर्तनशील
शीतकालीन मानसून प्रवाह	ठंडी और परिवर्तनशील

सामान्यतया सागरीय जल में मिलनेवाले प्रमुख खनिजों की मात्रा और उसके संगठन में उन खनिजों का प्रतिशत नीचे दी हुई तालिका से स्पष्ट किया जाता है—

सागरीय जल में घुले लवण	*(प्रति १०० ग्राम इकाई % में)*	*मात्रा % में*
सोडियम क्लोराइड	२७.२१३	७७.८
मैग्नीशियम क्लोराइड	३.८७	१०.९
मैग्नीशियम सल्फेट	१.६५८	४.७
पोटैशियम सल्फेट	०.८६३	२.५
कैल्सियम कार्बोनेट	०.१२३	०.३
मैग्नीशियम ब्रोमाइड	०.०७६	०.२
योग	३३.७४०	९६.४

वस्तुतः हिंद महासागर की स्थिति कुल मिलाकर पूरे विश्व की स्थिति को अभिव्यक्त करती है। इस क्षेत्र में जहाँ १ अरब लोग रहते हैं, वहीं दो नीतियों—'शांति नीति' और 'युद्ध नीति'—में टकराव चल रहा है।

इस सच्चाई से इनकार नहीं किया जा सकता कि अमेरिका ने इस क्षेत्र को अपने महत्त्वपूर्ण हितों और स्वार्थों का सर्वाधिक उपयोगी क्षेत्र घोषित कर रखा है। इसी ध्येय से हिंद महासागर में पूरा ढाँचा खड़ा किया गया है। इसमें ३५ अमेरिकी सैन्य अड्डे और ठिकाने हैं तथा जिनका केंद्र डियागो-गार्शिया है। यहाँ लगभग १,४०,००० अमेरिकी सैनिक तैनात हैं। अमेरिकी केंद्रीय कमान का मुख्य कार्यक्षेत्र यही है। इसके बाद फारस की खाड़ी के देशों में दक्षिण, दक्षिण-पश्चिम एशिया तथा पूर्वी अफ्रीका के देश आते हैं। यहाँ अपनी सैन्य उपस्थिति को बढ़ाने के लिए तथाकथित साम्राज्यवादी शक्तियाँ सदैव किसी बहाने की तलाश में रहती हैं।

अमेरिका के एक सैनिक विशेषज्ञ डी. मिडिलटन ने कहा है हिंद महासागर क्षेत्र अमेरिका की सैन्य-योजनाओं की दृष्टि से पश्चिम यूरोप की भाँति एक केंद्रीय महत्त्व का स्थान बन गया है।

सैन्यीकरण पर जोर

'पेंटागन' के निर्देशों में, जो अब सर्वज्ञात हो चुके हैं, सैन्य नियोजन और सैन्य तैनाती की दृष्टि से दक्षिण-पूर्व एशिया और हिंद महासागर पर ही बल दिया गया है। हिंद महासागर के सैन्यीकरण के लिए ३ हजार करोड़ डॉलर की राशि पंचवर्षीय कार्यक्रमों के लिए निर्धारित है। सातवें अथवा छठे अमेरिकी नौ सैनिक बेड़े के एक अथवा दो विमानवाही जहाज अपने सहयोगी जहाजों के साथ अरब सागर में सतत गश्त लगाते रहते हैं। अब अमेरिका ने हिंद महासागर में एक विशेष नौसैनिक बेड़ा तैनात करने की आधारभूत आवश्यकता का उल्लेख करना शुरू कर दिया है। अरब सागर और फारस की खाड़ी में वर्तमान में तैनात अमेरिकी विमान और सैकड़ों गश्ती विमान छोटे परमाणु अस्त्रों से लैस हैं।

केन्या, सोमालिया, सऊदी अरब, ओमान, पाकिस्तान और मिस्र के पूरे तटवर्ती क्षेत्र में अमेरिका ने अपने नौसैनिक और वायुसैनिक अड्डों का जाल फैला रखा है तथा डियागो-गार्शिया स्थित विशाल सैन्य-अड्डा इसमें केंद्रीय भूमिका अदा कर रहा है, जिसके अधिक सुदृढ़ीकरण और आधुनिकीकरण के लिए आधे अरब डॉलर की राशि निर्धारित कर दी गई है।

हिंद महासागर में सैन्य-शक्ति : एक दृष्टि में

नाविकों और सैनिकों की संख्या	१,५०,०००
वायुयानों की संख्या	२३०
क्रूजर और विध्वंसक पोतों की संख्या	१६
मालवाहक जहाजों की संख्या	४
विमानवाहक : निमित्ज, क्टिहॉक और मिडले	३
बी-५२ बमवर्षक, एफ.बी.-१११, लड़ाकू विमान	सैकड़ों
सामरिक परमाणु बम	अज्ञात

हिंद महासागर एक शांत क्षेत्र

हिंद महासागर उत्तरोत्तर महाशक्तियों की गतिविधियों का केंद्र बनता जा रहा है। इस प्रकार संपूर्ण विश्व का विभाजन कुछ दलों में होना निश्चित है।

हिंद महासागर को सात महासागरों का प्रवेश-द्वार कहा जाता है। निश्चित ही इक्कीसवीं शताब्दी में इसी महासागर का जल विश्व प्रारब्ध का नियंता होगा।

आंग्ल भाषा के अक्षर 'M' (एम) के आकार का यह महासागर अपनी दो शाखाओं—अरब सागर और बंगाल की खाड़ी सहित उत्तर-पश्चिम में पूर्व-तट से

दक्षिण-पूर्व में ऑस्ट्रेलिया और न्यूजीलैंड तक विस्तृत है। इस क्षेत्र में स्थित ३५ देशों के लिए रूस और अमेरिका की नौसेना की उपस्थिति चिंता का विषय बनी हुई है।

डियागो-गार्शिया, जो कि अमेरिका का वायु और नौसैनिक अड्डा है, इस क्षेत्र के सभी देशों के लिए चिंता का कारण है। डियागो-गार्शिया का वायु और नौसैनिक अड्डे के रूप में प्रकट होना, शक्ति का त्वरित विस्तारंभ, इजराइल और पाकिस्तान की अमेरिका के साथ सामरिक सहमति, अमेरिका विरोधी देशों द्वारा नए अड्डों के पाने का प्रयास आदि गतिविधियों के कारण हिंद महासागर से लगे देश स्वयं को असुरक्षित महसूस कर रहे हैं।

दरअसल, हिंद महासागर को शांत क्षेत्र घोषित करने का विचार सर्वप्रथम श्रीलंका ने सन् १९५० के अंतिम चरण में प्रतिपादित किया था। दिसंबर १९७० में श्रीलंका में हुए 'तृतीय गुट-निरपेक्ष सम्मेलन' में इस विचार की पुष्टि की गई। १९७१ के अंतिम दिनों में इस प्रकरण को 'संयुक्त राष्ट्र जनरल एसेंबली' में भी उठाया गया, जहाँ सर्वसम्मति से एक प्रस्ताव पारित कर हिंद महासागर को एक शांत क्षेत्र घोषित किया गया। इस प्रस्ताव द्वारा हिंद महासागर में स्थित रूसी अड्डों, सैनिक उपयोग के स्थलों तथा महाशक्तियों द्वारा शक्ति-स्पर्धा की बात पर बल दिया गया।

इस प्रस्ताव को दो भागों में बाँटा जा सकता है—

१. प्रस्तावना भाग,

२. कार्यान्वयन भाग।

प्रस्तावना भाग मुख्यत: उन मूलभूत कारणों और परिस्थितियों से संबंधित है, जो गतिविधियों को तीव्रतर करते हैं। यद्यपि प्रस्तावना भाग कार्यान्वयन भाग से कम महत्त्वपूर्ण है तथापि यह प्रस्ताव के कार्यान्वयन भाग को सैद्धांतिक, मौलिक और दार्शनिक पृष्ठभूमि प्रदान करता है। इतिहास ऐसे उदाहरणों से भरा पड़ा है, जहाँ प्रस्तावना-परिच्छेद की सहायता प्रस्ताव की व्याख्या करने के लिए ली गई है।

प्रस्तावना के कार्यान्वयन भाग में मूल रूप से निम्नलिखित चार तथ्यों का समावेश है—

१. इसमें यह घोषणा की गई है कि भविष्य में हिंद महासागर और हिंद महासागर पर फैला आकाश—हिंद महासागर के शांत क्षेत्र होंगे।

२. इसमें महाशक्तियों से, जिनमें से एक तो हिंद महासागर का तटीय देश (रूस) ही है, निवेदन किया गया है कि वे इस क्षेत्र में अपनी प्रतिद्वंद्विता समाप्त करने तथा सैनिक अथवा सामान्य विवादों को निबटाने के लिए क्षेत्र के तृतीय देशों से विचार-विमर्श करें, यह प्रस्ताव उनसे सैन्य प्रसार को रोकने का अनुरोध करता है और यह स्पष्ट माँग करता है कि महाशक्तियाँ इस क्षेत्र

से अपने सैनिक अड्डे और अधिष्ठानों को समेट लें तथा परमाणु अस्त्रों को हटा दें।

३. प्रस्ताव की घोषणानुसार, युद्धपोतों और सैन्य हवाई जहाजों को इस क्षेत्र में किसी देश की 'संप्रभुता, क्षेत्रीय अखंडता और स्वतंत्रता'—अर्थात् संयुक्त राष्ट्र संघ चार्टर के विरुद्ध इस्तेमाल पर प्रतिबंध है।

४. प्रस्ताव में यह बात स्पष्ट कर दी गई है कि इस क्षेत्र के शांतिपूर्ण और स्वतंत्र प्रयोग के लिए जलपोतों के आवागमन पर कोई प्रभाव नहीं पड़ेगा। यह बात प्रस्ताव के अन्य प्रावधानों में स्पष्ट की गई है और अंतरराष्ट्रीय विधि का भी संदर्भ दिया गया है।

विडंबना यह है कि हिंद महासागर को शांत-क्षेत्र बनाने में बाह्य शक्तियों के अलावा दक्षिण एशिया, अर्थात् इस महाद्वीप के स्वयं के देशों के बीच सहयोग की कमी, अकारण वैमनस्य और प्रतिस्पर्धा रही है।

संक्षेप में, हिंद महासागर को शांत क्षेत्र बनाने के मार्ग में तीन तत्त्व बाधक हैं—

१. पाकिस्तान की दोहरी परमाणु नीति—एक तरफ तो वह इस क्षेत्र को परमाणु रहित क्षेत्र बनाने की बात करता है और दूसरी तरफ अपने को परमाणु बम से लैस करने के लिए प्रयास करता रहा है। यह बात स्पष्ट है कि पाकिस्तान का इरादा समस्त क्षेत्र को शांतिपूर्ण न बनाकर, भारत को परमाणु-रहित करना रहा है। यदि इस क्षेत्र को शांत क्षेत्र बनाना है तो सबसे पहले महाशक्तियों को परमाणुरहित करना होगा, क्योंकि वास्तविक खतरा उन्हीं से है। शांति कभी विभक्त रूप में प्राप्त नहीं की जा सकती, अर्थात् केवल इस क्षेत्र के देशों (जिसका अर्थ हुआ भारत) को परमाणुरहित करने का तब तक कोई अर्थ नहीं होता जब तक संपूर्ण विश्व परमाणुरहित न हो जाए।

२. इस क्षेत्र में पाकिस्तान, चीन और अमेरिका का भारत के विरुद्ध विद्वेषपूर्ण गठबंधन भी इस दिशा में एक अवरोध है। अमेरिका द्वारा पाकिस्तान को ३ अरब डॉलर का सैन्य-सामान देने और इस क्षेत्र में पाकिस्तान द्वारा अमेरिका का 'प्रहरी' की तरह भूमिका निभाने से शांत-क्षेत्र की कल्पना धराशायी हो जाती है।

३. बँगलादेश, श्रीलंका और नेपाल का दृष्टिकोण भी भारत के प्रति ईमानदार नहीं है। श्रीलंका द्वारा पश्चिमी देशों का समर्थन, मूर द्वीप का राजनीतीकरण तथा नेपाल द्वारा अपने को शांत-क्षेत्र के रूप में मनवाने की जिद इस क्षेत्र में हिंद महासागर के शांत-क्षेत्र विचारधारा के विरुद्ध रही है।

महाशक्तियों की होड़

हिंद महासागर के सामरिक रूप से महत्त्वपूर्ण हो जाने और महाशक्तियों द्वारा इस क्षेत्र पर अधिकार-स्पर्धा में द्वितीय विश्वयुद्ध के बाद तीन प्रमुख कारक रहे हैं—

१. द्वितीय विश्वयुद्ध के पश्चात् जब ब्रिटिश साम्राज्य एक-एक करके एशियाई और अफ्रीकी देशों से सिमटता गया तो उसका स्थान लेने के लिए विश्व-नेतृत्व करने का दावा करनेवाला अमेरिका 'शून्य-सिद्धांत' के बहाने अन्य सागरों के साथ इस सागर के विभिन्न खाड़ियों और किनारों पर अपना सैन्य वर्चस्व स्थापित करने में जुट गया।

२. सन् १९६० के दशक में रूस द्वारा परमाणु अस्त्रों और लंबी आणविक प्रक्षेपास्त्रों की क्षमता प्राप्त कर लेने से अमेरिका और रूस में इस महासागर पर नियंत्रण स्थापित करने के लिए होड़ लग गई। अमेरिका ने रूस का निशाना लेकर डियागो-गार्शिया में सैन्य-अड्डों का निर्माण कार्य आरंभ कर दिया। चूँकि इसमें ग्रेट ब्रिटेन का पूरा सहयोग प्राप्त था, अतः इसे 'आंग्ल-अमेरिका' योजना के नाम से भी जाना जाता है।

३. अमेरिका, यूरोपीय देशों तथा रूस द्वारा हिंद महासागर के तटीय क्षेत्रों का आर्थिक दोहन किया गया। हिंद महासागर पश्चिम और सुदूर पूर्व में व्यापार और संचार का प्रमुख स्रोत सिद्ध हो रहा था, क्योंकि इस हिंद महासागरीय क्षेत्र में विश्व का ९० प्रतिशत रबर, टिन, जूट तथा चाय उत्पादित होता है। इनके अतिरिक्त इस क्षेत्र में कोबाल्ट, टंगस्टन, ताँबा, मैंगनीज, चाँदी, नमक, सल्फर और कोयला प्रचुर मात्रा में उपलब्ध हैं। चावल का अत्यधिक भंडार होने के साथ-साथ यहाँ विश्व का ६० प्रतिशत तेल, ९८ प्रतिशत हीरा, ६० प्रतिशत यूरेनियम तथा ४० प्रतिशत सोना सुरक्षित है।

अतः यह स्पष्ट हो जाता है कि हिंद महासागर में शांति और सुरक्षा की समस्या अत्यंत गंभीर और महत्त्वपूर्ण हो गई है। तथाकथित शक्तियों की होड़ के फलस्वरूप यह क्षेत्र विश्व का सर्वाधिक तनावग्रस्त क्षेत्र बनता जा रहा है। विगत २५ वर्षों में यहाँ छोटे-बड़े अनेक विस्फोट हो चुके हैं। स्थिति आज भी विस्फोटक बनी हुई है। पश्चिम एशिया के अधिकांश भाग इसी क्षेत्र के अंतर्गत आते हैं। अफगानिस्तान और कंपूचिया भी प्रकारांतर से हिंद महासागर से संबद्ध हैं।

हिंद महासागरीय संकट का लंबा इतिहास होते हुए भी उसका वर्तमान विग्रह इसी शताब्दी के आठवें दशक में उभरा है। सन् १९७१ में 'बँगलादेश मुक्ति-संग्राम' के दौरान भारत को सबक सिखाने और पाकिस्तान के साहस को बढ़ाने के लिए अमेरिका ने विमानवाहक 'इंटरप्राइज' के नेतृत्व में प्रशांत स्थित अपने सातवें बेड़े 'सेवेंथ फ्लीट'

को बंगाल की खाड़ी में भेजा था; यद्यपि वह कोई खास करिश्मा नहीं दिखा पाया, क्योंकि उसके पीछे-पीछे रूसी युद्धपोत भी इस क्षेत्र में भारत के समर्थन में जा पहुँचे। अक्तूबर १९७३ में अरब-इजराइल युद्ध के दौरान हिंद महासागर में पुनः अमेरिका तथा रूसी युद्धपोतों का जमाव हुआ। इसके बाद अमेरिकी-ईरानी संकट तथा सन् १९८० में इराकी-ईरानी संघर्ष के दौरान दो विमानवाहकों के साथ २५-३० अमेरिकी युद्धपोत खाड़ी क्षेत्र में अपनी रक्षा के लिए पहुँच गए। उस समय इस क्षेत्र में रूसी युद्धपोतों की संख्या भी १५ तक हो गई।

सन् १९७१ के भारत-पाक युद्ध तथा १९७३ के अरब-इजराइल संघर्ष के बाद से ही अमेरिकी प्रशासक इस क्षेत्र में स्थायी सैनिक उपस्थिति की आवश्यकता अनुभव करने लगे। उन्हें 'डियागो-गार्शिया द्वीप' सर्वाधिक उपयुक्त दिखाई दिया।

अमेरिका चाहता क्या है

निम्नलिखित बिंदुओं को समझने के बाद अमेरिका की मनशा जाहिर हो जाती है—

- फारस-क्षेत्र में अमेरिका के हितों की रक्षा।
- मध्य-पूर्व में अमेरिका के कूटनीतिक हितों को साधने के लिए शक्ति-प्रयोग को धमकी देना।
- इस क्षेत्र में समुद्री और वायु मार्गों को अमेरिकी सैनिक, व्यापारिक नौकाओं और वायुयानों को किसी भी देश द्वारा हस्तक्षेपित होने से सुरक्षित रखना।
- अन्य उद्देश्यों की प्राप्ति के लिए तटीय और उनके आस-पास के देशों में हस्तक्षेप करना।
- इस क्षेत्र में रूसी शक्ति को बराबर कमजोर बनाना।
- अमेरिका का इस क्षेत्र में परमाणु-लक्ष्य भी है, अर्थात् आवश्यकतानुसार अथवा सुविधानुसार रूस के विरुद्ध बैलिस्टिक प्रक्षेपास्त्रों से युक्त पनडुब्बियों को इस क्षेत्र में तैनात करना। दरअसल, अमेरिका २,५०० मील की दूरी तक मार करनेवाले प्रक्षेपास्त्रों—'ट्राइडेंट-१' और 'पोलरि-३' का स्थापन इस क्षेत्र में सामरिक पनडुब्बियों पर करना चाहता है।

इल लक्ष्यों की प्राप्ति के लिए अमेरिका ने दो तरीके अपनाए हैं, जो निम्नलिखित हैं—

१. डियागो-गार्शिया में सामरिक सैन्य-अड्डे स्थापित करके अमेरिका ने वहाँ अपनी स्थिति सुदृढ़ कर ली है। डियागो-गार्शिया का, जिसे अमेरिका ने ग्रेट ब्रिटेन से सन् १९६५ में एक समझौते के अंतर्गत प्राप्त किया था, सामरिक महत्त्व इसी से आँका जा सकता है कि इसपर १,२०० फीट लंबी हवाई-

पट्टी है, जो हर प्रकार के सैन्य-जहाजों से लेकर यात्री-जहाजों को उतार सकती है। वहाँ पर आपूर्ति-सामानों को गिराने और ईंधन लेने की सुरक्षित व्यवस्था है। इस द्वीप पर ८२० सैनिकों के रहने के लिए पर्याप्त बैरक तथा एक विशाल भंडार उपलब्ध है। इसके साथ ही नौसैनिक जहाजों के लिए उपयुक्त किनारे काटे गए हैं।

२. अमेरिका की दूसरी खतरनाक ताकत है 'रैपिड डिप्लॉयमेंट फोर्स'। इसमें ५ सैनिक डिवीजन, २ नौसैनिक डिवीजन, 'बी-५२' नामक बमवर्षकों के दो भाग, ३ विमान-परिवाहक तथा पर्याप्त संख्या में सुरक्षा और आपूर्ति नौसैनिक जहाज भी हैं।

यह नहीं भूलना चाहिए कि अमेरिका द्वारा निर्मित ये दोनों ही सैन्य-व्यवस्थाएँ भारत के लिए भयावह हैं। अमेरिका का कथित बेड़ा (सेवेंथ फ्लीट) उसी क्षेत्र के निकट पड़ाव डाले हुए है। डियागो-गार्शिया द्वीप भारत के दक्षिण तट से मात्र १,६०० मील की दूरी पर स्थित है और सभी भारतीय सैन्य आर्थिक केंद्र वहाँ स्थित दूरमारक बमवर्षकों तथा अन्य लड़ाकू ारक विमानों के निशाने पर हैं। इस कारण डियागो-गार्शिया के सैन्य-अड्डों की स्थापना पर भारत तथा इस क्षेत्र के अन्य तटवर्ती देशों का विरोध स्वाभाविक है।

'रैपिड डिप्लॉयमेंट फोर्स' से भारत को खतरा

'रैपिड डिप्लॉयमेंट फोर्स' से भारत को निम्नलिखित खतरे हैं—

- अमेरिकी सुरक्षा नीति की कड़ी के रूप में पाकिस्तान भारत पर हमला भी कर सकता है, जैसा कि ऐतिहासिक अनुभव बताते हैं।
- ग्रेट ब्रिटेन अमेरिका को डियागो-गार्शिया द्वीप सैन्य-अड्डे के रूप में इस्तेमाल करने के लिए दे चुका है, जिसे अमेरिका ने परमाणु अस्त्रों से लैस कर दिया है। यह द्वीप वास्तव में मॉरीशस का है, जिसे उसने ग्रेट ब्रिटेन को पट्टे पर दिया था। इतना ही नहीं, उससे भारत के लक्षद्वीप और अंडमान निकोबार द्वीप समूह, जहाँ अभी कई द्वीप निर्जन हैं, के लिए विशेष खतरा उत्पन्न हो गया है।
- फारस की खाड़ी, जहाँ से बड़े-बड़े टैंकरों के द्वारा पश्चिमी देशों को तेल आता है, की सुरक्षा के लिए अमेरिका ने घोषणा की थी कि वह इसके लिए सैन्य-कारवाई जैसे कदम भी उठा सकता है। इसका कारण यह है कि ईरान ने घोषणा की थी कि वह फारस की खाड़ी, जहाँ तेल के अथाह भंडार हैं, और जो पश्चिमी देशों को आयात किए जाते हैं, को उड़ा देगा। अतः इस

खतरे को रोकने के लिए अमेरिका हर संभव काररवाई करने की घोषणा कर चुका है। अब उसने इस क्षेत्र में अपनी सैन्य-गतिविधियाँ तेज कर दी हैं।

मुख्य बात तो यह है कि भारत की लगभग ५,७०० किलोमीटर लंबी समुद्री सीमा है। बंगाल की खाड़ी और अरब सागर में छोटे-बड़े उसके बारह सौ द्वीप हैं, जिनमें अंडमान निकोबार जैसे महत्त्वपूर्ण द्वीप भी शामिल हैं। 'समुद्री क्षेत्र विधेयक १९७३' के अनुसार, महासागर में दो सौ मील तक उसका आर्थिक क्षेत्र है, इसी में 'बॉम्बे हाई' है, जहाँ से उसे प्रचुर मात्रा में तेल प्राप्त होता है, इसी प्रकार हिंद महासागर में शांति और सुरक्षा का प्रश्न भारतीय सेना तथा आर्थिक सुरक्षा से गहन रूप से जुड़ा हुआ है। इतना ही नहीं, पश्चिम-एशिया का विपुल तेल भंडार भी इसी क्षेत्र में स्थित है। महाशक्तियों की सैन्य उपस्थिति भारत के लिए विशेष रूप से चिंता का विषय है। इसके साथ ही अमेरिका द्वारा पाकिस्तान को अत्याधुनिक शस्त्रास्त्रों की आपूर्ति की भी उपेक्षा नहीं की जा सकती, क्योंकि भारत को पाकिस्तान से वास्तविक खतरा है।

शांति के लिए किए गए उपाय कितने कारगर

हिंद महासागर को शांत क्षेत्र घोषित करने का प्रस्ताव सर्वप्रथम सन् १९६४ में आयोजित गुट-निरपेक्ष आंदोलन के काहिरा सम्मेलन में रखा गया था। सम्मेलन में भाग लेनेवाले देशों ने हिंद महासागर को परमाणु शक्ति रहित क्षेत्र भी बनाने का समर्थन किया। तत्पश्चात् सन् १९७० में गुट-निरपेक्ष आंदोलन के लुसाका सम्मेलन में इस संबंध में एक प्रस्ताव पारित किया गया, जिसमें हिंद महासार में बाह्य शक्तियों के विस्तार पर रोक तथा इसे शांत क्षेत्र में बदलने की जोरदार माँग की गई। सन् १९७१ में श्रीलंका ने संयुक्त राष्ट्र संघ में हिंद महासागर को शांत-क्षेत्र के रूप में स्थापित करने की प्रबल माँग की। तत्पश्चात् इसके लिए एक समिति गठित की गई, किंतु अमेरिका और पश्चिमी देशों के असहयोग के चलते आगे कोई काररवाई न हो सकी, जबकि रूस ने इसका समर्थन किया था।

संयुक्त राष्ट्र संघ के उनतालीसवें अधिवेशन में गुट-निरपेक्ष देशों ने उस प्रस्ताव को पारित कर लिया था, जिसमें कहा गया था कि हिंद महासागर को शांत-क्षेत्र बनाने की घोषणा पर अमल किया जाए। भारत, मेडागास्कर, जिबूती तथा कुछ अन्य गुट-निरपेक्ष देशों के प्रतिनिधियों ने सुझाव दिया था कि आगामी सम्मेलन के आयोजन से पूर्व हिंद महासागर में सैन्य-गतिविधियाँ सीमित करने के लिए ठोस कदम उठाने का उल्लेख किया जाए।

अगस्त १९७२ में गुट-निरपेक्ष देशों के विदेश मंत्रियों के जॉर्ज टाउन में संपन्न सम्मेलन में संयुक्त राष्ट्र संघ की घोषणा का अनुमोदन किया गया। बाद में गुट-निरपेक्ष

देशों के अल्जीयर्स सम्मेलन (सितंबर १९७३), हवाना सम्मेलन (मार्च १९७५), लीमा सम्मेलन (अगस्त १९७७) और कोलंबो सम्मेलन (मई १९७९) में इस प्रस्ताव का अनुमोदन किया गया। दिल्ली में हुए गुट-निरपेक्ष सम्मेलन और राष्ट्रमंडल सम्मेलन में भी हिंद महासागर को शांत-क्षेत्र बनाने तथा महाशक्तियों द्वारा वहाँ से सैन्य-अड्डों को हटाने की जोरदार माँग की गई थी।

सन् १९८० में रूस ने फारस खाड़ी तथा उसके निकटवर्ती क्षेत्रों में सुरक्षा सुनिश्चित करने का पाँच सूत्री कार्यक्रम प्रस्तुत किया। २७ नवंबर, १९८६ को भारतीय संसद् को संबोधित करते हुए रूस के तत्कालीन राष्ट्रपति मिखाइल गोर्बाच्योव ने हिंद महासागर की स्थिति को सामान्य बनाने के लिए एक व्यापक कार्यक्रम से परिचय भी कराया था। अप्रैल १९८९ में हिंद महासागर में शांति स्थापना के प्रश्न पर एक अंतरराष्ट्रीय व्याख्यानमाला का आयोजन 'सोची' में किया गया, जिसका आयोजन रूस के संयुक्त राष्ट्र संघ तथा राजनीतिक और सुरक्षा परिषद् मामलों के विभाग की संस्था द्वारा किया गया, जिसमें अमेरिका, रूस, भारत, श्रीलंका तथा हिंद महासागर विषयक संयुक्त राष्ट्र समिति के लगभग सभी देशों के प्रतिनिधियों ने भाग लिया। व्याख्यानमाला में जिन विषयों पर गंभीरता से विचार-विमर्श किया गया था, वे हैं—

- विश्वास बढ़ाने के उपाय
- शांत-क्षेत्र की स्थापना पर क्षेत्रीय तनाव का प्रभाव
- प्रमुख शक्तियों के लक्ष्य
- हिंद महासागर में शांत-क्षेत्र का उद्देश्य और उसका कार्यान्वयन

सन् १९९० के दशक में इस दिशा में न तो कोई ठोस विचार किया गया और न ही पूर्व कार्य-योजनाओं का कार्यान्वयन किया गया। इसका कारण रहा—अमेरिका और उसके सहयोगियों का उग्र विरोध।

अमेरिका नव-भूमंडलवाद की नीति को आगे बढ़ा रहा है और विश्व के इस भाग के विपुल भौतिक संसाधनों को अपने नियंत्रण में रखने का प्रयास कर रहा है। मुख्य बात तो वहाँ के आर्थिक दोहन की है।

इन्हीं कारणों से अमेरिका उस क्षेत्र में अपनी सामरिक शक्ति बढ़ा रहा है। ऑस्ट्रेलिया के तट से अफ्रीका के पूर्वी तट तक सागर में करीब ३५ अमेरिकी सैन्य-अड्डे निर्मित किए गए हैं। वहाँ शक्तिशाली नौसैनिक ग्रुप, जिसमें सैकड़ों युद्धपोत, विमानवाहक गाइडेड मिसाइल क्रूजर तथा नाभिकीय पनडुब्बियाँ तैनात हैं। उस क्षेत्र की वायु-सीमा में सामरिक बमवर्षक विमान हमेशा गश्त लगाते रहते हैं। इस तरह इन देशों पर राजनीतिक और आर्थिक दबाव के साथ-साथ सैनिक दबाव भी डाला जाता है।

□

संयुक्त राष्ट्र संघ और भारत

आज का युग अंतरराष्ट्रवाद का है। संयुक्त राष्ट्र संघ जैसी संस्थाओं के अभाव में विश्व की कल्पना नहीं की जा सकती। चाहे विश्व का कोई कितना भी समृद्ध देश क्यों नहीं हो, उसे संयुक्त राष्ट्र संघ के आदेशों का पालन करना ही है। भारत सदा से ही शांति के मार्ग पर चलनेवाला देश रहा है। अपनी समस्याओं के निराकरण के लिए भारत ने शांति का रास्ता अपनाया है। अतः भारत की संयुक्त राष्ट्र संघ जैसी संस्थाओं में पूर्ण आस्था है। भारत विश्वशांति की स्थापना में सदा योगदान करता आया है।

भारत संयुक्त राष्ट्र संघ का आरंभ से ही सदस्य रहा है तथा उसके कार्यों में सक्रिय रूप से भाग लेता है। भारत ने स्वतंत्र राष्ट्र न होने पर भी संयुक्त राष्ट्र के घोषणा-पत्र पर दो कारणों से हस्ताक्षर किए थे—

१. दूसरे राष्ट्रों के सैनिकों के साथ भारत के सैनिक द्वितीय महायुद्ध में लड़ रहे थे। अतः भारत युद्ध के विनाश को जानता था।

२. भारत के नेता विश्व में शांति बनाए रखने के लिए हमेशा कोशिश करते थे।

संयुक्त राष्ट्र संघ में भारत का विशिष्ट स्थान है। भारत के पूर्व प्रधानमंत्री पं. जवाहरलाल नेहरू संयुक्त राष्ट्र संघ के प्रबल समर्थक थे। उन्होंने कहा भी था, ''संयुक्त राष्ट्र संघ के बिना आज की दुनिया जीवित रह सकती है, मैं सोच भी नहीं सकता।'' उन्होंने स्वतंत्र वैदेशिक नीति तथा पंचशील के सिद्धांत का अनुसरण करते हुए संयुक्त राष्ट्र संघ द्वारा शांति लाने का प्रयास किया था।

संयुक्त राष्ट्र संघ को भारत का योगदान

संयुक्त राष्ट्र संघ को अधिक शक्तिशाली या सुदृढ़ बनाने के लिए भारत सदैव प्रयत्नशील रहा है। इस संबंध में भारत ने अनेक कदम उठाए हैं—

१. **संयुक्त राष्ट्र संघ को व्यापक बनाना**—भारत की नीति है कि विश्व के सभी राष्ट्रों को संघ का सदस्य होने का अवसर दिया जाए, साम्यवादी चीन

को संघ में स्थान दिलाने के लिए भारत ने सक्रिय भूमिका निभाई।

२. **झगड़ों को शांतिपूर्ण ढंग से निपटाना**—भारत की यह स्पष्ट नीति रही है कि आपसी झगड़ों को शांतिपूर्ण ढंग से सुलझाया जाए, ताकि विश्वशांति को कोई खतरा पैदा न हो। कश्मीर समस्या का निराकरण करने का भार संयुक्त राष्ट्र संघ को सौंपना, इस बात का सूचक है कि भारत को संयुक्त राष्ट्र संघ की शक्ति पर विश्वास है। शांति के लिए ही भारत ने पाकिस्तान से हुए युद्ध में युद्ध विराम का प्रस्ताव स्वीकार किया था।

३. **भारत द्वारा संयुक्त राष्ट्र संघ की सहायता**—संयुक्त राष्ट्र संघ ने संसार में शांति बनाए रखने के लिए जब-जब सैनिकों की माँग की, भारत ने उसे पूरा किया। कोरिया और कांगो में शांति स्थापना के लिए भारत ने अपने जवानों को संयुक्त राष्ट्र संघ की शांति सेना में भेजा था। दूसरे सदस्यों की तरह भारत भी संयुक्त राष्ट्र संघ के खर्च में सहायता देता है। भारत में संयुक्त राष्ट्र की अनेक संस्थाओं—शैक्षणिक, वैज्ञानिक और सांस्कृतिक इत्यादि—के केंद्र स्थापित हैं और भारत उनके संचालन में पूरा सहयोग दे रहा है।

संयुक्त राष्ट्र द्वारा भारत की सहायता

जिस प्रकार भारत ने संयुक्त राष्ट्र संघ की सहायता की है उसी प्रकार संयुक्त राष्ट्र संघ ने भी भारत की सहायता की है। संयुक्त राष्ट्र संघ ने भारत के खाद्य और कृषि संगठन तथा भारत के मत्स्य उद्योग की उन्नति में बड़ी मदद की है। शिक्षा के प्रसार में संयुक्त राष्ट्र संघ के विशेषज्ञों ने काफी सहायता की है और देश के छात्रों के स्वास्थ्यवर्धन के लिए संयुक्त राष्ट्र की संस्थाओं द्वारा पौष्टिक खाद्य पदार्थों की भी आपूर्ति की गई है। औद्योगिक विकास और विज्ञान के विकास में भी संयुक्त राष्ट्र संघ से काफी मदद मिली है। भारत की औद्योगिक प्रगति के लिए अंतरराष्ट्रीय बैंक से ऋण प्राप्त हुआ है। नई योजनाओं की सफलता के लिए प्रौद्योगिकी विशेषज्ञों की मदद भी प्राप्त हुई है।

स्पष्ट है कि भारत का संयुक्त राष्ट्र संघ में विश्वास है। उसका यह भी विश्वास है कि संयुक्त राष्ट्र संघ के कारण दुनिया के लोग मिल-जुलकर कार्य कर रहे हैं। संयुक्त राष्ट्र संघ की कारखाइयों को सफल बनाने के लिए भारत ने महत्त्वपूर्ण सहयोग किया है।

विश्वशांति में भारत का योगदान

भारत बुद्ध और गांधी का देश है। भारत सदा से ही विश्वशांति का पक्षधर रहा है। स्वतंत्रता-प्राप्ति के बाद जब भारत की वैदेशिक नीति बनी, तब उसका आधार भी

विश्वशांति ही रखा गया। इतना ही नहीं, भारत का नया संविधान भी विश्वशांति का प्रेमी कहलाया। विश्वशांति के क्षेत्र में जितने ठोस कदम भारत ने उठाए हैं, उतने किसी भी देश ने नहीं उठाए हैं। विश्वशांति के संबंध में भारत द्वारा उठाए गए कुछ ठोस कदम इस प्रकार हैं—

१. भारत ने संयुक्त राष्ट्र संघ के सदस्य के रूप में विश्वशांति के अनेक प्रयास किए हैं। भारत संयुक्त राष्ट्र संघ का सबसे बड़ा समर्थक है।
२. विश्व में विविध शक्ति गुटों का निर्माण विश्वशांति के लिए सबसे बड़ा खतरा है। यही कारण है कि भारत किसी भी गुट में सम्मिलित नहीं हुआ।
३. विश्वशांति कायम रखने के लिए भारत ने पंचशील सिद्धांतों का प्रतिपादन किया।
४. कोरिया और कांगो में संयुक्त राष्ट्र संघ की ओर से भारतीय सेना ने शांति और सुव्यवस्था की स्थापना में महत्त्वपूर्ण योगदान प्रदान किया।
५. सन् १९६२ में चीन ने भारत पर आक्रमण किया था। उस समय भारत ने डटकर मुकाबला किया। यदि संघर्ष चलता तो तृतीय विश्वयुद्ध भी हो सकता था, किंतु भारत ने विश्वशांति के उद्‌देश्य से लाया गया कोलंबो प्रस्ताव मान लिया था।
६. विश्वशांति की स्थापना के उद्‌देश्य से भारत ने कश्मीर की समस्या को संयुक्त राष्ट्र संघ में भेज दिया।
७. नवंबर १९८८ में अपने पड़ोसी राष्ट्र मालद्वीप में सेना भेजकर जो सहायता की थी, उसकी विश्व भर में सराहना की गई।
८. श्रीलंका में भारत ने अपनी शांति सेना भेजकर सच्ची मानवता का परिचय दिया।

स्पष्ट है कि भारत विश्वशांति के लिए हमेशा योगदान करता आया है, बल्कि उसके लिए हमेशा से प्रयत्नशील भी है। भारत सभी देशों के साथ मधुर संबंध स्थापित कर विश्व में शांति की स्थापना करना चाहता है। गुट-निरपेक्षता में भारत का पूर्ण विश्वास है।

हरारे और बेलग्रेड गुट-निरपेक्ष सम्मेलन में भी भारत का योगदान महत्त्वपूर्ण रहा। इसके बाद भी जितने प्रधानमंत्री बने हैं, सभी ने गुट-निरपेक्ष आंदोलन के प्रति अपनी पूर्ण आस्था व्यक्त की है। संयुक्त राष्ट्र संघ ने विश्वशांति की दृष्टि से जब-जब भारत के सहयोग की अपेक्षा की है, तब-तब भारत ने अपनी सक्रिय सहभागिता के द्वारा अपनी शांतिप्रियता को सिद्ध कर दिखाया है।

□

भारत की विदेश नीति : कितनी समय-सापेक्ष

आज का विश्व विचित्र परिस्थितियों से गुजर रहा है। किस क्षण क्या हो जाएगा, यह कोई नहीं बता सकता। युद्ध के काले बादल अब भी मँडरा रहे हैं और मानवजाति को विनाश की आशंका से व्यग्र कर रहे हैं। भारत के प्रथम उपराष्ट्रपति डॉ. राधाकृष्णन के शब्दों में—''आज का संसार दो परस्पर विरोधी क्षेत्रों में उद्‌भ्रांत सा होकर घूम रहा है। कभी इधर आता है और कभी उधर जाता है। एक ओर शांति, सुरक्षा और समृद्धि का स्वर गूँजता है तो दूसरी ओर युद्ध के काले बादल भयंकर गर्जना करते हैं।'' आज संसार अपने अस्तित्व की संकटग्रस्त घड़ियों से गुजर रहा है। कोई नहीं कह सकता कि मानव का भविष्य क्या होगा? वह वर्तमान नाजुक परिस्थितियों से निरापद जीता-जागता बच जाएगा अथवा विश्वव्यापी आणविक युद्ध में नष्ट हो जाएगा। ऐसी स्थिति में, संसार को जीवन या मरण में से एक का वरण कर लेना है। यदि वह जीवन को चुनता है तो उसे शांति और सद्‌भावना की नीति अपनानी होगी, सहनशीलता और धैर्य का सहारा लेना होगा। उसे 'स्वयं जीवित रहो और दूसरों को भी जीवित रहने दो' की नीति अपनानी पड़ेगी। उसे सह-अस्तित्व, मैत्री, पंचशील तथा सर्वहित की भावना का आश्रय लेना होगा।

भारत के कर्णधार अच्छी तरह समझते हैं कि गुटबंदी में पड़ने से उनके देश का भला नहीं है। वे रूस और अमेरिका, दोनों के सैद्धांतिक मतभेदों को समझते हैं; किंतु वे दोनों में से किसी एक के भी अंधभक्त नहीं हैं। भारत दोनों गुटों की नीतियों और सिद्धांतों का निष्पक्ष पर्यवेक्षक है। वह दोनों में से किसी की भी नीति अथवा विचारधारा का समर्थन नहीं करता, अपितु उसका सदा यही प्रयास रहता है कि दोनों गुट अपने सैद्धांतिक मतभेदों के बावजूद साथ-साथ रहना सीख जाएँ। वे मानव के विकास के लिए, शांति और सुव्यवस्था की स्थापना के लिए एक साथ प्रयास करें और अपने ज्ञान-विज्ञान द्वारा संसार को एक ऐसा रूप दें, जिसमें भारतीय मनीषियों का 'वसुधैव कुटुम्बकम्' का स्वप्न साकार हो जाए।

भारत की विदेश नीति पर उसकी ऐतिहासिक परिस्थितियों और सांस्कृतिक

परंपराओं का गहरा प्रभाव पड़ा है। बुद्ध, महावीर, अशोक और गांधी की सत्य और अहिंसा की नीति भारत की विदेश नीति का आधार-स्तंभ बनी। समन्वय और सहिष्णुता, प्रेम और सद्भावना, सत्य-रक्षा, न्यायनिष्ठा, समता, बंधुत्व, एकता और सहयोग हमारी विदेश नीति के प्राणतत्त्व हैं। हम युद्ध के समर्थक नहीं, शांति के पुजारी हैं। विश्व की क्या स्थिति है, मैथ्यू अर्नाल्ड के शब्दों में—"हम ऐसे अँधेरे मैदान में बेसुध पड़े हैं, जहाँ किसी भी क्षण भ्रम और आशंका का भेदी युद्ध और विनाश का दृश्य उपस्थित कर सकता है। हम ऐसे स्थल पर खड़े हैं, जिसके एक ओर तो अतीत है, जो मर चुका है और जिसकी गुणगाथा गाने से हमारा कुछ भला नहीं होगा और दूसरी ओर एक ऐसा भविष्य है, जो अशक्त और निर्बल दिखाई पड़ता है। मानवजाति और संसार का हित इसमें नहीं है कि भविष्य निर्बल और आशाशून्य हो। इसे आशामय और गौरवशाली बनाने में भी विश्व तथा इसकी प्रगतिवादी शक्तियों की समृद्धि संभव है।"

इन सारी परिस्थितियों को ध्यान में रखकर भारत ने शांति और तटस्थता की नीति अपनाई है। भारत की तटस्थता का यह तात्पर्य कदापि नहीं है कि वह संसार की गतिविधियों के प्रति उदासीन है तथा उसकी दृष्टि स्वयं तक ही सीमित है। उसकी तटस्थता का अर्थ है कि वह युद्ध की संभावनाओं को बढ़ानेवाली गुटबंदी और सैनिक करारों के चक्कर में नहीं पड़ना चाहता है। स्व. प्रधानमंत्री नेहरू के शब्दों में—"सारा विश्व इस बात के लिए स्वतंत्र है कि वह जैसी नीति चाहे वैसी अपनाए, किंतु हम भारतीयों ने यही निश्चय किया है कि हम तटस्थता की नीति अपनाएँगे और सैनिक गठबंधनों तथा शीतयुद्ध को बढ़ानेवाले तत्त्वों के चक्कर में नहीं पड़ेंगे। हम सारे संसार से मित्रता और सद्भावना चाहते हैं। सबके साथ बंधुत्व और सहयोग का भाव अपनाना चाहते हैं। हम स्पष्ट करना चाहते हैं कि सह-अस्तित्व की नीति शांति का अभयदान देती है; युद्ध की संभावनाओं को मिटाती है तथा सबको सहयोग और सद्भावना के सूत्र में बाँधती है। यह मानव के दृष्टिकोण में परिवर्तन करती है और युद्ध की आशंका की मनोवैज्ञानिक प्रतिक्रिया से संसार को बचाती है।"

युद्ध का भय जब तक संसार के ऊपर मँडराता रहेगा तब तक मनुष्य का मस्तिष्क भय, घृणा, ईर्ष्या, द्वेष तथा आशंका से भरा रहेगा और 'शीतयुद्ध' का क्षेत्र विस्तृत होता रहेगा। इस खतरे को मिटाने के लिए आवश्यक है कि शांति और मैत्री की नीति अपनाई जाए तथा विश्वशांति की स्थापना के लिए पंचशील और सह-अस्तित्व का सहारा लिया जाए।

यों तो पंचशील का सिद्धांत हमारी विदेश नीति में प्राणतत्त्व बनकर आरंभ से ही समाया हुआ है, किंतु सन् १९५४ में चीनी प्रधानमंत्री चाऊ एन लाई तथा तत्कालीन भारतीय प्रधानमंत्री जवाहरलाल नेहरू के संयुक्त विज्ञप्ति में भारत की शांति और मैत्री के सिद्धांतों को पंचशील के रूप में अंतरराष्ट्रीय कलेवर मिला। पंचशील के सिद्धांतों के

द्वारा एक-दूसरे पर आक्रमण न करने, एक-दूसरे की संप्रभुता का आदर करने, एक-दूसरे के आंतरिक मामलों में हस्तक्षेप न करने, सहयोग, सद्भावना और मैत्री की संभावनाओं को दृढ़ बनाने तथा सह-अस्तित्व की नीति अपनाने का दृढ़ निश्चय किया गया। बांडुंग सम्मेलन ने इन सिद्धांतों के व्यापक प्रचार का मार्ग खोल दिया। संसार इनसे अत्यधिक प्रभावित हुआ। उसने समझ लिया कि विश्वशांति के लिए आवश्यक है कि पंचशील का सिद्धांत अपनाया जाए। शक्ति और श्रेष्ठता की तृष्णा तथा सैद्धांतिक मतभेदों को मिटाने के लिए सह-अस्तित्व का प्रचार किया जाए। शांतिपूर्ण सह-अस्तित्व मानव जीवन का उत्कृष्ट विधान है। हम एक ऐसी स्थिति में पहुँच रहे हैं, जहाँ यह आवश्यकता अपने आप उभर आएगी। यदि इनसान ने पंचशील और सह-अस्तित्व के सिद्धांतों की उपेक्षा की तो उसका जीवन अस्तित्वहीन हो जाएगा। अब वह समय आ गया है, जब हमें यह तय करना होगा कि या तो प्रेम, शांति और बंधुत्व के साथ मिल-जुलकर रहना सीखें अथवा शारीरिक और आत्मिक, दोनों दृष्टियों से विनाश के गर्त में पड़ना स्वीकार कर लें।

बांडुंग-सम्मेलन ने सह-अस्तित्व के समर्थक राष्ट्रों की संख्या बढ़ाई और विश्वशांति के पक्ष में शांतिवादी क्षेत्र का प्रसार किया। रूस, युगोस्लाविया, म्याँमार, संयुक्त अरब गणराज्य, जापान तथा अन्य राष्ट्र शांतिवादी क्षेत्र के भीतर आ गए। ग्रेट ब्रिटेन और अमेरिका पर इसका अप्रत्यक्ष प्रभाव पड़ा था। भारत शांतिवादी राष्ट्रों का पथ-प्रदर्शक बना। शांतिपूर्ण सह-अस्तित्व के समर्थक इन राष्ट्रों ने साम्राज्यवादी देशों की शोषण और उपनिवेशवादी नीति का विरोध करना प्रारंभ किया। रंगभेद और उपनिवेशवाद को मिटाने के लिए एकताबद्ध प्रयास करने का आह्वान किया। संयुक्त राष्ट्र संघ में भी लोकतंत्रवादी शांतिप्रिय अफ्रीकी-एशियाई राष्ट्रों की संगठित शक्ति के अभ्युदय से साम्राज्यवादी राष्ट्रों के शोषण, दमन और शक्तिबल पर निर्बल राष्ट्रों को दास बनाए रखने की नीति ढीली पड़ी। अफ्रीका और एशिया में नए लोकतंत्रवादी युग का समारंभ हुआ।

भारत ने पंचशील के सिद्धांतों का सदा पालन किया है। अंतरराष्ट्रीय इतिहास का सचमुच यह दुःखद पृष्ठ है कि जिस चीन ने पंचशील के सिद्धांतों को सर्वप्रथम स्वीकार किया था, उसी ने भारत के साथ विश्वासघात किया। इन सिद्धांतों का उसने उल्लंघन किया।

इतना होने पर भी हम मामले को शांतिपूर्ण ढंग से सुलझाना चाहते हैं। हम जानते हैं कि युद्ध समस्याओं का निराकरण नहीं है। बुद्धि, विवेक, सद्भावना और आपसी वार्त्ता से ही समस्याओं का निराकरण किया जा सकता है। इसी भावना को दृष्टिगत रखते हुए पाकिस्तानी आक्रमण के बाद भारत ने 'ताशकंद समझौता' किया, जबकि वह ऐसा करने के लिए बाध्य नहीं था; क्योंकि भारत ने पाकिस्तान पर विजय पाई थी।

भारत उपनिवेशवाद का सदा से विरोधी रहा है। वह समझता है कि संसार में

शीतयुद्ध का एक प्रमुख कारण उपनिवेशवाद है। उसका सदा से यही प्रयास रहा है कि उपनिवेशवाद में जकड़े देशों को स्वतंत्रता मिले। इंडोनेशिया को डच उपनिवेशवाद से मुक्ति दिलाने में भारत का प्रमुख योगदान रहा। भारत के नेतृत्व में शांतिवादी अफ्रीकी-एशियाई गुट की जोरदार आवाज के कारण ही अफ्रीकी जनता को उपनिवेशवाद के बंधन से छुटकारा मिल सका।

भारत के अंतर-प्रदेश में गोवा का उपनिवेश नासूर की भाँति था। फ्रांस ने विवेक और समय की गति के अनुसार कार्य किया। उपनिवेशों से शांतिपूर्वक अपना अधिकार हटाकर बुद्धिमानी और दूरदर्शिता का परिचय दिया। पुर्तगाल ने हठवादिता का रुख अपनाया, परंतु भारत ने सद्भावना और आपसी वार्त्ता द्वारा समस्या का निराकरण करना चाहा, किंतु कोई परिणाम न निकला। विवश होकर भारत ने सैनिक काररवाई की। गोवा, दमन और दीव पर भारत का अधिकार हो गया। इसपर पश्चिमी राष्ट्र तिलमिला उठे और उन्होंने सुरक्षा परिषद् में अपने समर्थक राष्ट्रों की मदद से गोवा में राष्ट्रसंघीय सेनाएँ भेजकर उसे 'अशांति और शीतयुद्ध' का स्थायी केंद्र बनाने का प्रयत्न किया, किंतु सह-अस्तित्व और शांति के समर्थक राष्ट्रों के समक्ष उनकी एक न चल पाई।

भारत की सदैव यह नीति रही है कि पाकिस्तान के साथ हमारे मैत्रीपूर्ण संबंध रहें और आपसी विवादों का निबटारा शांतिमय ढंग से हो जाए। कश्मीर के संबंध में मंत्री-स्तर पर विचार-विमर्श हुआ है, किंतु पाकिस्तान की हठवादिता के कारण उचित समाधान अभी तक नहीं निकल सका है। हमारी शांतिमय नीति का यह अर्थ है कि हम युद्ध नहीं करना चाहते, अपने झगड़े शांतिमय ढंग से तथा ताशकंद-भावना से अभिप्रेरित होकर सुलझाना चाहते हैं; किंतु इसका यह अर्थ नहीं कि हम अन्याय के सामने झुक जाएँ, युद्ध से डर जाएँ और पाकिस्तान को कश्मीर तथा दूसरी ओर चीन को अपनी हजारों वर्ग किलोमीटर भूमि दे दें।

इस प्रकार यह स्पष्ट है कि भारत की शांति तटस्थता और सह-अस्तित्व की नीति, परीक्षण की कठोर परिस्थितियों से गुजरी और गुजर रही है, किंतु गांधी का शांति तथा अहिंसावादी देश अपनी पंचशील की नीति पर दृढ़ है। राजनीतिक आघातों और आक्षेपों के बावजूद उसने सहिष्णुता और सद्भावना की नीति छोड़ी नहीं है।

जिन नीतियों और आदर्शों को लेकर राष्ट्र संघ की स्थापना हुई है, वे ही भारत की विदेश नीति के दृढ़ आधार हैं। यदि भारत की विदेश नीति के आदर्शों और सिद्धांतों का सही मूल्यांकन करके संसार उसी के अनुरूप आचरण करे, तो पीड़ित मानवता को राहत मिल जाए और युद्ध का खतरा संसार में सदा के लिए मिट जाए।

□

दक्षिण एशिया में बदलते समीकरण

विगत कुछ वर्षों से दक्षिण एशिया विग्रह और विस्फोटक तनाव का एक खतरनाक क्षेत्र बनता जा रहा है। इस बीच, अफगानिस्तान से श्रीलंका, नेपाल और बँगलादेश तक की आंतरिक स्थितियों और आपसी रिश्तों में नई-नई पेचीदगियाँ पैदा हो गई हैं। साथ ही, इस उपमहाद्वीप का तट-क्षालन करनेवाला हिंद महासागर और उसके चारों ओर का क्षेत्र भी शस्त्रास्त्रों के अंबार, गहरे तनाव और युद्ध का क्षेत्र बन गया है। यहाँ तक कि हिंद महासागर में नाभिकीय अस्त्रों की सुरंगें भी बिछाई जा चुकी हैं। इस संपूर्ण विशाल पृष्ठभूमि में एक छोटा सा पर्वतीय देश 'नेपाल' है, जो लंबे समय तक किसी क्षेत्रीय अशांति का शिकार नहीं हुआ, उसे उसके किसी पड़ोसी ने वैर-भाव और आक्रमण की नीयत से कभी देखा तक नहीं। हिमालय की गोद में अपने आंतरिक उथल-पुथल के बीच अपने ही ढंग से जीनेवाला एक ऐसा देश, जिसकी शांति को कभी किसी ओर से कोई खतरा नहीं पैदा हुआ, लेकिन अब वहाँ की स्थिति अत्यंत आक्रामक हो चुकी है। नेपाल नरेंद्र वीरेंद्र और उनके परिवार की नृशंस हत्या, फिर नरेश ज्ञानेंद्र द्वारा बल-प्रयोग का परिचय देते हुए सत्ता-अधिग्रहण कर निरंकुशता का व्यवहार वहाँ के जनप्रतिनिधियों को विद्रोह के लिए ललकार रहा है। हिंद महासागर क्षेत्र की वर्तमान स्थिति को देखते हुए दक्षिण एशिया के देशों के बीच सन् १९८४ से जो प्रयास शुरू हुए हैं, वे सर्वथा सकारण और श्लाघनीय हैं।

सन् १९७५ में 'फिलिस्तीनी मुक्ति संगठन' के अध्यक्ष यासिर अराफात ने बेरुत में संगठन के मुख्यालय में कहा था, "इस लड़ाई में हम सब एक ही मोरचे पर हैं और हम पर एक ही दुश्मन गोली चला रहा है। भारतीयों को हमेशा याद रखना चाहिए कि भारत और अरब देशों को एक ही लड़ाई का सामना करना पड़ रहा है। हम पर जो गोलियाँ चलाई जाती हैं, वे एक ही ओर से आ रही हैं। विश्व में साम्राज्यवादियों ने हम सबके खिलाफ एक जैसी नीति अपना रखी है।"

यासिर अराफात के संवेदनात्मक पहलुओं को स्पर्श करती हुई ये बातें अब

हकीकत लग रही हैं। भारत से मुखातिब होकर अराफात ने ही तो कहा था—"जिन लोगों ने मेरी मातृभूमि पर कब्जा करने में अपने एजेंटों की मदद की थी, वे आपके देश के लोगों के भविष्य को भी अपने कब्जे में लेने की कोशिश कर रहे हैं। अरबी लोग यहूदियों के उपनिवेशवाद का ही मुकाबला नहीं कर रहे हैं, बल्कि दुनिया में सबसे विध्वंसकारी देश अमेरिका का सामना कर रहे हैं। जिन हथियारों के बल पर फिलिस्तीनी लोगों को अपनी मातृभूमि पर अपने अधिकार से वंचित किया गया, उनसे ही अब एशिया, अफ्रीका, लैटिन अमेरिका के देशों को खतरा पैदा हो गया है।

उपर्युक्त आशय की चेतावनी आज बिलकुल स्पष्ट हो चुकी है। भारत को हिंद महासागर के दोनों ओर से खतरा है। वह हिंद महासागर भारत और अरब देशों के बीच फैला हुआ है। हिंद महासागर में जो सैनिक जमाव किया जा रहा है, उससे कभी भी एक बहुत बड़ा विस्फोट हो सकता है। अरब देश दुनिया की सबसे प्रतिक्रियावादी ताकत के हमले का शिकार हो चुका है। अमेरिका का नया उपनिवेशवाद सर्वाधिक आक्रामक और विस्तारवादी है।

भारत के पड़ोस में, खासतौर पर श्रीलंका में, जो कुछ हो रहा है, उससे हमारी प्रादेशिक अखंडता, धर्म-निरपेक्षता और प्रभुसत्ता को खतरा है। यहूदियों की चालाकियों का असर हमारे समुद्र-तट पर पड़ने लगा है। अमेरिका और इजराइल के बीच साँठ-गाँठ अब छुपी नहीं रही। तीनों देश एशिया के बड़े इलाकों को लूटने की जिन योजनाओं को आगे बढ़ा रहे हैं, उनसे वास्तविकता खुलकर सामने आ गई है। भारतीयों और अरबवासियों को इनका शिकार बनाया जा रहा है। लेबनान में जो कुछ हुआ, वह इन देशों की साँठ-गाँठ के बिना संभव नहीं था। अफ्रीका में जातिभेदवाली सरकार अमेरिका के हथियारबंद एजेंट के रूप में सामने आ रही है। भारत को भी यहूदियों की चालबाजियों से प्रत्यक्ष खतरा पैदा हो गया है।

भारत की तत्कालीन प्रधानमंत्री इंदिरा गांधी ने पड़ोसी देश श्रीलंका में सुरक्षा व्यवस्था में इजराइल खुफिया एजेंसी 'मोसाद' को शामिल करने पर भारत की ओर से गंभीर चिंता प्रकट की थी। २२ अगस्त, १९८४ को भारतीय संसद् में अपने वक्तव्य में श्रीमती गांधी ने कहा था, "श्रीलंका के मामलों में इजराइल जासूसी एजेंसी का हाथ होने के अलावा ब्रिटिश संगठन एम.ए.एस. का भी हाथ है, जिससे स्थिति भारत के लिए और भी चिंताजनक हो चुकी है।"

सिंगापुर की एक अमेरिकी सहायक फर्म, जो रद्दी कागजों का निर्यात करती है, बड़ी मात्रा में भारत को ऐसे रद्दी कागज भेजती रही है, जिसमें 'कुरान शरीफ' के फटे हुए पन्ने भरे होते हैं। इस फर्म का संबंध इजराइल से रहा है। मलेशिया, श्रीलंका और बँगलादेश को एक वर्ष पूर्व भी कथित फर्म ने ऐसा ही रद्दी कागज भेजा था। कोलकाता

बंदरगाह के मुसलमान कर्मचारियों को 'कुरान शरीफ' के फटे हुए पन्ने रद्दी कागजों के बोरे में देखकर बड़ी उत्तेजना हुई थी, लेकिन अधिकारियों ने तुरंत काररवाई की, वरना कोलकाता में भी वैसे ही दंगे होते जैसे मुंबई, भिवंडी और गुजरात में हुए थे।

इन दृष्टांतों का आशय यह कदापि नहीं है कि भारत में दंगों का कारण सिर्फ विदेशी साँठ-गाँठ ही है। बहरहाल, दंगों का कारण कुछ भी रहा हो, हम भारतीयों को उन सभी को कुचल देना चाहिए, जो धर्म-जाति के आधार पर झगड़े कराने की कोशिश करते हैं। हमें यह नहीं भूलना चाहिए कि पंजाब की घटनाओं में ग्रेट ब्रिटेन, कनाडा और जर्मनी में काम कर रही अमेरिकी संस्थाओं तथा सी.आई.ए. का भी हाथ रहा है।

दूसरी ओर, दक्षिण एशियाई देशों के विदेश मंत्रियों की बैठक में इस दृष्टि से कोई उल्लेखनीय निर्णय नहीं लिया जा सका। इधर, कुछ समय से समन्वयवादी सिद्धांतों को प्रतिपादित करनेवाले संगठनों ने इस समस्या का निराकरण मिल-बैठकर करने पर जोर दिया है। कितना श्रेयस्कर होगा, यदि उससे पहले राजनयिक प्रयासों से क्षेत्रीय समस्याओं को उनकी प्रासंगिकता और प्राथमिकता के अनुसार सूत्रित कर लिया जाए। कारण यह कि इससे काल्पनिक एवं यथार्थ और क्षेत्रीय तथा द्विपक्षीय समस्याओं के बीच की धुंध छँट जाएगी, समस्याओं के निराकरण का रास्ता खुल जाएगा और उनके बीच का कार्य-कारण समझ में आ जाएगा।

काठमांडू में एशियाई-अफ्रीकी देशों की सलाहकार समिति की जो ८ दिवसीय बैठक संपन्न हुई थी, उसकी काररवाई को देखते हुए समस्याओं का सम्यक् विवेचन और भी जरूरी प्रतीत होता है। वहाँ नेपाल ने अपने को शांत क्षेत्र घोषित किए जाने के प्रस्ताव को हठपूर्वक बार-बार क्यों उठाया? इस प्रश्न की ज्वलंतता अथवा प्रासंगिकता की बात तो दूर रही, क्या यह कोई यथार्थ प्रश्न भी है?

अमेरिका नेपाल की इस माँग का प्रथम अनुमोदक रहा है और काठमांडू में पाकिस्तान, चीन तथा बँगलादेश इसका सोत्साह समर्थन करते रहे। क्या इसमें कोई राजनीतिक सूत्रता और सोद्देश्यता दृष्टिगत नहीं होती? क्यों नेपाल और उसके काल्पनिक प्रश्न के समर्थक हिंद महासागर को शांत-क्षेत्र बनाने के प्रश्न के प्रति औपचारिक समर्थन के अलावा उदासीन ही रहे? क्या यह भी उसी राजनीतिक सोद्देश्यता की एक और कड़ी नहीं है? हिंद महासागर को हथियारों से मुक्त शांत-क्षेत्र बनाने के तात्कालिक मसले की तोड़-फोड़ में अमेरिका और उसके पश्चिमी मित्रों की अग्रणी भूमिका किससे छिपी है?

इसी तरह नेपाल ने और भी ऐसे सवाल उठाए थे, जो उसके और भारत के बीच के द्विपक्षीय सवाल हैं अथवा अलग-अलग दक्षिण एशियाई देशों के बीच के। मसलन, स्थल से घिरे नेपाल के लिए समुद्री द्वार तक पहुँच का प्रश्न अथवा एक से अधिक देशों

से होकर बहनेवाली नदियों के पानी के बँटवारे का प्रश्न। इन्हें अफ्रीकी-एशियाई या किसी भी अंतरराष्ट्रीय मंच पर हठपूर्वक उठाना, इनके निदान से आँख मूँद, निराकरण को दूर रखते हुए राजनीतिक उद्देश्य सिद्ध करने का प्रयास मात्र हो सकता है। बेवजह की त्राहि-त्राहि की गुहार आपसी सद्भाव और विश्वास के साथ गंभीर वार्त्ता का स्थान कदापि नहीं ले सकती।

जहाँ तक इन देशों के बीच हितों के टकराव और विग्रह की स्थितियों का प्रश्न है, मूल रूप में वे इनके औपनिवेशिक अतीत की विरासत हैं। इस निदान में मतभेद की कोई गुंजाइश नहीं है। स्वतंत्रता प्राप्ति के बाद इन समस्याओं का निराकरण करने की बजाय ये और भी उग्र क्यों होती गई हैं? इस प्रश्न का उत्तर दृष्टि में थोड़ी सी वस्तुपरकता लाने पर तत्काल प्राप्त हो जाएगा।

बँगलादेश की ओर से भी बेरुखी ही ज्यादा है तथा रुझान अमेरिका और चीन की ओर है तथा नेपाल मिठबोलेपन के साथ आड़ी-तिरछी राजनीतिक चालें चल रहा है। अमेरिका को भी उसकी सुरक्षा की गहरी चिंता हो गई है। शांत-क्षेत्र बनाने के लिए हथियारबंदी और सैन्यीकरण करना अमेरिका का एक जाना-माना नुस्खा है। सवाल हिंद महासागर का हो, दक्षिण एशिया का, चाहे यूरोप का, वह इसी नुस्खे को नेपाल पर भी लागू करना चाह रहा है।

उपर्युक्त विषय से भारत-पाक संबंधों का संदर्भ सीधा जुड़ा है। पाकिस्तान की जनता तो अपनी आर्थिक समस्याओं का निराकरण और लोकतंत्र की 'वास्तविक बहाली' की माँग कर रही है। ऐसे में वह 'कम्युनिज्म' के विरुद्ध अमेरिका की रणनीति—मुठभेड़ की व्यूह-रचना—में बड़े गर्व के साथ अग्रिम मोरचा पंक्ति का राज्य तथा अफगानिस्तान की 'अप्रैल-क्रांति' पर अमेरिका की नाराजगी की रणनीति का मोहरा क्यों बन रहा है, साथ ही, भारत के विरुद्ध इतनी बेकाबू हथियारबंदी का जुनून अपने सिर पर क्यों लिये फिर रहा है? भारत के विखंडन की सी.आई.ए. की योजना में उसकी दिलचस्पी और शिरकत का भी क्या औचित्य है?

बंगलौर में आयोजित दक्षिण एशिया के ७ राष्ट्रों के द्वि-दिवसीय 'सार्क शिखर सम्मेलन' (१६-१७ नवंबर, १९८६) में दक्षिण एशियाई देश अपना-अपना राग अलापते रहे। उन दो दिनों में शायद ही कोई ऐसा पल आया हो, जब अलग-अलग राग 'समवेत स्वरूप' अख्तियार कर पाए हों। पाकिस्तान के तत्कालीन प्रधानमंत्री मो. खान जुनेजो ने भारत-पाक संबंधों की दरारों पर आत्मीय दृष्टि देने की जरूरत तक नहीं समझी थी। हाँ, उपस्थित प्रतिनिधियों ने 'आतंकवाद से निबटने के उपाय' पर गंभीरता से सोचा और विचार किया था तथा आतंकवाद के विरुद्ध सामूहिक काररवाई करने की आम राय कायम हुई थी, पर अफसोस कि सारी नीतियाँ, सारे निर्णय मात्र 'शाब्दिक

सहयोग' तक सीमित रहे।

जम्मू कश्मीर में आतंकवादियों द्वारा प्रतिदिन कोई-न-कोई निर्दोष जिंदगी खत्म कर दी जाती है और यह बात जग-जाहिर हो चुकी है कि उन आतंकवादियों को पाकिस्तान प्रशिक्षित कर भारत की एकता-अखंडता को खंड-खंड करने में लगा है।

दक्षेस (दक्षिण एशियाई क्षेत्रीय सहयोग संगठन) की कार्य समिति की द्वि-दिवसीय बैठक (१६-१७ जून, १९८७) विज्ञान भवन, नई दिल्ली में आयोजित हुई थी तथा (१८-१९ जून, १९८७) को विदेश मंत्रियों की द्वि-दिवसीय बैठक भी यहीं हुई थी, जिनमें क्रमशः भारत, श्रीलंका, पाकिस्तान, बँगलादेश, नेपाल, भूटान तथा मालदीव के विदेश सचिव तथा विदेश मंत्रियों ने भाग लिया था।

'दक्षेस' की स्थायी समिति ने संघ के सदस्य देशों में आतंकवादी कारवाइयों से निबटने के लिए व्यापक कार्यक्रम के प्रारूप को अंतिम रूप दिया था। विशेषज्ञ समिति द्वारा तैयार इस प्रारूप में आतंकवादियों के प्रत्यर्पण के संबंध में महत्त्वपूर्ण प्रावधानों की व्यवस्था है। इससे अब आतंकवादी गतिविधियों का कठोरता से सामना किया जा सकता है। इसमें यह व्यवस्था की गई है कि प्रत्यर्पण के समय आतंकवादी राजनीतिक शरण नहीं ले सकता। विशेषज्ञ समिति ने ऐसे आतंकवादी अपराधों की सूची तैयार की है, जो प्रत्यर्पण के उद्देश्य से राजनीतिक नहीं माने जाते।

उपर्युक्त ७ देशों के बीच मादक पदार्थों की तस्करी की रोकथाम करने से संबंधित भारत के एक प्रस्ताव को सर्वसम्मति से अनुमोदन प्राप्त हो गया था। इस तरह से आतंकवाद तथा तस्करी की रोकथाम के लिए एक व्यापक कार्यक्रम पर समझौता हुआ था।

दक्षेस के कार्यक्रमों के लिए भारत ने १.५ करोड़, श्रीलंका ने ६० लाख, पाकिस्तान ने १.२५ करोड़, बँगलादेश ने ७५ लाख, नेपाल ने ७० लाख, भूटान ने २० लाख तथा मालदीव ने २.५२ लाख का अंशदान करने की घोषणा की थी। सभी देश अपनी-अपनी मुद्रा में धनराशि देंगे।

कुछ वर्षों पूर्व ७ देशों के विदेश मंत्रियों ने पाँच महत्त्वपूर्ण कार्यक्रमों को अंतिम रूप दिया था—

- आतंकवाद का सामना करने के लिए इन देशों में आपसी संधि के लिए कानूनी विशेषज्ञों की एक समिति गठित की जाएगी।
- पहले कदम के रूप में 'दक्षिण एशिया खाद्य सुरक्षा भंडार' स्थापित किया जाएगा।
- सदस्य देशों के बीच पर्यटन की सुविधा और पर्यटकों की सीमित मात्रा में एक-दूसरे की मुद्रा की खरीद-फरोख्त की सुविधाएँ दी जाएँगी।

- सदस्य-देशों के बीच दृश्य और श्रव्य सामग्री का आदान-प्रदान किया जाएगा।
- एक दक्षिण एशियाई 'समाचार एजेंसी' शुरू की जाएगी तथा अपने क्षेत्र के एक पत्रकार को प्रति वर्ष पुरस्कार प्रदान किया जाएगा।

इन सारे प्रस्तावों, निर्णय-समझौतों को 'एक रचनात्मक उपलब्धि' की संज्ञा दी जा सकती है, किंतु उल्लिखित खतरनाक कारवाइयों के विरुद्ध इन सदस्य देशों ने अपनी जबान तक नहीं खोली।

वर्तमान में दक्षिण एशिया में जिन-जिन मूल्यों की टकराहट है, उनके कारणों के मूल पर यदि इन बैठकों में गंभीर चर्चा-परिचर्चा करके संतोषजनक निर्णय लिये जाते तो 'अस्तित्व का संकट' काफी हद तक दूर हो सकता था, पर अफसोस··· !

ऐसी स्थिति में, दक्षिण एशिया के देशों के लिए सबसे पहले यह आवश्यक है कि वे क्षेत्रेतर हितों की रणनीति से बाहर रहने के लिए कृत-संकल्प हों। तभी उन्हें क्षेत्रीय हितों की परस्पर पूरकता का एहसास हो सकेगा और परस्पर चिंता की स्वस्थ दृष्टि प्राप्त हो सकेगी।

□

साम्राज्यवादी शक्तियाँ और गुट-निरपेक्ष आंदोलन

वास्तव में, गुट-निरपेक्ष देश शांति की रक्षा करने तथा उसे सुदृढ़ बनाने के लिए विश्वव्यापी प्रयासों में अधिकाधिक योगदान कर रहे हैं। वे अनेक अंतरराष्ट्रीय मंचों के निर्णयों और प्रस्तावों को उजागर करने के लिए समय-समय पर अपने विचार और प्रस्ताव प्रस्तुत करते आ रहे हैं। यदि गंभीरता से गुट-निरपेक्ष देशों की समन्वित भूमिका को समझने का प्रयास किया जाए तो स्पष्ट होगा कि नव-स्वतंत्र देशों के पिछड़ेपन को समाप्त करना तथा उनका विकास, विकासशील देशों में व्याप्त संकट को समाप्त करना ही उनका उद्‌देश्य है। निस्संदेह ये सब अत्यंत महत्त्वपूर्ण मुद्‌दे हैं और विश्व की सामान्य स्थिति विशेषकर इस बात पर निर्भर करते हैं कि मानव-सभ्यता युद्ध को टालने तथा शस्त्रास्त्रों के व्यय-भार से मुक्ति पाने में समर्थ हो सकेगी अथवा नहीं। इसके फलस्वरूप, गुट-निरपेक्ष देशों ने संयुक्त राष्ट्र सम्मेलन में तथा अन्यान्य मंचों पर इन महत्त्वपूर्ण अंतरराष्ट्रीय समस्याओं पर अधिक गंभीरता के साथ विचार-विनिमय किया है। उन्होंने अन्य शांतिप्रिय देशों के साथ मिल-बैठकर अंतरिक्ष-युद्ध की तैयारियों की तीव्र भर्त्सना की है तथा पारमाणविक हथियारों को समाप्त करने, उनके परीक्षण को बंद करने बाह्य अंतरिक्ष में सैन्यीकरण को रोकने और न्यूट्रॉन, रासायनिक, जीवाणु तथा संहार के अन्यान्य शस्त्रास्त्रों के विकास एवं उत्पादन पर नियंत्रण लगाने पर बल दिया है।

गुट-निरपेक्ष देशों ने हिंद महासागर को शांत-क्षेत्र बनाने तथा विश्व-सागरों में सैनिक गतिविधियों में कटौती करने के मुद्‌दे उठाए हैं। वे अभी अत्यंत महत्त्वपूर्ण हैं, साथ ही उपनिवेशवाद को समाप्त करने की प्रक्रिया को पूरा करने तथा इन क्षेत्रों में उठनेवाले सभी विवादों को शांतिपूर्ण तरीके से निबटाने के विषय भी महत्त्वपूर्ण हैं।

नई दिल्ली सम्मेलन (७-११ मार्च, १९८३) भी संतोषप्रद पहल के रूप में मुखर हुआ है। हवाना, कोलंबो, अल्जीयर्स, लुसाका, काहिरा और बेलग्रेड में आयोजित निर्गुट शिखर सम्मेलनों में भी पश्चिमी विश्व ने गुट-निरपेक्ष राष्ट्रों के संयुक्त मोरचे को खंडित करने तथा आंदोलन को मुख्य मार्ग से हटाने और उसकी साम्राज्यवाद विरोधी उन्मुखता

को दुर्बल बनाने के प्रयत्न किए, किंतु वे सारे प्रयत्न व्यर्थ हुए। इस तथ्य से इनकार नहीं किया जा सकता कि नई दिल्ली और हरारे के गुट-निरपेक्ष शिखर सम्मेलन अपेक्षाकृत अधिक सफल रहे। दोनों सम्मेलनों ने सिद्ध कर दिया कि उनके आंदोलन ने 'भूमंडलीय चरित्र' ग्रहण कर लिया है।

शांति, निरस्त्रीकरण और विकास की समस्याओं के बीच अंतर्संबंध की समझ गुट-निरपेक्ष तथा समाजवादी देशों को वस्तुनिष्ठ रूप में एकताबद्ध करती है। वे इस बिंदु पर एकमत हैं कि आज धरती को नाभिकीय विनाश से बचाने से अधिक महत्त्वपूर्ण कार्य कोई अन्य नहीं है। हरारे सम्मेलन में जो भी निर्णय लिये गए, निष्कर्ष आए, उन सबका समर्थन रूस, चीन तथा अन्य समाजवादी देशों ने किया है। इतना ही नहीं, इन देशों ने संयुक्त राष्ट्र संघ तथा अन्य प्रमुख अंतरराष्ट्रीय मंचों पर शांति, निरस्त्रीकरण और अंतरराष्ट्रीय आर्थिक संबंधों के पक्ष में गुट-निरपेक्ष राष्ट्रों के लगभग सभी प्रयासों और परिणामों का अनुमोदन किया है।

विकासशील देशों के सर्वाधिक महत्त्वपूर्ण मुद्‌दों में एक है—वास्तविक वि-उपनिवेशीकरण तथा आर्थिक स्वाधीनता के लिए संघर्ष। उपनिवेशी व्यवस्था के पतनोपरांत ३२ वर्षों में औद्योगिकीकृत पूँजीवादी देशों ने नव-स्वतंत्र देशों से 'साझेदार' के रूप में इतनी अधिक वास्तविक संपदा का दोहन किया है, जितना तीन शताब्दियों में भी पूर्व की उपनिवेशी शक्तियों ने भी नहीं किया था। पूँजीवादी शक्तियों से लिये गए ऋण का बोझ विकासशील देशों पर भयावह दर से बढ़ता जा रहा है और खरबों डॉलर का हो गया है। लुसाका में गुट-निरपेक्ष आंदोलन ने नूतन अंतरराष्ट्रीय आर्थिक व्यवस्था की स्थापना की माँग की थी, जिस पर संयुक्त राष्ट्र संघ ने एक संगत संकल्प तथा इस विषय पर एक 'काररवाई-कार्यक्रम' स्वीकृत किया था, किंतु पश्चिमी विश्व को न्यायोचित आर्थिक व्यवस्था की स्थापना के संबंध में गंभीरतापूर्वक वार्त्तालाप करने की तनिक भी जल्दी नहीं है। वैसे इतना तो स्पष्ट हो ही गया है कि हरारे सम्मेलन के पश्चात् व्यतीत हुई अवधि ने दो प्रमुख राजनीतिक धाराओं—समाजवाद और साम्राज्यवाद—की सीमा-रेखा को और अधिक स्पष्ट रूप में दरशाया है।

तनाव में वृद्धि स्वतः-प्रवर्तित प्रक्रिया नहीं है। इसका स्रोत साम्राज्यवाद की नीति में विद्यमान बढ़ी हुई 'आक्रामकता' है। विश्व-समाजवाद के विरुद्ध साम्राज्यवादी नीतियों के पोषक अमेरिका के नेतृत्व में कथित साम्राज्यवाद द्वारा घोषित 'धर्मयुद्ध' संसार की समस्त प्रगतिशील शक्तियों के विरुद्ध लक्षित है। यह बात गुट-निरपेक्ष ग्रेनाडा और लेबनान पर अमेरिकी हमले से, मध्य अमेरिका में इसके द्वारा हस्तक्षेप से 'यूनेस्को' और अंकटाड को 'ब्लैकमेल' करने के उसके कार्यों से स्पष्ट हो जाती है।

गुट-निरपेक्ष आंदोलन की पृष्ठभूमि को जानने-समझने के लिए बांडुंग सम्मेलन

की रूपरेखा की जानकारी अत्यावश्यक हो जाती है। वैसे सही मायने में बांडुंग सम्मेलन गुट-निरपेक्षता के सिद्धांतों पर आधारित नहीं था, लेकिन उसे इस आंदोलन का 'पूर्ववर्ती' माना जा सकता है। पहला गुट-निरपेक्ष सम्मेलन (१-६ सितंबर, १९६१) बेलग्रेड में हुआ था। बांडुंग सम्मेलन में निश्चित शांतिपूर्ण सह-अस्तित्व के १० सिद्धांतों ने गुट-निरपेक्ष आंदोलन की नीतियों को आधार प्रदान किया था।

आज इस सच्चाई से कोई इनकार नहीं कर सकता कि सांप्रदायिक अंतरराष्ट्रीय स्थिति में गुट-निरपेक्ष आंदोलन एक प्रभावशाली कारक है। गुट-निरपेक्ष आंदोलन प्रारंभ से ही युद्ध के खतरे और बल पर आधारित साम्राज्यवादी नीति के विरुद्ध और टिकाऊ अंतरराष्ट्रीय शांति का अभियान रहा है। उसकी गतिविधियों का एक कारण यह भी है कि गुट-निरपेक्ष आंदोलन निष्क्रिय शांति पर कभी नहीं चला है। उसने शांतिपूर्ण सह-अस्तित्व के रचनात्मक सिद्धांतों पर अमल के लिए सदैव प्रयास किया है। गुट-निरपेक्ष देशों के शासनाध्यक्षों और राष्ट्राध्यक्षों ने ५-१० अक्तूबर, १९६४ तक काहिरा में ही अपने द्वितीय सम्मेलन में शांतिपूर्ण सह-अस्तित्व के बुनियादी सिद्धांतों की घोषणा की थी। बाद के गुट-निरपेक्ष सम्मेलनों में इन्हीं सिद्धांतों के अनुरूप हथियारों की होड़ रोकने और अंतरराष्ट्रीय तनाव-शैथिल्य के ठोस और रचनात्मक प्रस्ताव पारित किए गए थे।

गुट-निरपेक्ष आंदोलन की सफलताओं का एक कारण यह भी है कि एशिया, अफ्रीका और लैटिन अमेरिका के मुक्ति संघर्ष से उसके घनिष्ठ संबंध रहे हैं। इस आंदोलन की गतिविधियाँ इस मत पर आधारित हैं कि साम्राज्यवाद स्वतंत्र देशों का प्रमुख शत्रु है। चौथे गुट-निरपेक्ष सम्मेलन (अल्जीयर्स ५-९ सितंबर, १९७३) की आर्थिक घोषणा का प्रथम अनुभाग साम्राज्यवाद के विरुद्ध युग को समर्पित है। इसमें कहा गया है कि विकासशील देशों की मुक्ति और प्रगति में सबसे बड़ी बाधा 'साम्राज्यवाद' है।

गुट-निरपेक्ष आंदोलन स्वभावतः एक आम लोकतांत्रिक आंदोलन है। इसमें प्रारंभ से ही समाजवादी देशों ने भी सामाजिक, राजनीतिक और आर्थिक प्रगति के प्रयासों में गुट-निरपेक्ष देशों की सक्रिय सहायता की है। गुट-निरपेक्ष आंदोलन का प्रादुर्भाव यह सिद्ध करता है कि विकासशील देशों ने अंतरराष्ट्रीय स्तर पर अपने व्यक्तित्व को महसूस किया है और वह अपने विकास में नई अवस्थाओं से गुजरा है। इस तरह सातवें दशक में शांति की रक्षा तथा उसे सुदृढ़ करने के प्रति गुट-निरपेक्ष आंदोलन के दृष्टिकोण पर राष्ट्रीय मुक्ति के पहलुओं का प्रभाव रहा है। उन वर्षों में शीतयुद्ध और उपनिवेशवाद की राजनीतिक प्रणाली के पराभव तथा नए देशों के प्रादुर्भाव को देखा गया है। उस समय गुट-निरपेक्ष देशों ने शांतिपूर्ण सह-अस्तित्व के

सिद्धांतों पर अमल को अपने अस्तित्व, राष्ट्रीय पुनरुज्जीवन और स्वतंत्र विकास की 'गारंटी' के रूप में देखा है।

नौवें दशक में गुट-निरपेक्ष आंदोलन ने आर्थिक स्वतंत्रता प्राप्त करने के सामूहिक प्रयासों और नवीन अंतरराष्ट्रीय अर्थव्यवस्था की स्थापना के लिए कार्यक्रम के निर्धारण पर ध्यान दिया। उस अवधि में इन देशों ने नई विजय प्राप्त की थी। उन्होंने ऐसी माँगें रखी थीं, जो हथियारों की होड़ को समाप्त करने और आर्थिक पुनरुत्थान के कार्यों के अनुरूप थीं। गुट-निरपेक्ष देशों ने निरस्त्रीकरण के फलस्वरूप उपलब्ध होनेवाले साधनों और संसाधनों के पुनर्वितरण पर जोर दिया था तथा माँगें रखी थीं कि एशिया, अफ्रीका और लैटिन अमेरिका के आर्थिक विकास के लिए उनका इस्तेमाल हो, लेकिन कतिपय गुट-निरपेक्ष देशों में शांति-अभियान के प्रति नकारात्मक प्रवृत्तियाँ उभरीं। समान दूरी का विचार प्रस्तुत कर कुछ देशों ने अंतरराष्ट्रीय समस्याओं को टालने का प्रयास किया था। हथियारों की होड़ के विरोध से हटकर यह कहा जाने लगा था—'पहले विकास, निरस्त्रीकरण बाद में।' निरस्त्रीकरण से विकासशील देशों को खास लाभ नहीं होने वाला है। वास्तव में यह महाशक्तियों की समस्या है।''

वास्तविकता यह है कि निरस्त्रीकरण और विकास में घनिष्ठ संबंध है। निरस्त्रीकरण के अभाव में विकास का 'ऐतिहासिक भाव' समाप्त हो जाता है। निरस्त्रीकरण और हथियार की होड़ पर रोक के बिना विकास की संभावनाएँ ही नहीं रहतीं, क्योंकि विश्वव्यापी नाभिकीय युद्ध की स्थिति में विकास किसका होगा।

मार्च १९८३ में नई दिल्ली में सातवें गुट-निरपेक्ष सम्मेलन के प्रस्तावों ने शांति-प्रयासों को प्रोत्साहन देने में बड़ी भूमिका अदा की थी। इस बात पर विशेष रूप से बल दिया गया था कि शांति-रक्षा तथा अस्त्रों की होड़ पर रोक विकासशील देशों की विदेश नीति के प्रमुख कार्य हैं। पहली बार, इसके राजनीतिक घोषणा-पत्र में 'निरस्त्रीकरण, जीवन और नाभिकीय अस्त्रों के युग में सह-अस्तित्व' शीर्षक से एक प्रस्ताव शामिल किया गया था। सम्मेलन ने नाभिकीय अस्त्रों के प्रयोग या प्रयोग की धमकी पर तत्काल प्रतिबंध, सभी नाभिकीय परीक्षणों और नाभिकीय अस्त्रों के निर्माण तथा तैनाती पर प्रतिबंध की बात कही। इन प्रस्तावों का भी समर्थन किया गया कि अस्त्रागारों पर नियंत्रण रखा जाए तथा शस्त्रास्त्रों की दूषित प्रतिस्पर्धा को समाप्त करने एवं निरस्त्रीकरण के लिए प्रभावकारी संधि की जाए।

विकासशील देशों में समय-समय पर उत्पन्न होनेवाले संकटों को दूर करने में गुट-निरपेक्ष आंदोलन अपना योगदान बढ़ाने में लगा हुआ है। एशिया में गुट-निरपेक्ष देशों के प्रयासों का विश्वव्यापी महत्त्व है। अमेरिका एशिया को सामरिक अस्त्रीकरण के दायरे में घसीटना चाहता है और वहाँ अपने विध्वंसक नाभिकीय प्रक्षेपास्त्र तैयार करना

चाहता है। यह बात अब छिपी नहीं है कि अमेरिका, एशियाई देशों को अपनी आक्रमणकारी योजनाओं का लक्ष्य बनाना चाहता है। यही कारण है कि वह एशिया में वर्तमान तनावों से लाभ उठाकर नए तनाव पैदा करना चाहता है।

ऐसी स्थिति में शांति, तटस्थता और नाभिकीय अस्त्र मुक्त क्षेत्रों की स्थापना के लिए विकासशील देशों का विशेष महत्त्व हो जाता है। गुट-निरपेक्ष देशों के प्रयासों तथा समाजवादी देशों के समर्थन से महासभा ने अपने इकतालीसवें वार्षिक अधिवेशन में हिंद महासागर को शांत-क्षेत्र घोषित करने के लिए अंतरराष्ट्रीय समझौते की दिशा में जो पहल करने की कोशिश की थी, उसमें फिलहाल अभी तक आशाजनक सफलता नहीं मिल पाई है। इससे गुट-निरपेक्ष आंदोलन को निराशा अवश्य हुई है। इस कारण से भी गुट-निरपेक्ष आंदोलन, विषयपरक और आत्मपरक कठिनाइयों का सामना कर रहा है। साम्राज्यवाद इस आंदोलन को नजरअंदाज करने की कोशिश कर रहा है। इस कारण साम्राज्यवाद तथा सैन्यवाद का मुकाबला करने में कुछ कठिनाइयाँ आती हैं। इसका प्रमुख कारण यह है कि इस आंदोलन में भिन्न-भिन्न सामाजिक, आर्थिक तथा राजनीतिक व्यवस्थाओंवाले 'समाजवादी गणतंत्रों से पूर्ण राजशाही तक' देश शामिल हैं; लेकिन सामाजिक-राजनीतिक व्यवस्थाओं में भिन्नता और कतिपय विवादों के बावजूद एशियाई देशों के समक्ष बड़े सामयिक मसलों पर एक राय पर पहुँचने का आधार है।

जहाँ तक भारत की भूमिका का सवाल है, वह साम्राज्यवाद के इन सारे प्रयत्नों से अप्रभावित रहते हुए, अपना कर्तव्य पूर्ण कर रहा है। इसका प्रमाण ६ राष्ट्रों की 'दिल्ली-घोषणा' है, जो गुट-निरपेक्ष आंदोलन के तत्कालीन अध्यक्ष भारत के प्रधानमंत्री राजीव गांधी के नेतृत्व में स्वीकृत की गई थी। उसमें आंदोलन के आदर्शों के प्रति भारत की निष्ठा और दिल्ली सम्मेलन द्वारा तय की गई नीति पर आगे बढ़ने तथा पं. जवाहरलाल नेहरू और श्रीमती इंदिरा गांधी द्वारा शुरू की गई नीति को जारी रखने के दृढ़ निश्चय की पुष्टि की गई थी।

विश्व की कुल आबादी के दो-तिहाई लोग आज भी गरीबी में जीवन-यापन करते हैं, जबकि शस्त्रों की होड़ प्रति मिनट १५ लाख डॉलर चट कर रही है। दृष्टांतस्वरूप यह हिसाब लगाया गया है कि एक नाभिकीय बमवर्षक की कीमत ५३ विकासशील देशों की संयुक्त वार्षिक राष्ट्रीय आय से भी अधिक है। तब तो अंतरिक्ष में हथियारों की स्पर्धा, जिसके पक्ष में अमेरिका ने यथा-सामर्थ्य अभियान छेड़ रखा है, के लिए और भी अधिक धन की आवश्यकता पड़ेगी। इससे भी ज्यादा दुःखद बात यह है कि यह अस्थिरता उत्पन्न करनेवाले परिणामों से युक्त है, जो अनेक शस्त्रास्त्र नियंत्रण और निरस्त्रीकरण समझौतों को पंगु बनाएगी। लोगों को अमेरिका द्वारा प्रचारित-प्रसारित

'अंतरिक्ष युद्ध' की योजना के प्रति रक्षात्मक चरित्र में विश्वास नहीं है।

ऐसे में, गुट-निरपेक्ष आंदोलन का यह दायित्व बन जाता है कि वह एकजुटता का परिचय देते हुए तथाकथित साम्राज्यवादी शक्तियों के निरंकुश आचरण को वैश्विक मंचों पर लाकर उनकी कुत्सित प्रकृति-प्रवृत्ति का अनावरण करे, ताकि निकट भविष्य में वे तीसरी दुनिया को आँखें न दिखा सकें।

□

वैश्विक निरस्त्रीकरण : एक विचारणीय विषय

स्टार वार की योजना, जो अंतरिक्ष में तीसरी पीढ़ी के परमाणु हथियारों के प्रयोग की योजना है, को अमेरिका के तत्कालीन राष्ट्रपति रीगन ने २३ मार्च, १९८३ को सामने रखी थी, जिसके निर्माता हाइड्रोजन बम के जनक अमेरिका के सुप्रसिद्ध वैज्ञानिक डॉ. एडवर्ड टेलर हैं।

आरंभ में टेलर ने कहा था कि यदि अंतरिक्ष में पृथ्वी की कुछ कक्षाओं में लेजर उपकरणों के अनेक प्लेटफॉर्म स्थापित किए जाएँ, तो वहाँ दर्पण स्थापित करके रूस के सभी परमाणु जखीरों को पलक झपकते ही नष्ट किया जा सकता है; पर अब यह खतरा सामने आने पर कि इन प्लेटफॉर्मों का वही हाल हो सकता है, जो कि उपग्रहों का हो सकता है। अमेरिका अब धरातल पर ही लेजर प्लेटफॉर्म स्थापित करने की दिशा में सोच रहा है। इसके प्रयोग में लाया जानेवाला १०० फीट के दर्पण से युक्त उपकरण स्थायी रूप से ३६,००० किलोमीटर ऊपर भूकक्ष में स्थापित किया जाएगा। पृथ्वी से निर्देशित लेजर ऊर्जा को यह दर्पण समीकृत करेगा और फिर उसे रूस द्वारा १० हजार किलोमीटर दूर से बैलिस्टिक मिसाइलों के छोड़ने की सूचना मिलते ही उधर निर्देशित करेंगे। २०० बिलियन वॉटवाली लेजर किरणों से मिसाइलों को पिघला दिया जाएगा। चूँकि लेजर किरणें ३ लाख किलोमीटर प्रति सेकंड की गति से चलती हैं, अत: अत्यत तीव्र उपग्रह या मिसाइल को भी नष्ट कर देंगी। लेकिन अमेरिका की यह योजना सुदृढ़ नजर नहीं आ रही है। वैज्ञानिकों ने सिद्ध किया है कि इस उपाय से एक बार ही उपकरण नष्ट हो सकता है, जबकि रूस तथा अमेरिका एक साथ एक हजार से अधिक प्रक्षेपास्त्र छोड़ने में समर्थ हैं। अत: इतने सारे दर्पण लगाने पड़ेंगे।

इस तरह स्पष्ट है कि अमेरिका अपने देशवासियों को जो विश्वास दिला रहा है कि इन परमाणु प्रक्षेपास्त्रों का एकमात्र सफल बचाव अंतरिक्ष युद्ध की उनकी योजना है, वह सरासर धोखे की बात लगती है। इसके विपरीत, रूस और अमेरिका के बीच विध्वंसक हथियारों की होड़ का खतरा भी बढ़ गया है। ज्ञात हुआ है कि रूस प्रत्युत्तर में

अंतरिक्ष में एक ऐसे भू-उपग्रह को स्थापित करने में लगा है, जहाँ लेजर किरण से जल, थल और नभ पर सुगमतापूर्वक आक्रमण किया जा सकता है।

इधर, अमेरिका में भी इस योजना के विरोध में आंदोलन उठ खड़ा हुआ है। 'कौंसिल ऑफ इकोनॉमिक्स प्रायोरिटीज' के अंतर्गत संगठन ने एक अध्ययन प्रस्तुत किया है कि रूस के पास १,४०० अंतर्महाद्वीपीय प्रक्षेपास्त्र हैं, जिनमें ६,००० से ऊपर स्वतंत्र रूप में लक्ष्यवाले परमाणु बम फिट हैं। इन सबका अंतरिक्ष युद्ध-योजना में प्रतिकार संभव नहीं है। यदि रूस ने अमेरिकी अंतरिक्ष युद्ध से अधिक प्रभावी रास्ता निकाल लिया तो महाविनाश निश्चित है।

अमेरिका के पूर्व विदेश मंत्री डीन रस्क साइरस बांस, एडवर्ड मस्की, अवकाशप्राप्त जनरल और एडमिरल टॉम डेविस, नौचेलगेकर, जॉन मार्शल तथा सी.आई.ए. के पूर्व निदेशक विलियम कोल्वी ने भी इस योजना को त्याग देने का अनुरोध किया है। इसके बावजूद अमेरिकी राष्ट्रपति 'हठधर्मी' की भूमिका निभा रहे हैं। उन्होंने अपने हठ के पक्ष में यह तर्क दिया है कि हथियारों पर अरबों डॉलर खर्च करने के बावजूद 'स्ट्रैटेजिक अस्त्रों' के मामले में हम रूस से पिछड़ गए हैं। रूस के पास १६० प्रक्षेपास्त्र रोकनेवाले रॉकेट हैं, जबकि अमेरिका के पास एक भी नहीं। यही नहीं रूस में युद्ध के समय नेताओं के रहने और सुरक्षित युद्ध का संचालन करने के लिए १,५०० सुरक्षित तलगृह (बंकर) हैं, जबकि अमेरिका के पास मात्र ५० हैं।

वस्तुत: अमेरिका के ये तर्क पूर्ण सत्य नहीं हैं। हमें यह नहीं भूलना चाहिए कि अमेरिका के मध्यम कोटि के नाभिकीय अस्त्र सोवियत धरती तक पहुँचने की क्षमता रखते हैं और जहाँ तक अंतर्महाद्वीपीय प्रक्षेपास्त्रों का प्रश्न है, दोनों देश लगभग समान क्षमतावाले हैं।

रूस तथा अमेरिका के ये प्रक्षेपास्त्र १२ हजार किलोमीटर ऊपर अंतरिक्ष में पहुँचकर पृथ्वी के गोलार्ध की दूरी ३० मिनट में तय कर लेते हैं। अंतरिक्ष युद्ध-योजना से ३-४ मिनट में ही प्रक्षेपास्त्र नष्ट किया जा सकता है। अमेरिका ने यह सफलता प्राप्त कर ली है कि रूस द्वारा छोड़े गए प्रक्षेपास्त्र को वह रॉकेट के जरिए बीच में ही नष्ट कर दे। उसकी प्रथम परीक्षा काफी पहले ही हो चुकी है, लगभग १६ वर्षों पहले लॉस एंजिल्स के निकट एयरफोर्स स्टेशन से प्रशांत महासागर के ऊपर एक 'मिनटमेन' प्रक्षेपास्त्र छोड़ा गया था, जिसके ऊपर एक नकली परमाणु बम लगा था। इसके ठीक ४० मिनट बाद प्रशांत महासागर के मार्शल द्वीप से कंप्यूटर-नियंत्रित तथा इन्फ्रारेड सेंसर से युक्त एक रॉकेट छोड़ा गया था। परिणामस्वरूप दोनों आपस में टकराए और हवा में ही नष्ट हो गए।

अमेरिका की 'स्टार वार' की योजना से हिंद महासागर, दक्षिण एशिया के देशों

तथा भारत के लिए भी खतरा उत्पन्न हो गया है। इस योजना के दो उद्देश्य हैं—

१. रूसी उपग्रहों को नष्ट करना,

२. रूसी परमाणु प्रक्षेपास्त्रों को नष्ट करना।

ये दोनों ही कार्य हिंद महासागर में स्थापित अमेरिकी अड्डों से सुगमतापूर्वक संपादित किए जा सकते हैं। इससे भारत तथा अन्य देशों की स्थिति भयावह हो सकती है। पुनः यदि भारतीय उपमहाद्वीप में १,००० किलोमीटर ऊपर भी कोई परमाणु विस्फोट होता है तो इलेक्ट्रो-मैग्नेटिक किरणों के कारण हमारे इनसेट जैसे उपग्रह तत्काल विनष्ट हो सकते हैं।

इस प्रकार रूस एवं उसके समर्थित देश और अमेरिका तथा उसके समर्थित देश ऐतिहासिक रूप में अस्त्र-शस्त्रों के मामले में दो महाशक्तियाँ बन गई हैं। यही तथ्य विश्व मामलों में उनके स्थान, उनकी भूमिका तथा दायित्व-सीमा का बहुत हद तक निर्धारण करता है, किंतु यहाँ उनमें सादृश्य समाप्त हो जाता है। वस्तुतः ये दोनों महाशक्तियाँ विचारधाराओं तथा जीवन पद्धतियोंवाली सामाजिक और राजनीतिक व्यवस्थाएँ हैं। उनके बीच गहरे विरोध विद्यमान हैं। दोनों शक्तियों को इस समाधानपरक समन्वय-मार्ग पर सहानुभूतिपूर्ण दृष्टि डालनी होगी कि इन विरोधों को बल-प्रयोग से नहीं, बल्कि शांतिपूर्ण स्वस्थ प्रतिस्पर्धा से दूर किया जा सकता है। एक ही विकल्प है—सभी देशों के बीच शांतिमय सह-अस्तित्व। यह सह-अस्तित्व तब दृढ़तर होगा, जब संसार में हथियार कम होंगे, सशस्त्र युद्धों का, विशेषतः नाभिकीय शस्त्रास्त्रोंवाले युद्ध का खतरा कम होगा। विगत ८८ वर्षों से दोनों महाशक्तियाँ संघर्षों को समाप्त करने के लिए साधन के रूप में निरस्त्रीकरण का समर्थन तथा युद्ध का विरोध करती आ रही हैं, फिर भी दोनों की प्रतिक्रियाएँ भिन्न-भिन्न हैं, वहीं सामरिक सोच एक-दूसरे को नीचा दिखाती रहती हैं।

हालाँकि विश्व-शांति के प्रसंग में निरस्त्रीकरण की समस्या पर शताब्दियों से विचार होता आया है। कभी इस समस्या का संबंध केवल शांति स्थापित रखने से था, किंतु अब इसकी गंभीरता इतनी बढ़ गई है कि न केवल विश्व-शांति, वरन् मानव सभ्यता का भविष्य भी इसी पर निर्भर है। आधुनिक राष्ट्र विज्ञान के वरदान अथवा अभिशापस्वरूप इस प्रकार के अस्त्र-शस्त्रों से सज्जित हैं कि यदि इस समस्या का सर्वसम्मत हल नहीं तलाशा गया तो हमारी सभ्यता का अस्तित्व ही इस धरा से निःशेष हो सकता है। अतएव यह स्मरणीय है कि संप्रति निरस्त्रीकरण के लिए चल रहे प्रयत्नों का उद्देश्य संसार में युद्ध की संभावनाओं को समाप्त कर देना ही नहीं है, क्योंकि युद्ध को मानव-मन से सदैव के लिए निकाल देना असंभव है, अपितु इन प्रयत्नों का मूल उद्देश्य मानव सभ्यता को महाविनाश से बचा लेना है। इसी दृष्टि से हरारे में आयोजित

'आठवें गुट-निरपेक्ष सम्मेलन' की प्रभावकारी सर्वसम्मत प्रतिक्रिया सामने आई।

सन् १३०४ में रीगा, १७१३ में डेनमार्क तथा १७१५ में लीज की किलेबंदी को विनष्ट कर इसी प्रकार का निरस्त्रीकरण संपन्न किया गया था। सन् १७७४ में तुर्की को क्रीमिया में किलेबंदी न करने का आदेश दिया गया था। १८१७ में मैहान झीलों के क्षेत्र में, १८१८ में कनाडा में, १८५६ में कालासागर में तथा १८६३ में आयोनियन द्वीपों में असैनिकीकरण द्वारा निरस्त्रीकरण की स्थापना हुई थी। निरस्त्रीकरण की परंपरागत धारणा का प्रदर्शन सन् १९०५ में स्वीडेन-नार्वे सीमांत प्रदेश, १९१९ में राइन सीमांत प्रदेश, १९२० में फिनलैंड की खाड़ी तथा स्पिट्ज-बर्गेन के असैनिकीकरण में परिलक्षित होता है। इस प्रकार के निरस्त्रीकरण में वस्तुत: विजित पक्ष अथवा क्षेत्र विशेष को ही निरस्त्र बनाया जाता था। अवसर मिलते ही, यह स्थिति बदल जाती थी और फिर युद्ध की तैयारियाँ आरंभ हो जाती थीं।

प्रथम महायुद्ध के पश्चात् विजित जर्मनी को जिस प्रकार अस्त्र-शस्त्रविहीन कर पंगु बना दिया गया था, उसे वह भूला नहीं था। हिटलर का नेतृत्व प्राप्त कर जर्मनी ने जिस प्रकार वारसा की संधि की अवहेलना कर अपने को अस्त्र-शस्त्रों से सुसज्जित किया तथा संसार को द्वितीय महायुद्ध की विभीषिका में धकेल दिया था, वह भी किसी को विस्मृत नहीं हुआ है। अतएव यह बात अब स्पष्ट हो गई है कि एकपक्षीय निरस्त्रीकरण से विश्व-शांति स्थायी नहीं हो सकती। यदि विश्व में शांति-व्यवस्था बनाए रखना है और शताब्दियों की साधना से अर्जित अपनी सभ्यता का भविष्य समुज्ज्वल बनाना है तो हमें एकपक्षीय नहीं, वरन् सर्वपक्षीय निरस्त्रीकरण को ही ध्येय बनाकर उसकी सिद्धि के लिए प्रयत्न करना होगा।

इतिहास पर यदि दृष्टि-निक्षेप करें तो ज्ञात होगा कि पूर्ण तथा सर्व राष्ट्रव्यापी निरस्त्रीकरण की भावना सर्वप्रथम सन् १८१६ में रूस के सम्राट् जार (प्रथम) के मस्तिष्क में आई थी। इसके १ वर्ष पूर्व वियना शांति संधि द्वारा यूरोप के कई देशों ने अपने युद्धास्त्रों पर सीमा बंधन स्वेच्छा से स्वीकार किए। सन् १८३१ में पेरू और बोलीबिया ने भी परस्पर समझौते द्वारा अपने युद्धास्त्र सीमित कर लिये थे। १८७० में प्रिंस बिस्मार्क के विरोध के फलस्वरूप शस्त्रास्त्रों के परिसीमन प्रयोग को धक्का सा लगा था। १८७७ में रूस ने तुर्की पर केवल इसलिए आक्रमण किया था कि वह अपना सैन्य-बल घटाने को तैयार नहीं हुआ था। १९०७ में हेग कॉन्फ्रेंस विफलता का कारण जर्मनी का अपनी नौसेना को घटाने के लिए तैयार न होना ही था।

प्रथम महायुद्ध में जर्मनी की पराजय के पश्चात् वाशिंगटन में सन् १९२१-१९२२ में फिर से कॉन्फ्रेंस हुई थी, जिसमें ग्रेट ब्रिटेन, अमेरिका, जापान, फ्रांस तथा इटली की नौसेनाओं का परस्पर अनुपात निश्चित किया गया। युद्धपोतों के प्रकारों पर भी कुछ

समझौता हुआ, पर वह स्थायी न हो सका तथा एक के बाद एक अंतरराष्ट्रीय कॉन्फ्रेंस होती रहीं और विश्व धीरे-धीरे दूसरे महायुद्ध की ओर अग्रसर होता रहा। सन् १९३९-१९४५ तक विश्वव्यापी महायुद्ध हुआ—ऐसा युद्ध जैसा मानव इतिहास में पहले कभी नहीं हुआ था। उसका अंत आणविक बम के प्रयोग से हुआ। केवल एक-दो आणविक बम कैसी विनाशकारी लीला कर सकते हैं, यह देखकर सारी दुनिया सन्न रह गई।

आणविक युद्ध के अतिरिक्त द्वितीय महायुद्ध ने एक दूसरा चमत्कार भी दिखाया, वह था—अंतरराष्ट्रीय राजनीति के रंगमंच पर रूस का अभ्युदय। अमेरिका प्रथम महायुद्ध के बाद से ही अपने प्रभाव के कारण संसार का आकर्षण-बिंदु बन रहा था। रूस के उदय के साथ दोनों राष्ट्र एक-दूसरे को मल्ल-युद्धरत प्रतिद्वंद्वियों की भाँति आमने-सामने आ गए।

आज स्थिति यह है कि संसार भर की दृष्टि इन्हीं दोनों के कार्य-कलाप पर लगी रहती है। आणविक-पारमाणविक शक्तियाँ यद्यपि ग्रेट ब्रिटेन, फ्रांस, पाकिस्तान, चीन तथा भारत के पास भी हैं और इनमें से कोई भी संसार का विनाश करने में समर्थ है, तथापि उनसे उतना भय नहीं है जितना कि अमेरिका तथा सोवियत संघ के परस्पर विरोधी आदर्शों से प्रेरित विग्रह से। इसी कारण १४ मार्च, १९६२ को जेनेवा में १७ देशों का निरस्त्रीकरण सम्मेलन हुआ था, जिससे अंतरराष्ट्रीय परिवेश में शांति का अस्तित्व कायम हुआ था। इसी आधार पर ५ अगस्त, १९६३ को सोवियत रूस, अमेरिका तथा ग्रेट ब्रिटेन ने आंशिक अणु परीक्षण निषेध पर समझौता किए थे, जिस पर लगभग १०० से अधिक देशों ने हस्ताक्षर करके अपनी सहमति जताई। यह समझौता १० अक्तूबर, १९६३ को लागू हुआ था। भारत, चीन तथा उसके सहयोगी राष्ट्र और फ्रांस अभी तक उसका बहिष्कार कर रहे हैं।

इस समझौते के बाद विश्व में कुछ घटनाएँ इतनी तीव्र गति से घटित हुईं, जिनकी पहले किसी ने कल्पना तक न की थी। अमेरिका के तत्कालीन राष्ट्रपति केनेडी की हत्या, भारत के प्रथम प्रधानमंत्री पं. जवाहरलाल नेहरू का निधन, रूस के प्रधानमंत्री ख्रुश्चेव का पतन तथा उसके तुरंत बाद चीन द्वारा अणु बम विस्फोट से हमारे समक्ष विकट समस्याएँ आ खड़ी हुईं। इनके अतिरिक्त वियतनाम के संघर्ष में अमेरिका का पूर्ण रूप से हस्तक्षेप, दक्षिण-पूर्व एशिया में मलेशिया-हिंदेशिया का टकराव, श्रीलंका की भंडारनायके सरकार का पतन, तदुपरांत हिंदेशिया का राष्ट्र संघ से अलगाव—ये सब ऐसी घटनाएँ रहीं, जिनके कारण संपूर्ण विश्व का राजनीतिक संव्यूहन ही आंदोलित हो उठा था। इनके चलते अंतरराष्ट्रीय संपर्कों में अनिश्चितता का जो दौर आया, वह वर्तमान तथा भावी वर्षों में, संसार का भाग्य निश्चित करनेवालों के लिए चिंता का विषय बन गया। संसार के समक्ष रूस-अमेरिका विवाद, भारत-चीन सीमा विवाद, भारत-पाकिस्तान

विवाद, उत्तर कोरिया और ईरान परमाणु विवाद, इराक-सुयंक्त राज्य अमेरिका विवाद आदि कुछ ऐसी चिंतनीय समस्याएँ चली आ रही हैं, जिनसे कभी और कही भी विश्वव्यापी युद्ध के विस्तार की आशंका बनी रहती है।

चीन की विस्तारवादी नीति ने चौतरफा आक्रमण कर अपना साम्राज्य विस्तार करने का जो अंतरराष्ट्रीय कुचक्र चलाया था, उसमें उसे भी विफलता मिली है। दक्षिण-पूर्वी एशियाई देशों को अपने परमाणविक विस्फोट द्वारा आतंकित करने पर भी वह संभवत: अपने कुटिल चक्र में सफल नहीं हुआ। हिंदेशिया की क्रांति तथा चीनी तत्त्वों की समाप्ति से चीन की प्रतिष्ठा को न केवल गहरी चोट लगी है, बल्कि उसके विस्तार का स्वप्न भी भंग हो गया है। अब चीन की स्थिति यह है कि वह गंभीर रूप से अपने आंतरिक सैद्धांतिक विरोधों-अंतर्विरोधों में उलझकर रह गया है। इधर, अमेरिका और चीन में सैद्धांतिक विरोध निरंतर उग्र होता जा रहा है। ईरान-इराक के बीच में जो कुत्सित युद्ध की निरंतरता बनी हुई है, उसमें चीन और अमेरिका मुख्य कारक हैं। खुले रूप में चीन ईरान की मदद कर रहा है। कुछ वर्षों पूर्व ईरान ने चीन के साथ १.६ अरब डॉलर के हथियारों की आपूर्ति का एक समझौता किया था, जो अमेरिका की आँखों की किरकिरी बन रहा है।

रूस तो अपेक्षाकृत अत्यधिक शालीन है, किंतु अमेरिका अपनी दोमुँही नीति का लोभ-संवरण नहीं कर पा रहा है। क्या कारण है कि अमेरिका के राजनीतिक तथा सैनिक नेता प्राय: इसलामाबाद का आतिथ्य स्वीकार करते रहते हैं? पाकिस्तान में अमेरिका के उत्साहपूर्ण कार्य-कलाप का सीधा कारण यह है कि इस क्षेत्र में अपने प्रमुख मित्र ईरान के शाह को खो देने के बाद वाशिंगटन ने पाकिस्तान को दक्षिण-पश्चिम और दक्षिण एशिया में अपनी सैनिक तथा राजनीतिक घुसपैठ के प्रमुख सेतु का स्वरूप देने का निर्णय किया है। अमेरिका को इसलामाबाद की आवश्यकता मुख्य रूप से निम्न तीन कारणों से है—

१. फारस-खाड़ी क्षेत्र में काररवाई के लिए तूफानी दस्ते के छलाँग-स्थल के रूप में।
२. लोकतांत्रिक अफगानिस्तान के विरुद्ध अघोषित युद्ध के प्रमुख अड्डे के रूप में।
३. भारत-विरोधी अमेरिकी नीति के साधन के रूप में।

जहाँ तक फारस-खाड़ी क्षेत्र का संबंध है, कार्टर प्रशासन के अधीन पेंटागन के रणनीतिज्ञों ने एक सिद्धांत निश्चित किया, जिसमें पाकिस्तान को 'तूफानी दस्ते' का महत्त्वपूर्ण ट्रांसशिपिंग केंद्र बनाने की योजना है, यदि तूफानी दस्ते को फिलीपींस अथवा डियागो-गार्शिया से खाड़ी क्षेत्र में भेजना हो। इस संबंध में अमेरिका ने जो कुछ सोच

रखा था, उनमें से अधिकांश हाल के वर्षों में कार्यान्वित किया जा चुका है। पेंटागन पाकिस्तान में सैनिक सुविधाएँ निर्मित कर रहा है, जिनका उपयोग खाड़ी के तटवर्ती राज्यों पर हमले में किया जा सकता है। उल्लेखनीय है कि ये अनेक विमान क्षेत्र हैं, जो मात्र एफ-१६ लड़ाकू बमवर्षकों के लिए नहीं, प्रत्युत विमानों की कुछ ऐसी किस्मों के लिए भी उपयोगी हैं, जो पाकिस्तान के पास नहीं हैं; किंतु ऐसे विमानों की संख्या अमेरिकी वायुसेना में बहुत अधिक है। कड़ी सुरक्षा के बीच अमेरिकी विशेषज्ञों के निर्देशन में पाकिस्तान अरब तट पर कम आबादीवाले क्षेत्रों में सैनिक अड्डे बना रहा है, साथ ही हथियारों और गोला-बारूद रखने के गोदाम तथा जासूसी केंद्र भी। अमेरिकी सशस्त्र सेनाओं द्वारा इन अड्डों, विमान-क्षेत्रों तथा बंदरगाहों का उपयोग न केवल फारस-खाड़ी क्षेत्र की स्थिति के भयावह हो जाने पर, बल्कि एशियाई महाद्वीप के किसी भी देश में 'अवांछनीय' परिस्थितियाँ उत्पन्न हो जाने की स्थिति में भी किया जा सकता है। पेंटागन ने इस क्षेत्र में निरंतर बढ़ती हुई सशस्त्र अमेरिकी सेनाओं से संबद्ध व्यवस्थाओं के लिए विशेषीकृत कमान यूनिट 'मध्य कमान' की स्थापना की है, जिसका दायित्व-क्षेत्र अफ्रीका तथा एशिया के १९ देशों तक फैला है।

रणनीतिज्ञ अपने विस्तारवादी लक्ष्यों की प्राप्ति में पाकिस्तानी सेना के अधिकारियों तथा जवानों का उपयोग करने की योजना बना रहे हैं। इस बात का प्रामाणिक साक्ष्य यह है कि सन् १९८४ में मई-जून के महीने में वाशिंगटन के इशारे पर इसलामाबाद ने फारस-खाड़ी क्षेत्र में संभावित तैनाती के लिए २५,००० की दुर्दांत हमलावर टुकड़ी, जो 'अमेरिकी तूफानी दस्ते' का 'पाकिस्तानी संस्करण' है, को तैयार कर रखा है।

इन दिनों अमेरिका भारत-विरोधी नीति में भी पाकिस्तान का व्यापक उपयोग करने के लिए प्रयत्नशील है। पाकिस्तान ने अमेरिका प्रदत्त अधिकांश आधुनिक विनाशक हथियार भारतीय सीमा के निकट जमा किए गए हैं तथा नाभिकीय क्षमतावाले एफ-१६ विमानों के लिए हवाई क्षेत्रों का निर्माण इस क्षेत्र में किया जा चुका है। एफ-१६ विमान अनेक भारतीय नगरों में पहुँच सकते हैं।

अमेरिका की नीति में कितनी विसंगतियाँ हैं, इसका सहजता से अनुमान लगाया जा सकता है। एक तरफ तो वह रूस से मिल-बैठ निरस्त्रीकरण की सार्थकता को रेखांकित करने की बात उठाता है, वहीं दूसरी ओर दोहरे चरित्र की बारीकियों में उलझाकर साजिश रचता है।

इस मानसिकता को आप किस रूप में रेखांकित करेंगे कि अमेरिका ने पिछले २५ वर्षों से शस्त्रास्त्र-नियंत्रण समझौते पर एक भी हस्ताक्षर नहीं किए हैं, इससे उसके दोहरे चरित्र का सहज ज्ञान हो जाता है। नाभिकीय हथियारों के परीक्षण पर पूर्ण और सार्वभौम प्रतिबंध लगाने के समझौते को अंतिम रूप देने के अवसर को धूमिल कर दिया

है, यूरोप में मध्यम कोटि के प्रक्षेपास्त्रों के संबंध में वार्त्ताओं को भंग कर दिया है तथा समस्त हथियारों के परिसीमन के मसलों में अवरोध खड़ा कर दिया है।

हिंद महासागर में अमेरिका की सैन्य-उपस्थिति में वृद्धि की चर्चा होते ही इससे संबद्ध अधिकारी इस मामले को इस ढंग से पेश करते हैं कि संसार को यह विश्वास हो जाए कि अमेरिकी सैन्य-शक्ति में वृद्धि का उद्देश्य सागर-संचार की सुरक्षा की निरापदता है, जो सभी राष्ट्रों के हितों के अनुकूल है; किंतु वास्तविकता यह है कि हिंद महासागर में अमेरिका की सैन्य गतिविधि, तटवर्ती देशों के प्राकृतिक संसाधनों की अबाध लूट-खसोट के सुनिश्चय के साथ-ही-साथ महासागर की संपदा के व्यापारिक उपयोग के उसके प्रयत्नों से प्रत्यक्ष रूप में जुड़ी हुई है। सैन्य नियोजन तथा सैनिकों की तैनाती की दृष्टि से दक्षिण-पूर्व एशिया और हिंद महासागर पर ही बल दिया गया है। हिंद महासागर के सैन्यीकरण के लिए ३,००० करोड़ डॉलर की राशि पंचवर्षीय कार्यक्रम के लिए निर्धारित की गई है। छठे या सातवें अमेरिकी नौसैनिक बेड़े के एक या दो विमानवाही जहाज अपने सहयोगी जहाजों के साथ निरंतर अरब सागर में गश्त लगाते रहते हैं।

अब अमेरिका ने हिंद महासागर में एक विशेष नौसैनिक बेड़ा तैनात करने की 'आधारभूत आवश्यकता' का उल्लेख करना आरंभ कर दिया है। अरब सागर और फारस की खाड़ी में इस समय तैनात अमेरिकी विमानवाही जहाज और उनके सैकड़ों गश्ती विमान छोटे नाभिकीय हथियारों से सुसज्जित हैं। अमेरिका के राजनयिक कहते हैं कि शीघ्र ही युद्धपोतों के विमानों को हजारों किलोमीटर मार कर सकनेवाले क्रूज मिसाइलों से लैस कर दिया जाएगा, जिनमें हिंद महासागर की वायु-सीमा में गश्त लगानेवाले तथा ऑस्ट्रेलिया स्थित अड्डों से उड़ान भरनेवाले अमेरिका का सामरिक बमवर्षक बी-५२ भी सम्मिलित है।

इसने केन्या, सोमालिया, सऊदी अरब, ओमान, पाकिस्तान और मिस्र के तटवर्ती क्षेत्रों में अपने नौ सैनिक तथा वायु सैनिक अड्डों का जाल फैला रखा है। अमेरिका की इस सुनियोजित साजिश के तहत डियागो-गार्शिया स्थित विशाल सैनिक अड्डा उसके इस जाल के केंद्र की भूमिका निभा रहा है, जिसे अधिक सुदृढ़ीकरण तथा आधुनिकीकरण के लिए आधा अरब डॉलर की राशि निर्धारित कर दी गई। वहाँ बी-५२ विमानों के लिए हवाईपट्टी की भी व्यवस्था है तथा ट्राइडेंट मिसाइलों से लैस विमानवाही जहाजों व पनडुब्बियों के ठहरने की भी व्यवस्था की गई है, साथ ही परंपरागत और नाभिकीय हथियारों का जखीरा तैयार किया जा चुका है।

१६ सितंबर, १९५६ को आयोजित संयुक्त राष्ट्र महासंघ के इकतालीसवें अधिवेशन में संकट की इन स्थितियों पर संगठन के सदस्यों ने चिंता जताई। नामीबिया की मुक्ति का प्रश्न जोरदार ढंग से उठाया गया है। बेहतर होता, यदि इस अधिवेशन में निरस्त्रीकरण

की समस्या तथा अंतरराष्ट्रीय आतंकवाद पर भी विशेष रुचि ली जाती।

पाकिस्तान की दोमुँही नीति के तहत पैन एम. विमान अपहरण कांड, इराकी राजनयिक की हत्या, रूसी राजनयिक की हत्या, हिंद महासागर को अमेरिका द्वारा सामरिक अड्डा स्थापित करने, दक्षिण अफ्रीका की रंगभेदी नीति, पाकिस्तान-भारत का तनाव, अमेरिका का अतार्किक शक्ति-प्रदर्शन, ईरान-उत्तरी कोरिया की परमाणु नीति तथा चीन की अतिक्रमण नीति आदि पर विशेष रूप से चिंता करने की आवश्यकता है, क्योंकि जब भी ये सभी कारण एक साथ सामने दिखाई देते हैं तब एक हृदय विदारक दृश्य दिलोदिमाग पर छा जाता है—महाविनाश-सर्वनाश का डरावना दृश्य!

□

बाह्य अंतरिक्ष के सैन्यीकरण का औचित्य

संहारक अस्त्रों के क्षेत्र में आज हमने इतनी प्रगति कर ली है कि अब परमाणु अस्त्र भी दो महाशक्तियों के लिए अपने-अपने देशों की रक्षा करने के लिए पर्याप्त नहीं रह गए हैं। अब वे प्रकाश की गति जैसे ऊर्जा-संपन्न अस्त्रों का विकास कर चुके हैं। वह इसलिए, ताकि हमलावर देश के प्रक्षेपास्त्रों का प्रक्षेपण के दौरान ही सफाया किया जा सके।

आधुनिक अस्त्रों का विकास

भूमि पर, जल में और आकाश में युद्ध लड़ना तो अब आम बात हो गई है। अब अंतरिक्ष में युद्ध लड़ने की तैयारियाँ की जा रही हैं। रूस और अमेरिका एक-दूसरे के विरुद्ध उपग्रहों के द्वारा अंतरिक्ष जासूसी तो पहले ही से कर रहे हैं। अमेरिका एक सफल प्रयोग करके इस दिशा में रूस से अग्रणी हो गया है कि यदि दुश्मन का कोई परमाणु मिसाइल उसके देश की ओर बढ़ता है तो उसे बीच आकाश में ही नष्ट कर दिया जाए।

यह प्रयोग लॉस एंजिल्स के निकट 'वाडेन वर्ग' नामक स्थान पर किया गया। वाडेन वर्ग से उसने एक 'मिनटमैन' मिसाइल छोड़ी थी। इसके ऊपर एक नकली परमाणु अस्त्र-मुख लगाया गया था। यह प्रक्षेपास्त्र अर्ध-चंद्राकार बनाता हुआ प्रशांत महासागर के ऊपर आगे बढ़ा। इसके ठीक ४० मिनट बाद ४,२०० मील दक्षिण-पश्चिम में प्रशांत महासागर के मार्शल द्वीप से एक छोटा रॉकेट छोड़ा गया था। रॉकेट की दिशा इस तरह से निर्धारित की गई थी कि यह उस मिसाइल से टकराए। रॉकेट पर इन्फ्रारेड सेंसर लगे हुए थे, जिनका काम यह है कि वह रॉकेट को अपने लक्ष्य अर्थात् मिसाइल तक पहुँचने से भटकने न दे। २२ हजार फीट प्रति सेकंड के वेग से आती हुई मिसाइल को उसने थाम लिया और दोनों ही नष्ट हो गए। इस तरह अंतरिक्ष में ही दुश्मन की परमाणु मिसाइल को मार गिराने का प्रयोग संपन्न हुआ।

परमाणु अस्त्रों से संबंधित युद्ध-नीति में वास्तव में अब तक अनेक महत्त्वपूर्ण

परिवर्तन किए जा चुके हैं। इसके प्रारंभिक चरण में केवल अमेरिका परमाणु अस्त्र-संपन्न देश था। हिरोशिमा और नागासाकी पर बहशी प्रदर्शन करके उसने अपनी प्रभुत्व-संपन्नता का परिचय दिया था और अपनी इस शक्ति को उसने विश्व की शक्ति के लिए पर्याप्त भी मान लिया था। किंतु जब भी परमाणु और उदजन (हाइड्रोजन) बमों को तैयार करके उसके समकक्ष लाया गया तब उसका मोहभंग हुआ और उनमें परस्पर होड़ शुरू हुई। इस प्रकार अपना-अपना वर्चस्व बनाए रखने के लिए विश्वशांति दाँव पर लगा दी। इस समय उसी वर्चस्व को कायम रखने की आड़ में सब तरह की तैयारियाँ चल रही हैं।

इसके बाद अमेरिका ने एक कदम और आगे बढ़कर अपनी प्रहारक-शक्ति में ऐसे अस्त्रों का समावेश किया, ताकि रूस द्वारा उसके समर्थक यूरोपीय देशों पर आक्रमण करने की स्थिति में उसके अस्त्रों और सैन्य दलों का एक साथ सफाया किया जा सके। इस प्रकार परमाणु-संपन्न देशों के मन में एक-दूसरे के प्रति जो विश्वास पैदा हुआ, वह धीरे-धीरे बढ़कर वर्तमान स्थिति में आ पहुँचा है।

अगर अमेरिका ने रूस की परमाणु-क्षमता पर अविश्वास करके उसे अपने लिए चुनौती न माना होता तो वर्तमान स्थिति पैदा न हुई होती और इस अभूतपूर्व विकास कार्यक्रम का स्वरूप कहीं अधिक हितकर और विश्व के उज्ज्वल भविष्य के रूप में होता।

इसके बाद अमेरिका के पूर्व रक्षा सचिव चेम्स शलिंगर द्वारा विकसित 'प्रतिरोधात्मक शक्ति' पीढ़ी के युद्धास्त्रों का युग आरंभ हुआ। यह नीति वास्तव में, जिस अविश्वास के सिद्धांत पर आधारित थी, उसका आधार यह था कि संभव है अमेरिका को कमजोर पाकर रूस उसपर आक्रमण कर बैठे, इसलिए अमेरिका उसे इस बात का पक्का विश्वास दिला देना चाहता था और अब भी इसी कोशिश में है कि वह वास्तव में इतना शक्ति-संपन्न है कि उसने न केवल रूस के प्रमुख नगरों, जनसंख्या, सकल केंद्रों और औद्योगिक क्षेत्रों को अपने अस्त्रों के निशाने के दायरे में लिया हुआ है, अपितु वह उसके सैनिक अड्डों को नष्ट करने की क्षमता रखता है।

अब अमेरिका की आधुनिकतम युद्ध-नीति का सिद्धांत यह विश्वास दिलाता है कि वह रूस के प्रक्षेपास्त्रों को अपनी भूमि और प्रक्षेपास्त्र ठिकानों के निकट पहुँचने से पहले ही हवा में ध्वस्त कर सकता है और इस उद्देश्य को पूरा करने का एकमात्र साधन है—'नक्षत्र अस्त्रों का विकास।'

इसके अतिरिक्त अमेरिका और रूस परोक्ष तरीकों से भी अंतरिक्ष को असुरक्षित बना रहे हैं, जिनके प्रभाव संहारक तो हैं ही, प्रदूषणकारी भी हैं। संक्षेप में इनको निम्नलिखित तरीकों से समझा जा सकता है—

१. अंतरिक्ष के गौरवमय विकास के साथ-साथ इस बात की भी चिंता होती है

कि अंतरिक्ष युद्ध न केवल पर्यावरण को दूषित करके चतुर्दिक् विषैली गैसें प्रक्षिप्त करेगा, अपितु जिस बड़े पैमाने पर आज अंतरिक्ष में उपग्रह भेजे गए हैं और भेजे जा रहे हैं, उनको देखते हुए इस युग से संपूर्ण सृष्टि के विनाश का खतरा भी उत्पन्न हो सकता है। अकेले स्काई लैब के गिरने की आशंका से आज से कई वर्षों पहले संपूर्ण विश्व में हाहाकार मच गया था, तो जब प्रतिपल उपग्रह, अंतरिक्ष स्टेशन और अंतरिक्ष शटल टकराकर गिरने लगेंगे तब क्या स्थिति पैदा होगी, यह विचारणीय है।

२. अंतरिक्ष युद्ध की तैयारियों को लेकर रूस और अमेरिका एक-दूसरे पर आरोप-प्रत्यारोप लगा रहे हैं, लेकिन वास्तविकता यह है कि दोनों ही देश इसमें परस्पर प्रतिद्वंद्विता कर रहे हैं। यदि रूस 'सैल्यूट-७' अंतरिक्ष स्टेशन को पिछले कई वर्षों से अंतरिक्ष में स्थापित कर अपने अंतरिक्ष यात्रियों को भेजता और वापस बुलाता रहा है तथा अंतरिक्ष प्रयोग की व्यापक तैयारियाँ कर रहा है तो अमेरिका ने कोलंबिया और चैलेंजर जैसे अंतरिक्ष यानों का निर्माण करके और उनके सफल प्रक्षेपण को प्रदर्शित करके यह साबित कर दिया है कि वह इन यानों के माध्यम से बड़े पैमाने पर अस्त्रों को अंतरिक्ष में भेज सकता है। जब अमेरिकी अंतरिक्ष यान 'चैलेंजर' को अंतरिक्ष में भेजकर एक उपग्रह की मरम्मत की गई थी तब इस बात का प्रमाण मिल गया था कि अमेरिका युद्ध की तैयारी में पूरी तरह जुट गया है।

३. यदि केवल अंतरिक्ष प्रयोगों तक इस तरह के अभियानों का लक्ष्य होता तो कोई बात नहीं थी, लेकिन वास्तविकता यह है कि इन उपग्रहों और यानों के माध्यम से पृथ्वी का चप्पा-चप्पा छान लिया जाता है। रूस ने जो प्रयोगशाला अंतरिक्ष में स्थापित की है, इसके लिए धरती से खाद्य-सामग्री और ईंधन भेजा जाता है, ताकि उसमें कार्यरत अंतरिक्षयात्री किसी तरह की परेशानी महसूस न करें, अतः आवश्यकता पड़ने पर इस प्रयोगशाला को अस्त्रगृह भी बनाया जा सकता है। उसी प्रकार अंतरिक्ष शटल 'कोलंबिया' और 'चैलेंजर' में ढोकर कुछ भी ले जाया जा सकता है। कोलंबिया की भुजा ५० फीट लंबी है, जिससे अंतरिक्ष में किसी शत्रुपक्षीय उपग्रह या यान को खींचकर या धक्का देकर उसको पथभ्रष्ट करके ध्वस्त किया जा सकता है। इसके अतिरिक्त इस तरह की भुजा से उपग्रहों को पकड़कर उनको बंदी भी बनाया जा सकता है। इस भुजा में कंधों, कोहनियों और कलाइयों की करामातें भी हैं, जो कि इस तरह के कार्यों के लिए दक्ष हैं। इसके साथ ही, इसी भुजा में लगे कैमरे शटल के चारों ओर और उसके आस-पास का सारा दृश्य अंदर बैठे अंतरिक्षयात्रियों

तथा धरती पर स्थित नियंत्रण-कक्ष को दिखाने में समर्थ हैं।

४. अमेरिका ने जो नई योजना तैयार की है, उसके अंतर्गत अब 'एफ-१५' से एक ऐसा उपग्रहवेधी प्रक्षेपास्त्र छोड़ा जा सकेगा, जो कम ऊँचाई से ही उपग्रहों को नष्ट करने में समर्थ होगा।

५. यद्यपि अमेरिका की नई सैनिक तैयारियों की ओर विश्व का ध्यान गया है तथापि वास्तविकता यह है कि रूस इस दृष्टि से अमेरिका से कहीं आगे है। उसने उपग्रह-ध्वंसक आयुध ही नहीं तैयार कर लिये हैं, अपितु बम बरसानेवाला एक ऐसा अंतरिक्ष यान बनाने और उसका परीक्षण करने में सफलता प्राप्त कर ली है, जो अंतरिक्ष में अपनी कक्षा के अंतर्गत परिक्रमा करता हुआ बम बरसा सकता है।

अमेरिकी अधिकारियों के अनुसार, नक्षत्र अस्त्रों के विकास पर एक सौ अरब डॉलर से अधिक धनराशि खर्च करनी पड़ सकती है, क्योंकि रूस आधुनिकतम प्रतिरक्षात्मक अस्त्रों का विकास करने में काफी प्रगति कर चुका है।

अमेरिका जिस प्रकार के अंतरिक्ष अस्त्रों को बनाना चाहता है, वे हैं अंतरिक्ष में अस्त्रों की व्यूह-रचना करने के लिए क्षिप्र गति कंप्यूटर, अंतरिक्ष आधारित प्रक्षेपास्त्रों की जासूसी करनेवाले अवरक्त किरण (इन्फ्रारेड) सेंसर, महाद्वीपीय युद्धास्त्र केंद्रों को सही इंगित करने और खोज करने में सक्षम लेजर किरण प्रौद्योगिकी और ऐसे विशाल दर्पणों का विकास एवं निर्माण, जो प्रक्षेपित अस्त्रों को लेजर किरणों से खंड-खंड कर नष्ट कर सकें। एक वरिष्ठ अमेरिकी अधिकारी के शब्दों में—"अमेरिका को इतने 'रोबस्ट' यानी सुदृढ़ रक्षा प्रणाली का विकास करना है, जो रूसियों को इस बात का एहसास करा दे कि उनके प्रतिरोधी रक्षात्मक उपाय उनके काम नहीं आएँगे।"

नक्षत्र अस्त्रों की आलोचना

'स्टॉकहोम अंतरराष्ट्रीय शांति अनुसंधान संस्थान' (सिप्री) द्वारा स्टॉकहोम में 'एक्सरे लेजर' पर आयोजित एक परिसंवाद में भाषण देते हुए अमेरिकी शासन की सुरक्षा नीतियों के प्रबल आलोचक अमेरिका के एक अग्रणी भौतिकविज्ञानी मैसाचुसेट्स इंस्टीट्यूट ऑफ टेक्नोलॉजी के प्रोफेसर कोस्टास ट्सीपिस ने कहा कि अमेरिकी राष्ट्रपति के अंतरिक्ष युद्ध के मूल में एक्सरे लेजर किरण की कल्पना अवास्तविक है। उसमें उन्होंने चार मुख्य दोष बताए, जो निम्नलिखित हैं—

१. लेजर किरण को क्रियाशील बनाने के लिए पर्याप्त मात्रा में ऊर्जा तैयार करना संभव नहीं है।

२. रूस की ओर से आक्रमण होने पर अमेरिका को कभी इतना समय नहीं मिल

पाएगा कि वह लेजरयुक्त प्रक्षेपास्त्र का प्रयोग कर सके। पृथ्वी के बजाय यदि उसने उन्हें पृथ्वी की कक्षा में स्थापित किया तो बम द्वारा उनको नष्ट करने का खतरा रहेगा।

लेजर द्वारा प्रयुक्त ऊर्जा को उन्मुक्त करने के लिए परमाणु विस्फोट करना आवश्यक होगा। इसके फलस्वरूप रूसी आक्रमण की टोह लेनेवाले उपग्रह के साथ-साथ अमेरिकी सैनिक भी चकाचौंध के कारण ध्वस्त हो जाएँगे।

लेजर किरण को अप्रभावी बनाने के लिए प्रतिरोधी उपाय करना सरल है। इसके लिए रूस अपने प्रक्षेपास्त्रों को स्वयं ढक सकता है या उनपर एल्युमिनियम का पतला-सा खोल चढ़ाकर सुरक्षित कर सकता है।

प्रो. कोस्टास के अलावा उदजन बम बनानेवाले अमेरिकी वैज्ञानिक डॉ. रॉबर्ट टेलर, जो अंतरिक्ष अस्त्रों के पक्षधर हैं, के साथ हेय बेथे और रिचर्ड गार्विन भी इस योजना को इसलिए असंभव बताते हैं, क्योंकि अंतरिक्ष स्थित अथवा भू-अंतरिक्ष लेजर किरणों से देश को पूरी सुरक्षा प्रदान नहीं की जा सकती। कारण—अंतरिक्ष में स्थित उनके यंत्रों को आसानी से निशाना बनाया जा सकता है।

भारत का विरोध

जुलाई १९८४ में अंतरिक्ष के शांतिपूर्ण उपयोग से संबंधित संयुक्त राष्ट्र समिति के दस दिवसीय सम्मेलन में सबसे पहले भारत ने अंतरिक्ष अस्त्रों के विकास और उनके परीक्षण पर रोक लगाने की माँग की थी। प्रो. यू.एस. राव का कहना था कि किसी ऐसे परीक्षण पर, जिसमें अंतरिक्ष के शांतिपूर्ण उपयोग के लिए खतरा पैदा होता हो, रोक लगाई जानी चाहिए। इसके पहले कि अंतरिक्ष विनाशकारी अस्त्रों से भर जाए, हमें इस प्रश्न पर गंभीरता से विचार करना चाहिए।

यद्यपि रूस ने भारत के इस प्रस्ताव का समर्थन किया था, तथापि अमेरिका ने पश्चिमी देशों के समर्थन के साथ इसे ठुकरा दिया। वैसे अमेरिकी सीनेट ने उपग्रहवेधी अस्त्र का परीक्षण करने पर प्रतिबंध लगा दिया है। पूर्व राष्ट्रपति जिमी कार्टर, पूर्व राज्य सचिव डीन-रस्क आदि ४६ प्रमुख राजनेताओं ने इस बात की चेतावनी दी है कि अमेरिका की 'नक्षत्र युद्ध' प्रक्षेपास्त्र सुरक्षा योजना से सन् १९७२ की एंटी बैलिस्टिक मिसाइल (ए.बी.एम.) संधि का उल्लंघन होगा। इसलिए अरबों डॉलर के उस खर्च पर प्रतिबंध लगाने के लिए हम अमेरिकी कांग्रेस को तैयार करने का प्रयत्न कर रहे हैं।

अंतरिक्ष और तीसरा विश्वयुद्ध

सच तो यह है कि आज अमेरिका तथा रूस, दोनों के वैज्ञानिक शोध संस्थानों

तथा सैनिक अनुसंधान केंद्रों में भविष्य के लिए गुप्त-रीति से नई पीढ़ी के शस्त्रास्त्र विकसित करने की होड़ सी लगी हुई है। इन शस्त्रास्त्रों का वेग प्रचंड होगा तथा विध्वंस क्षमता असीम होगी। इनमें कुछ ही मिनटों के अंदर अंतरिक्ष में पहुँचकर सभी भू-उपग्रहों को नष्ट कर डालने की शक्ति होगी। यहाँ तक कि शत्रु का अंतर्महाद्वीपीय प्रक्षेपास्त्र पृथ्वी पर स्थित लक्ष्य पर पहुँच सके, उसके पूर्व ही ये उसे वायुमंडल में ही नष्ट कर सकेंगे।

इस उद्देश्य की पूर्ति के लिए सामान्यतः दो प्रक्रियाओं में से एक को अपनाने की बात सोची जा रही है। पहली क्रिया में आवेशित कणों (जैसे—इलेक्ट्रॉन, प्रोटॉन या आयन) की तीन बौछारें कराकर लक्ष्य को नष्ट किया जाएगा। दूसरी प्रक्रिया में लेजर किरणों के जरिए लक्ष्य को गला दिया जाएगा। २० हजार वॉट की औद्योगिक लेजर किरणें कुछ ही सेकंड में ३ सेंटीमीटर मोटे इस्पात को काट देती हैं। रूस तथा अमेरिका के सैनिक शोधकर्ता इस समय ५० लाख वॉट का लेजर तैयार करने के लिए प्रयत्नशील हैं।

लेजर गन का उपयोग करके वायुयान तथा प्रक्षेपास्त्र को मार गिराने का प्रदर्शन अमेरिका पहले ही कर चुका है। अब गन के आकार को अपेक्षाकृत छोटा करने तथा विध्वंसक किरणों को समुचित रूप में केंद्रीकृत करने की प्रक्रिया पर अनुसंधान जारी है। रूस भी इन दोनों प्रक्रियाओं के उपयोग में कौशल प्राप्त करने के लिए कृत-संकल्प है।

कृत्रिम भू-उपग्रहों को आधार बनाकर विश्व की इन दोनों महाशक्तियों ने अपनी-अपनी जो सैनिक तैयारियाँ की हैं, उन्हें देखते हुए यह कहना ही पड़ता है कि अगर तृतीय विश्वयुद्ध होगा, तो वह अंतरिक्ष में ही आरंभ होगा।

यद्यपि सन् १९६७ की संधि द्वारा अंतरिक्ष के सैन्यीकरण पर रोक लगा दी गई है और अमेरिका व रूस ने उसपर हस्ताक्षर किए हैं, तथापि रूस और अमेरिका के शक्ति-परीक्षण के कारण विश्व को नियंत्रित करने के लगातार प्रयासों के कारण यह संधि मात्र कागज का एक टुकड़ा बनकर रह गई है।

□

भारतीय उपमहाद्वीप के संदर्भ में पाक-अमेरिका के रिश्ते

विश्व राजनीति में अमेरिका कभी अपने परिवेश को सीमाबद्ध नहीं मानता।। वह संपूर्ण विश्व को ही अपने कार्यक्षेत्र और अधिकार क्षेत्र में बाँधता रहा है। यह बात और है कि उसे सामरिक दृष्टि से यह सफलता कभी नहीं मिल पाई, किंतु उसने आर्थिक और सांस्कृतिक दृष्टि से निश्चित ही विश्व को अपना ऋणी बना रखा है। उसकी रणनीति कभी एक लक्ष्यवेधन को लेकर नहीं चलती, वह बहु लक्ष्यवेधन को महत्त्व देता है। अत: भारत की आजादी के साथ ही उसने यह परीक्षण करना शुरू कर दिया था कि तत्कालीन भारतीय प्रधानमंत्री पं. `जवाहरलाल नेहरू कम्युनिस्ट तो नहीं हैं। तत्कालीन अमेरिकी राष्ट्रपति ट्रुमैन ने भारत में अपने राजदूत को निर्देश दिया था कि वह सबसे पहले यह पता लगाए कि कहीं नेहरू कम्युनिस्ट तो नहीं हैं। राजदूत थे—चेस्टर बाउल्स, जिनकी जीवनी में यह स्पष्ट उल्लेख है। अत: अमेरिका का पाकिस्तान के प्रति सहानुभूति का रुख उसी समय शुरू हो गया था। इसलिए पाकिस्तान अमेरिकी दक्षिण एशियाई रणनीति की धुरी बन गया था, क्योंकि अमेरिकी योजना के तहत साम्यवाद के विस्तार को रोकने में भारतीय सहयोग संभव ही नहीं था। कम्युनिस्ट चीन को भारत की मान्यता ने अमेरिका की धारणा को और अधिक बल प्रदान किया। इस प्रकार अमेरिका की विश्व-रणनीति में पाकिस्तान का महत्त्वपूर्ण स्थान बन गया और शीतयुद्ध की समाप्ति तक वह हमेशा अमेरिकी रणनीति के अग्रिम पंक्ति के देशों में बना हुआ था। इराक द्वारा कुवैत पर हमले के बाद हुए खाड़ी युद्ध में पाकिस्तान ने तत्कालीन राष्ट्रपति जॉर्ज बुश की अवहेलना न की होती तो उसको एफ-१६ विमान मिलने में देरी न होती और अमेरिकी क्रोध का शिकार भी नहीं होना पड़ता, क्योंकि अमेरिकी राष्ट्रपति निरंतर अपना यह प्रमाण-पत्र देते आ रहे थे कि पाकिस्तान के पास अणु बम नहीं है और न वह इस तरह की प्रौद्योगिकी प्राप्त करने का प्रयास कर रहा है, जबकि वास्तविकता यह थी कि

सी.आई.ए. को सन् १९८७ में ही ज्ञात हो गया था कि पाकिस्तान अणु बम बनाने में सक्षम है। उसने तो इस अग्रिम पंक्ति के देश को चोरी-छिपे अणु प्रौद्योगिकी प्राप्त करने में मदद भी की थी।

पाक-अमेरिकी संबंधों के मूल आधार

जैसा कि सदैव उल्लेख किया जाता रहा है कि भारत का निर्गुट आंदोलन में शामिल हो जाना और साम्यवादी देशों के प्रति सहानुभूति रखना अमेरिकी रणनीतिकारों को सर्वदा खटकता रहा। अत: भारत को भी नियंत्रित रखना अमेरिका की रणनीति का एक अंग रहा। इसका लाभ पाकिस्तान को मिला। इस तरह पाक और अमेरिका के संबंधों के चार मूल आधार बने, जो इस प्रकार हैं—

१. पाकिस्तान की अवस्थिति,
२. साम्यवाद के प्रति पाकिस्तानी अनास्था,
३. पाकिस्तानी विवशताएँ,
४. भारत का कट्टर विरोध।

पाकिस्तान की अवस्थिति—"कथित पूर्वी पाकिस्तान अब बँगलादेश बन गया है, किंतु जिस समय आजादी मिली थी तब वह पूर्वी पाकिस्तान था, जो चीन के साम्यवादी विस्तार को रोकने के लिए एक प्रमुख केंद्र-स्थल बन सकता था। बंगाल की खाड़ी के महत्त्वपूर्ण बंदरगाह चिटगाँव को अपने में समेटे यह भू-भाग संपूर्ण दक्षिण एशिया का निगरानी केंद्र हो सकता था। अत: यहाँ से अमेरिका साम्यवाद के विस्तार को रोक सकता था। इतना ही नहीं, भारत की पूर्वोत्तर सीमा, जो कि चीन से जुड़ती है, पर भी नजर रखी जा सकती थी। अत: अमेरिका ने पूर्वी पाकिस्तान की स्थिति का आकलन कर लिया था। वैसे भी, ब्रिटिश भारत को बाँट देने के पीछे ब्रिटिश रणनीति भी अमेरिकी इशारे पर संचालित हुई थी, क्योंकि द्वितीय विश्वयुद्ध के बाद ब्रिटेन एक पंगु देश बन गया था, जो कि अमेरिकी इशारे पर नाचता रहा था।

पश्चिमी पाकिस्तान की अवस्थिति तो और भी महत्त्वपूर्ण है। संपूर्ण पश्चिमी समुद्र तट खाड़ी (फारस की खाड़ी) से जुड़ता है। उसके पास कराची जैसा सक्षम बंदरगाह है। मकरान तट पर अरमरा और ग्वाडर जैसे बंदरगाह हैं। अत: पूर्व सोवियत संघ को अफगानिस्तान के माध्यम से समुद्र तक पहुँचने से पाकिस्तान ही रोक सकता था। अमेरिका की यह आशंका उस समय और भी सत्य सिद्ध हुई, जब अफगानिस्तान में पूर्व सोवियत संघ की सेना ने हस्तक्षेप किया। रूसी सेनाएँ पाकिस्तानी सीमा पर पहुँच गईं। अमेरिका इसके प्रति पहले से ही सतर्क था, इसीलिए पाकिस्तान की मदद निरंतर जारी रही।

पाकिस्तान की अवस्थिति का तीसरा महत्त्वपूर्ण अंग है—उसके पास गुलाम कश्मीर का होना। इस क्षेत्र में गिलगित जैसा साधन-संपन्न वायुसैनिक अड्डा है, जो संपूर्ण एशिया के दिग्दर्शन का कार्य करता है। ग्रेट ब्रिटेन ने अपने साम्राज्य के सबसे बड़े शत्रु (भारतीय दृष्टि से) रूस की गतिविधियों का निरीक्षण करने के उद्देश्य से ही इस हवाई अड्डे का विकास किया था। शीतयुद्ध काल और आज भी अफगानिस्तान-चीन और पूर्व सोवियत संघ की सीमा पर स्थित यह स्थान सामरिक दृष्टि से अत्यंत महत्त्वपूर्ण है। इसी क्षेत्र से होकर ब्रिटिश और अमेरिकी पर्वतारोही सियाचिन हिमनद तक पहुँचने लगे थे, जिसे अब भारत ने अपने नियंत्रण में ले रखा है।

जहाँ तक कश्मीर से कच्छ तक की सीमा का सवाल है, वहाँ से भारत में प्रवेश के अनेक गुप्त मार्ग हैं, जिनका आई.एस.आई. दुरुपयोग भी कर रहा है। अतः इस दृष्टि से भी भारत के विरुद्ध जासूसी करने में अमेरिका को सुविधा थी, क्योंकि भारत और पाकिस्तान के नागरिकों में काफी हद तक समानता है और इसका लाभ न केवल पाकिस्तान, बल्कि अमेरिका भी उठाता रहा है। इस तरह हम देखते हैं कि पाकिस्तान की अवस्थिति ने अमेरिकी रणनीति के लिए विस्तृत कार्यक्षेत्र बना रखा था। इन अनुकूल परिस्थितियों के कारण ही अमेरिका ने पाकिस्तान को अपनी रणनीति के अग्रिम पंक्ति के देशों में स्थान दे रखा था और उसी रणनीति के अनुसार आज भी पाकिस्तान को अमेरिकी मदद निरंतर जारी है।

साम्यवाद के प्रति पाकिस्तानी अनास्था—साम्यवाद के प्रति पाकिस्तान में अनास्था होना भी अमेरिकी रणनीति के अनुरूप रहा। कहने के लिए तो पूर्वी पाकिस्तान में कम्युनिस्ट पार्टी का अस्तित्व रहा और आज बँगलादेश में भी इस तरह की पार्टियाँ हैं, लेकिन वास्तविकता यह है कि उनकी स्थिति कभी मजबूत नहीं रही। पाकिस्तान का इतिहास सैनिक तानाशाही के शिकंजे से बाहर नहीं हो सका। वहाँ जब भी लोकतंत्र आया तो चंद महीनों और वर्षों के लिए, वह भी सेना की मेहरबानी पर ही अवलंबित रहा। अतः सैनिक तानाशाही ही प्रमुख रही और इसका परिणाम यह रहा कि देश का शासन लगभग अमेरिकी कृपा पर ही बना रहा। यह भी अमेरिकी हित में रहा। अतः पाकिस्तान पर अमेरिकी कृपा-दृष्टि हमेशा ही बनी रही।

पाकिस्तानी विवशता—अमेरिका और पाकिस्तान के संबंधों में मजबूती का एक और बड़ा कारण पाकिस्तान की अपनी विवशताएँ हैं। ये विवशताएँ जहाँ सामरिक और अस्त्र संबंधी हैं, वहीं आर्थिक भी। पाकिस्तान का कुल क्षेत्रफल ८,०३,९४३ वर्ग किलोमीटर है, जिसमें पहाड़, रेगिस्तान का एक बड़ा भू-भाग है। अतः खेती के लिए उपयुक्त भूमि केवल पश्चिमी पंजाब और सिंध के कुछ हिस्सों में ही है। बलूचिस्तान और सीमाप्रांत कृषि की दृष्टि से महत्त्वपूर्ण नहीं माने जा सकते। हाँ, फल और लकड़ी

की दृष्टि से इनका महत्त्व अवश्य है। वस्तुतः पाकिस्तान आर्थिक दृष्टि से कभी समृद्ध नहीं रहा। जमींदारी प्रथा पूरी तरह समाप्त न होने के कारण वहाँ बड़े-बड़े किसानों के हाथों में ही लगभग सारी पैदावार सिमटकर रह जाती है। ऐसी स्थिति में आम पाकिस्तानी जनता या तो विदेशों से आयातित अनाज पर जीती है या खाड़ी देशों में जाकर अपनी रोजी-रोटी कमाती है। इसके अलावा तेल के धनी राष्ट्रों की भी पाकिस्तान के प्रति पूरी-पूरी सहानुभूति रही है। पाकिस्तान को इस दृष्टि से अमेरिका से पर्याप्त मदद मिलती रही है, जिसके बदले अमेरिका ने पाकिस्तान से बड़े पैमाने पर सामरिक सुविधाएँ ले रखी हैं। पाकिस्तान की इसी विवशता का लाभ उठाकर अमेरिका ने अफगानिस्तान से पूर्व सोवियत सेनाओं को हटाने के लिए अपने धन-बल और आयुध-बल का पूरा-पूरा उपयोग किया, जिसका लाभ पाकिस्तान को भी मिला। जब भी अफगान मुजाहिदीनों के लिए मदद आई, उसका माध्यम पाकिस्तान ही रहा और पाकिस्तान ने इसका अधिकतम उपयोग अपने देश की जनता की समृद्धि के लिए कम और अपने सैन्य विस्तार के लिए अधिक किया।

एफ-१६ लड़ाकू विमानों की सहायता भी इसी का एक अंग है, जिसे पूर्व राष्ट्रपति रोनाल्ड रीगन ने पाकिस्तान को अपनी कृपास्वरूप दिया था। जनरल जिया उल हक यदि जीवित रहते तो शायद यह सहायता बंद भी नहीं हुई होती। लेकिन उनकी मृत्यु के बाद पाकिस्तान ने जब अपनी स्वतंत्र स्थिति बनाने की कोशिश की और खाड़ी देशों की मदद से एक क्षेत्रीय शक्ति बनने की जुर्रत की तो अमेरिकी राष्ट्रपति जॉर्ज बुश ने पाकिस्तान को सबक सिखाया। अतः अमेरिकी कृपा की वर्षा किसी-न-किसी रूप में होनी ही है, यह भी पाकिस्तानी विवशता का ही एक उदाहरण है।

भारत का कट्टर विरोध—पाकिस्तान का भारत-विरोध दोनों ही देशों को एक सशक्त कड़ी से जोड़ता है, क्योंकि अमेरिका यह चाहता है कि भारत को यदि अपना स्वतंत्र अस्तित्व स्थापित करने दिया गया तो इस क्षेत्र में अमेरिकी हितों के प्रति अरुचि हो जाएगी और यही कारण है कि अमेरिका भारत के स्वतंत्र अस्तित्व को चुनौती देने के लिए पाकिस्तान का पूरा-पूरा उपयोग करता रहा है। यह सभी जानते हैं कि पाकिस्तान की सीमाएँ हैं और वह भारत का किसी स्तर पर विरोध करने में समर्थ नहीं हो सकता, लेकिन अमेरिका हमेशा उसे इस स्थिति में बनाए रखता है, ताकि लगे कि वह उसका (भारत) सबसे बड़ा प्रतिद्वंद्वी है। पाकिस्तान का आणविक कार्यक्रम सन् १९७४ के बाद इसलिए शुरू कराया गया, ताकि भारत पर यह दबाव डाला जा सके कि यदि उसने अणुशक्ति-संपन्न राष्ट्र बनने की कोशिश की तो पाकिस्तान भी अणुशक्ति-संपन्न राष्ट्र बन जाएगा और क्षेत्र में आणविक युद्ध की स्थिति बन जाएगी। इसलिए भारत को अणु अस्त्र बनाने से बाज आना चाहिए। प्रक्षेपास्त्रों का निर्माण नहीं करना चाहिए। बड़े

राष्ट्रों की तरह अपनी प्रौद्योगिकी का विस्तार नहीं करना चाहिए। उसे अगर इसकी जरूरत है तो मदद के लिए अमेरिका और मित्र देश तैयार हैं।

यह आज अमेरिकी रणनीति का मुख्य अंग है। कश्मीर के संबंध में अमेरिकी विदेश विभाग के दोहरे बयानों का उद्देश्य इस क्षेत्र को विवादास्पद घोषित करके राष्ट्र संघ या अमेरिका के हस्तक्षेप के लिए पृष्ठभूमि तैयार करना है। यह ठीक वही स्थिति है, जैसी कि लॉर्ड बेलेजली के समय में अंग्रेजों ने अपनाई थी। इसमें भारत के साथ-साथ पाकिस्तान का भी नुकसान होगा, लेकिन पाकिस्तान यह नहीं देख रहा है। वह केवल यह देखता है कि यदि अमेरिका ने कश्मीर में हस्तक्षेप की स्थिति बना ली तो सारा-का-सारा कश्मीर उसका हो जाएगा। अत: वह अमेरिका के सारे तर्कों को सही ठहराता है। आश्चर्य तो यह है कि भारत में कश्मीर का विलय उन्हीं नियमों के तहत हुआ है, जिसके तहत भारत की ६०० से अधिक रियासतों ने अपने अधिकार भारतीय संघ को सौंपे थे, लेकिन अमेरिकी विदेश विभाग की दक्षिण-एशिया की प्रभारी रॉबिन राफेल उसे विवादास्पद मानकर भारत के अस्तित्व को ही नकार रही हैं, जबकि उन्हें मालूम है कि पाकिस्तान ने जिस भू-भाग पर कब्जा कर रखा है, वह अवैध है, क्योंकि कश्मीर के राजा हरि सिंह ने अक्तूबर १९४७ में अपनी रियासत का विलय भारत में कर दिया था और तभी भारतीय सेनाओं ने कश्मीर में पाकिस्तान को शिकस्त दी थी।

कभी अमेरिका भारत में मानवाधिकारों के हनन को मुद्दा बनाता है, लेकिन पाकिस्तान में जो कुछ हो रहा है, उसके प्रति वह चुप है। वहाँ अल्पसंख्यकों के साथ किस तरह दोयम दर्जे के नागरिक का सा व्यवहार हो रहा है, वह अमेरिका नहीं देखता। अत: स्पष्ट है कि अमेरिका ने पाकिस्तान को एक ऐसा मोहरा बना रखा है, जिसका उपयोग वह भारत के विरुद्ध अपनी शतरंजी चालों के लिए करता है।

जहाँ तक परमाणु अप्रसार संधि की बात है, अमेरिका ने ही यह पुष्टि की है कि पाकिस्तान के पास अणु बम है या पूर्व सेनाध्यक्ष जनरल बेग के अनुसार, पाकिस्तान ने अणु बम सन् १९८७ में बना लिया था। इतना ही नहीं, पाक विदेश मंत्री और सेनाध्यक्ष तक युद्ध की स्थिति में अणु बम के प्रयोग की धमकी देते रहे हैं। यह सब शायद इसलिए है कि भारत ने यदि अपने आणविक कार्यक्रम बंद नहीं किए तो अणुयुद्ध हो जाएगा और भयंकर विनाश होगा, जिसके लिए भारत उत्तरदायी माना जाएगा। भारत ने कम-से-कम सन् १९७४ में पोखरण (राजस्थान) में विस्फोट करके यह सिद्ध कर दिया है कि वह अणु बम बना सकता है। ११ मई और १३ मई, १९९८ को भारत ने ५ विस्फोट करके अपने को स्वतंत्र रूप से परमाणु-संपन्न देश घोषित कर दिया। दूसरी ओर पाकिस्तान ने भी परमाणु परीक्षण कर दिखाए।

अब सवाल यह उठता है कि भारत और पाकिस्तान की आवश्यकताएँ क्या हैं?

क्या चीन के समान एक महाशक्ति पाकिस्तान की समस्त पश्चिमोत्तर, उत्तर और पूर्वोत्तर सीमा पर है ? क्या प्रमाण है कि चीन भारत पर अणु बम का प्रयोग नहीं करेगा, जबकि तिब्बत के पठार पर उसके अंतर्महाद्वीपीय प्रक्षेपास्त्र तैनात हैं। अमेरिका का कहना है कि वह उस तरह की स्थिति में मदद के लिए तैयार है, अर्थात् आप आत्मनिर्भर न हों। हाथ-पर-हाथ धरे बैठे रहें। हम आपकी मदद करेंगे। इस दृष्टि से पहले वह भारत, पाकिस्तान, अमेरिका, रूस और चीन का सम्मेलन करना चाहता था। अब उसने ग्रेट ब्रिटेन, फ्रांस, जापान और जर्मनी को भी उसमें जोड़ लिया है और इस मामले पर उसने १९ देशों का सम्मेलन आयोजित किया था। पाकिस्तान को पहले ही यह सम्मेलन मंजूर था। भारत नहीं मान रहा था, जो अब मान गया है। यह भारत को सभी ओर से घेरने का प्रयास है, क्योंकि भारत की उदार आर्थिक नीति के कारण सर्वाधिक पूँजी विनिवेश ग्रेट ब्रिटेन, अमेरिका, फ्रांस, जापान और जर्मनी ही कर रहे हैं, अतः भारत को दबाव में लेने का यह अमेरिका का नायाब तरीका है। इसके पहले उसने रूस को क्रॉयोजनिक इंजन देने से रोककर भारत के अंतरिक्ष कार्यक्रम को असफल कर दिया था। यह बात अलग है कि भारत ने यह पात्रता हासिल कर ली है। अब वह आणविक कार्यक्रम भी स्थगित कराने की योजना बना रहा है। इसमें पाकिस्तान का पूरा-पूरा सहयोग है। यह दोनों देशों की साँठ-गाँठ का स्पष्ट प्रमाण है।

ऐतिहासिक परिप्रेक्ष्य

अमेरिका और पाकिस्तान के मूलभूत आधार संबंधों पर विचार करने के बाद उसके ऐतिहासिक स्वरूप पर भी एक दृष्टि डाल लेना आवश्यक है। सन् १९४९ में तत्कालीन सोवियत संघ ने अणु बम का परीक्षण किया और १९५३ में उसने हाइड्रोजन बम का परीक्षण किया। यद्यपि अमेरिका ने १९५२ में ही हाइड्रोजन बम बना लिया था और १९४९ में ही 'नाटो' का गठन भी हो गया था। अमेरिका के राजनीतिज्ञों को साम्यवाद के विस्तार का खतरा बराबर सालता रहा। इस बीच सन् १९५४ में वियतनामियों ने फ्रांसीसियों को अपने यहाँ से भगा दिया। यह कम्युनिस्ट काररवाई का परिणाम था, अतः अमेरिकी प्रशासन के कान खड़े हो गए। उधर, सन् १९५३ में जोसेफ स्टालिन की मृत्यु के बाद नए नेताओं ने ज्यादा जोश दिखाया और वे विभिन्न देशों की यात्रा करके अपने साम्यवादी प्रयास को विस्तार देने लगे। इस समय अमेरिका के राष्ट्रपति आइजन हॉवर थे, जो सैनिक कमांडर भी रह चुके थे, अतः उन्होंने अपने विदेश मंत्री जॉन फॉस्टर के माध्यम से साम्यवाद के विस्तार को रोकने के लिए संधि संगठनों की झड़ी लगा दी।

इसी संदर्भ में सितंबर १९५४ में (दक्षिण-पूर्व एशिया संधि संगठन) (एस.ई.ए.टी.ओ.) की स्थापना हुई। इसके प्रेरक जॉन फॉस्टर ही थे। इस संगठन में

केवल पाकिस्तान शामिल था। उसके अलावा अमेरिका, ग्रेट ब्रिटेन, फ्रांस, ऑस्ट्रेलिया, फिलिपींस, न्यूजीलैंड और थाईलैंड थे। यह संगठन किसी भी तरह के कम्युनिस्ट आक्रमण के समय सभी (सैनिक-आर्थिक) तरह की सहायता के लिए बनाया गया था। अकेले पाकिस्तान का भारतीय उपमहाद्वीप से इस संगठन में होना यह साबित करता है कि पाकिस्तान पर अमेरिका का कितना विश्वास था।

दक्षिण-पूर्व एशिया संधि संगठन में पाकिस्तान को शामिल करने के बाद उसे पश्चिमी एशिया और खाड़ी क्षेत्र के सैन्य संधि संगठन से भी जोड़ा गया। ग्रेट ब्रिटेन ने सन् १९५५ में इसी तरह का एक संधि संगठन 'बगदाद पैक्ट' बनाया था, जिसमें ईरान, इराक, तुर्की, पाकिस्तान और ग्रेट ब्रिटेन शामिल थे। इस संगठन में अमेरिका बाद में आर्थिक सहयोग करने आया, लेकिन सन् १९५८ में उसने सैनिक दृष्टि से भी संगठन की सदस्यता ग्रहण कर ली। इस संगठन का उद्देश्य भी साम्यवाद के विस्तार को रोकना था। तुर्की, इराक और ईरान तीनों की सीमाएँ पूर्व सोवियत संघ से मिलती थीं। पाकिस्तान तो पहले ही से सीमा से जुड़ा था। सन् १९५९ में इराक इस संधि से हट गया, फिर अमेरिका का प्रभाव और बढ़ गया। इसके पश्चात् संधि का नाम 'सेंटो' रखा। पाकिस्तान की भूमिका यहाँ भी महत्त्वपूर्ण रही। इन दो संगठनों से जुड़े रहने के कारण उसकी स्थिति केंद्र की हो गई, जहाँ बड़े पैमाने पर आयुध जमा होने लगे। इतना ही नहीं, सन् १९५९ में अमेरिका ने एक द्विपक्षीय मैत्री संधि कर ली, जिसमें उसने पाकिस्तान को सभी सैन्य साजो-सामान उपलब्ध कराने का वचन दिया था। इस संधि के तहत पाकिस्तान को जो बड़े पैमाने पर सैन्य-सामग्री मिली, उसका ही उपयोग पाकिस्तान ने सन् १९६५ के युद्ध में भारत के विरुद्ध किया, जबकि सैन्य-सामग्री देते समय भारत की आपत्ति पर अमेरिका ने कहा था कि उपर्युक्त सैन्य-सामग्री का उपयोग भारत के विरुद्ध नहीं हो, यह वचन पाकिस्तान से लिया गया है।

भारत-अमेरिका के संबंधों में तनाव

अमेरिकी राष्ट्रपति जॉन एफ. केनेडी के कार्यकाल में भारत और अमेरिका के संबंधों में कई स्तरों पर सुधार के आसार दिखे। सन् १९६२ के भारत-चीन युद्ध में अमेरिका का रुख भारत के पक्ष में था, किंतु उनकी मृत्यु के बाद नए राष्ट्रपति (जो पहले उपराष्ट्रपति थे) लिंडन जॉनसन का रुख भारत के प्रति कड़ा हो गया और १९६५ में जब भारत-पाकिस्तान युद्धरत थे, तो उन्होंने पाकिस्तान के पक्ष को मजबूत करने और भारत को नीचा दिखाने के लिए अमेरिका से मिलनेवाली खाद्यान्न सहायता, जो पी.एल. ४८० के तहत भारत को दी जा रही थी, बंद करा दी; फलस्वरूप तत्कालीन भारतीय प्रधानमंत्री लाल बहादुर शास्त्री ने 'जय जवान, जय किसान' का नारा दिया और सारा भारत जाग

उठा। लोगों ने अपनी-अपनी छतों तक पर गेहूँ उगाए थे। ताशकंद समझौते पर हस्ताक्षर के बाद लाल बहादुर शास्त्री की मृत्यु ने भारत को नई विदेश नीति की ओर अग्रसर कर दिया और तत्कालीन प्रधानमंत्री श्रीमती इंदिरा गांधी ने अमेरिकी रणनीति के जवाब में सन् १९७१ की भारत-सोवियत शांति मैत्री संधि के साथ पूर्वी पाकिस्तान को बँगलादेश बना देने की महत्त्वपूर्ण भूमिका निभाई। यद्यपि इसका जैसा लाभ भारत को मिलना चाहिए था, नहीं मिला; तथापि अमेरिकी रणनीति को इससे धक्का अवश्य लगा। आज यद्यपि बँगलादेश भी भारत-विरोधी गतिविधियों को बढ़ावा देने का कार्य कर रहा है; तथापि स्वतंत्र राष्ट्र होने के कारण अमेरिकी और पाकिस्तानी साजिश को ज्यादा सफलता नहीं मिल रही थी।

भारत और अमेरिका के बीच यह तनाव लगभग दो दशकों तक चला। भारत ने अमेरिकी इच्छा के विरुद्ध कंबोडिया में वियतनाम के हस्तक्षेप से बनी सरकार को मान्यता दी। उसने अफगानिस्तान में भी पूर्व सोवियत संघ के हस्तक्षेप से बनी सरकार को भी मान्यता दी, विभिन्न अंतरराष्ट्रीय मंचों, विशेषकर निर्गुट आंदोलन के मंचों पर भारत ने अघोषित रूप से अमेरिकी विरोध जारी रखा, जो कि क्रमश: नौवें दशक में कम हुआ था और इधर शीतयुद्ध की समाप्ति के बाद भारत की उदार नीति के कारण विरोध काफी कम हो गया है। दोनों देशों में कई स्तरों पर निकटता आई है, जिसे बुश प्रशासन पुन: समाप्त करने की दिशा में कार्य कर रहा है।

अमेरिका के लिए पाकिस्तान का योगदान

अमेरिका के लिए पाकिस्तान का सबसे बड़ा योगदान चीन और अमेरिकी संबंधों को नई दिशा देने में रहा। पाकिस्तानी सहयोग (मध्यस्थता) से सबसे पहले सन् १९६५ में अमेरिकी नागरिकों को चीन की यात्रा के लिए पासपोर्ट जारी होना शुरू हुआ, जो क्रमश: हटता गया और १९७१ में तत्कालीन अमेरिकी विदेश मंत्री डॉ. हेनरी किसिंजर ने अपनी गुप्त पेकिंग (बीजिंग) यात्रा में पाकिस्तान की भरपूर मदद ली। अमेरिकी नागरिकों को चीन की यात्रा की पूरी तरह छूट मिल गई। तत्कालीन राष्ट्रपति रिचर्ड निक्सन ने चीन की यात्रा की और चीन तथा अमेरिका ने पेकिंग और वाशिंगटन में संपर्क कार्यालय खोलने की संधि (१९७२) की। यह काल, जहाँ भारत और अमेरिका के बीच संबंधों के तनाव का बना, वहीं पाकिस्तान ने अमेरिका की अति विश्वसनीयता प्राप्त कर ली; किंतु जैसा कि सभी को ज्ञात है, अमेरिका गहराई से यह अध्ययन करता रहता है कि किसी देश की जनता कब किस शासक के प्रति रुष्ट होती है, वही हुआ। इस काल के 'हीरो' जुल्फिकार अली भुट्टो को जब सन् १९७७ में जनरल जिया उल हक ने सत्ताच्युत कर दिया, जेल में डाल दिया और मुकदमा चलाकर फाँसी पर लटका

दिया, तब अमेरिका ने इसे पाकिस्तान का आंतरिक मामला बताया और अफगानिस्तान के शरणार्थियों की मदद के नाम पर उसने जनरल हक के शासन में अकूत सामरिक और आर्थिक मदद दी। चीन और पाकिस्तान के साथ अमेरिकी नीति यहीं से स्पष्टतया जुड़ती है, जो भारतीय हितों के विरुद्ध रही थी।

अमेरिका और भारतीय उपमहाद्वीप

अमेरिका की गुप्तचर संस्था सी.आई.ए. की सक्रियता के कारण भारत को उसके पड़ोसी देशों का विश्वास नहीं मिल पाता है। भारत द्वारा अमेरिकी युद्धपोतों के लिए विश्रामस्थल न देने के कारण अमेरिका ने श्रीलंका के त्रिंकोमाली बंदरगाह को किराए पर लिया है, जो कई दृष्टियों से अमेरिकी गतिविधियों के लिए उपयुक्त है। श्रीलंका ने वॉयस ऑफ अमेरिका को अपने यहाँ ट्रांसमीटर लगाने की इजाजत दी है, जिसका उद्‍देश्य दक्षिणी भारत पर नजर रखना है, क्योंकि भारत के अंतरिक्ष कार्यक्रम दक्षिण में ही हैं, सबसे आश्चर्य की बात तो यह है कि ५०० किलोवॉट के जो ट्रांसमीटर श्रीलंका में वॉयस ऑफ अमेरिका ने लगाए हैं, उनपर श्रीलंका सरकार का कोई नियंत्रण नहीं है। इस तरह श्रीलंका भी अमेरिकी दृष्टि में है।

बँगलादेश के कतिपय द्वीपों को अमेरिका ने अपनी गतिविधि का केंद्र बना रखा है। अमेरिकी युद्धपोत चिटगाँव का भी दौरा करते रहते हैं। जहाँ तक नेपाल का सवाल है, वहाँ तो सन् १९९० से पूर्व ऐसी गतिविधियाँ रही थीं कि यह आशंका हो गई थी वह भी भारत-विरोधी साजिश का केंद्र बन जाएगा। नेपाल ने स्विट्‍जरलैंड का दर्जा प्राप्त करने की कोशिश की थी। उसने अंतरराष्ट्रीय स्तर पर यह बात उठाई भी थी। वैसे भी नेपाल की राजधानी काठमांडू विश्व भर के नागरिकों से भरी है, जिनमें जासूस और तस्कर भी पर्याप्त संख्या में हैं। चूँकि भारत-नेपाल की सीमा लगभग खुली है, दोनों देशों के बीच खुला आवागमन सा है; अत: नेपाल से भारत में प्रवेश करना कठिन कार्य नहीं है। अब तो इस बात के भी पुख्ता संकेत मिल गए हैं कि आई.एस.आई. अपने एजेंटों को नेपाल के रास्ते यहाँ भेजती है।

अमेरिकी साजिश का ही परिणाम है कि भारत के प्रति उसके पड़ोसी देशों में अविश्वास है। उन्हें ऐसा लगता है कि भारत उन्हें कभी भी हड़प सकता है। अत: उन्होंने पश्चिमी देशों से सुरक्षा-संधियाँ कर ली हैं या पाकिस्तान से गठजोड़ कर लिया है। आज यदि भारत के किसी पड़ोसी देश से पूछा जाए कि भारत को अपने आणविक कार्यक्रम जारी रखने चाहिए, शायद ही कोई 'हाँ' में उत्तर दे, क्योंकि अमेरिकी प्रचार माध्यमों और पाकिस्तान ने भारत का स्वरूप एक साम्राज्यवादी देश का बना दिया है, जबकि भारत की ओर से कभी यह नहीं स्पष्ट होने दिया गया कि वह क्षेत्र का सबसे शक्तिशाली देश है।

'सार्क' में भी भारत ने अपना स्वरूप अत्यंत शालीन, सभी का सम्मान करनेवाले और समानता के आधार पर व्यवहार करनेवाले देश का ही बना रखा है, लेकिन अमेरिकी कूटनीति के कारण ये देश अमेरिका और ग्रेट ब्रिटेन पर तो विश्वास कर सकते हैं, किंतु भारत पर नहीं। यहाँ तक कि कभी-कभी ऐसा लगता है कि भूटान भी भारत पर विश्वास नहीं कर रहा है। इससे यदि भारतीय शासकों की नीतिगत विफलता का संकेत मिलता है तो अमेरिका और पाकिस्तान की संयुक्त रणनीति की सफलता का भी यह द्योतक है।

इस तरह भारत अपनी उन्नति के लिए.अपना समर्थक स्वयं है, भारतीय उपमहाद्वीप नहीं चाहता कि वह अंतरिक्ष के क्षेत्र में उन्नति करे या प्रक्षेपास्त्र-निर्माण में सफलता हासिल करे। अग्नि प्रक्षेपास्त्र की मारक क्षमता २,५०० किलोमीटर तक है, इससे सभी भयभीत हैं; जबकि चीन के पास अंतर्महाद्वीपीय प्रक्षेपास्त्र हैं, किंतु उसका विरोध कोई नहीं करता। भारतीय उपमहाद्वीप की इन्हीं कमियों का भरपूर लाभ अमेरिका उठा रहा है।

वर्तमान संदर्भ

अमेरिका और पाकिस्तान के संबंधों में पिछले १० वर्षों से कुछ शिथिलता आ गई थी, उसे बुश प्रशासन ने नई हवा दी है। इसके पीछे तीन कारण हैं—

१. संपूर्ण विश्व पर अमेरिकी प्रभाव कायम करने की महत्त्वाकांक्षा।
२. रूस में बढ़ रहे राष्ट्रवाद से पुनः वहाँ अमेरिकी प्रभाव खत्म होने तथा छद्म रूप में साम्यवाद के प्रभावी होने की आशंका।
३. भारत के महाशक्ति बन जाने की संभावना के प्रति अमेरिकी चिंता।

पाकिस्तान इन तीनों स्थितियों में अमेरिका का हित-साधक हो सकता है। एक ऐसी आर्थिक संधि ईरान-पाकिस्तान तथा मध्य एशिया के देशों—उजबेकिस्तान, तजाकिस्तान, कजाकिस्तान, किर्जिगिस्तान और तुर्कमेनिस्तान के बीच हुई है। अतः पाकिस्तान इन देशों के सीधे संपर्क में है। उसके माध्यम से ईरान की गतिविधियों की जानकारी प्राप्त होती रहेगी। इधर भारत, ईरान और चीन के बीच जो वार्त्ताएँ शुरू हुई हैं, जिससे एक क्षेत्रीय बाजार बनने की संभावना बढ़ी है, उसपर भी अमेरिका की नजरें हैं। १० वर्ष पूर्व भारत ने ईरान को अणु तकनीकी देने की पेशकश की थी, जिसका अमेरिका ने तीव्र विरोध किया था। उसे अब भी आशंका है कि भारत और ईरान में बढ़ रहा संपर्क इसी तरह की संभावना से जुड़ा है, भले ही यह उसका भ्रम हो, लेकिन ईरान से भारत का घनिष्ठ संबंध वह पसंद नहीं करता, क्योंकि उसे ज्ञात है कि ईरान की जासूसी पाकिस्तान के माध्यम से तो कराई जा सकती है, परंतु भारत के माध्यम से नहीं। ईरान को समर्थन देने के पीछे भारत की गैस पाइप लाइन भी एक कारण है।

आर्थिक दृष्टि से भी भारत अमेरिका की दृष्टि में उसका प्रतिद्वंद्वी बनकर उभर

रहा है। अमेरिका ऐसी किसी संभावना को खत्म करने के लिए भारत की प्रौद्योगिकी को पूरी तरह नष्ट करना चाहता है, क्योंकि यदि भारत ने अंतरिक्ष प्रौद्योगिकी विकसित कर ली तो दक्षिणी-पूर्वी एशिया में ही उसका प्रभाव नहीं पड़ेगा, अफ्रीका और लैटिन अमेरिका के देश भी उससे प्रौद्योगिकी खरीद सकते हैं। इससे अमेरिका और उसके मित्र देशों का बाजार ठप पड़ जाएगा। भारत और दक्षिण कोरिया के बीच भारी पानी समझौता अमेरिका को अच्छा नहीं लगा है, अत: वह इसके लिए पाकिस्तान को माध्यम बना रहा है; साथ ही वह परमाणु युद्ध के खतरे की धमकी देकर एक ऐसा वातावरण बनाने की कोशिश कर रहा है, ताकि भारत परमाणु अप्रसार संधि पर हस्ताक्षर कर दे।

भारत पर दबाव बनाने के उद्देश्य से वह पाकिस्तान को एक शक्तिशाली देश के रूप में प्रस्तुत करना चाहता है। इसके लिए उसने तीन मार्ग अपनाए हैं—

१. संयुक्त सैनिक युद्धाभ्यास,

२. पाकिस्तान को एफ-१६ समेत अनेक सैन्य साज-सामानों की आपूर्ति,

३. कश्मीर मुद्दे पर परोक्ष रूप से पाकिस्तानी पक्ष का समर्थन।

पहली योजना के तहत मई १९९५ में पंजाब में अमेरिकी और पाकिस्तानी स्थल सेना का संयुक्त युद्धाभ्यास हुआ, जिसमें विभिन्न आयुधों का प्रयोग किया गया। यह अब तक का अपने ढंग का महत्त्वपूर्ण युद्धाभ्यास था। इस बीच अमेरिकी सेंट्रल कमान के कमांडर-इन-चीफ (सेनाध्यक्ष) जनरल जोसेफ पी. होर की पाकिस्तान यात्रा भी महत्त्वपूर्ण है। उन्होंने पाकिस्तान के साथ अधिक-से-अधिक सैनिक सहयोग की इच्छा व्यक्त की है।

उल्लेखनीय है कि जनवरी १९९४ में अमेरिका और पाकिस्तान के कमांडों (गुरिल्ला) ने संयुक्त अभ्यास किया था, उसके बाद उत्तरी अरब सागर में पाकिस्तान तथा अमेरिका की नौसेनाओं ने युद्धाभ्यास किया था।

इन सारे तथ्यों का अर्थ भारत पर यह दबाव बनाना है कि भविष्य में युद्ध होने की स्थिति में पाकिस्तान को अमेरिका की पूरी मदद मिलेगी। वैसे यह पहला अवसर नहीं है। शीतयुद्ध काल में भी इस तरह के युद्धाभ्यास होते रहे थे, अत: अमेरिका चाहे जो भी कहे, भारत और पाकिस्तान में उसको यदि प्राथमिकता देनी होगी तो वह पाकिस्तान को ही देगा।

पाकिस्तान को प्राथमिकता देने के पीछे सबसे बड़ा कारण वहाँ की सेना का सर्वाधिक महत्त्वपूर्ण होना है, जबकि भारत में ऐसी स्थिति नहीं है। भारत एक लोकतांत्रिक देश है, जहाँ संसद् की इच्छा ही सर्वोपरि है और यह इच्छा संसद् में किस दल का बहुमत है और राष्ट्रीय हितों के प्रति वह कितना चिंतित है अथवा उसका दृष्टिकोण क्या है, इसपर निर्भर करती है। अत: अमेरिका भारत को उस तरह अपने इशारे पर नहीं चला

सकता जैसा कि वह पाकिस्तान को चला सकता है। यही कारण है कि सारे समर्थनों का दावा करने के बावजूद अमेरिका कभी भारत को लाभदायक स्थिति में नहीं रहने देना चाहता। उसकी यह कूटनीति भारत के लिए भारी पड़ सकती है।

जहाँ तक कश्मीर का प्रश्न है, अमेरिका कभी नहीं चाहता कि वहाँ भारत का शासन हो जाए, क्योंकि सामरिक दृष्टि से कश्मीर का अलग ही महत्त्व है और पाकिस्तानी शासन रहने पर वहाँ अमेरिकी सेना का अबाध आवागमन हो सकता है। अतः वह कश्मीर मसले पर मध्यस्थता के लिए उतावला है। वह चाहता है कि यदि और कुछ नहीं होता तो कश्मीर का वर्तमान विभाजन ही अंतरराष्ट्रीय सीमा मान लिया जाए और निगरानी का कार्य उसे सौंप दिया जाए।

अमेरिका की विवशता

पाकिस्तान के प्रति सहानुभूति के बावजूद यदि अमेरिकी प्रशासन भारत की ओर किंचित् मात्र झुकता है तो वह केवल भारत के विशाल बाजार के कारण, जहाँ सैकड़ों अमेरिकी कंपनियों ने अपना धन लगा रखा है, जिससे उसके विदेशी मुद्रा का भंडार भरा जा रहा है। ये अमेरिकी निवेशक अपनी सरकार को इस बात के लिए विवश कर देते हैं कि वह भारत को अपना स्वाभाविक मित्र कहे—जैसे कि पिछले दिनों उसके विदेश उपमंत्री स्टॉब टालबोट ने नई दिल्ली में कहा था और भारत-अमेरिका संबंधों को नई दिशा देने की कोशिश की थी।

जो भी हो, भारत और अमेरिका के संबंधों में पाकिस्तान की स्थिति कबाब में हड्डी जैसी सिद्ध हो रही है। भारत यह अच्छी तरह जानता है कि पाकिस्तान के प्रति अमेरिकी सहानुभूति का तात्पर्य केवल उसके लिए तनाव पैदा करने के उद्देश्य से है, जबकि भारत की अपनी परिस्थितियाँ यह कभी अनुमति नहीं देतीं कि वह व्हाइट हाउस की गोद में बैठ जाए। यही कारण है कि पाकिस्तान हमेशा ही अमेरिकी प्रशासन का लाड़ला तथा भारत का छद्म रूप से प्रतिद्वंद्वी रहा है।

□

वैश्विक मंच पर अमेरिका की निरंकुशता

फासिस्टवाद के उन्मूलन पर नूरेंबर्ग अंतरराष्ट्रीय न्यायालय में प्रमुख रूप से जोर दिया गया था। अमेरिकी अभियोजक टेलर ने इसी न्यायालय में एक बार कहा था—''वृक्ष से यदि हम केवल जहरीले फल तोड़ लेंगे तो यह हमारी नगण्य सफलता होगी। उस वृक्ष को समूल उखाड़ फेंकना अपेक्षाकृत अधिक कठिन कार्य है, किंतु इसे पूरा करने पर ही कोई कल्याण हो सकता है।''

अब प्रश्न है, टेलर की भावना और याल्टा घोषणा, पोट्सडम समझौता तथा संयुक्त राष्ट्र घोषणा-पत्र के अनुकूल अमेरिकी प्रशासन फासिस्टवाद के मुख्य सिद्धांत 'जिसकी लाठी, उसकी भैंस' और नस्लवाद की बर्बर-प्रस्थापना को मिटाने की दिशा में सन् १९४५ से प्रयत्नशील है और यदि नहीं है तो इसका कारण क्या है?

सन् १९४५ से २००५ तक का इतिहास इस बात का साक्षी रहा है कि लोकतंत्र की रक्षा के प्रसंग में द्वितीय विश्वयुद्ध की शिक्षा को विस्मृत कर अमेरिकी प्रशासन नव-उपनिवेशवादी शोषण की प्रक्रिया को तीव्र बनाने तथा विश्व प्रभुत्व की भावना से साम्राज्यवादी प्रस्थापना के अंतर्गत नव-फासिस्टवाद को पूरा दे रहा है। दक्षिण अफ्रीका के श्वेत नस्लवाद और इजराइल नस्लवादी प्रवृत्ति का शोषण इसी नव-फासिस्टवादी नीति का अभिन्न अंग है। एशिया, अफ्रीका और लैटिन अमेरिकी नवचेतना का विरोध जहाँ साम्राज्यवादी भावना का द्योतक है, वहीं वह नव-फासिस्टवाद का भी परिचायक है। लगता है कि नाजी सैनिकों का निम्नांकित गीत आज अमेरिका के सैनिक शिविर में गूँज रहा है। अंतर केवल इतना हो सकता है कि तीसरी पंक्ति में जर्मनी की जगह अमेरिका का नाम दे दीजिए—

''यदि सारा विश्व खँडहर बन जाए,
हम जरा भी इसकी चिंता न करेंगे।
आज 'अमेरिका' हमारा है,
कल सारा विश्व हमारा होगा।''

अमेरिका ही नहीं, जर्मनी, ग्रेट ब्रिटेन, इटली आदि पश्चिमी देशों में विभिन्न दलों के नाम पर नव-फासिस्टवादियों ने अब अपनी कारवाइयाँ तेज कर दी हैं और श्वेत नस्लवादी प्रभुत्व स्थापित करने का नारा वे खुलकर लगाने लगे हैं। पोट्सडम समझौते के अनुरूप फासिस्टवाद और सैन्यवाद के उन्मूलन की जगह अमेरिकी प्रशासन सैनिक तानाशाही का पोषण कर रहा है और सैन्यवाद को हर रीति-नीति से बढ़ावा दे रहा है।

द्वितीय विश्वयुद्ध के समाप्त होने के बाद से इस आशय की खबरें मिलती रही हैं कि बड़ी संख्या में नाजियों के समूह ब्राजील, अर्जेंटीना आदि दक्षिणी अमेरिकी देशों के अतिरिक्त जर्मनी, इटली, पहले के फासिस्ट स्पेन और पुर्तगाल, अमेरिका आदि कई देशों में सत्तारूढ़ दलों के सहयोग से रह रहे हैं और उनमें से अधिकांश दक्षिणपंथी आतंकवादी कारवाइयों में भाग लेते हुए, पश्चिम की रूस-विरोधी योजनाओं के कार्यान्वयन में अपनी विशिष्ट भूमिका निभाते रहे हैं। जर्मनी की पुलिस सेवा में महत्त्वपूर्ण पदों पर नाजियों के आसीन होने की सूचनाएँ सन् १९६० के पूर्व ही दुनिया को प्राप्त हो चुकी थीं। कुछ समय पूर्व अमेरिकी दूरदर्शन 'सी.बी.एस.' ने स्वयं सूचित किया था कि रूस-विरोधी गुप्तचर कारवाइयों में इस्तेमाल करने के लिए अमेरिकी सरकार के अधिकारियों ने सैकड़ों की संख्या में पूर्व नाजियों को और पूर्वी यूरोप में उनका साथ देनेवालों को अमेरिका में प्रवेश करने और बसने की सुविधाएँ प्रदान की हैं। 'सी.बी.एस.' ने यह भी बताया था कि अनेक पूर्व नाजी आज भी अमेरिका में हैं। इससे इस बात की पुनः पुष्टि हो गई कि नाजीवाद और फासिस्टवाद के उन्मूलन की 'पोट्सडम घोषणा' के विपरीत आचरण करने के दोषी पश्चिमी देशों में जर्मनी के बाद अमेरिका का स्थान प्रमुख है, क्योंकि पश्चिमी शिविर के कई राज्यों में नव-फासिस्ट संगठनों को वाशिंगटन से हर प्रकार की सहायता प्राप्त होती रही है। 'सी.आई.ए.' द्वारा अपने कार्यों में नाजियों के इस्तेमाल करने की बात भी उपर्युक्त सनसनीखेज रहस्योद्घाटन से प्रमाणित हो गई है।

अमेरिका में गुप्त रूप से रह रहे नाजियों का पता लगाने के लिए अमेरिकी न्याय विभाग ने जो जाँच कार्यालय खोला था, उसके पूर्व अभियोक्ता जॉन लोफटुस ने, जो अब बोस्टन में वकालत करते हैं, विस्तार से बताया है कि किस प्रकार आधिपत्य के समय सोवियत संघ के बेलारूस में जो नाजी सरकार गठित की गई थी, उसके सभी सदस्य पुलिस अधिकारी आदि अमेरिका में रहते हैं। इस सूचना के अनुसार, केवल बेलारूस से आए ३०० से अधिक नाजी अमेरिका में हैं। वे अमेरिका के नागरिक बन गए हैं और कुछ अमेरिकी सरकार के लिए काम कर रहे हैं।

अमेरिकी दूरदर्शन के सी.बी.एस. के प्रतिनिधि एस. वालेस ने यह आरोप लगाया था कि समाजवादी शिविर के विरुद्ध प्रचार-युद्ध के लिए सी.आई.ए. की देख-रेख में अमेरिका द्वारा स्थापित 'रेडियो फ्री यूरोप' और 'रेडियो लिबर्टी' में कुछ नाजी काम कर

रहे थे। बेलारूस में नाजी जर्मनी के आदेशानुसार प्रत्येक यहूदी को मौत के घाट उतारने का काम स्टैनिसलाव स्टैंकेविच नामक नाजी ने किया था और इसने रेडियो लिबर्टी में भी काम किया था। इतना ही नहीं, वह न्यूयॉर्क में रहने लगा था और उसके विरुद्ध मामला चलने ही वाला था कि उसकी मौत हो गई। अमेरिकी सेना, अमेरिकी गुप्तचर विभाग तथा अन्य संबंधित प्रशासकीय अधिकारियों ने अमेरिका में छिपे नाजियों के बारे में कागजात आदि प्रस्तुत करने की जगह, उन्हें छिपाने की नीति अपना ली थी। इससे भी यही स्पष्ट होता है कि भगोड़े नाजियों और अमेरिका प्रशासन में साँठ-गाँठ थी और है।

यह तथ्य अब सर्वविदित है कि नव-फासिस्टवादी आतंकवादियों का इस्तेमाल करते हुए सी.आई.ए. के अधिकारी किस तरह विभिन्न देशों में प्रगतिशील राजनेताओं, राजनीतिज्ञों, बुद्धिजीवियों आदि की हत्या करवाते रहे हैं। किस तरह दक्षिणपंथी व आतंकवादी तत्त्वों के साथ साजिश रचकर अमेरिकी प्रशासन द्वारा कई देशों में अनिश्चितता की स्थिति पैदा करने की कोशिश जारी है। वास्तव में, प्रभुत्ववादी नीति अपनाने के कारण पूर्व नाजियों के साथ अमेरिकी प्रशासन का लगाव कायम हुआ और वह पूर्ववत् है। भारत में पाकिस्तान के सहयोग से खालिस्तान आंदोलन के पीछे भी सी.आई.ए. के नव-फासिस्ट तत्त्वों के हाथ होने की बात स्पष्ट हो चुकी थी। यह भी कहा जाता है कि सी.आई.ए. के द्वारा अन्य देशों में अमेरिका के विरोधियों की हत्या करवाने और आतंक का वातावरण तैयार करने के लिए अमेरिका में आतंकवादी प्रशिक्षण केंद्र स्थापित किए गए हैं। उनमें भी पहले नाजी हत्यारे काम कर चुके हैं। प्रतिक्रियावाद के निर्यात में भी नव-फासिस्टवादी तत्त्व अमेरिका के साथ हैं। विरोधियों को गुप्त रूप से कई तरीकों से मारा जा सकता है। नाजियों के अमेरिका में आने के बाद सामान्य रूप से सभी अमेरिकी आतंकवादियों, विशेष रूप से कू क्लक्स क्लान, जन बर्थ सोसाइटी तथा अन्य नव-फासिस्ट संगठनों, के कार्यकलाप में तेजी आने का कारण यही है कि वे इनके अनुभवों के आधार पर कार्य करने लगे हैं।

कई पश्चिमी समाचार-पत्रों ने यह माना है कि दुनिया के हर भाग में नव-फासिस्ट आतंकवादी संगठनों को अमेरिका से वित्तीय सहायता प्राप्त होती है। यह कोई छिपी बात नहीं है कि स्वयं राष्ट्रपति ट्रूमैन ने युद्ध के अंतिम चरण में ही विश्व-प्रभुत्व की लालसा से जिस समाजवाद-विरोधी नीति पर अमल करना शुरू कर दिया था, वह आज भी जारी है। इसी नीति के अंतर्गत अमेरिकी प्रशासन ने बड़ी संख्या में पूर्व नाजियों को अमेरिका में प्रथम प्रवेश करने की खुली छूट दे रखी थी, क्योंकि अमेरिकी अधिकारियों का यह मत रहा है कि वे उनका किसी भी देश के विरोध में इस्तेमाल कर सकते हैं।

नव-फासिस्टों के संगठन 'ब्लैक इंटरनेशनल' के सदस्य दुनिया के अनेक भागों में फैले हुए हैं। नव-फासिस्टों और पूर्व नाजियों का सी.आई.ए. से घनिष्ठ संपर्क की

सूचनाएँ पश्चिमी अखबारों के माध्यम से दुनिया को मिलती रही हैं। जिस प्रकार ग्रेट ब्रिटेन के 'नेशनल फ्रंट', बेल्जियम के 'युवा यूरोप' म्यूनिख के 'नव-फासिस्ट केंद्र', फ्रांस, जर्मनी और ग्रेट ब्रिटेन की 'नेशनल सोशलिस्ट वर्ल्ड यूनियन', इटली का 'नव-फासिस्ट सोशलिस्ट आंदोलन', 'नेशनल राइट' तथा जर्मनी के नव-फासिस्ट संगठनों में पूर्व नाजी भरे हुए हैं, उनका इस्तेमाल अमेरिका करता है।

अमेरिका को इस बात पर बहुत गर्व है कि वह एक लोकतांत्रिक देश है। यहाँ इस बात को उठाने से कोई लाभ नहीं है कि अमेरिका जैसे लोकतंत्रवाद का चरित्र क्या है और वहाँ के नीग्रो लोगों के साथ कितना अत्याचार होता है। सच बात तो यह है कि मैकार्थीवाद और नव-फासिस्टवाद में कोई अंतर नहीं है। मैकार्थीवाद आज भी अमेरिका के राजनीतिक जीवन से दूर नहीं हुआ है। सी.आई.ए. द्वारा अमेरिका के प्रभुत्ववादी नीति के विरोधी कई राजनेताओं और जननेताओं की हत्याओं और चिली में लोकवादी सरकार को उलटने, तमोजा की तानाशाही समाप्त होने के बाद निकारागुआ में अनिस्थिरता पैदा करने, एल सल्वाडोर की घटनाओं, संयुक्त राष्ट्र संघ में बढ़ती दादागिरी, ईरान-इराक युद्धों में दखलंदाजी, कुवैत-इराक के संघर्षों में सक्रिय हिंसक भागीदारी, इजराइल-फिलिस्तीनी नस्लवादी श्वेत फासिस्ट सरकार का समर्थन, प्रेसलर कानून को बौना समझते हुए पाकिस्तान को एफ-१६ बमवर्षक देना, अफगानिस्तान में बिन लादेन के साथ पाकिस्तान की मिलीभगत के स्पष्ट प्रमाण—सारे प्रमाणों को देखने-समझने के बाद भी पाकिस्तान को आतंकवादी देश न घोषित करने का फैसला, रूसी परिसंघ को अपने हाथ की कठपुतली बनाने की घृणित चाल, अफगानिस्तान के अंदरूनी मामलों में हस्तक्षेप, इराकी जनजीवन को अस्त-व्यस्त कर दादागिरी का परिचय देना, उत्तर कोरिया और ईरान की परमाणविक नीति को लेकर गठबंधन की रणनीति आदि ढेर सारे प्रकरणों की रोशनी में अमेरिका के तथाकथित लोकतंत्रवादी चरित्र का पटोद्घाटन हो चुका है, पर अंततः सवाल यहीं पर आकर समाप्त हो जाता है—आखिर बिल्ली के गले में घंटी कौन बाँधे? बहरहाल, एक-न-एक दिन कोई-न-कोई आगे आएगा ही, उस वक्त का इंतजार है हमें।

□

भारत-पाकिस्तान संबंधों की असलियत

राजनीतिक दृष्टि से भारत और पाकिस्तान अलग-अलग राष्ट्र हैं, किंतु भौगोलिक, ऐतिहासिक और सांस्कृतिक दृष्टि से दोनों की साझी भू-राजनीतिक पहचान है, जिसको नकारा नहीं जा सकता; किंतु दोनों के पृथक् अस्तित्व के बावजूद भारत और पाकिस्तान न तो सहज मित्र की तरह अब तक रह पाए हैं और न ही एक प्रबल शत्रु की तरह, क्योंकि दोनों की परस्पर प्रतिस्पर्धा और वैमनस्य में समानता से कहीं अधिक असमानता और अस्वाभाविकता नजर आती है। भारत और पाकिस्तान का समाज साझी विरासत को धारण करता है। दोनों का एक समान इतिहास है, लेकिन दोनों के बीच परस्पर सहयोग और सद्भावना का अभाव है। दोनों देशों के रिश्ते पड़ोसियों की तरह सहज नहीं हैं और कश्मीर समस्या से शुरू होकर एक-के-बाद-एक अनेक मुद्दे दोनों देशों के संबंधों को तनावपूर्ण बनाते रहे हैं। आज भी पहले से कहीं अधिक कटुता, परस्पर अविश्वास और एक-दूसरे के विरुद्ध घृणा अंतरराष्ट्रीय मंचों पर स्पष्ट देखी जा सकती है। वस्तुतः माइकेल ब्रेकर ने ठीक ही लिखा है कि स्वतंत्र राज्यों के अपने संक्षिप्त इतिहास में तीव्रता की भिन्न-भिन्न मात्राओं में भारत और पाकिस्तान अघोषित युद्ध की स्थिति में रहे हैं। यह भी एक ऐतिहासिक तथ्य है कि दोनों देश तीन युद्धों को झेल चुके हैं, किंतु दोनों का राजनीतिक नेतृत्व इन युद्धों से कोई सबक नहीं सीख सका है। भारत और पाकिस्तान के बीच विवाद के प्रमुख मुद्दों को इस संदर्भ में देखना उपयुक्त होगा।

विभाजन के बाद दोनों देशों के बीच अनेक समस्याएँ उत्पन्न हुईं, किंतु कश्मीर समस्या अभी भी पारस्परिक संबंधों को प्रभावित कर रही है। शरणार्थियों की समस्या, नदी जल बँटवारे की समस्या, जूनागढ़-हैदराबाद की समस्या आदि सभी कालांतर से इतिहास का अंग बन चुकी हैं, किंतु कश्मीर समस्या पूर्व से कहीं अधिक जटिल बन गई है। इसी से जुड़ा हुआ है सीमा-विवाद, जिसके कारण पाकिस्तानी सत्ता भारत से १,००० वर्ष तक संघर्ष करने की चेतावनी देती है। उल्लेखनीय है कि पाकिस्तान कश्मीर में जनमत संग्रह की माँग करता है और भारत को सुरक्षा परिषद् में दिए गए

अपने आश्वासन की याद दिलाता है, जबकि भारत सन् १९५७ में ही घोषणा कर चुका है कि परिवर्तित स्थितियों में जनमत संग्रह संभव नहीं है और वह दो राष्ट्रों का सिद्धांत अस्वीकार करते हुए कश्मीर को अपना अभिभाज्य अंग मानता है, क्योंकि कश्मीर की संविधान सभा पूर्व में ही भारत के साथ विलय का निर्णय कर चुकी है। वर्तमान स्थिति यह है कि कश्मीर का एक बहुत बड़ा भाग अभी भी पाकिस्तान के कब्जे में है और पाकिस्तान पूरे कश्मीर को स्वतंत्र कराने के लिए सदैव प्रयास करता रहा है। पाकिस्तान कश्मीर मुद्दे का अंतरराष्ट्रीयकरण करने की बार-बार विफल कोशिश करता रहा है तथा संयुक्त राष्ट्र के अंतर्गत 'आत्मनिर्णय के सिद्धांत' की दुहाई देता है, जबकि भारत का मानना है कि मसले को द्विपक्षीय आधार पर शिमला समझौते के तहत सुलझाया जाना चाहिए। पाकिस्तान के आचरण से यह स्पष्ट है कि वह शिमला समझौते को या तो प्रासंगिक नहीं मानता या फिर उसमें राजनीतिक सदाशयता का अभाव है, जिसके कारण अभी तक आतंकवादियों को सहायता देना जारी है और अमेरिका के स्वर-में-स्वर मिलाकर कश्मीर में मानवाधिकारों के हनन की शिकायत करता रहता है। स्वयं पाकिस्तानी शासक ने भी राष्ट्रकुल सम्मेलन में इस मुद्दे को बोस्निया और सोमालिया के समान बताते हुए और जोर-शोर से उठाया था।

पाकिस्तान द्वारा कश्मीर और पंजाब में आतंकवादी और उग्रवादी तत्त्वों को दिया जानेवाला समर्थन और सैन्य सहायता अब सुस्थापित तथ्य बन चुका है, बल्कि मुंबई-विस्फोटों से लेकर अनेक कट्टरपंथी तत्त्वों को प्रश्रय और प्रोत्साहन देने में पाकिस्तान की भूमिका विश्वविदित है। यही नहीं, पाकिस्तान नेतृत्व समय-समय पर उत्तेजक और भड़काऊ टिप्पणियाँ करने से भी नहीं चूकता है, विशेषकर अयोध्या विवाद और हजरत बल संकट के समय पाकिस्तानी नेतृत्व ने अवांछित और भड़कानेवाली टिप्पणियाँ की थीं, जिसे भारत अपने घरेलू मामले में दखलंदाजी मानता है। विवाद का एक दूसरा मुद्दा है—पाकिस्तान की सामरिक गतिविधियाँ और परमाणु बम। बहुत पहले पाकिस्तानी बम के बारे में अटकलें लगाई जाती थीं, किंतु अब कोई संदेह नहीं रहा कि पाकिस्तान के पास परमाणु बम मौजूद हैं और पूर्व प्रधानमंत्री नवाज शरीफ द्वारा पाक-अधिकृत कश्मीर की एक जनसभा में यह तथ्य खुलेआम स्वीकार किया गया था। इसी आधार पर अमेरिका द्वारा पाकिस्तान को दी जानेवाली आर्थिक और सैन्य सहायता सन् १९९० से बंद कर दी गई थी। पाकिस्तान का परमाणु कार्यक्रम और कश्मीर केंद्रित भारत-विरोधी विदेश नीति दक्षिण एशिया में तनाव का मुख्य कारण है। इसके अतिरिक्त, कुछ वर्षों पहले पाकिस्तान ने एम-११ प्रक्षेपास्त्र चीन से प्राप्त किए थे। दोनों देश प्रक्षेपास्त्र विकास में भी सहयोग कर रहे हैं। पाकिस्तान प्रारंभ से ही अपनी सेना को अमेरिका और अन्य पश्चिमी देशों की मदद से अधिकाधिक आधुनिक सैन्य-सामग्री से

सज्जित करने का प्रयास करता रहा है। हाल ही में अमेरिकी प्रशासन ने पुनः पाकिस्तान को ३८ एफ-१६ विमानों की आपूर्ति को हरी झंडी दिखा दी है, जिससे क्षेत्र में तनाव बढ़ना निश्चित है। सियाचिन ग्लेशियर विवाद का एक और बिंदु है। यह हिमालय के लद्दाख क्षेत्र में ८,००० किलोमीटर की ऊँचाई पर स्थित ७६ किलोमीटर लंबा और २ से ८ किलोमीटर चौड़ा लगभग ४,००० वर्ग किलोमीटर का क्षेत्र है। सन् १९८४ में पाकिस्तानी सेनाओं ने इसपर अधिकार करने की कोशिश की थी, जिसे भारतीय सेना ने विफल कर दिया, इसके बाद भी पाकिस्तान इस क्षेत्र पर गिद्ध-दृष्टि लगाए बैठा है और येन-केन-प्रकारेण इस क्षेत्र को हथियाने के सपने देख रहा है। वस्तुतः पाकिस्तान जब तक द्विपक्षीय आधार पर कश्मीर समस्या पर विचार करने के लिए तत्पर नहीं होता तब तक संबंधों में कोई सुधार हो पाना संभव नहीं है। इसके अतिरिक्त पाकिस्तान को आतंकवादी और उग्रवादियों के समर्थन से भी अपना हाथ खींचना होगा। यद्यपि सार्क जैसे क्षेत्रीय सहयोग संगठन के रहते आर्थिक, सांस्कृतिक व शैक्षणिक क्षेत्रों में दोनों राष्ट्रों के बीच सहयोग की व्यापक संभावनाएँ विद्यमान हैं, किंतु कश्मीर विवाद को एक तरफ रखकर ही अन्य क्षेत्रों में सहयोग बढ़ाने के प्रयास किए जाने चाहिए। भारत-पाक विवाद में अमेरिका की ऐतिहासिक नकारात्मक भूमिका को भी नजरअंदाज नहीं किया जाना चाहिए और दोनों देशों को सामंजस्य एवं सद्भाव की भावना से परस्पर विचार-विमर्श कर अपने विवादों को सुलझाना चाहिए, क्योंकि अमेरिका या संयुक्त राष्ट्र संघ की मध्यस्थता से इस क्षेत्र में तनाव और अविश्वास बढ़ेगा। आवश्यकता इस बात की है कि दोनों देश पड़ोसियों की तरह जीना सीखें, न कि आपस में विवादों को प्रचारित कर बाहरी शक्तियों को अपने यहाँ हस्तक्षेप के अवसर प्रदान करें। बाहरी ताकतों को किसी बहाने आमंत्रित करना न तो दोनों पड़ोसी राष्ट्रों के हित में है और न ही इसे क्षेत्रीय हित में उचित माना जा सकता है।

□

भारत में राष्ट्रीय एकता खतरे में

सत्य-अहिंसा के पुजारी बापू और विस्मरणीय-अविस्मरणीय बलिदानी हिंदुस्तानियों की अमोघ शक्ति से निराश निशा का आवरण हटा, दासता का तिमिर विदीर्ण हुआ तथा स्वतंत्रता की अरुणिम-स्वर्णिम उषा में १५ अगस्त, १९४७ को हम हिंदुस्तानियों ने नेत्र उन्मीलित किए थे। २०० वर्षों तक जमे हुए ब्रिटिश शासन को 'भारत छोड़ो' के उद्घोष से भगा देना विश्व के इतिहास का गौरवपूर्ण परिवर्तन है।

हाँ, यह स्वतंत्रता पूर्ण हर्ष के रूप में हमारे साथ रह सकी। हमारी भारतमाता का अंग-विच्छेद हो गया। इसका एक भाग 'पाकिस्तान' नाम से पृथक् हो गया। हमारे नेताओं ने बाध्य होकर देश-विभाजन को स्वीकार कर लिया और 'मुसलिम लीग' को बिना किसी त्याग के ही पाकिस्तान प्राप्त हो गया। उस समय के घोर नर-मेध को बचाने के लिए और कोई विकल्प न था। पुरुषोत्तमदास टंडन इसका विरोध करते ही रह गए, किंतु समय-चक्र ने उन्हें भी पछाड़ दिया। उस विभाजन ने कुछ ऐसी विकट समस्याएँ आज भी उपस्थित कर रखी हैं कि अशांति के बादल भारत की सीमाओं पर मँडरा रहे हैं। पश्चिमोत्तर प्रांत ने जनमत से पाकिस्तान में जाने का निश्चय किया। उस जनमत-गणना में कांग्रेस ने भाग नहीं लिया था। पंजाब और बंगाल का बँटवारा हुआ था।

'मुसलिम लीग' द्वारा फैलाए गए सांप्रदायिकता के विष ने विभाजन के उपरांत भी विकराल रूप धारण कर लिया था। पंजाब तथा बंगाल (नोआखाली) में भीषण मार-काट मची। नादिरशाह, चंगेज खाँ तथा हलॉकू के अत्याचारों को पासंग में चढ़ा देनेवाले भीषणतम, नग्नतम, घोरतम अत्याचार हुए। घृणा, अशांति और निंदनीय कृत्यों के इस घोर विद्रोह में महात्मा गांधी ही दुःखियों के आँसू पोंछते रहे, किंतु ३० जनवरी, १९४८ को प्रार्थना-सभा में वह नाथूराम गोडसे की गोली का शिकार बने।

सीमांत पंजाब, बलोचिस्तान तथा सिंध से हिंदू, पारसी, सिख, ईसाई और यहूदी लोग अपना सबकुछ छोड़कर प्राण लेकर भारत भाग आए थे। उनके काफिलों पर भी घातक आक्रमण होते थे। भारत सरकार उन्हें भी यथासंभव सुरक्षा के साथ निकाल लाई

तथा उनके रहने, खाने, वस्त्र तथा व्यापार का प्रबंध किया। लौह-पुरुष सरदार वल्लभभाई पटेल ने सारी देशी रियासतों को एकता के सूत्र में बाँध केंद्रीय और प्रांतीय सरकारों से जोड़ दिया था। जूनागढ़ तथा हैदराबाद की समस्याओं को दूरदर्शिता से हल किया। कश्मीर की समस्या प्रथम प्रधानमंत्री नेहरू की हठधर्मिता तथा कुछ चतुर देशों की चाल के कारण आज भी जटिल बनी हुई है।

विश्व का कौन ऐसा प्राणी है, जिसे अपनी जन्मभूमि प्राणाधिक प्रिय नहीं होती। धर्म भी उच्च स्वर में पुकार रहा है—

"जननी जन्मभूमिश्च स्वर्गादपि गरीयसी।"

—जन्मभूमि ही हमारी माता है। वह हमें उसी वात्सल्य भाव से पालती-पोसती हैं। इसका गौरव स्वर्ग से भी महान् है। प्रत्येक देश के मनुष्य अपनी जन्मभूमि की पूजा करते हैं; उसे महत्त्व तथा गौरव प्रदान करते हैं।

स्कॉट का स्पष्ट कथन है कि क्या कोई ऐसा भी मनुष्य है, जिसकी आत्मा इतनी मर गई हो कि उसने यह कभी नहीं कहा हो—यह मेरा स्वदेश है, यह मेरा देश है। संसार के समस्त महापुरुषों तथा कवियों ने देश-प्रेम के गीत गाए हैं। आज, 'वंदेमातरम्' प्रत्येक हिंदुस्तानी की जिह्वा पर है। मातृभूमि हमारा जीवंत और प्रत्यक्ष स्वर्ग है। देवता भी स्वर्ग को त्यागकर यहाँ जन्मधारण करने की अभिलाषा रखते हैं—

"गायन्ति देवा: किल गीतकानि धन्यास्तु ते भारतभूमि भागे।"

जनसेवा का महत्त्व ईश्वर-सेवा से भी बढ़कर है—"Service to Humanity is service to Divinity."

हमें ईश्वर को प्रेम करने के स्थान पर उसके बंदों को प्यार करना चाहिए—

"Love his creatures and he will love you."

महाराणा प्रताप ने देश-सेवा करते समय अपार संकटों का सामना किया था। निर्जन वन के क्षुधित-विपासित कंटकाकीर्ण जीवन का सुखपूर्वक आलिंगन किया था, किंतु अकबर की अधीनता स्वीकार नहीं की थी। आज अपने प्रताप के साथ हमने 'अपना प्रताप' भी खो दिया है—

"कहँ प्रताप वह दाप वह, कहाँ आन कहाँ बान।
अब क्षत्रित्व कहाँ रहा, सब है सूखी शान॥
तुम राजपूतन ते कहा, राजपूती की आस।
निज चोटी बेटीन की, राखि सकत ना लाज॥"

पशु-पक्षी भी जहाँ रहने लगते हैं तो उस स्थान से प्रेम करने लगते हैं। वर्षों के पश्चात् भी उस स्थान को पहचानकर उसी पर बैठते हैं। उपयुक्त जलवायु की तलाश में मीलों जाकर भी वह सायंकाल अपने नीड़ में ही निवास करते हैं, फिर संज्ञाशील प्राणी

ही देश-प्रेम, देश-सेवा से वंचित क्यों? उसका तो परमधर्म देश-सेवा ही है। एक वृक्ष पर अनेक पक्षी रहते थे। सहसा वृक्ष दावाग्नि से जल उठा। वृक्ष को दग्धावस्था में देखकर पक्षी अश्रु-प्रवाह करने लगे और उड़ने के बजाय वहीं बैठे रहे। पक्षियों के इस भाव का प्रश्नोत्तर समझने का प्रयास कीजिए—

प्रश्न— ''आग लगी इस वृक्ष में जले फूल अरु घास।
तुम क्यों बैठे पक्षियो, पाँख तुम्हारे पास?''

उत्तर— ''फल खाए इस वृक्ष के, चखे फूल अरु पात।
इच्छा है मन की यही, जलें इसी के साथ।''

—पक्षी उस वृक्ष के साथ जलकर भस्म हो जाना चाहते हैं, जिसके फल-फूल उन्होंने खाए हैं। नस-नस में जिसका रक्त है, उस वृक्ष का साथ वे विपत्ति में प्राणपण से भी छोड़ना नहीं चाहते, यही सच्ची भावना है। यूनान देश के एथेंस राज्य के सबसे बड़े नागरिक ने कहा है—''मैं यह चाहता हूँ कि तुम प्रत्येक दिन अपनी दृष्टि एथेंस की महत्ता पर गड़ाए रखो। यहाँ तक कि तुम उसके प्रति प्रेम से भर जाओ और जब तुम उसके ऐश्वर्य और वैभव से प्रभावित होने लगो तो यह सोचो कि यह साम्राज्य उन मनुष्यों ने निर्मित किया है, जो अपना कर्तव्य जानते थे और जिनमें वह साहस था कि अपने कर्तव्य को पूरा करें। जब वे अपना कर्तव्य पूरा करने में सफल न हुए तो उन्होंने अपनी मातृभूमि के चरणों में अपने प्राण भेंट कर दिए और इस तरह से अपनी दुर्बलता का परिहार किया।

डॉ. इकबाल ने अपनी 'नया शिवाला' कृति में यही प्रकट किया है—

''पत्थर की मूरतों में समझा है तू खुदा है!
खाके वतन का मुझको हर ज़र्रा देवता है।''

हाँ, हमारी देश-सेवा अज्ञानता और उत्तेजना के कारण न हो। वर्तमान शताब्दी में भावुकता का महत्त्व अधिक नहीं रह गया है। बर्क ने कहा है—

''हमें अपने मन को विकसित करना चाहिए। हमारी जितनी भी सद्प्रवृत्तियाँ हैं, उन्हें हम अपने कुटुंब तथा इष्ट-मित्रों के संकीर्ण क्षेत्र से निकालकर देश के अनेक व्यक्तियों की सेवा में लगाएँ।''

सच्चा देश कहाँ है? वह देश के ईंट-पत्थरों में नहीं है, वह तो जीवित मनुष्यों में है। इन जीवित मनुष्यों की सेवा ही सच्ची देश-सेवा है। सेवा-धर्म अत्यंत गहन है, योगियों की पहुँच के भी परे है। ऐसी प्रवृत्तियों का समूल विनाश कर देना चाहिए, जिनके कारण दूसरे देश हम पर हँसते हों। देश के समुज्ज्वल भविष्य का ध्यान रखकर हम सबकुछ बलिदान करने के लिए तैयार हो जाएँ। अछूतों, दलितों-पतितों, किसानों तथा मजदूरों की समस्या का निराकरण कर देश की बेकारी को दूर करना चाहिए। ऐश्वर्य

तथा वैभव के कोमल गुलाबी गद्दों को त्यागकर कर्म-क्षेत्र में गरीब-से-गरीब कृषक से कंधे-से-कंधा मिलाकर चलना चाहिए। 'सारे जहाँ से अच्छा हिंदोस्ताँ हमारा' तथा 'कुछ बात है कि हस्ती मिटती नहीं हमारी' चिल्लाने से कुछ नहीं होने वाला।

'संघे शक्तिः कलौयुगे।' वर्तमान युग में, जब सभी अपनी-अपनी डफली पर अपना-अपना राग अलाप रहे हैं, संगठन-शक्ति का महत्त्व उपेक्षणीय नहीं।

देश में यही फूट की बेल जब जयचंद तथा पृथ्वीराज के बीच बोई गई तब रणथंभौर के उस युद्ध के साथ ही हिंदुस्तान की विजयश्री विदा हो गई। विदेशी आक्रांता भारत में पैर जमाते चले गए।

महाभारत का युद्ध आपसी कलह, फूट, ईर्ष्या और विद्वेष के कारण हुआ था। बालि को सुग्रीव ने भाई होते हुए भी मरवा दिया था। अभागे हिंदुस्तान की मिट्टी में ही न जाने क्या असर है कि यहाँ भाई भाई से कंधा मिलाकर नहीं चल सकता। यहाँ 'मनुष्य' और 'इनसान' तक में भेद है। 'प्रेम' और 'मोहब्बत' करनेवालों में भेद है।

हम छोटी-छोटी बातों पर ध्यान नहीं देते। यह नहीं विचार करते कि आज का पर्वत कल के रजकणों से बना है। जिस लहराते सागर को हम उत्ताल तरंगों के साथ देखते हैं, वह जल की एक-एक बूँद की परिणति है। एक बूढ़े पिता ने मरते समय अपने सभी लड़ाकू पुत्रों को बुलाकर एक लकड़ी के गट्ठर द्वारा यह उपदेश दिया था कि एक लकड़ी को वे तोड़ सकते हैं, किंतु लकड़ी के गट्ठर पर सभी बल तौल देने पर उनकी असफलता ने उनकी आँखें खोल दीं। छोटे-छोटे तिनके व्यर्थ ही अकेले पड़े रहते हैं, किंतु जब उन्हीं को मिलाकर एक गट्ठर तैयार कर लिया जाता है तब उनकी शक्ति अजेय हो जाती है।

व्यक्ति, समाज और राष्ट्र—तीनों की समस्याओं का निराकरण करनेवाली संघ-शक्ति ही है। हिंदू समाज के ही एक नहीं, अनेक संप्रदाय हैं। उनमें घोर विरोध और फूट है। वे एक-दूसरे पर आघात करते ही रहते हैं, किंतु इस भिन्नता में भी एक सूत्र-बंधन है। उसी सूत्र-बंधन के साथ अनेकता एकता में बँधी है। उस एकता का मूल है—जातीय संस्कार की एकता। जातीय संस्कार एक होने के कारण धार्मिक मतभेद जातीयता का बाधक नहीं हुआ। सभी मनुष्य शक्ति की कामना करते हैं। वे जानते हैं कि जिनमें शक्ति नहीं है, जो दुर्बल हैं, वे आत्मरक्षा नहीं कर सकते। उन्हें सदैव दूसरों पर आश्रित रहना पड़ता है, परंतु शक्ति केवल शारीरिक नहीं होती, मानसिक और आध्यात्मिक भी होती है। अतः संघ-शक्ति के साथ इनको भी प्राप्त करने की चेष्टा करनी चाहिए।

संगठन और भौतिक शक्तियों का मनुष्य पर अत्यधिक प्रभाव होता है। स्वार्थमय व्यक्तित्व की संकीर्णता मिटा देने पर ही संघ-शक्ति की उपयोगिता सिद्ध हो सकती है। राष्ट्रीयता कोरी कल्पना और स्वार्थियों का ढकोसला मात्र नहीं है। दैनिक जीवन में

सहिष्णुता और सहकारिता के सिद्धांतों के अनुसार कार्य करना हमारे राष्ट्रीय जीवन का सबसे बड़ा गुण होना चाहिए।

यों तो संसार के इतिहास में कोई भी ऐसी जाति नहीं, जिसने अपनी शक्ति को सदैव अक्षुण्ण रखा हो। उत्थान के पश्चात् पतन होता है। कभी किसी जाति ने उन्नति की है तो कभी किसी जाति ने अवनति, किंतु उन्नति के चरम तक पहुँचकर सभी का एक बार पतन अवश्य हुआ है। प्राचीनकाल में भारत हर प्रकार से उन्नति के शिखर पर था। उसकी शक्ति अप्रतिहत थी, उसका वैभव अतुल था। कारण यह कि उस समय उसने उस बृहत् सत्य का आविष्कार कर लिया था, ताकि सभी अनैक्यों में ऐक्य की शक्ति संपूरित हो सके। ऐसा भाव उसकी सभ्यता के मूल में था। दासत्व की नाना अनुभूतियाँ जीने-भोगने के उपरांत भी हिंदुस्तान में ऐसा भावनात्मक ऐक्यमूलक आध्यात्मिक आदर्श है कि सुप्त होने पर भी वह प्राणहीन नहीं हुआ है। उसमें वह शक्ति है कि वह सभी बाह्य अनैक्यों को स्वीकार करके भी अंतर्जगत् के ऐक्य से साक्षात् करता है। भारत के ज्ञान के कारखाने में वह कुंजी तैयार है, जो एक-न-एक दिन सभी द्वारों को खोल देगी तथा चिरकाल से विच्छिन्न जातियों को प्रेम के महानिमंत्रण में सम्मिलित करेगी। प्राचीन युग में व्यक्ति, मध्य युग में समाज और वर्तमान युग में राष्ट्र प्रबल हुए। कितने ही विद्वानों ने भावी संसार के लिए एक विश्व-साम्राज्य की कल्पना की है। जहाँ एक भाषा, एक धर्म और एक भाव की प्रधानता रहेगी—'वसुधैव कुटुम्बकम्' की सत्ता।

वास्तव में, राष्ट्र-संगठन स्वयं अपने नग्न रूप में विकारग्रस्त नहीं है। वह एक महान् तत्त्व है। विचक्षणों ने उसकी सराहना की है और सभी ने उसके सत्परिणामों की अनुभूति भी की है। "United we stand, divided we fall."—इस मूल मंत्र को संपूर्णतः अंगीकार कर लेना चाहिए।

□

सार्वजनिक जीवन में हिंसा

वास्तव में हिंसा की मानसिकता एक बुरी व्याधि है। इसके खिलाफ समूची मानवजाति को उठ खड़ा होना है और एकजुट होकर आवाज बुलंद करनी है। यह एक ऐसा खतरा है, जो किसी देश अथवा जाति विशेष का नहीं, बल्कि संपूर्ण मानवता के लिए खतरा है। हथियार दाँतों और नाखूनों के ही क्रमिक विकास का प्रतिफल हैं, जिन्हें मनुष्य ने अपेक्षाकृत अधिक बलशाली और खूँख्वार जानवरों से निपटने के लिए विकसित किया होगा।

दंगों में ज्यादातर वही लोग मारे जाते हैं, जिनका इन दंगों से कोई सरोकार नहीं होता। सभी संप्रदाय के भोले-गरीब लोग ही इन दंगों के शिकार होते हैं, क्योंकि वे सुरक्षित नहीं होते। दंगा भड़कानेवाले गुंडे हमेशा अपनी सुरक्षा का इंतजाम रखते हैं और वे कभी नहीं मरते। गुंडा सिर्फ 'गुंडा' होता है। उसकी कोई जाति नहीं होती—न सिख होता है और न ईसाई। दरअसल, उसे मंदिर, मसजिद, गिरिजाघर और गुरुद्वारे से कुछ लेना-देना नहीं होता। उसका मतलब सिर्फ 'लूट' और लूट के 'माल' से रहता है। इन सभी स्थानों को वह अपनी सुरक्षा के गढ़ों के रूप में इस्तेमाल करता है और इन सबसे भावनात्मक रूप में जुड़ी भीड़ को अपने निजी स्वार्थों की पूर्ति के लिए 'ईंधन' बनाता है। मजहबी जुनून में भड़काई गई भीड़ ही इन गुंडों की ताकत बन जाती है और यही आपस में टकराती है। हमारी समूची सुरक्षा-व्यवस्था इस भीड़ में 'व्यस्त' हो जाती है और इस बीच गुंडे अपने मकसद में कामयाब हो जाते हैं।

गुंडा तत्त्वों ने इन धर्म-स्थानों को ही अपना अड्डा बना डाला, जिनका निर्माण साधु-शक्तियों को संघटित करने के लिए हुआ था। मंदिर, मसजिद, गिरिजाघर और गुरुद्वारों की पवित्रता हत्यारी बारूद से अपावन होती है, काले धन से कलंकित होती है, साथ ही धर्मस्थान में घायल-कराहती मनुष्यता बार-बार पराजित होती है।

आज भारत हिंसा के भीषण दौर से गुजर रहा है। श्रीमती गांधी और पूर्व-थलसेनाध्यक्ष जनरल अरुण श्रीधर वैद्य की हत्या हुई, मुंबई-गुजरात में भयावह दंगे हुए

और अब धर्म के नाम पर मुसलिम समाजवादी, माओवादी नक्सली आतंकवादियों की हिंसा जारी है। राजनीति और धर्म दोनों में हिंसा ने घर कर लिया है। आश्चर्य! हर धर्म-संस्था हिंसा को बुरा मानती है, किंतु उसका इतिहास हिंसा से भरा हुआ है। दैनंदिन उपदेश के समय प्रत्येक पूजा पद्धति विश्व बंधुत्व का नाम रटती है, किंतु विधर्मियों से पाला पड़ते ही उसे भूल जाती है। अपनी हिंसा को धर्म कहती है और दूसरों की हिंसा को अधर्म। यही हाल राजनीति में है। प्रत्येक संगठन अपने सदस्यों पर अनुशासन के लिए हिंसक तथा अहिंसक, दोनों प्रकार के उपाय काम में लाता है। एक ओर स्वतंत्र प्रचार पर प्रतिबंध लगाए जाते हैं तो दूसरी ओर धमकियाँ दी जाती हैं। सत्तारूढ़ दल भी अल्पसंख्यक दल के साथ ऐसा ही व्यवहार करता है। शारीरिक दंड और हिंसा की उग्रता के आधार पर विभिन्न संस्कृतियों को विभिन्न स्तरों पर रखा जा सकता है। मतभेद रखनेवालों को दंड देने के अनेक रूप रहे हैं, जैसे—हाथ-पाँव काट डालना, भूखों रखना, पत्थर मारना, गला घोंटना, जलाना, गाड़ी के नीचे कुचलना, फाँसी लगाना, बिजली का झटका देकर प्राण लेना आदि। जनता ने इन अत्याचारों को कभी अच्छा कहा तो कभी बुरा। यही उसके सांस्कृतिक स्तर का मापदंड है।

हिंसक वृत्तियों पर वर्तमान मनोविज्ञान ने गंभीर अध्ययन किया है। व्यक्ति और समाज पर प्रत्येक दृष्टि से विचार किया और वह इस निष्कर्ष पर पहुँचा कि हिंसा मनुष्य का स्वभाव है। वह युद्धप्रिय प्राणी है और प्रत्येक नवागंतुक को घृणा और द्वेष की दृष्टि से देखता है। धर्म तथा अन्य संस्थाएँ चिरकाल से परस्पर सहयोग, सहानुभूति तथा परोपकार का पाठ सिखा रही हैं, किंतु मनुष्य का स्वभाव नहीं बदला। इसके विपरीत, भारतीय विचारकों का मत है कि मनुष्य में हिंसक वृत्तियाँ स्वाभाविक नहीं हैं, वे एक विकार हैं। क्रोपाटकिन, टॉल्स्टॉय आदि रूसी विचारकों का भी यही मत है। इस मतभेद को लेकर पिछली शताब्दी से काफी चर्चा चल रही है और अनेक पुस्तकें भी लिखी जा चुकी हैं। प्रत्येक विचारक अपनी धारणा को सार्वजनिक बनाना चाहता है। उन्नीसवीं शताब्दी के विचारकों ने शारीरिक हिंसा को बुरा समझा और मतभेद के क्षेत्र में उसके प्रयोग की निंदा की। इसी ने मानवता को समन्वय की ओर अग्रसर किया। राजनीति में उसने लोकतंत्र और राष्ट्र संघ का रूप ले लिया।

भारतीय दार्शनिकों ने भी विभिन्न आधारों पर हिंसा की निंदा की। उपनिषद् की दृष्टि में द्वेष करनेवाला अपने से ही शत्रुता करता है। हिंसा करनेवाला अपना ही वध करता है। बौद्ध दर्शन ने शून्यता पर बल दिया। उसने कहा कि तृष्णा अथवा स्वार्थ ही समस्या का मूल कारण है। अपने सुख की वृद्धि के लिए हम दूसरे पर प्रहार करते हैं।

अहिंसा अर्थात् हिंसा का अभाव, दूसरे का वध न करना, उसे हानि या पीड़ा न पहुँचाने का नाम 'अहिंसा' है। अपने व्यापक अर्थ में हिंसा का अभाव ही अहिंसा हो,

ऐसा नहीं; प्राणिमात्र पर दया करना, उसे मनसा-वाचा-कर्मणा किसी भी प्रकार, किसी भी तरह की ठेस न पहुँचाना ही सच्ची अहिंसा है। अहिंसा संकीर्ण न होकर व्यापक है, परिमित न होकर अपार है। वह प्राणिमात्र का हित सोचती है, किसी के अहित की भावना की छाया से भी दूर रहती है।

□

भारत में राजनीतिक ध्रुवीकरण का संकट

दलीय व्यवस्था लोकतंत्र की आधारशिला है। भारतीय लोकतंत्र की विडंबना यही है, जहाँ विभिन्न राजनीतिक दल अपनी नीतियों के आधार पर चुनाव लड़ते हैं और जातीयता, क्षेत्रीयता तथा सांप्रदायिकता को बढ़ावा देनेवाले राजनीतिक दल का चोला पहनकर उथल-पुथल मचाते हैं। इस देश की बहुतांश निरक्षर जनता भी राजनीतिक विचारधारा को ताक पर रखकर धर्म, जाति तथा सांप्रदायिक भावना से प्रेरित होकर मतदान करती है। यहाँ के राजनीतिक दल सुविधा की राजनीति को अपनाए हुए हैं। ऐसी परिस्थिति में राजनीतिक शक्तियों का ध्रुवीकरण केवल मानसिक उथल-पुथल बनकर रह जाता है।

नेहरू के बाद भी दीर्घकाल तक केंद्र पर कांग्रेस का ही कब्जा बना रहा, मगर राजनीतिक शक्तियों का ध्रुवीकरण संभव नहीं दिखता था। देश का समाजवादी आंदोलन सदा बिखरता रहा। इंदिरा गांधी के शासनकाल में तो कांग्रेस का भी बिखराव होने लगा था। पाँचवें आम चुनाव के बाद इंदिरा दल के विरुद्ध जयप्रकाश के आंदोलन ने जोर पकड़ा तो सही, मगर विभिन्न विरोधी दलों से उसे जो समर्थन मिला था, उसके पीछे दृढ़ आर्थिक नीति की दृष्टि का अभाव था। श्रीमती गांधी की यह धारणा भी गलत साबित हुई कि उन्हें आपातकाल में जन-सहयोग मिल सकेगा। फलतः छठे आम चुनाव में जनता ने श्रीमती गांधी को अपदस्थ किया। केंद्र में जनता पार्टी की सरकार बनी, मगर जनता दल में शामिल विभिन्न दलों की स्वार्थ-लोलुपता और उनके नेताओं की महत्त्वाकांक्षाओं के कारण राजनीतिक शक्तियों का ध्रुवीकरण न हो सका। जनता दल के पास कोई स्थिर आर्थिक कार्यक्रम न होने के कारण सातवें आम चुनाव में जनता ने श्रीमती गांधी को पुनः सत्तारूढ़ होने का अवसर प्रदान किया था, फिर भी इंदिरा कांग्रेस में विचारधाराओं की खिचड़ी पकती रही।

भारत के राजनीतिक दलों में विचारधारा ही अस्थिरता का मुख्य कारण है। कभी तो अखिल भारतीय दल क्षेत्रीय राजनीतिक दल में बदल जाते हैं। वरिष्ठ नेता अपना

अलग दल बनाने का मोह रखते हैं। चारों ओर सत्ता की भूख प्रबल है। ऐसी स्थिति में, राजनीतिक ध्रुवीकरण गौण ही रहेगा।

आजादी के ५० सालों के बाद भी राजनीतिक शक्तियों के ध्रुवीकरण के मार्ग में अनेक बाधाएँ हैं। रूढ़िवादी विचारधारा, व्यक्ति पूजा, जाति, धर्म और संप्रदायगत दृष्टि, राजनीतिज्ञों की सुविधाभोगी राजनीति आदि इनमें मुख्य हैं। इन प्रतिगामी प्रवृत्तियों को राजनीतिज्ञ अपने स्वार्थ के लिए उभारते हैं। क्षेत्रीयता की भावना भी दलीय ध्रुवीकरण में बाधक बनी है।

यह विशाल देश विविध धर्मों, भाषाओं, प्रदेशों तथा आचार-विचारों में बँटा हुआ है। आर्थिक स्थिति तथा औद्योगिकीकरण में भी अंतर है। अत: राजनीतिक दल क्षेत्रीय प्रभाव के वशीभूत होकर जाति, संप्रदाय और धर्म के आधार पर अपने उम्मीदवार खड़े करते हैं। जहाँ व्यक्ति-पूजा को बढ़ावा मिलता है वहाँ सिद्धांत धरे-के-धरे रह जाते हैं। भारत के बहुसंख्यक अशिक्षित कृषक और मजदूर आबादी का मूल मंत्र रोटी मात्र है। उनके मत-पत्रों पर सिद्धांतों का प्रभाव पड़ना कठिन है।

इस प्रकार भारत में आज सिद्धांतविहीन राजनीति को बढ़ावा मिल रहा है। छोटे-बड़े दल बनते-बिगड़ते रहते हैं। निर्वाचित संविद भी 'आया राम गया राम' बन रहा है। राजनीतिक ध्रुवीकरण इन रोगों का इलाज सिद्ध हो सकता है, मगर इसके पहले राजनीति के स्वरूप में परिवर्तन लाना नितांत आवश्यक है। आचार-संहिता के आधार पर उम्मीदवारों का चयन हो। भारत में दक्षिणपंथी और वामपंथी दलों का अलग-अलग ध्रुवीकरण हो, साथ ही मध्यम वर्ग का अनुसरण करनेवाली एक अलग पार्टी हो। कांग्रेस, भारतीय जनता पार्टी और साम्यवादी पार्टी क्रमश: तीनों नेतृत्व करें। सांप्रदायिकता, जातीयता अथवा प्रांतीयता के आधार पर किसी राजनीतिक दल का गठन न किया जाए और न चुनाव में इसके आधार पर मत माँगा जाए। राजनीति में व्यक्ति-पूजा को समाप्त किया जाए। सामूहिक नेतृत्व की भावना से ही ध्रुवीकरण संभव है, न कि व्यक्ति के चमत्कारक व्यक्तित्व से।

भारत में राजनीतिक दलों के ध्रुवीकरण का भविष्य उज्ज्वल है सिद्धांतों तथा आर्थिक नीतियों के आधार पर अगर विभिन्न राजनीतिक दल एकीकरण के लिए तैयार हों, तो वह दिन दूर नहीं जब भारत में राजनीतिक ध्रुवीकरण संभव होगा।

□

समाजवाद और भारत

समाजवाद अंग्रेजी शब्द 'सोसिलिया' का हिंदी पर्याय है। इसके अनुसार उत्पादन और विनिमय के सिद्धांतों पर समाज का नियंत्रण होता है। यह एक राजनीतिक और आर्थिक व्यवस्था है, जिसके द्वारा गरीब और अमीर के भेद को मिटाकर सम्मानपूर्वक जीवन व्यतीत करने के लिए सुविधाएँ प्रदान की जाती हैं।

सन् १९१७ की रूसी क्रांति के बाद संसार में समाजवाद का महत्त्व प्रतिष्ठित हुआ। इससे सिद्ध हुआ कि क्रांति द्वारा किसी राष्ट्र अथवा समाज में गरीबी तथा अमीरी को मिटाकर समाजवाद की स्थापना की जा सकती है। रूसी क्रांति की सफलता के बाद विविध राजनीतिक विचारधाराओं में अंतरराष्ट्रीय स्तर पर समाजवाद को भी सम्मानजनक प्रतिष्ठा मिली। कालांतर में इसके विचारकों ने एक ऐसे समाज की परिकल्पना की, जिसमें सामाजिक, धार्मिक और आर्थिक भेद को मिटाकर समता और स्वतंत्रता के आधार पर एक वर्णविहीन समाज की स्थापना संभव हो सकती है।

कुछ लोग समाजवाद को साम्यवाद का पर्याय मानते हैं, मगर समाजवाद के मूल चिंतक कार्ल मार्क्स ने समाजवाद को साम्यवाद की पहली सीढ़ी माना है। समाजवाद एक अंतरिम स्थिति है, इसका लक्ष्य साम्यवाद है, जिसके अनुसार संपूर्ण संपन्न स्थिति में समाज को फिर किसी राजनीतिक नियंत्रण की आवश्यकता नहीं होती, समाज स्वयं स्वशासित बन जाता है। राजशक्ति के लोप के बाद राज्य सर्वहारा वर्ग के हित में सारे साधनों का उपयोग करता है। यही साम्यवाद की मंजिल है। नार्वे, स्वीडन, डेनमार्क आदि यूरोपीय देशों में जनतांत्रिक पद्धति द्वारा सामाजिक समाजवाद स्थापित हुआ है।

भारतीय समाजवाद इसी भारत की ही देन है, जिसके जनक आचार्य नरेंद्रदेव माने जाते हैं। सन् १९३१ में कांग्रेस के अंदर समाजवादी दल का निर्माण किया गया था। इसके पश्चात् एक समय ऐसा आया जब समाजवादियों को कांग्रेस छोड़कर अपनी स्वतंत्र संस्था बनानी पड़ी। इसका कांग्रेस पर बुरा प्रभाव पड़ा। कांग्रेस में समाजवाद के पक्षधर वामपंथी सदस्यों के रहते हुए भी उक्त संगठन पर दक्षिणपंथी विचारधारा का

आधिपत्य रहा। स्वतंत्र भारत के संविधान में भी समाजवाद का उल्लेख स्पष्ट रूप से नहीं किया गया है। यद्यपि वर्णित परिकल्पना समाजवादी समाज की है। भारत में समाजवादी विचारधारा को वर्तमान स्वरूप देनेवाले नेताओं में आचार्य नरेंद्रदेव, पं. जवाहरलाल नेहरू, जयप्रकाश नारायण, डॉ. राममनोहर लोहिया, अशोक मेहता, अच्युत पटवर्धन, कमला देवी चट्टोपाध्याय आदि उल्लेखनीय हैं।

अकसर चर्चा की जाती है कि समाजवाद भारतीय धर्म-संस्कृति और मान्यताओं के अनुकूल नहीं है। यह गलत धारणा है। भारतीय ऋषियों के चिंतन में ही ऐसे प्रमाण भरे पड़े हैं, जिनके आधार पर संपत्ति तथा सभी राष्ट्रीय साधनों का समान बँटवारा संभव है। भारतीय संस्कृति में प्रतिपादित समता, विश्वबंधुत्व, दानशीलता आदि तत्त्व समाजवादी संरचना के प्रतिकूल कदापि नहीं हैं। इस देश के राष्ट्रीय साधनों पर अगर व्यक्तिगत स्वामित्व रहेगा तो इस देश की गरीबी कैसे दूर की जा सकती है? भारत में पूँजीवादी अर्थव्यवस्था का मतलब है उस व्यवस्था के हितानुकूल पूँजीवादी शासन-व्यवस्था को कायम रखना। यह प्रजातांत्रिक दृष्टि नहीं है। राष्ट्र में उत्पादन की वृद्धि की घोषणा भी व्यर्थ है, जबकि उत्पादन के समान वितरण का तत्त्व उसमें निहित न हो। समाज में दीर्घकालीन सामंतवादी तथा पूँजीवादी व्यवस्था के कारण ही आज व्यक्ति स्वार्थी बन गया है। अगर व्यक्ति को समाजवादी संस्कारों में ढाला जाएगा तो वह व्यष्टि-समष्टि के लिए बलिदानी भी बन सकता है।

समाजवादी व्यवस्था की दोष-दृष्टि भी विचारणीय है। समाजवाद व्यक्ति की महत्ता का विरोधी है। दूसरी आशंका यह है कि समाजवाद की स्थापना से धर्म समाप्त हो जाएगा। तीसरा आरोप है कि समाजवाद खूनी क्रांति का समर्थक है। कुछ लोगों को इस नाम से ही चिढ़ है। इन आरोपों अथवा गलतफहमियों को दूर करने का प्रयास किया जाए तो 'समाजवाद' इसके अनेक रोगों का उपचार सिद्ध हो सकता है। समाजवाद व्यक्ति की महत्ता का विरोधी नहीं, बल्कि उस महत्ता के दुरुपयोग का विरोधी है। समाजवाद कर्म को व्यक्तिगत निष्ठा मात्र मानता है। राष्ट्रनीति में उसका दखल अवांछित है। जनतांत्रिक पद्धति से समाजवाद की स्थापना में अनावश्यक विलंब की आशंका तो है ही।

□

संसद् में प्रतिपक्ष की भूमिका

लोकतांत्रिक संसदीय व्यवस्था में बहुमतवाला दल शासन सँभालता है, अन्य दलों के सदस्य सत्तारूढ़ दल के कार्यकलापों की आलोचना करते हैं। सरकार बनने के बाद जो दल शेष बचते हैं, उनमें सबसे अधिक सदस्योंवाले दल को 'विरोधी दल' कहा जाता है। सत्तारूढ़ दल के सदस्य अपने दल की आलोचना प्रायः नहीं करते, परंतु विपक्ष बिना किसी भय के सत्तारूढ़ दल की कमियों पर प्रकाश डालता है। समय-समय पर काम रोको प्रस्ताव, मत-विभाजन की माँग और ध्यानाकर्षण प्रस्ताव द्वारा सरकार के कार्यों में रुकावट पैदा करता है। इन सबका उद्देश्य सरकार की नीतियों और कार्यों के औचित्य-अनौचित्य के प्रति जनता का ध्यान आकर्षित करना होता है। यह कथन सत्य है, 'प्रतिपक्ष अंधी सरकार की आँख' है। प्रतिपक्ष की इस भूमिका से सरकार शासन में मनमाना नहीं कर पाती। विपक्ष की आलोचना की अनदेखी करने से जनता के सम्मुख सरकार की छवि बिगड़ने का डर बना रहता है। अतः सरकार प्रत्येक विधेयक को सदन में प्रस्तुत करने से पूर्व विपक्ष के रुख पर विचार करती है। इस प्रकार प्रतिपक्ष सरकार की अंधी चाल पर अंकुश लगाता है। जैसे सत्ता पक्ष की कार्यप्रणाली राष्ट्रहित से प्रेरित होनी चाहिए, ठीक उसी प्रकार प्रतिपक्ष की आलोचना का लक्ष्य भी राष्ट्रहित होना चाहिए। वस्तुतः, विरोधी दल सत्तारूढ़ दल के कार्यों का पूरक है, न कि जानी दुश्मन। भारतीय संसद् में ऐसे उदाहरण भी मिलते हैं जबकि विपक्षी दल की रचनात्मक आलोचना के कारण सरकार ने अपने विधेयक को स्वयं वापस ले लिया है। "जो मैं कह रहा हूँ, वही ठीक है, परंतु संभव है कि वह ठीक न हो और विरोधी जो कह रहा है, वह ठीक हो" लोकतांत्रिक शासन प्रणाली का यही आदर्श है। कभी-कभी यह देखा जाता है कि सत्तारूढ़ दल सत्ता के मद में इतना चूर हो जाता है कि वह 'अधिनायकवादी' बन जाता है। ऐसी विकट परिस्थिति में प्रतिपक्ष अपनी तीव्र आलोचना से देश को अधिनायकवादी प्रवृत्तियों से बचाता है। कभी किसी मामले के संबंध में सरकार की जानकारी अधूरी रहती है और प्रतिपक्ष सत्य की गहराई तक पहुँचकर सदन में रहस्योद्घाटन करता है।

इससे सरकार को अपनी भूल सुधारने का मौका मिलता है। इस प्रकार संसदीय प्रणाली में प्रतिपक्ष की भूमिका का महत्त्व निर्विवाद है।

भारत में प्रारंभकाल में विपक्ष प्रबल नहीं था। सन् १९५६ में केवल तीन मान्य विरोधी दल थे—साम्यवादी दल, समाजवादी दल और भारतीय जनसंघ। शनैः-शनैः विपक्षी दलों की संख्या बढ़ती गई, जैसे—लोकदल, समाजवादी पार्टी, बहुजन समाज पार्टी, डी.एम.के., ए.डी.एम.के.,जनता पार्टी, राष्ट्रीय जनता दल, भारतीय जनता पार्टी आदि। जनता सरकार के अल्प कालावधि को छोड़ आरंभ से आज तक केंद्र में कांग्रेस का ही शासन रहा है और अन्य दल विपक्षी दलों की भूमिका निभाते रहे हैं। भारतीय संसद् का सौभाग्य रहा कि विपक्षी दलों में डॉ. राममनोहर लोहिया, भूपेश गुप्त, एच.वी. कॉमथ जैसे उच्च कोटि के सांसद रहे, जिन्होंने समय-समय पर सरकार की आँखें खोलने के साथ ही जनता-जनार्दन को भी जाग्रत् किया था। मगर आज की स्थिति इसके विपरीत है, विपक्षी दलों में वैचारिक भिन्नता बढ़ गई है। प्रतिपक्ष की भूमिका निभानेवाले दलों में वैचारिक एकता का अभाव है। जो भी हो, कुल मिलाकर भारतीय संसद् में प्रतिपक्षीय दल की भूमिका ही उचित रही है। कांग्रेस पार्टी के आपातकालीन शासन के विरुद्ध विपक्षी दलों का मोरचा देश-हित में सफल रहा था।

लोकतंत्र की सफलता के लिए पक्ष और विपक्ष, दोनों को समन्वयवादी दृष्टिकोण अपनाना चाहिए। पक्ष और विपक्ष को एक-दूसरे का पूरक होना चाहिए, न कि विरोधी। विपक्षी दलों को चाहिए कि वे लोकहित को सर्वोपरि मानकर सत्तारूढ़ दल को सही दिशा में अग्रसर करें तथा पक्ष को भी चाहिए कि प्रतिपक्ष के सुझावों का सम्मान करे।

अभी भारत में लोकतंत्र युवावस्था में है। दलों की भीड़-भाड़ लोकतंत्र के स्वस्थ विकास का लक्षण नहीं है। दलों के सिद्धांतों में सांप्रदायिकता, क्षेत्रीयता, धर्म-जाति-संस्कार होना दुर्भाग्यपूर्ण है। दीर्घकाल से शासन पर काबिज रहने के कारण कांग्रेस पार्टी में भी शिथिल प्रवृत्तियों का प्रवेश हो चुका है। ऐसी दुर्व्यवस्था में मजबूत विपक्षी दल ही राष्ट्र का हितचिंतक बन सकता है।

□

हम सब भ्रष्ट हैं

अपनी दोरंगी नीति के चलते यह स्वीकार करना कुछ कठिन, परंतु ठोस वास्तविकताओं पर आधारित है कि प्राय: हम सब भ्रष्ट हैं। यह बात कड़वी जरूर है, परंतु इस सच्चाई को नजरअंदाज नहीं किया जा सकता है। भ्रष्टाचार का दायरा काफी व्यापक है। अत: इसकी परिधि में वे सारी बातें आ जाती हैं, जो व्यक्ति, परिवार, समाज, राष्ट्र, विश्व, साथ ही मानवीयता, नैतिकता और अन्य सभी मानवीय मूल्यों से परे हों। यही कारण है कि भ्रष्टाचार या भ्रष्ट आचरण देश, काल और परिस्थिति की छोटी सी सीमा से परे अजगर की तरह है। भ्रष्टाचार सदा से है और आगे भी इसका अस्तित्व कायम रहेगा, क्योंकि हम मानवों की मानसिकता हमें स्वार्थ, छल, प्रपंच, लोभ, घृणा, द्वेष आदि की ओर ले जाती है। जब तक प्लेटो के आदर्श राज्य या फिर अरस्तू के 'यूटोपिया' की परिकल्पना साकार नहीं हो जाती, तब तक भ्रष्ट मानसिकता से हम मानवों का निजात पाना असंभव है।

भ्रष्ट आचरण सापेक्ष होता है। यह व्यक्ति की मानसिकता, विवेकशीलता, सामाजिक और पारिवारिक माहौल, वित्तीय स्थिति, सभ्यता और संस्कृति, वैचारिक उदारता और संकीर्णता, परंपरा और स्वार्थपरता से प्रभावित होता है। एक ही काम एक ही व्यक्ति के लिए भ्रष्ट आचरण है तो इसके ठीक विपरीत, दूसरे को इसमें कोई बुराई नहीं दिखाई देती है। यदि शराब पीना कुछ लोगों की दृष्टि में भ्रष्ट आचरण है तो शराबी के लिए वह वरदान, जीने का सहारा और गम भुलाने का साधन है। शराब उत्पादकों और विक्रेताओं के लिए यह एक लाभ का व्यापार है, तो केंद्र और राज्य सरकारों के लिए राजस्व प्राप्ति का अच्छा स्रोत है। रिश्वत लेना और देना दोनों गलत हैं, फिर यही रिश्वत कुछ लोगों के लिए आय का जरिया है, तो कुछ लोगों को अपना काम पूरा करवाने के लिए लाचारी है।

भ्रष्ट आचरण कई तरह के होते हैं। उनमें प्रमुख हैं—

१. आर्थिक भ्रष्टाचार,

२. राजनीतिक भ्रष्टाचार,

३. सामाजिक भ्रष्टाचार,

४. नैतिक भ्रष्टाचार।

दुर्भाग्यवश, न केवल अपने यहाँ बल्कि विश्व के लगभग सभी देशों में इन चारों तरह के भ्रष्टाचार का राज कायम है। कुछ समय पूर्व भारत के पूर्व मुख्य चुनाव आयुक्त तिरुनिल्लै नारायण अय्यर शेषन ने अपनी नवीनतम पुस्तक 'दी डीजेनेरेशन ऑफ इंडिया' में इन भ्रष्टाचारों का और भारत की अधोगति के कारणों एवं उसके भविष्य का विशद विश्लेषण किया है।

आज हमारा सामाजिक जीवन पूर्णत: विषाक्त और तनावपूर्ण है। स्वार्थी राजनेताओं ने आरक्षण, मंदिर-मसजिद, अगड़ी-पिछड़ी जातियाँ, हिंदू-मुसलमान अर्थात् जातिवाद, संप्रदायवाद, भाषावाद, अलगाववाद, क्षेत्रवाद आदि के नारे बुलंद कर स्वयं को रहनुमा बताकर आम जनता की भावनाओं का भरपूर शोषण किया है। सभी दलों ने सत्ता की प्राप्ति और उसकी रक्षा के लिए राजनीतिक बिसात पर निरीह जनता को मोहरा बनाकर शकुनि और दुर्योधन की तरह अपनी कुटिल चालें चलीं हैं। पं. द्वारका प्रसाद मिश्र, आचार्य सुचेता कृपलानी, जयप्रकाश नारायण, डॉ. राममनोहर लोहिया, आचार्य विनोबा भावे जैसे भीष्म पितामह और द्रोणाचार्य अपने शिष्यों से टकराने और उन्हें गलत रास्ते पर जाने से रोकने का साहस नहीं जुटा सके।

आज सर्वमान्य राष्ट्रीय नेतृत्व का सर्वथा अभाव है। अत: अब जननेता या लोकनायक देखने को नहीं मिलते हैं। भ्रष्ट आचरण, निहित स्वार्थ और ओछी मानसिकता ने आज नेताओं को जाति और संप्रदाय विशेष तक ही सीमित कर दिया है। यही कारण है कि वामपंथी दलों तथा कुछ अन्य दलों के गिने-चुने लोगों को छोड़कर सभी जातीय और दलीय नेता हैं। इन नेताओं ने ही जातीयता और सांप्रदायिकता को उभारकर दंगे करवाए और अपनी राजनीतिक-रोटी सेंकने का घटिया प्रयास किया। आरक्षण मंत्र का लाभ उठाकर शरद यादव, लालू प्रसाद यादव और मुख्यमंत्री मुलायम सिंह यादव ने स्वजातीय लोगों को सरकारी नौकरियों में प्रतिनिधित्व देने के नाम पर वर्चस्व बनाया। रामविलास पासवान ने अंबेडकर जयंती (१४ अप्रैल) के अवसर पर नई दिल्ली के अंबेडकर स्टेडियम में स्वयं को उनका उत्तराधिकारी घोषित कर राजनीतिक लाभ उठाने का निम्न स्तरीय प्रयास किया। वस्तुत: ये सब इन लोगों के भ्रष्ट आचरण के ज्वलंत प्रमाण हैं। खुद को गरीबों का मसीहा, दलितों और अल्पसंख्यकों का रक्षक बताकर उन चारों नताओं के अलावा पूर्व प्रधानमंत्री विश्वनाथ प्रताप सिंह ने देश की बड़ी आबादी का भावनात्मक शोषण किया। इन क्रियाकलापों से इन नेताओं के स्वार्थ और ओछी मानसिकता का विकृत रूप उजागर हो गया।

अटल बिहारी वाजपेयी जैसे कुछ लोगों को छोड़कर अधिकतर भाजपा नेताओं

ने भी भ्रष्ट मानसिकता के चलते स्वयं को हिंदुओं और हिंदुत्व का स्वघोषित रहनुमा, रक्षक और ठेकेदार के रूप में पेश किया। उच्चतम न्यायालय के आदेशों का उल्लंघन भी एक भ्रष्ट आचरण है। फिर ऐसा भी नहीं है कि उच्चतम न्यायालय के आदेशों का उल्लंघन पहली बार हुआ है। स्व. राजीव गांधी ने शाहबानो प्रकरण में उच्चतम न्यायालय के फैसले के विपरीत निर्णय सिर्फ मुसलिम कट्टरवादियों के दबाव में आकर किया था। यह भी एक भ्रष्ट आचरण है, जो मुसलिम तुष्टीकरण की कांग्रेस की परंपरागत नीति के तहत ही किया गया था। भ्रष्ट राजनीतिक खेल के कारण ही जनता दल और राष्ट्रीय मोरचा ने पिछड़ों, दलितों और अल्पसंख्यकों की राजनीति का खेल शुरू किया था। इसके प्रत्युत्तर में भाजपा हिंदुओं की सामूहिक राजनीति करने का प्रयास कर रही है। कांग्रेस ने तुष्टीकरण की नीति को अपनाया था। लोगों को इस तरह बाँटना, उनमें विद्वेष पैदा करना, सांप्रदायिकता की राजनीति करना क्या नैतिक रूप से भ्रष्ट आचरण नहीं है?

आज सर्वाधिक भ्रष्टाचार राजनीति में ही है। यही कारण है कि डॉ. मनमोहन सिंह, अटल बिहारी वाजपेयी जैसे कुछ ईमानदार नेताओं को छोड़कर अधिकांश बुद्धिजीवियों ने स्वयं को राजनीति से अलग कर लिया है।

भारतीय राजनीति में नैतिकता का लोप, स्वार्थ का आगमन और जोड़-तोड़ की राजनीति का प्रादुर्भाव '७० के दशक में इंदिरा गांधी के शासनकाल में शुरू हुआ। हमारी प्रधानमंत्री के 'किचन-कैबिनेट' में ऐसे लोगों की बहुलता रही, जो पूर्ण स्वार्थी, भ्रष्ट, तानाशाह और संजय गांधी के सेवक थे। बंसीलाल, ललित नारायण मिश्र, ओम मेहता, विद्याचरण शुक्ल, अर्जुन सिंह, सीताराम केसरी जैसे लोगों ने नैतिक मूल्यों को ताक पर रख दिया और स्वार्थगत राजनीति का पोषण किया। उनकी कड़ी में यशपाल कपूर, राजेंद्र कुमार धवन, मोहम्मद युनूस, डॉ. जगन्नाथ मिश्र, अंबिका सोनी, रुखसाना सुल्ताना, हरिदेव जोशी, नारायण दत्त तिवारी जैसे अन्य लोगों ने प्रसिद्ध तांत्रिक धीरेंद्र ब्रह्मचारी की सहायता से संजय गांधी के नेतृत्व में नैतिकताविहीन भ्रष्ट राजनीति का पोषण किया। पं. द्वारका प्रसाद मिश्र, पं. कमलापति त्रिपाठी, कृष्णकांत, डॉ. शंकर दयाल सिंह, सरदार स्वर्ण सिंह, इंद्र कुमार गुजराल, राजा दिनेश सिंह, सुचित्रा कुलकर्णी, मीरा बेन, श्रीमती चंद्रावती, डी.पी. धर, पी.एन. हक्सर जैसे लोग क्रमशः धीरे-धीरे तत्कालीन घटिया राजनीति के वर्चस्व के शिकार होते गए। भ्रष्ट राजनीति के कारण जन-कल्याण की अपेक्षा सत्ता पर पकड़ बनाए रखना ही महत्त्वपूर्ण था। संजय गांधी सत्ता के गैर-संवैधानिक केंद्र बनते गए। ये सब शनैः-शनैः भ्रष्ट राजनीति के कारण ही संभव हुआ था। इसके लिए हम सभी मतदाता, पत्रकार, बुद्धिजीवी सभी भ्रष्ट होते गए। इस कारण, इस तरह की दुर्भाग्यपूर्ण स्थिति आई। हमें गलत कामों का विरोध करना चाहिए था।

स्व. राजीव गांधी पर भी स्विट्जरलैंड की कंपनी से बोफोर्स तोप सौदे में दलाली का आरोप लगा। उनके साथ प्रसिद्ध उद्योगपति हर्ष चड़ढा, विन चड्ढा और फिल्म अभिनेता अमिताभ बच्चन का भी नाम घसीटा गया था। मामले को बेवजह अत्यधिक तूल देते हुए लगभग सभी विपक्षी दलों के सांसदों ने समय-पूर्व लोकसभा की सदस्यता से सामूहिक त्याग-पत्र दे दिया था। क्या यह भ्रष्ट-आचरण नहीं है कि जनप्रतिनिधि आम जनता की भावनाओं की अनदेखी करते हुए उन्हें विश्वास में लिये बगैर इस तरह इस्तीफा देते रहें?

पूर्व प्रधानमंत्री पामुलपति वेंकट नरसिंह राव पर प्रसिद्ध शेयर दलाल हर्षद मेहता ने एक करोड़ रुपए की रिश्वत दो किस्तों में देने का आरोप १६ जुलाई, १९९३ को लगाया था। उसने इसके लिए कुछ सबूत भी पेश किए थे।

भाई ठाकुर, भूपेन दलाल, हितेन दलाल, राजन पिल्लई, चार्ल्स शोभराज, आटोशंकर, पवन सचदेवा जैसे अनेकानेक लोगों ने व्यापारिक और सामाजिक जगत् में भ्रष्ट कार्यों को खूब बढ़ावा दिया है। राजन पिल्लई ने सिंगापुर में घोटाला कर भारत को बदनाम किया था। पवन सचदेवा ने हरियाणा में शेयर में घोटाला किया था। हर्षद मेहता, हितेन दलाल और भूपेन दलाल ने कुछ बैंक अधिकारियों के साथ मिलकर अरबों रुपए का घोटाला किया था। भूपेन दलाल ने पूर्व प्रधानमंत्री नरसिम्हा राव के पुत्र की कंपनी गोल्ड स्टार को २ करोड़ रुपए दिए, जाहिर है कि देनेवालों का कुछ स्वार्थ रहा होगा। संभव है कि उसने इसके द्वारा पूर्व प्रधानमंत्री को प्रभावित किया होगा। अतः यह कहने में कोई संकोच नहीं है कि ये सभी भ्रष्ट हैं।

वोल्कर प्रकरण में यदि सोनिया गांधी या फिर नटवर सिंह और उसके पुत्र दोषी हैं तो इनपर मुकदमा दायर कर न्यायालय को स्वतंत्र रूप से अपना काम करना चाहिए। स्टिंग-ऑपरेशन के दौरान रँगे हाथों जिन सांसदों को पकड़ा गया है, उन्हें बरखास्त कर देना या हटा देना पर्याप्त नहीं है। उन्हें तो कठोर-से-कठोर शारीरिक दंड भी देना चाहिए, ताकि ऐसे दुष्कृत्यों की पुनरावृत्ति न हो सके। हाँ, इससे इतना तो स्पष्ट हो ही गया कि हमारे जनप्रतिनिधि भ्रष्ट हैं।

वर्तमान समय में चोरी, डकैती, लूट-खसोट, हत्या, बलात्कार, अपहरण के मामले प्रतिदिन देखने और सुनने को मिलते हैं। आजकल भ्रष्ट मानसिकता ने सबकुछ विषाक्त बना दिया है। अपहरण भी अब एक लाभदायक व्यवसाय माना जाने लगा है, जिसे कई राजनेताओं का संरक्षण भी प्राप्त है। अपराध का राजनीतीकरण और राजनीति का अपराधीकरण हुआ है। चुनाव के दौरान मतदाताओं को प्रलोभन, सुविधा, रिश्वत और धमकी देकर चुनाव आचार संहिता का खुला उल्लंघन होता है, जातीय उन्माद पैदा किया जाता है। अतः यह मानने में कोई हिचक नहीं होनी चाहिए कि हम सभी भ्रष्ट हैं,

क्योंकि मतदाता भी उतना ही दोषी है जितने ये नेता।

आज महिलाओं के प्रति अपराधों की संख्या दिनानुदिन बढ़ती ही जा रही है। गृह मंत्रालय द्वारा पेश रिपोर्ट काफी चिंताजनक है। राज्यसभा में भी हाल ही में एक सदस्य द्वारा पेश निजी विधेयक पर बहस के दौरान सभी सदस्यों ने इस बात पर चिंता व्यक्त की थी।

अब लोगों में संवेदनशीलता की इतनी कमी है कि हत्या, बलात्कार, अपहरण आदि की खबर अखबारों में चंद शब्दों में पिरोया एक रोचक मसाला मात्र है। संवेदनहीन लोगों के लिए ये बातें गौण हैं। आजकल परीक्षा में कदाचार का बोलबाला है। उत्तर प्रदेश, बिहार और हरियाणा जैसे कई राज्यों में छात्रों और उसके अभिभावकों ने परीक्षा में कदाचार को बढ़ा दिया है। उत्तर प्रदेश की मुलायम सरकार ने नकल विरोधी कानून को रद्द कर छात्रों का अहित किया है।

आज सरकारी कार्यालयों में कर्मचारी देर से आते हैं। सही काम करने के बदले रिश्वत चाहते हैं। शैक्षणिक संस्थाओं में पढ़ाई नहीं होती, बल्कि अन्य सभी गलत काम होते हैं। छात्र संगठनों ने छात्रों को राजनीति का मोहरा बना दिया है, जो अत्यंत ही शर्मनाक बात है। इससे यह प्रमाणित होता है कि हम सभी भ्रष्ट, निकम्मे और स्वार्थी हैं।

पूर्व केंद्रीय विदेश व्यापार मंत्री ललित नारायण मिश्र तुलामोहन लाइसेंस कांड के आरोपी थे। तत्कालीन शिक्षा मंत्री प्रो. नूरुल हसन ने कालपात्र गाड़ने में राष्ट्र के कुछ महान् विभूतियों के नामों को नजरअंदाज कर भ्रष्ट आचरण का परिचय दिया था। डॉ. शंकरदयाल सिंह ने अपनी एक पुस्तक 'इमरजेंसी : क्या सच? क्या झूठ?' में इसपर काफी कुछ लिखा है। इंदिरा गांधी ने आपातकाल की घोषणा के तत्काल बाद जयप्रकाश नारायण, मोरारजी देसाई, चंद्रशेखर, मोहन धारिया, जॉर्ज फर्नांडीज जैसे नेताओं को बेवजह सलाखों के पीछे बंद कर गलत राजनीतिक परंपरा की शुरुआत की थी। आपातकाल के दौरान ज्यादतियाँ हुईं। जबरदस्ती नसबंदी और झुग्गी-झोंपड़ियों को गिराने के ढेर सारे मामले बाद में प्रकाश में आए।

अरबों रुपए के प्रतिभूति घोटाले की जाँच करने के लिए गठित संयुक्त संसदीय समिति ने पूर्व केंद्रीय मंत्री रामनिवास मिर्धा के नेतृत्व में पेश अपनी रिपोर्ट में पूर्व स्वास्थ्य और परिवार कल्याण मंत्री बी. शंकरानंद, तत्कालीन वित्त राज्यमंत्री रामेश्वर ठाकुर और वित्त मंत्रालय को दोषी माना था। चीनी की कमी से संबंधित मामले की जाँच के लिए गठित 'ज्ञानप्रकाश समिति' ने अपनी जाँच के दौरान तत्कालीन खाद्य मंत्री कल्पनाथ राय, वाणिज्य सचिव तेजिंदर खन्ना और पूर्व कैबिनेट सचिव जफर सैफुल्लाह को दोषी बताया। न्यायालय ने रेल मंत्री सी.के. जाफर शरीफ के खिलाफ प्रतिकूल टिप्पणी की थी। इन आरोपी मंत्रियों को प्रदत्त संरक्षण और लोकसभा में कल्पनाथ राय

को बचाने का प्रयास तत्कालीन प्रधानमंत्री द्वारा किया जाना इस बात को एकदम प्रमाणित करता है कि केंद्र सरकार स्वयं भ्रष्ट लोगों को पनाह देती है अन्यथा सभी मंत्रियों को तत्काल अपदस्थ किया जाना चाहिए था, ताकि सरकार के प्रति लोगों की विश्वसनीयता बनी रहती।

राजनीतिज्ञों के भ्रष्ट आचरण का आलम यह है कि महाराष्ट्र के पूर्व मुख्यमंत्री अब्दुल रहमान अंतुले को न्यायालय की प्रतिकूल टिप्पणी के कारण इस्तीफा देना पड़ा था। आंध्र प्रदेश के पूर्व मुख्यमंत्री एन. जनार्दन रेड्डी को इसी कारण इस्तीफा देना पड़ा था। कर्नाटक के पूर्व मुख्यमंत्री एस. बंगारप्पा पर भी भ्रष्टाचार के अनेक आरोप दर्ज हैं। बिहार के पूर्व मुख्यमंत्री लालू प्रसाद यादव चारा घोटाला के आरोपी हैं। कुछ लोगों ने आंध्र प्रदेश के तत्कालीन मुख्यमंत्री नंदमूरि तारक रामाराव पर भ्रष्टाचार का मुकदमा चलाने की अनुमति माँगी थी। तमिलनाडु की मुख्यमंत्री जयललिता जयराम पर भी भ्रष्टाचार का मुकदमा चलाने की अनुमति जनता पार्टी के पूर्व राष्ट्रीय अध्यक्ष डॉ. सुब्रह्मण्यम स्वामी ने राज्यपाल डॉ. एम चेन्ना रेड्डी से प्राप्त की थी। जयललिता पर अकूत धन जमा करने का आरोप है। इससे नाराज होकर अन्नाद्रमुक के उच्छृंखल कार्यकर्ताओं ने डॉ. स्वामी और डॉ. चेन्ना रेड्डी पर पथराव किया था। डॉ. स्वामी के खिलाफ गिरफ्तारी का वारंट भी निकलवाया गया था। पांडिचेरी जा रहे डॉ. चेन्ना रेड्डी पर पथराव की घटना की जानकारी तत्कालीन राष्ट्रपति डॉ. शंकर दयाल शर्मा को प्रेषित किए जाने के बावजूद केंद्र सरकार मूकदर्शक बनी तमाशा देखती रही। वह तत्काल कुछ प्रभावी कदम न उठाकर राजनीतिक लाभ-हानि का जायजा लेती रही। क्या ये सभी भ्रष्ट आचरण नहीं हैं?

खेल-जगत् में खिलाड़ियों के चयन में चयनकर्ताओं ने सदा धाँधली की है। इसके अलावा, जब तक बिहार की मर्सी कुट्टन राष्ट्रीय स्तर पर ऊँची कूद में सफल थीं तब तक उसे 'अर्जुन पुरस्कार' के योग्य नहीं समझा गया। जब उसने क्षुब्ध होकर एथलेटिक्स जगत् से संन्यास ले लिया तब अगले ही वर्ष उसे 'अर्जुन पुरस्कार' के योग्य मान लिया गया था। भारतीय टेनिस संघ के एक पदाधिकारी रमेश देसाई ने ऑस्ट्रेलिया के खिलाफ चंडीगढ़ में हुए डेविस कप सेमी फाइनल में रमेश कृष्णन पर पैसे के लोभ में बीमारी की हालत में भी खेलने का आरोप लगाया था। भारत यह मैच ०-५ से हार गया था। अंततः इस गलत आरोप से क्रुद्ध होकर रमेश कृष्णन ने टेनिस-जगत् से ही संन्यास ले लिया था। भारतीय हॉकी महासंघ के अध्यक्ष बनने के उपरांत पंजाब पुलिस के महानिदेशक कँवर पाल सिंह गिल के प्रेस कॉन्फ्रेंस में पंजाब पुलिस ने दो खेल-पत्रकारों की जमकर पिटाई कर दी थी। उन खेल-पत्रकारों ने पंजाब हॉकी के बुरे प्रदर्शन पर प्रश्न उठाया था, तब उन्हें इस तरह सबक सिखाया गया था। उल्लेखनीय है कि कँवर

पाल सिंह के विरुद्ध छेड़खानी का आरोप भी सिद्ध हो चुका है।

टेबल-टेनिस के राष्ट्रीय चैंपियन कमलेश मेहता के साथ चयनकर्ताओं ने भेदभाव किया था, जबकि पी.टी. उषा को पात्रता-स्तर न पाने के बावजूद एशियाड में भाग लेने का मौका दिया गया था। एक कप्तान और बल्लेबाज-गेंदबाज-क्षेत्ररक्षक के रूप में क्रिकेट खिलाड़ी सौरव गांगुली का प्रदर्शन शानदार रहा है; किंतु राजनीति के चलते उन्हें बहुत ही अपमान सहन करना पड़ा। कौन है इस भ्रष्ट आचरण के लिए जिम्मेदार?

फिल्म-जगत् में भी भ्रष्टाचार कम नहीं है। फिल्म निर्माता, निर्देशक, गीतकार, गायक, अभिनेता, अभिनेत्री, संवाद लेखक सभी ने अश्लीलता का माहौल बना रखा है। रॉबिन भट्ट, जावेद सिद्दीकी जैसे लोगों ने पटकथा-लेखन में विदेशी फिल्मों की नकल का दौर चलाया है। अन्नू मलिक और बप्पी लाहिड़ी ने पाश्चात्य संगीत की नकल की है। केतन मेहता, शेखर कपूर, डेविड धवन, के. पप्पू, सुभाष घई आदि ने फिल्मों में अश्लीलता पेश कर समाज और संस्कृति को भ्रष्ट किया है। क्या ऐसी फिल्में बनाना भ्रष्ट आचरण नहीं है? क्या सेंसर बोर्ड के लोग भ्रष्ट नहीं हैं, जो हिंसा-प्रधान, द्विअर्थी संवादों से परिपूर्ण अश्लील फिल्मों के प्रदर्शन की अनुमति देते हैं।

मीडिया-जगत् में भी काफी भ्रष्टाचार है। पीत-पत्रकारिता इसी का नमूना है। खोजी पत्रकारिता के द्वारा गड़े मुरदों को उखाड़ा जाता है। साहित्य-जगत् में विभिन्न पुरस्कारों के लिए जोड़-तोड़ की राजनीति चलती है। अपेक्षाकृत कम प्रतिभावान् लेखकों को सम्मानित कर अच्छे लेखकों को हतोत्साहित किया जाता है। 'साहित्य अकादेमी पुरस्कार' पर हर बार प्रश्नचिह्न लगते हैं। मैथिली भाषा के रचनाकारों ने आपस में एक अघोषित समझौता कर क्रमशः लाभ उठाकर साहित्य अकादेमी, नई दिल्ली को धोखे में रखा है।

गुप्त रक्षा दस्तावेजों को बेचना, इसरो जासूसी कांड में वैज्ञानिकों का संलग्न होना इत्यादि इस बात को प्रमाणित करते हैं कि हम सभी भ्रष्ट हैं। स्व. राजीव गांधी और नरसिम्हा राव ने भ्रष्टाचार होने की बात स्वीकार की थी।

भ्रष्टाचार का मूल कारण लोगों का स्वार्थ और ओछी मानसिकता है। मनुष्य स्वभाव से ही बुरा होता है। वह ईर्ष्या-द्वेष, लोभ, छल-प्रपंच का शिकार है।

□

भारत में संसदीय लोकतंत्र की सार्थकता

भारत ने जब ब्रिटिश सरकार से विरासत में मिली असंसदीय प्रणाली पर अपनी मुहर लगा दी थी, तब यह सोच लिया गया था कि भारत में संसद् दो दलीय व्यवस्था पर ही आधारित होगी। अभी कुछ वर्षों पूर्व तक यही विचार दृढ़ रहा कि यदि प्रमुख विरोधी दलों को मिलाकर एक सशक्त राजनीतिक दल का गठन कर लिया जाए तो संसदीय लोकतंत्र के सफल संचालन के लिए अथवा आवश्यकता होने पर सरकार बदलने के लिए हमारे हाथों में कांग्रेस का विकल्प आ जाएगा। उस समय यह बात समझ में नहीं आ पाई थी कि हमारे देश में जिस प्रकार का बिखरा हुआ समाज है, उसमें वैसे संगठित और राष्ट्रीय चरित्रवाले राजनीतिक दल नहीं उभर सकते हैं, जैसे इंग्लैंड में पनपे हैं। कांग्रेस यदि एकमात्र संगठित और देशव्यापी राजनीतिक दल के रूप में खड़ी रह सकी है तो इसका कारण है कि उसके बुनियाद में राष्ट्रीय आंदोलन का लंबा इतिहास है।

यह कांग्रेस भी समाप्त हो चुकी है और सन् १९७८ में श्रीमती गांधी द्वारा गठित सरकार किसी राजनीतिक दल के ढाँचे से एकदम भिन्न थी।

राजनीतिक दल वस्तुतः टूट चुके हैं। राजनीतिक दल संसदीय लोकतंत्र की धुरी होते हैं, यद्यपि हमारे संविधान में दलों का उल्लेख नहीं है। वास्तव में, हमने यह मानकर संविधान बनाया था कि इंग्लैंड की भाँति भारत में भी दो प्रमुख राजनीतिक दल उभर जाएँगे। कांग्रेस उस समय मौजूद थी ही, दूसरे दल की प्रतीक्षा थी। राजनीतिक दल संविधान के भीतर से नहीं, बाहर से अर्थात् देश की राजनीतिक चेतना और मनीषा में से उत्पन्न होते हैं और विकास पाते हैं। राजनीतिक दलों का स्वरूप ही अंततः सांविधानिक संस्थाओं और न्यायिक व्यवस्था के स्वरूप का निर्धारण और नियमन करता है।

भारत में द्विदलीय व्यवस्था के बजाय बहुदलीय व्यवस्था का उदय हुआ। वास्तव में, यह हमारे समाज के चरित्र का प्रतिबिंब ही है। दलों के बाहर दल हैं। सन् १९७७ में जनता पार्टी बनी थी, लेकिन भारत के संदर्भ में यह एक असाधारण और अस्वाभाविक घटना थी। शीघ्र ही संकीर्ण धारणाओं और व्यक्तियों का संघर्ष शुरू हो गया और जनता

पार्टी जिन दलों से बनी थी, उनमें विघटित हो गई, फलस्वरूप भारतीय राजनीति उसी मुकाम पर लौट आई जहाँ यह मार्च १९७७ में खड़ी थी।

हमारे देश में लंबे समय तक राजनीतिक दल संकीर्ण आधारों और नेतृत्व पर ही बनते-बिगड़ते रहेंगे। ऐसा लगता है कि संसदीय लोकतंत्र की धुरी टूट चुकी है और उसे नए सिरे से खड़ा नहीं किया जा सकता। अब सवाल है, जनता इस राजनीतिक यथार्थ को पहचानती है या नहीं और यदि पहचानती है तो देश में लोकतंत्र की रक्षा के लिए शासन-व्यवस्था को नया रूप देने के लिए आगे आती है या नहीं ?

लोकतंत्र को बचाना है तो अपनी व्यवस्था को इस तरीके से बदलना होगा कि नागरिकों के मौलिक अधिकार सुरक्षित रहें। उन्हें बचानेवाला उच्चतम न्यायालय सही-सलामत रहे, संसद् को कानून बनाने की पूरी स्वतंत्रता रहे और इसके साथ ही देश में स्थिर सरकारें बनें।

हर दल का नेता अकसर यह घोषणा करता है कि उसका दल तेजी से कांग्रेस का विकल्प बनता जा रहा है और वह सत्ता का विकल्प बन रहा है, परंतु सच्चाई यह है कि विरोधी दलों की कोशिश देश को एक मजबूत राजनीतिक दल प्रदान करने की नहीं है।

जुलाई १९७९ में चौधरी चरण सिंह जब जनता पार्टी की रस्सी तोड़कर भागे तब वे इंदिरा गांधी और कांग्रेस के साथ अपना सारा विरोध भूल गए थे, उन्हें इस बात से बड़ा संतोष मिला था कि वे दो कांग्रेस दलों के समर्थन या सहयोग से प्रधानमंत्री बन रहे हैं तथा इंदिरा गांधी उन्हें प्रधानमंत्री बना रही हैं।

जहाँ तक संयुक्त सरकारों यानी बहुदलीय सरकारों का सवाल है, उस बारे में फ्रांस के अनुभवों के अलावा हमारे अपने अनुभव भी हैं। सन् १९६७ के चुनाव के बाद अनेक राज्यों में संविद सरकारें बनीं और एक-एक करके तेजी से टूटती चली गईं।

केंद्र में सन् १९७७ में जनता पार्टी की सरकार बनी थी, जो वस्तुतः बहुदलीय सरकार ही थी। वह भी तो ३ वर्ष से ज्यादा नहीं चल पाई थी। निष्कर्ष यह है कि बहुदलीय सरकार कभी देश को स्थिर सरकार नहीं दे सकती।

ऐसी स्थिति में, यह मानकर चलना होगा कि भारत को लोकतंत्र और स्थिर सरकार, दोनों की महती आवश्यकता है। एक बात और, इस कटु सत्य से भी इनकार नहीं किया जा सकता है कि समूचे राष्ट्रीय आंदोलन और आजादी के बाद ६० वर्षों की कोशिशों के बावजूद भारत में मजबूत राष्ट्रीयता का विकास नहीं हो पाया है।

केंद्र में सत्ता के लिए संघर्ष उसी तरह होता रहे, जिस तरह सन् १९७९ के शुरू से अंत तक चला और राजनीतिक अस्थिरता का बोलबाला हो जाए तो देश की अखंडता खतरे में पड़ जाएगी। कर्मचारी-तंत्र भी मजबूत हो जाएगा। सेना का वर्चस्व भी बढ़ जाने की संभावना होगी, क्योंकि राष्ट्रीय एकता और अखंडता की रक्षक तथा प्रतीक केवल

वही रह जाएगी। जाहिर है कि किसी भी देश में कर्मचारी-तंत्र का मजबूत होना और सेना का दखल होना लोकतंत्र के लिए घातक हो सकता है। इसका एक उदाहरण हमारा पड़ोसी देश पाकिस्तान है।

अब हमें समय के संकेत को पहचानकर गंभीरतापूर्वक संसदीय लोकतंत्र को अंतिम प्रणाम कर लेना चाहिए तथा केंद्र में ही नहीं, राज्यों में भी राष्ट्रपतिमूलक अथवा अध्यक्षात्मक शासन प्रणाली लागू करनी चाहिए। इसके दो वांछनीय परिणाम होंगे।

१. स्थिर सरकारें मिलेंगी,

२. अधिक लोकतांत्रिक भी।

हमारी राजनीतिक चेतना अभी उतनी विकसित तो नहीं हुई है कि हम राज्यों को अधिक सत्ता सौंपने के लिए अमेरिका के संविधान के संघीय ढाँचे का अनुसरण करें, लेकिन जिस तरह हमने ब्रिटिश संविधान के संसदीय ढाँचे को स्वीकार किया था, उसी तरह अब अमेरिकी संविधान की अध्यक्षात्मक व्यवस्था की आत्मा और उसके ढाँचे को ईमानदारी के साथ अंगीकार कर लें—यह जरूरी हो गया है।

आम मतदाता द्वारा निर्वाचित एक निर्वाचक मंडल और उस निर्वाचक मंडल द्वारा चुना गया राष्ट्रपति भारत के लिए वरदान सिद्ध हो सकता है, क्योंकि उसे संसद् में बहुमत खोजने और प्राप्त करने की आवश्यकता नहीं होगी। हालाँकि यह भी सही है कि कानून बनाने, बजट पास करने और महत्त्वपूर्ण राजनीतिक नियुक्तियों आदि के मामले में उसे संसद् पर निर्भर रहना होगा तथा संसद् उसे महाभियोग द्वारा पदच्युत भी कर सकेगी। इसी प्रकार राज्यों में राज्यपालों का निर्वाचन निर्वाचक मंडल द्वारा हो तो उन्हें भी न तो विधानसभाओं में प्रत्येक गुट को खुश रखने के लिए लंबे-लंबे मंत्रिमंडल बनाने पड़ेंगे और न ही विधानसभाओं के बहुमत की दया पर जीना पड़ेगा। साथ ही बहुदलीय व्यवस्था के बावजूद राज्यों को स्थिर सरकारें भी मिल सकेंगी।

इसका एक लाभ यह भी होगा कि जिस तरह राजनीतिक प्रयोजनों के लिए केंद्रीय सरकारें राज्य सरकारों के कार्यों में हस्तक्षेप करती हैं और उन्हें जब चाहे तब भंग कर डालती हैं, राज्यों की स्वायत्तता को एक वास्तविक स्वरूप और ठोस आयाम मिल जाएगा।

अध्यक्षात्मक शासन प्रणाली का सबसे बड़ा लाभ यह है कि उसमें राष्ट्रपति, लोकतंत्र पर किसी भी स्थिति में आघात नहीं कर सकता। इसके अंतर्गत राज्य की प्रभुता अर्थात् सत्ता तीनों अंगों—राष्ट्रपति, न्यायालय और संसद्—के बीच बँटी रहती है तथा उनमें से प्रत्येक दूसरे की शक्ति पर रोक लगाता है और उसे संतुलित रखता है। संसदीय व्यवस्था में विपक्षी नेता यह आरोप लगा सकते हैं कि प्रधानमंत्री ने संसद् (लोकसभा) को अपनी मुट्ठी में कैद कर रखा है, लेकिन अध्यक्षात्मक व्यवस्था में संसद् किसी भी

स्थिति में राष्ट्रपति की रखैल नहीं बन सकती। जिस समय राष्ट्रपति निक्सन वाटरगेट जासूसी के मामले में अपने ही बिछाए जाल में फँस गए थे, उस समय अमेरिकी संसद् में उनके दल यानी रिपब्लिकन पार्टी के नेता को उनका समर्थन करने के लिए विवश नहीं होना पड़ा था, क्योंकि राष्ट्रपति न तो अपने दल में किसी नेता को मंत्री बना सकता है और न ही मुख्यमंत्री ? अध्यक्षात्मक व्यवस्था में मंत्री के लिए यह जरूरी होता है कि वह संसद् के किसी भी सदन का सदस्य न हो। राज्यों में मुख्यमंत्री की जगह जनता द्वारा निर्वाचित राज्यपाल होते हैं, जिन पर राष्ट्रपति का कोई वश नहीं चलता।

जहाँ तक न्यायालयों की स्वतंत्रता का प्रश्न है, अध्यक्षात्मक व्यवस्था में यह संभव भी नहीं होता कि राष्ट्रपति न्यायालयों को छू सके। हाँ, न्यायालय न्यायिक समीक्षा के अपने अधिकार द्वारा राष्ट्रपति को उसकी सीमाओं में रखने का काम कर सकते हैं तथा संसद् के बनाए हुए कानूनों की समीक्षा कर सकते हैं। अध्यक्षात्मक व्यवस्था का एक और लाभ यह भी है कि निर्वाचन आयोग को कोई राष्ट्रपति या उसका विधि मंत्री घुड़की नहीं दे सकता है। इससे निर्वाचन आयोग कार्यपालिका के हस्तक्षेप से मुक्त रह सकता है।

ऐसे में, कुछ दलों के नेता अध्यक्षात्मक शासन प्रणाली से कतरा रहे हैं। इसके लिए वे जो तर्क दे रहे हैं, नितांत निराधार हैं।

अमेरिका का राष्ट्रपति भारत के प्रधानमंत्री की अपेक्षा अधिक शक्तिशाली नहीं है। भारत के प्रधानमंत्री के हाथ में राष्ट्रपति की शक्तियाँ तो हैं ही, इसके साथ-साथ संसद् पर भी प्रभुत्व है, जबकि राष्ट्रपति बनने के बाद केवल राष्ट्रपति की शक्तियों का ही इस्तेमाल किया जा सकेगा। संसद् पर प्रभावी होना संभव नहीं होगा। उससे मनमाने कानून या नीतियाँ बनाना भी संभव नहीं होगा।

कुछ दल अध्यक्षात्मक व्यवस्था को क्यों पसंद नहीं करते ? इन दलों के नेता जानते हैं कि संसदीय व्यवस्था में बहुदलीय अराजकता के कारण उन्हें मंत्रिमंडलों में कुछ स्थान मिल जाते हैं और वे लूट में शामिल हो जाते हैं, लेकिन अध्यक्षात्मक व्यवस्था में मंत्रिमंडल राष्ट्रपति के अधिकार में होता है तथा राष्ट्रपति पद के लिए चुनाव लड़ने के लिए जिस व्यक्तित्व की आवश्यकता होती है, वह आज उसमें से शायद किसी के पास नहीं है।

राष्ट्रपतिमूलक व्यवस्था से डरने जैसी कोई बात नहीं है, शब्दों का हेर-फेर मात्र है। मंत्रिमंडलात्मक व्यवस्था में प्रधानमंत्री राष्ट्रपति की शक्तियों का इस्तेमाल उसके नाम से करता है। राष्ट्रपति महज हस्ताक्षर करनेवाला होता है और अध्यक्षात्मक व्यवस्था में राष्ट्रपति स्वयं अपना प्रधानमंत्री भी होता है।

☐

कोउ नृप होउ हमहि का हानी

वर्तमान युग लोकतंत्र का युग है। भारत में भी विगत साठ वर्षों से लोकतांत्रिक सरकार है। सर्वप्रथम प्राचीन यूनान में लोकतंत्र का उल्लेख मिलता है। परंतु आधुनिक लोकतंत्र का आरंभ सत्रहवीं और अठारहवीं शताब्दी में यूरोप में हुआ था। प्रथम महायुद्ध के बाद लोकतांत्रिक आंदोलन की गति तीव्र हो गई थी। आज लोकतंत्र ही सरकार का सर्वोत्कृष्ट रूप माना जाता है और शासन का यह रूप विश्वव्यापी बन गया है। लोकतंत्र से जनता के शासन का बोध होता है। इस शासन-पद्धति में जनता ही सरकार का निर्माण करती है, शासन का संचालन करती है तथा सरकार जनता के प्रति उत्तरदायी होती है। भारत में लोकतंत्र की स्थापना तो कर दी गई है, परंतु यह अनेक समस्याओं से घिरी है। हमें इन समस्याओं का निराकरण कर भारत को सफल लोकतंत्र के मार्ग पर आगे बढ़ाना है।

'लोकतंत्र' अंग्रेजी शब्द 'डेमोक्रेसी' का हिंदी रूपांतर है। 'डेमोक्रेसी' दो यूनानी शब्दों से मिलकर बना है। 'डेमोस' और 'क्रेशिया', जिसका अर्थ 'जनता' और 'शासन' है। इस प्रकार व्युत्पति की दृष्टि सें लोकतंत्र का अर्थ 'जनता का शासन' हुआ। इसी आधार पर अमेरिकी राष्ट्रपति अब्राहम लिंकन ने लोकतंत्र की परिभाषा देते हुए कहा था—''लोकतंत्र जनता का, जनता के लिए और जनता द्वारा शासन है।''

प्रथम विश्वयुद्ध के बाद से लोकतंत्र एक आदर्श व्यवस्था के रूप में लोकप्रिय हो गया है। युद्ध के समय स्पष्ट रूप से यह घोषणा की गई थी, कि विश्व में लोकतंत्र की रक्षा के लिए यह युद्ध लड़ा जा रहा है। सन् १९२० में लॉर्ड ब्राइस की एक पुस्तक 'मॉडर्न डेमोक्रेसी' प्रकाशित हुई थी, जिसमें ब्राइस ने अपना मत व्यक्त करते हुए लिखा था—सत्तर वर्ष पूर्व लोकतंत्र शब्द नापसंद था और दहशत से भरा था। अब इस शब्द का गुणगान किया जा रहा है। धीरे-धीरे लोकतंत्र विकास के मार्ग पर आगे बढ़ा तथा यह समानता पर आधारित हो गया। राजनीतिक समानता की स्थापना हुई, परंतु यह यहीं नहीं रुका। समानता का प्रवेश सामाजिक और आर्थिक जीवन में भी हुआ। सन् १९१७ की

रूसी क्रांति ने आर्थिक लोकतंत्र की नींव को मजबूती प्रदान की। इस प्रकार लोकतंत्र का विकास कई चरणों में हुआ। प्रथम चरण में 'उत्तरदायित्व का सिद्धांत' पनपा, दूसरे चरण में 'सार्वजनिक वयस्क मताधिकार की परंपरा' स्थापित हुई और तीसरे चरण में 'राजनीतिक समानता के सिद्धांत' का विस्तार आर्थिक समानता के रूप में दृष्टिगोचर हुआ था।

संविधान की प्रस्तावना में भारत को लोकतांत्रिक राज्य घोषित किया गया। देश में जनता के द्वारा राजशक्ति का प्रयोग किया जाएगा। राजशक्ति पर किसी एक वर्ग-विशेष का एकाधिकार नहीं होगा और शासन का संचालन बहुमत के सिद्धांत के आधार पर होगा। उन्हीं कानूनों को लागू किया जाएगा, जिन्हें जनता का समर्थन प्राप्त होगा। राज्य में कोई विशेषाधिकार प्राप्त वर्ग नहीं होगा और राज्य को सभी वर्गों में विश्वास करनेवाले समस्त स्त्री-पुरुषों को समानता प्राप्त होगी। भारत एक ऐसा लोकतंत्र होगा, जिसमें अल्पसंख्यकों को सुरक्षा प्राप्त होगी और समाज में आर्थिक शक्ति का समतायुक्त वितरण होगा, ताकि किसी भी वर्ग का शोषण न हो। भारतीय संविधान की प्रस्तावना में प्रयुक्त कतिपय शब्द जैसे—'न्याय', 'स्वतंत्रता', 'समता', 'व्यक्ति की गरिमा', 'राष्ट्र की एकता' आदि महत्त्वपूर्ण हैं।

लोकतंत्र में 'व्यक्ति' का बहुत अधिक महत्त्व है। लोकतंत्र में सबको समानता प्रदान की जाती है। भारतीय लोकतंत्र केवल शासन चलाने की एक पद्धति-मात्र नहीं है, वह एक विकासशील दर्शन है—साथ ही वह जीवनयापन की एक गतिशील पद्धति भी है। लोकतंत्र केवल अधिकारों पर जीवित नहीं रहता वरन् उसका मूल कर्तव्य पर आश्रित है। स्वतंत्रता, समानता और बंधुता लोकतंत्र के आदर्श हैं, किंतु स्वतंत्रता, समानता और बंधुता तब तक कायम नहीं हो सकते जब तक व्यक्ति अपना सर्वोत्तम समाज को देने का संकल्प नहीं करता। लोकतंत्र में कार्यक्षमता का महत्त्व अवश्य है, किंतु जनता की पसंद का ध्यान भी अवश्य रखा जाता है। लोकतंत्र में शासन की व्यवस्था मर्यादित और अनुशासित होती है।

स्वतंत्रता मिलने से एक उद्देश्य तो १५ अगस्त, १९४७ को पूरा हो गया था, लेकिन दूसरा उद्देश्य भारत को लोकतंत्र बनाना बाकी था। संविधान बनाते समय इसे ध्यान में रखा गया था। अंततः जब हमारे देश का संविधान बना तब देश की इच्छा को संविधान की प्रस्तावना में स्पष्ट कर इस बात का उल्लेख किया गया कि भारत एक संपूर्ण प्रभुत्वसंपन्न, लोकतंत्रात्मक गणराज्य होगा। भारत सरकार का शासन मंत्रिपरिषद् के द्वारा संचालित होता है, परंतु मंत्रिपरिषद् अपने कार्यों के लिए सामूहिक रूप से लोकसभा के प्रति उत्तरदायी है। मंत्रिपरिषद् को शक्तियाँ प्राप्त होती हैं। आशय यह है कि देश के शासन में लोकसभा को सर्वोच्च स्थान दिया गया, चूँकि लोकसभा में जनता के चुने हुए प्रतिनिधि होते हैं; अतः यह बिलकुल स्पष्ट हो जाता है कि देश के शासन में

जनता ही सर्वोपरि है। भारत के लोग संसदीय लोकतंत्र के विरोधी नहीं हैं। भारत में सभी समस्याओं का समाधान लोकतंत्र द्वारा ही हो सकता है। भारत में लोकतंत्र विफल भी नहीं हुआ है। यह तो एक संस्था है और ऐसी संस्था, जो सबसे कम खराब राजनीतिक व्यवस्था है। देश में संसदीय लोकतंत्र अपनी जड़ें जमा रहा है और छोटे-छोटे बवंडरों का सामना करने की क्षमता भी उसमें आ रही है।

श्री मोरारजी देसाई ने लिखा था—"आज इस देश के सभी क्षेत्रों में कुछ-न-कुछ खामियाँ दिख पड़ती हैं।...पर सिर्फ इस कारण यह कहना ठीक नहीं कि संसदीय जीवन के सूत्र टूटने लगे हैं।" संसदीय लोकतंत्र की बुनियादी धारणाओं का बराबर पालन हुआ है। देश का नेतृत्व प्रधानमंत्री के हाथ में रहता है और मंत्रिमंडल लोकसभा के प्रति उत्तरदायी रहा है। देश की जनता में जागरूकता बढ़ रही है और राष्ट्रहित की चेतना संसदीय लोकतंत्र के मंतव्य को उजागर कर देती है। भारतीय मतदाता किसी भी दल को सत्ता से वंचित रख सकता है और अपने देश की राजनीतिक संरचना तथा इतिहास के प्रवाह को बदल सकता है। यह तथ्य लोकतंत्र का भार और आधार है। लोकतंत्र मूलतः एक नैतिक व्यवस्था है। निर्णय खुले तौर पर किए जाने चाहिए। जनता को शांतिपूर्ण तरीके से सरकार को बदलने और नई सरकार चुनने का अधिकार होना चाहिए। संसदीय लोकतंत्र में यदि विरोधी पक्ष बहुमत के शासन को नहीं मानता है तो संसदीय प्रणाली काम नहीं कर सकेगी। सरकार सहमति से चलती है और विरोधी पक्ष सहयोग करता है। भारत में सरकार और विरोधी पक्ष में सामंजस्यपूर्ण संबंधों के विकास पर ही लोकतंत्र का भविष्य निर्भर करता है। भारत में लोकतंत्र का भविष्य इस बात पर निर्भर करता है—

१. देश की प्राथमिक आर्थिक समस्याओं का हम कितनी जल्दी निराकरण कर पाते हैं।
२. निष्पक्ष चुनाव की व्यवस्था के लिए प्रयुक्त काले धन की बुराई को हम कितनी जल्दी दूर कर पाते हैं।
३. निरंकुश और सामंतवादी प्रवृत्तियों को कितनी जल्दी समाप्त करने में हम सफल हो पाते हैं।
४. विपक्ष के विचारों का शासक दल किस सीमा तक आदर और सम्मान करता है?

हमारा देश आज राजनीतिक और आर्थिक संकट के भँवर में फँसा हुआ है देशवासी राजनीतिक दलों और उनके नेताओं की हरकतों से ऊब गए हैं तथा लोकतंत्र में उनकी आस्था ही डगमगा रही है। वर्तमान राजनीतिक स्थिति का सबसे निकृष्ट पहलू यह है कि राजनीतिक प्रक्रिया में ठहराव आ गया है। ऐसा प्रतीत होता है कि हम

लोकतंत्र के चौराहे पर आ गए हैं। यदि हम गौर करें तो देखेंगे कि हमारे देश के इर्द-गिर्द ५,००० किलोमीटर या अधिक के घेरे में अटलांटिक के किनारे मोरक्को से लेकर पूर्व में तीन सागर तक केवल भारत तथा श्रीलंका को छोड़कर सभी देश या तो प्रत्यक्ष तानाशाही के या किसी-न-किसी तरह के एकतंत्र शासन के अंतर्गत हैं। हमारे देश में लोकतंत्र जीवित है, यह गर्व की बात है, पर स्वतंत्रता को सदैव निश्चित नहीं मान लेना चाहिए। प्रो. लॉस्की के शब्दों में—"सतत जागरूकता ही स्वतंत्रता की कीमत है।" जब तक भारत के लोग जागरूक रहेंगे तब तक लोकतंत्र का चिराग इस देश में जलता रहेगा। 'आइडियोलॉजी ऑर्गेनाइजेशन एंड पॉलिटिक्स इन इंडिया' में संसदीय व्यवस्था के औचित्य का प्रश्न व्यापकता के साथ उठाया गया है। वे वर्तमान राजनीति, अर्थव्यवस्था तथा सामाजिक क्षेत्र में आए बिखराव का मूल कारण इस व्यवस्था में निहित विसंगतियों में देखते हैं। समाज और राजव्यवस्था में स्थिर दरार तथा विरोधाभास के इस लिजलिजे संसदीय ढाँचे को जिम्मेदार मानते हैं। हमारी जनतंत्रीय व्यवस्था का अंततोगत्वा क्या और कैसा हश्र हो रहा है।

प्रसिद्ध संविधानशास्त्री नानी ए. पालकीवाला ने लिखा है कि "शासन में आवश्यक स्थिरता और दृढ़ता लाने तथा दल-बदल जैसी प्रवृत्तियों को रोकने के लिए भारत में अमेरिकी ढंग की राष्ट्रपति प्रणाली सबसे सार्थक सिद्ध हो सकती है।" प्रसिद्ध उद्योगपति जे.आर.डी. टाटा के अभिमत में देश की समस्याओं का स्वरूप मुख्यत: आर्थिक है तथा उनके निराकरण के लिए उच्च स्तर की प्रौद्योगिकी और प्रबंध कुशलता की आवश्यकता है। राष्ट्रपति शासन-प्रणाली में प्रत्यक्ष रूप में चुना गया राष्ट्राध्यक्ष गैर-राजनीतिक तथा प्रबंध-विशेषज्ञों को मंत्री-पद पर नियुक्त कर राष्ट्रीय समस्याओं का निराकरण सरलता से किया जा सकता है। चौ. चरण सिंह ने स्वयं कहा था कि "ब्रिटिश ढाँचे का संसदीय लोकतंत्र भारतीय स्वभाव के प्रतिकूल है और इसे अध्यक्षीय लोकतंत्र में परिवर्तित कर देना चाहिए।"

स्पष्ट है कि भारत सफल लोकतंत्र की ओर कदम बढ़ा चुका है। आवश्यकता इस बात की है कि नागरिक, शासक, राजनीतिक दल, जनसंचार के साधन, अपने दायित्वों को समझें और ईमानदारीपूर्वक उनका निर्वाह करें।

वर्तमान व्यवस्था को नष्ट करके नई व्यवस्था अपना लेने से ही हमारे देश की समस्याओं का निराकरण नहीं हो जाएगा। हमारी संसदीय लोकतांत्रिक व्यवस्था में कई कमियाँ और कुछ संगठनात्मक विकृतियाँ हैं, किंतु एक व्यापक सर्वेक्षण की दृष्टि से देखें तो कमियाँ व्यवस्था में इतनी नहीं बल्कि उन लोगों में हैं जो इस व्यवस्था के लिए उत्तरदायी हैं। हमें इसमें सुधार लाना है। प्राय: जब हम संसदीय लोकतांत्रिक व्यवस्था को दोष देते हैं तब उस कहावत को चरितार्थ करते हैं 'नाच न जाने आँगन टेढ़ा।' हमारी

संसदीय व्यवस्था संक्रमणकालीन संकटों के कठिन दौर को पार कर रही है जिनसे निराश और हताश होने का कोई कारण नहीं है। यदि हममें और हमारे राजनीतिज्ञों में त्याग व सेवा की भावनाएँ विकसित हो जाएँ तो इसमें कोई संदेह नहीं कि लड़खड़ाता संसदीय लोकतंत्र परिपक्व व्यवस्था के रूप में उभर सकेगा।

□

राजनीति और अपराध : एक ही सिक्के के दो पहलू

किसी भी देश में सफल लोकतंत्र के लिए राजनीतिक दलों का होना आवश्यक है। राजनीतिक दलों को लोकतंत्र का प्राण कहा जाता है, लेकिन आज इस प्राण को लेने के लिए यमराजों की संख्या दिनोदिन बढ़ती जा रही है। जनता आज इन्हीं यमराजों से तबाह हो रही है। वे तरह-तरह के मुद्‍दों की अग्नि सुलगाकर उसमें घी का काम कर रहे हैं। इस ज्वाला की लपटों में झुलसती है तो केवल यहाँ की निर्दोष जनता। राजनीतिक दलों द्वारा उत्पन्न इस संकट से केवल भारत ही नहीं वरन् अमेरिका, रूस, फ्रांस, इटली, इंग्लैंड इत्यादि दुनिया बड़े-बड़े देश जूझ रहे हैं।

बुद्ध, महावीर, राम, कृष्ण और गांधी जैसे महापुरुषों की यह पुण्य-भूमि सदियों से सिद्धांत, अनुशासन, सत्य और अहिंसा की राह दुनिया को दिखानेवाले भारत के लिए यह कैसी त्रासदी है कि यहाँ राजनीति के दौर की समाप्ति के साथ ही लुभावने नारे, तुष्टीकरण की नीति, धन, हिंसा, असामाजिक और संदिग्ध चरित्रवाले व्यक्तियों का राजनीति में धड़ल्ले से प्रवेश हो रहा है।

राजनीति में अपराधीकरण की प्रवृत्ति दिनोदिन बढ़ती ही जा रही है। भारत जैसे विकासशील देश में अपराधों के नए तौर-तरीकों और तकनीकों का भी दिन-प्रतिदिन विकास होता जा रहा है। अपराध के इस समीकरण को निम्नलिखित रूप में व्यक्त किया जा सकता है—

'फूट डालो और शासन करो' की नीति

भारत की स्वतंत्रता-प्राप्ति के समय राष्ट्र के तत्कालीन शीर्ष नेताओं की हठधर्मिता और व्यक्तिगत स्वार्थ के कारण देश का विभाजन हुआ, क्योंकि वे जानते थे कि एक साथ रहकर अपना मतलब सिद्ध नहीं कर पाएँगे। संविधान में अल्पसंख्यकों को

विशेषाधिकार तथा जम्मू-कश्मीर के लिए धारा ३७० की व्यवस्था करके छद्म संप्रदाय को बढ़ावा दिया गया। भाषा के आधार पर राज्यों का गठन भी 'फूट डालो और शासन करो' की नीति के निर्वाह के लिए किया गया।

आज के राजनीतिक दल यह समीकरण बनाते हैं कि किस चुनाव क्षेत्र में किस धर्म को माननेवाले लोग अधिक हैं; किस भाषा को बोलनेवाले अधिक हैं तथा किन जातियों की अधिकता है। इसी को ध्यान में रखकर के सभी राजनीतिक दल अपना उम्मीदवार खड़ा करते हैं। अधिकता के पक्षधर प्रत्याशी अपने लुभावने वायदों और भाषणों में बहुमत पक्ष की प्रशंसा तथा अन्य की निंदा करना अपना जन्मसिद्ध अधिकार समझते हैं। इसके कारण आज समाज कई वर्गों एवं जातियों में विभक्त हो रहा है। सभी एक-दूसरे के कट्टर दुश्मन बनते जा रहे हैं, फिर भी मंच पर खड़े होकर इन नेताओं को अखंड भारत कहने में तनिक संकोच नहीं होता। सभी दल किसी-न-किसी मुद्दे पर अपनी राजनीति चला रहे हैं। पिछड़े वर्गों को आरक्षण, मंदिर-मसजिद विवाद और हिंदुत्व पुनर्जागरण जैसे अनेक मुद्दे प्रमुख हैं। इन मुद्दों पर वे नागरिकों में वर्ग-विभेद, विद्वेष, तनाव जैसी स्थितियाँ पैदा कर रहे हैं। समाजवादी पार्टी, बहुजन समाज पार्टी, जनता दल, राजनीतिक दलों ने सवर्णों और अनुसूचित जनजातियों तथा पिछड़ों के बीच विभाजन-रेखा खींच दी है। भाजपा ने हिंदुओं और अल्पसंख्यकों के बीच गहरी खाई खोद दी है। कुछ वर्षों पहले कांग्रेस ने हरिजनों, आदिवासियों और अल्पसंख्यकों का विशेष 'रहनुमा' बनकर वर्ग-विभाजन फैलाया तो इधर वामपंथी पार्टियों ने पूँजीवादियों और सर्वहारा श्रमिक समुदायों के बीच रेखा खींचकर वर्ग-संघर्ष को बढ़ाया है।

कभी सरकारी कर्मचारी हड़ताल पर चले जाते हैं, तब सरकार प्रतिद्वंद्वी संगठनों से मिलकर आपस में फूट डालकर हड़ताल को विफल कर देती है। बहुदलीय प्रणाली का प्रादुर्भाव और क्षेत्रीय पार्टियों का गठन इसी राजनीतिक असंतोष की देन है। कुछ क्षेत्रीय पार्टियाँ—तेलगुदेशम्, डी.एम.के., नेशनल कॉन्फ्रेंस, बसपा, समता पार्टी, झारखंड मुक्ति मोर्चा, बिहार पीपुल्स पार्टी, असम गण परिषद्, सिक्किम संग्राम परिषद् आदि संकुचित विचारधारा पर आधारित विभाजन के ही प्रतिफल हैं। ये राजनीतिक दल जनता को भड़काकर कभी पूर्वांचल के लिए, कभी वनांचल तो कभी बोडोलैंड अलग राज्यों की घोषणा को लेकर उनसे तरह-तरह के अपराध तथा तोड़-फोड़ करवाते हैं। इस प्रकार राजनीतिक दलों ने आम जनता के सहिष्णु स्वभाव को परखकर अपनी दूरी बढ़ाई है। इसमें अपनी प्रतिष्ठा समझकर 'येन-केन-प्रकारेण' 'फूट डालो और शासन करो' की नीति के अनुगामी 'भ्रष्ट करो और शासन करो' की नीति अपनाई है।

राजनीति और अपराध के बीच साँठ-गाँठ

आज राजनीतिक दलों और अपराधियों के बीच स्वार्थ-पूर्ति के लिए मित्रता है। अपराधी का काम जहाँ समाज-विरोधी और राष्ट्र-विरोधी कार्यों में लिप्त रहना है, वहीं राजनीति और राजनीतिज्ञों का कार्य समाज और राष्ट्र के संपूर्ण विकास से संबंधित है, लेकिन आज दोनों के बीच एक सामंजस्यपूर्ण संबंध विकसित हो रहा है। आज की राजनीति में हत्यारों तथा असामाजिक तत्त्वों की खुलकर मदद ली जा रही है। नेता अपना महत्त्व बनाए रखने के लिए गुंडे, माफिया गिरोहों तथा डकैतों जैसे असामाजिक तत्त्वों को पालते हैं।

चुनाव में हिंसा

चुनावों में हिंसा इतनी प्रभावी हो चुकी है कि कई स्थानों पर तो विजयश्री इसके सिर ही बँधती है। राजनीतिक दल अपने प्रत्याशी की विजय के लिए प्रचार-कार्य पर उतना जोर नहीं देते हैं जितना मारकाट, बेईमानी तथा गुंडागर्दी पर।

कानूनों की अवहेलना

न्यायपालिका को नागरिकों के हितों और अधिकारों का एक रक्षक माना जाता है। लेकिन इसके भी आज भ्रष्टाचार में लिप्त होने के कारण लोगों का इसपर से विश्वास घटता जा रहा है। कई अवसरों पर न्यायपालिका के निर्णय को निष्प्रभावी बनाने के लिए संविधान में आवश्यक संशोधन भी किए गए हैं। हमारे न्यायिककर्मियों की कानूनी तैयारी पूँजीवादी है। पैसे के बल पर जब एक अधिवक्ता इंदिरा गांधी के हत्यारों को फाँसी कुछ समय के लिए रुकवा सकता है तब एक वरिष्ठ नेता पैरवी कर एक अपराधी को कानून के शिकंजे से क्यों नहीं छुड़ा सकता? इस प्रकार कानून-निर्माता ही कानून की अवहेलना करता है तो उनके इशारों पर काम करनेवाली न्यायपालिका कानून की रक्षा क्या करेगी?

प्रशासनिक व्यवस्था कमजोर

आजकल बंदूक की नोंक पर मतपेटियाँ लूट ली जाती हैं या अपनी इच्छानुसार बोगस वोट डाला जाता है और प्रशासन चुपचाप खड़ा होकर तमाशा देखता है, क्योंकि यहाँ की प्रशासनिक व्यवस्था भी नेताओं की गुलामी से जकड़ी हुई है। ये गुलाम वर्तमान सरकार का गुण गाते हैं तथा उसके इशारों पर काम करते हैं।

राजनीतिक दलों की बदलती मनोवृत्ति

राजनीतिक दलों के मन में देश हित से विमुख होकर सत्ता-पद का मोह प्रबल

है। परार्थ का स्थान स्वार्थ ने ले लिया है, फलतः राजनीति में स्वार्थपूर्ति के लिए छल-कपट आदि का प्रयोग बेहिचक किया जाता है। पदों तथा स्वार्थों के लिए अहिंसा के पुजारियों ने धीरे-धीरे हिंसा का मार्ग अपनाना शुरू कर दिया है। चुनाव के समय ये राजनीति दल विनम्रता, शालीनता और मधुर-भाषिता की चादर ओढ़े जनता को उलटे उस्तरे से मूड़ते नजर आते हैं।

सामान्यतः राजनीतिक दलों की कोशिश रहती है कि गलत कार्य करनेवाले कार्यकर्ताओं और नेताओं को संरक्षण-प्रश्रय दिया जाए। इस अवांछनीय प्रवृत्ति का लाभ उठाने के लिए अपराधी तथा असामाजिक तत्त्व राजनीतिक दलों के सदस्य तथा सक्रिय कार्यकर्त्ता बन जाते हैं। अपराधियों के राजनीतिक संबंध होने के कारण पुलिस उनसे डरती है तथा उसके खिलाफ दर्ज मुकदमे पर कोई सुनवाई नहीं होती। फलतः ऐसे असामाजिक तत्त्व और हत्या जैसे अपराधों के अभियुक्त भी बड़ी संख्या में सांसद, विधायक और कई बार तो मंत्री तक बनने में सफल हो जाते हैं। ऐसे विधायकों और सांसदों के बेटे, नाती और पोतों को अपराध करने की पूर्ण स्वतंत्रता प्राप्त है।

दूसरी ओर, आर्थिक-राजनीतिक प्रभुता के बीच देशी-विदेशी अलगाववादियों के बीच अटूट गठबंधन होता है। क्षेत्रों, वर्गों, समुदायों के बीच स्वहितों का अंतर्विरोध तीखा हो रहा है। दरिद्रता, अशिक्षा और भविष्यहीनता से ग्रस्त जनता रिश्वत, भुखमरी, खुफियागिरी, दमन, बलात्कार और हिंसा में लिप्त प्रशासन, क्षेत्रीय असंतुलन, विषमता और पिछड़ेपन से नाराज इलाके और सबसे ऊपर भ्रष्ट, स्वार्थी, अपराधी, नेताशाही—भारतीय राष्ट्रीयता के विघटन की सारी सामग्री तैयार है।

अतः तथ्यों से यह स्पष्ट हो रहा है कि वर्तमान में राजनीति किस हद तक पतित हो चुकी है तथा नेतागण कितने स्वार्थी और चरित्रहीन हो गए हैं।

राजनीति में बढ़ते अपराध का कारण यह नहीं है कि राजनीतिक दलों में दुर्जन सक्रिय हैं बल्कि सज्जन (जनता) ही निष्क्रिय हैं। जनता यह आशा लगाए बैठी है कि कोई चमत्कार या महापुरुष इस समस्या से निजात दिला देगा, लेकिन यह उसका भ्रम है, क्योंकि जब तक जनता स्वयं सक्रिय नहीं होगी तब तक समाज में दुर्जनों का बोलबाला बना रहेगा। इस समस्या का समाधान सिर्फ जनता के हाथ में है। यह अलग बात है कि वह इसके लिए कब तक तैयारी होगी।

□

संवेदन-शून्य होती भारतीय पुलिस

स्वतंत्रता के बाद यह आशा की गई थी कि पुलिस व्यवस्था और पुलिस कार्य प्रणाली में प्रजातांत्रिक मूल्यों के अनुरूप गुणात्मक परिवर्तन आएगा। यह उम्मीद भी की गई थी कि पुलिस अपना दमनात्मक और राज्य के सबल बाहु का स्वरूप त्यागकर जनता की पुलिस बन जाएगी और दमन का सिद्धांत छोड़कर जनहित की अवधारणा से प्रेरित होकर कार्य करने लगेगी किंतु ऐसा नहीं हुआ। स्वतंत्रता के पहले पुलिस और विदेशी शासकों का जो संबंध था, वही कायम रखा गया। केवल इस अंतर के साथ कि विदेशी शासकों के स्थान पर सत्ताधारी राजनीतिक दल आ गए। पुरानी पुलिस को पुनर्गठित करके एक नई दिशा और नया दृष्टिकोण दिया जाना चाहिए था। इसके लिए पुलिस की भूमिका को पुनर्परिभाषित किया जाना चाहिए था, किंतु पुलिस प्रशासन को पुलिस अधिनियम १८६१, जो ब्रिटिश शासकों द्वारा अपनी आवश्यकताओं के अनुरूप बनाया गया था, के अनुसार ही चलने दिया जा रहा है।

परिणामस्वरूप पुलिस अपने आप को जन–अपेक्षाओं के अनुरूप नहीं ढाल सकी। दिन–प्रतिदिन की बढ़ती व्यवस्था संबंधी समस्याओं में ही पुलिस का अधिकांश समय लगता रहा है। इन समस्याओं के अधिकांश मामलों में पुलिस को शासन का दृष्टिकोण ध्यान में रखना पड़ता है। चुनाव की राजनीति ने स्थिति को और अधिक जटिल बना दिया है। इसके फलस्वरूप राजनीतिज्ञ अवांछित असामाजिक तत्त्व–पुलिस गठबंधन उभरकर सामने आया है। इससे पुलिस के हर कार्य में राजनीतिक संरक्षण के कारण उच्च पदों पर नियुक्तियों, कमियों व बुराइयों के बावजूद पूर्व प्रोन्नति पानेवाले अधिकारियों/कर्मचारियों को देख–देखकर ईमानदार एवं कर्तव्यपरायण पुलिस–अधिकारियों और कर्मचारियों का मनोबल गिरा है।

कुल मिलाकर इसका कुप्रभाव जनहित पर पड़ा। समर्थ और शक्तिशाली, का कार्य तो हो जाता है, किंतु आम व्यक्ति की मुसीबतों और उसके दुःख–दर्द की सुनवाई नहीं होती। अधिकांश मामलों में सामान्य प्रशासन के साथ–साथ पुलिस भी उनके प्रति

संवेदन-शून्य हो गई है। आम व्यक्ति को तो अपने लिए ब्रिटिश काल की पुलिस और आज की पुलिस में कोई अंतर नहीं दिखाई देता। वास्तविकता चाहे जो भी हो, पुलिस की नैतिकता में गिरावट आम मनुष्य भी महसूस करता है तथा अब अपने आप को पहले की अपेक्षा अधिक असुरक्षित महसूस करता है।

पुलिस की छवि धूमिल है। सामान्य रूप से पुलिस को भ्रष्ट, क्रूर, पक्षपातपूर्ण और अनैतिक समझा जाता है तथा यह माना जाता है कि पुलिस किसी दबाव या किसी लाभ के लिए ही कार्य करती है। यहाँ यह स्पष्ट रूप से कहना अनुपयुक्त नहीं होगा कि पुलिस के इन अवगुणों का कुप्रभाव आम मनुष्य के कार्य पर पड़ता है।

ऐसी स्थिति में, यह विचारणीय है कि पुलिस इस स्थिति से कैसे उबर सकती है? निम्न संभावनाएँ अभी शेष हैं—

१. राजनीतिक नेतृत्व यह निर्णय कर ले कि पुलिस को निष्पक्ष और प्रजातांत्रिक मूल्यों के अनुरूप पुनर्गठित किया जाए तथा तमाम आलोचनाओं एवं बाधाओं के होते हुए भी इस निर्णय को कार्यान्वित करे।
२. जनता इतनी जागरूक हो जाए कि पुलिस और प्रशासन की हर असंवैधानिक और अवैधानिक गतिविधियों पर सजग दृष्टि रखे।
३. पुलिसकर्मी यह निश्चित कर लें कि वे विधि द्वारा प्रदत्त अधिकारों, सीमाओं तथा निर्धारित प्रक्रिया के अनुसार ही काररवाई करेंगे।

पहली और दूसरी संभावनाएँ इस निबंध की सीमा के परे हैं, तीसरी संभावना पर विचार करते ही ये प्रश्न उभरकर आते हैं—क्या पुलिस निर्धारित प्रक्रिया और अधिकारों के भीतर कार्य कर सकती है? क्या निर्धारित प्रक्रिया अपनाने से अपराध अनियंत्रित नहीं हो जाएँगे? क्या बिना विधि इतर काररवाई किए पुलिस विधि-व्यवस्था बनाए रख पाएगी? अधिकांश पुलिसकर्मी, प्रशासन तथा जनता के लोगों का मानना है कि भारतवर्ष की वर्तमान परिस्थितियों में यह संभव नहीं है। पुलिस-विधि की दृष्टि से अविश्वसनीय है। साक्ष्य के मानदंड इतने कठिन हैं कि सामान्य प्रक्रिया द्वारा उनके अनुरूप साक्ष्य एकत्र नहीं किया जा सकता। आम जनता का वैधानिक प्रक्रिया में विश्वास नहीं है। उत्तर प्रदेश पुलिस आयोग ने १९७०-७१ में बड़े आश्चर्य और कुछ दुःख के साथ दो आयुक्तों के विचारों को सुना। एक आयुक्त ने कहा, 'पुलिस के तीसरे श्रेणी के उपायों की अच्छी उपयोगिता है और बदमाशों को नियंत्रित करने के लिए वे ही प्रभावकारी साधन हैं।' दूसरे आयुक्त ने डकैती के मामले में संदिग्ध व्यक्तियों की अनुचित तरीकों से शिनाख्त कराने को उचित ठहराया और कहा, 'हमें शिनाख्त को बिल्कुल नहीं छूना चाहिए।' अन्य अनाचारों के संबंध में उन्होंने कहा—'बरामदगी के मामलों में अनुसंधान की अनुचित काररवाई, तीसरी श्रेणी के उपाय, झूठी गवाही की रचना—सभी भारत की

सामाजिक आवश्यकताओं के कारण हैं और ये अपेक्षाकृत बड़े पैमाने पर व्याप्त सामान्य राष्ट्रीय बेईमानी के मुकाबले में छोटी बुराइयाँ हैं। अपराधियों के प्रति तीसरी श्रेणी के उपाय काम में लाने के लिए पुलिस के पास काफी औचित्यपूर्ण हैं, क्योंकि अपराधी उनका इस्तेमाल समाज के विरुद्ध करते हैं। हमें पुलिस को उसके कथित अनुचित तरीके काम में लाने के लिए पूरी स्वतंत्रता देनी चाहिए और उपलब्ध परिणामों के आधार पर उनका मूल्यांकन करना चाहिए।

यह पुलिस-समस्या का केवल एक पहलू है। पुलिस की भूमिका की समझ विभिन्न वर्गों, समूहों और सामाजिक स्तर के साथ बदल जाती है। विद्यार्थी, श्रमिक, पत्रकार, वकील, जन-प्रतिनिधि, प्रतिष्ठित व्यक्ति—सभी पुलिस से अपनी सोच (निहित स्वार्थों) के अनुरूप अपेक्षाएँ रखते हैं। इसके परिणामस्वरूप पुलिस को अपनी भूमिका-निर्वाह में अनेक समस्याओं का सामना करना पड़ता है।

इतना सब जानकर प्रश्न का स्वीकारात्मक उत्तर देना हास्यास्पद लग सकता है। जोखिम के बावजूद इस प्रश्न का स्वीकारात्मक उत्तर देना उपयुक्त रहेगा। यह उत्तर केवल आदर्शवादी चिंतन पर आधारित नहीं है। यह उत्तर अनेक प्रतिष्ठित पुलिस-अधिकारियों के व्यक्तिगत अनुभवों पर आधारित है।

गोविंद नारायण, भूतपूर्व गृह-सचिव, भारत सरकार का विचार है—"(यह) कार्य बहुत आसान नहीं है। इसके साथ ही यह असंभव भी नहीं है। यह आवश्यक है कि सामान्य जन की सद्‌भावना और सक्रिय सहयोग अर्जित किया जाए। पुलिस को अपने आचरण, व्यवहार और कार्य-संपादन से अविश्वास की खाई को पाटना है।" श्री वी.पी. सिंघल का यह कहना अति आशावादिता नहीं है कि यदि ब्रिटिश पुलिस ने उन्नीसवीं शताब्दी में इंग्लैंड की नियति बदल दी, तब कोई कारण नहीं है कि भारतीय पुलिस बीसवीं शताब्दी में हमारी अपनी मातृभूति की नियति न बदल दे। इसके लिए पुलिस-सेवा को मात्र जीवन-यापन का साधन न मानकर इसे एक दर्शन और प्रेरक बल का रूप देना होगा।

पुलिस के लिए केवल एक सीधा रास्ता है, कोई चौराहा नहीं, जहाँ मार्ग की पहचान मुश्किल हो। पुलिस अपनी भूमिका को सही ढंग से समझकर विधि द्वारा प्रदत्त अधिकारों और सीमाओं के भीतर रहकर विधि-अनुकूल कार्य करना आरंभ कर दे, तो सभी बाधाएँ कुछ समय बाद स्वत: दूर हो जाएँगी। केवल प्रारंभ में कुछ कठिनाइयों का अनुभव हो सकता है।

अब यह प्रश्न स्वाभाविक है कि यह कैसे हो सकता है? इसकी शुरुआत चिंतन से होगी। पुलिस को अपनी भूमिका की पहचान करनी होगी। हर आदेश के (बिना सोचे-समझे आदेश होने के कारण) अनुपालन की प्रथा छोड़कर पुलिसकर्मी को यह

सोचना और समझना होगा कि वह जिस आदेश का अनुपालन कर रहा है, क्या वह वैधानिक है, उचित है या जनहित में है।

समस्या इसलिए पैदा होती है, क्योंकि वरिष्ठ अधिकारी प्राय: स्वयं नहीं जानते कि किस परिस्थिति में क्या करना चाहिए। स्पष्ट रूप से खुलकर बात करने से पोल खुलती है। यह भी हो सकता है कि वरिष्ठ अधिकारी जो चाहते हैं उसे स्पष्ट रूप से कहने की स्थिति में न हों या वे मानते हैं कि जो कुछ वे कर रहे हैं, उचित नहीं है या सामान्य परिस्थितियों में अधीनस्थ वैसा नहीं कर सकते, किंतु उसे होना है। कभी-कभी इसमें निहित स्वार्थ हो सकता है।

बात स्पष्ट रूप में न होने के कारण अधीनस्थ प्राय: दुविधा में रहते हैं। इससे कार्य का नुकसान होता है। संदिग्ध या दुविधाजनक परिस्थितियों का अपने हित में उपयोग करने की कला अधिकांश को आती है। केवल औपचारिक रूप से वरिष्ठ अधिकारियों द्वारा एक मार्गीय संप्रेषण का अर्थ सभी अधीनस्थ अच्छी तरह समझते हैं। ऐसी स्थिति में वरिष्ठ अधिकारी जितनी भी निष्ठा और आस्था से कोई बात कहें, अधीनस्थ गंभीरता से नहीं लेते। यदि उसको यह समझना है कि अपराधों के पंजीकरण में छिपाव और अल्पीकरण नहीं होता है तो इसे बार-बार करना ही होगा, साथ-साथ यह भी करना होगा कि गंभीर अपराधों (डकैती, हत्या, रोड होल्डप आदि) के अधिक पंजीकरण से वरिष्ठ अधिकारी बौखलाते नहीं, थानाध्यक्ष को लाइन हाजिर करने की धमकी नहीं देते, वे यह नहीं कहते कि बहुत हो गया, अब और अपराध नहीं होना चाहिए।

पुलिस की कमियों की पहचान करने के लिए पुलिस की सही भूमिका की पहचान आवश्यक है। किसी भी प्रजातांत्रिक व्यवस्था में प्रजातांत्रिक मूल्यों की रक्षा सबसे अधिक आवश्यक है। भारतीय संविधान भी इन मूल्यों की रक्षा के लिए वचनबद्ध है, ''हम भारत के लोग, भारत को एक संपूर्ण प्रभुत्व-संपन्न, समाजवादी, धर्म-निरपेक्ष, लोकतंत्रात्मक गणराज्य बनाने के लिए तथा उसके समस्त नागरिकों को न्याय, सामाजिक, आर्थिक और राजनीतिक स्वतंत्रता, विचार-अभिव्यक्ति, विश्वास, धर्म और उपासना की समता, प्रतिष्ठा और अवसर को प्राप्त करने के लिए तथा उन सबमें व्यक्ति की गरिमा और राष्ट्र की एकता एवं अखंडता सुनिश्चित करनेवाली बंधुता बढ़ाने के लिए दृढ़ संकल्प होकर...इस संविधान को अंगीकृत, अधिनियमित और आत्मार्पित करते हैं।''

यह प्रस्तावना भारतीय संविधान का मूलभूत दर्शन प्रतिपादित करती है। किसी भी सेवा के लिए इसमें निहित न्याय, स्वतंत्रता, क्षमता, व्यक्ति की गरिमा तथा धर्म-निरपेक्षता सर्वोपरि महत्त्व के सिद्धांत हैं। उनका कोई भी कार्य, जो इन सिद्धांतों से मेल नहीं खाता, असंवैधानिक कहा जाएगा।

प्रस्तावना के मूलभूत दर्शन के साथ यदि मौलिक अधिकारों का पाठ किया जाए

तो विधि के शासन की अवधारणा का बोध होता है। विधि के शासन में कोई व्यक्ति बिना विधि की प्रक्रिया पूरी हुए दंडित नहीं किया जा सकता।

उपर्युक्त विवरण से पुलिस के लिए कई व्यवहार्य अर्थ निकलते हैं। इनमें से कुछ अत्यंत संक्षेप में इस प्रकार हैं—

१. पुलिस का दायित्व केवल विधि का शासन लागू करना है। किसी को ठीक करना या सबक सिखाना नहीं। ठीक करने या सबक सिखाने के उद्देश्य से काररवाई करने पर पुलिस की साख समाप्त हो जाती है, उसमें अमानवीयता बढ़ती है। परिणामस्वरूप जन-विश्वास समाप्त हो जाता है।

२. पुलिस को विधि का शासन लागू करने के लिए केवल वैधानिक तरीकों का उपयोग करना चाहिए। आवश्यकतानुसार पुलिस आँसू गैस, लाठी और गोली का प्रयोग करने के लिए प्राधिकृत है। गोली चलाने से यदि सैकड़ों लोगों की जान-माल की रक्षा की जा सकती है तो चलाना पुलिस का कर्तव्य बन जाता है। किसी कारणवश ऐसी किसी परिस्थिति में गोली न चलाना कायरता होगी। किंतु अनावश्यक या किसी कारणवश बल का प्रयोग पुलिस को अमानवीय और अविश्वसनीय बनाता है।

३. विधि के अनुपालन में किसी प्रकार के दबाव में, चाहे वह प्रशासनिक हो या राजनीतिक, नहीं आना चाहिए।

उपर्युक्त सुझावों के अनुसार कार्य करने से पुलिस की कार्य-पद्धति में गुणात्मक परिवर्तन आना स्वाभाविक है। अपराधों का निर्बाध और निस्संकोच पंजीकरण प्रारंभ हो जाएगा। अल्पीकरण और छिपाव समाप्त हो जाएगा। वर्तमान समय में पुलिस थाना जाते समय वादी आश्वस्त नहीं होता कि उसका अभियोग पंजीकृत कर लिया जाएगा। उसे आशंका रहती है कि कहीं संतरी उसे थानाध्यक्ष से बिना मिले ही वापस न कर दे। अत: वह प्राय: किसी प्रभावशाली व्यक्ति या स्थानीय नेता को तलाश करता है। अपराधों का पंजीकरण न करके, पुलिसकर्मी किसी व्यक्ति का राजनीतिक/सामाजिक महत्त्व बढ़ा रहे हैं।

किसी गाँव में एक डकैती पड़ती है। वादी थाने पहुँचता है। काररवाई का आश्वासन देकर उसे वापस कर दिया जाता है। कुछ मामलों में उसे गाली देकर या अभियुक्तों का पता लगाकर आने के लिए कहकर लौटा दिया जाता है। केस पंजीकृत नहीं होता। इसकी जानकारी क्षेत्र में सभी लोगों को हो जाती है। तथाकथित राजनीतिक व्यक्ति या क्षेत्र के प्रभावशाली व्यक्ति को यह बात मालूम होती है। वह वादी से बात करता है। उसे काररवाई कराने का आश्वासन देता है और साथ लेकर थाने पहुँचता है। (वादी को अलग करके) थाने पर वह थानाध्यक्ष से मिलकर डकैती पड़ने की बात बताता

है। थानाध्यक्ष का अनभिज्ञ बनना मजबूरी होती है, किंतु वह व्यक्ति अपराध पंजीकृत न करने की कमजोरी को जानता है। वह सिपाहियों और उपनिरीक्षक का जो घटना-स्थल पर गए थे, नाम बताता है। वह यह भी बताता है कि वादी तो अमुक-अमुक व्यक्तियों के साथ पुलिस अधीक्षक के पास जा रहा था, किंतु थानाध्यक्ष उसी के आदमी हैं, उन्होंने किसी प्रकार उसे रोक लिया है। मामले को सुलझाना आवश्यक है अन्यथा वह तो पुलिस-अधीक्षक के पास जाएगा ही। थानाध्यक्ष मामला भाँप लेता है। मिठाई-नमकीन एवं चाय मँगवाते हैं। मामले को रफा-दफा कराने के लिए आग्रह करते हैं।

सही पंजीकरण के साथ-साथ सही विवेचना भी आवश्यक है। अभियुक्तों को ही गिरफ्तार किया जाना चाहिए। दबाव में आकर अभियोग को खोल देने के उद्‌देश्य से गिरफ्तारी कर लेने से अभियुक्त चाहे कितने बड़े बदमाश क्यों न हों, अपराध स्थिति पर अनुकूल प्रभाव नहीं पड़ता। ऐसी कारवाई से पुलिसकर्मी की व्यक्तिगत नैतिकता समाप्त होती है तथा जनता की निगाह में पुलिस की साख गिरती है। एक बार गलत अभियुक्तों की गिरफ्तारी कर लेने से संबंधित अभियोग करनेवाले अभियुक्त स्वतंत्र हो जाते हैं। पुनः एक उदाहरण देने से अपराध पंजीकृत न करने से या अपराध को गलत खोल देने से आपराधिक गतिविधियाँ कैसे प्रभावित होती हैं, समझा जा सकता है। जनपद में एक व्यक्ति सहायक पुलिस अधीक्षक के पद पर नियुक्त था, उसने एक डकैती के घटनास्थल का निरीक्षण किया। उसके पहुँचने से पहले ही एक अभियुक्त पकड़ा जा चुका था। उसका आपराधिक जीवन-वृत्तांत सुनने पर उसने पाया कि उसने कई ऐसी डकैतियाँ करना स्वीकार किया, जो लिखी नहीं गई थीं। यह पूछने पर कि उसे कैसे मालूम होता है कि कोई डकैती लिखी गई है या नहीं, उसने बताया कि डकैती डालने के बाद गैंग के सदस्य या उनके आदमी घटनास्थल पर निगरानी रखते हैं। घटनास्थल पर २-३ दिन के भीतर जीप गाड़ी पर पीक कैप (टोपी का विवरण बताते हुए) कोई अधिकारी आ जाते हैं तो समझ लेते हैं कि डकैती लिखी गई है। यदि सिर्फ सिपाही या उप-निरीक्षक आकर चले जाते हैं तो स्पष्ट है, डकैती लिखी नहीं गई। इसका उनपर क्या असर पड़ता है? उसने बताया कि यदि डकैती नहीं लिखी गई तो वे स्वतंत्र हो जाते हैं और दूसरी डकैती डालने की तैयारी करने लगते हैं। डकैती लिख जाने की स्थिति में डकैती के खुलने की प्रतीक्षा करते हैं। यदि डकैती नहीं खुलती तब तक शांतिपूर्वक छिपे रहते हैं, जब तक कि डकैती खुल न जाए या यह निश्चित न हो जाए कि अब इस डकैती में कुछ नहीं होना है। इस उदाहरण से एक गंभीर प्रश्न उठ खड़ा होता है—क्या पुलिसकर्मी अपराधियों के बराबर भी समझ नहीं रखते? गलत संदिग्धों को गिरफ्तार कर लेने से जाँच आदि से होनेवाली परेशानियाँ अलग हैं। साथ ही अभियोगों के गलत खोले जाने के कारण सामान्य जन अभियोजन पक्ष की ओर से

गवाही देना पसंद नहीं करते।

सही विवेचना करने के प्रश्न पर कई शंकाएँ व्यक्त की जाती हैं। कुछ नेकनीयत अधिकारी भी आश्वस्त नहीं हैं कि प्रचलित वैधानिक प्रक्रिया के अनुसार विवेचना उचित और उपयोगी हो सकती है। उनका मानना है कि यह आश्वस्त होने पर कि किसी अभियुक्त ने अपराध किया है, विवेचना में अनुचित साधनों का प्रयोग बुरा नहीं है तथा इसमें कोई नैतिक प्रश्न नहीं उठता। इस स्थिति में अनुचित साधनों का प्रयोग न करनेवाला पुलिस अधिकारी अव्यावहारिक समझा जाता है तथा यह माना जाता है कि ऐसा अधिकारी अपराध नियंत्रण और शांति-व्यवस्था के क्षेत्र में अच्छे परिणाम नहीं दे सकता।

विवेचना में अनुचित तरीकों के पक्ष में व्यावहारिक कठिनाइयों तथा विधि और न्यायालयों का पुलिस के प्रति अविश्वास की ओर ध्यान आकर्षित किया जाता है। यह भी कहा जाता है कि विधि जिस स्तर के साक्ष्य की अपेक्षा करता है, वैसा साक्ष्य मिलना केवल आदर्श परिस्थितियों में ही संभव है, तब की ताजा परिस्थितियों में नहीं। यदि संकेत किया जाए कि पुलिस को तथ्यों के अनुरूप प्रथम सूचना रिपोर्ट लिखनी चाहिए तथा तत्परता से विवेचना करके लूटा हुआ माल बरामद करना चाहिए और आवश्यकतानुसार धारा ४११ या ४१२ भा.द.वि. के अनुसार काररवाई कराई जानी चाहिए। इसमें सफलता प्राप्त करने से पुलिस का अनावश्यक कार्य कम होगा तथा वादी पक्ष की अभियोग में रुचि रहेगी। इस पर यह कहा जाता है कि माल की काररवाई-शिनाख्त में भी तो माल का दिखाया जाना आवश्यक हो जाता है। हममें से कितने लोग अपने सभी माल की सही शिनाख्त कर सकते हैं?

इन विषयों पर थोड़ा सा विचार करने से ऐसे अच्छे और परिणाम प्रेरित अधिकारियों/चिंतकों की अदूरदर्शिता स्पष्ट होने लगती है। इस संबंध में उत्तर प्रदेश पुलिस आयोग १९७०-७१ की यह टिप्पणी देना समीचीन है—"इस विचारधारा में निहित भ्रांतियाँ बहुत ही स्पष्ट हैं। एक तो किसी व्यक्ति के अपराध के संबंध में पुलिस जिस निष्कर्ष पर पहुँचती है, वह आसानी से गलत हो सकता है और कोई भी व्यक्ति जो आपराधिक मामले में जानकारी रखता है, यह जानता है कि न केवल असंख्य निर्दोष व्यक्तियों ने कारागार का दंड पाया है बल्कि बहुत से व्यक्ति बहुधा झूठी गवाही या गलत निष्कर्षों के आधार पर फाँसी के तख्ते पर भी चढ़ाए गए हैं। दूसरे, डकैती के उन मामलों में, जो मुख्यत: इस तर्क के समर्थन में जेल भेजे जाते हैं, पुलिस को केवल यही विश्वास हो सकता है कि जो व्यक्ति सुनवाई के लिए भेजा गया है वह डकैतियाँ डालने का आदी है, न कि उसने इस डकैती में भाग लिया है। यदि ऐसा है तो सजा दिलाने के प्रयत्न करने से उसका मुकदमा एक मजाक और उसे दिया जानेवाला दंड न्याय का उपहास ही होगा। तीसरे, और इस विचार पर सर्वाधिक गंभीर आपत्ति है कि समाज ने अपराध के निर्णय

का कार्य पुलिस को नहीं, न्यायालय को प्रतिनिहित किया है।''

इन विचारों के अतिरिक्त इस विषय में और भी गंभीर नैतिक सांविधिक तथा विधिक मामले निहित हैं। पुलिस को शांति–व्यवस्था का कार्य सौंपकर समाज ने उसे एक पुनीत कर्तव्य सौंपा है। और इस कर्तव्य का निर्वहण पवित्र भावना से करना आवश्यक है। विधि को लागू करनेवाले उसे तोड़नेवाले नहीं हो सकते, क्योंकि यदि नमक अपना स्वाद खो देगा तो उसका वह गुण कहाँ मिलेगा? प्रायः यह समझ लिया जाता है कि सच्चाई और ईमानदारी का अनुसरण करने का जो तरीका है, वह पुलिस–कार्य के लिए अपेक्षित सख्ती से मेल नहीं खाता। यह धारणा मूलतः गलत है। किसी अपराध के संबंध में दृढ़ता, लगाव, व्यवहार–कुशलता, निर्भय जाँच और अपराधी की शिनाख्त तथा उसके अपराध को सिद्ध करने के लिए समस्त उपलब्ध साक्ष्यों की उत्साहपूर्वक खोज, जो जाँच के गुण होने चाहिए, ईमानदारी, सच्चाई और विधि के अनुपात से संगत हैं और यदि कोई पुलिसवाला इन दोनों का मेल नहीं कर सकता तो वह अपने उस बड़े पुलिस का योग्य सदस्य नहीं कहला सकता और न वह अपने को उस कार्य के लिए, जो उसे सौंपा गया है, उपयुक्त संगठन कहा जा सकता है।

अब हम इस विषय को व्यावहारिक दृष्टिकोण से देखें। क्या पुलिस–अधिकारी से यह कहना संभव है कि तुम बेईमानी से कार्य करो, झूठ बोलो, झूठी गवाहियाँ गढ़ो और कुछ हद तक न कि उसके आगे अन्य अनाचारों में लगे रहो? इस प्रकार का व्यादेश–आदर्श केवल मूर्खतापूर्ण ही होगा। अनुज्ञेय और अनुज्ञेय बेईमानी के बीच रेखा कहाँ खींची जानी है और इसे किसे खींचना है। यह रेखा अवसर की आवश्यकता के अनुसार बनाई जानी चाहिए और इसलिए इसे संबंधित पुलिस अधिकारी की इच्छा पर छोड़ दिया जाना चाहिए। क्या कभी इस प्रकार का नैतिक निर्देश लागू किया जा सकता है या इससे कोई अच्छा परिणाम निकल सकता है तथा क्या इसकी उपयोगिता या व्यावहारिकता मानव व्यवहार के अध्ययन से सिद्ध होती है? इस प्रकार से नीति–वचन के पालन में कोई मध्य–मार्ग नहीं हो सकता, यद्यपि कार्यान्वयन सदैव नीति–वचन से कम ही होगा। अवसर की आवश्यकता के अनुसार मानवों के निर्धारण का कोई अर्थ नहीं होता, उसका तात्पर्य केवल किसी मानक को न मानने से होता है।

यहाँ यह प्रश्न उठना स्वाभाविक है कि यदि विवेचना में सही तरीकों का प्रयोग किया गया तो अभियोग के परीक्षण के परिणाम पर बहुत बुरा प्रभाव पड़ेगा, सजा का प्रतिशत, कम–से–कम गंभीर अपराधों में वैसे ही बहुत कम है। अनुचित तरीकों को त्याग देने से स्थिति बदतर हो जाएगी तथा अपराध और अपराधी पूर्णतः अनियंत्रित हो जाएँगे। यह शंका पूर्णतः निराधार नहीं है, किंतु जैसा कि अनेक न्यायाधीशों और अधिवक्ताओं ने कहा है कि यह स्थिति अधिक–से–अधिक प्रारंभ ही हो सकती है। एक

बार पुलिस द्वारा प्रयुक्त साधनों की शुद्धता में विश्वास हो जाने पर अंततः परिणाम अच्छे ही निकलेंगे।

यह भी एक विचारणीय बिंदु है कि अनुचित तरीकों का प्रयोग बहुत दिनों से किया जा रहा है, किंतु उनके प्रयोग से वांछित परिणाम प्राप्त नहीं हुए। असत्यता का प्रयोग असफल रहा है। अब सत्य के प्रयोग को पुलिस के तरीकों में उचित स्थान दिया जाना चाहिए।

उपर्युक्त सिद्धांतों को स्वीकार कर लेने से यह निष्कर्ष भी प्राप्त होता है कि तथाकथित निरोधात्मक कारrवाइयों के आँकड़े प्रस्तुत करने के लिए की गई निरोधात्मक कारrवाइयाँ वैधानिक और नैतिक दोनों दृष्टि से अनुचित और त्याज्य हैं। इसमें पुलिस का बहुत अधिक समय नष्ट होता है; पुलिस को अपनी क्षमताओं का दुरुपयोग करना पड़ता है तथा कुल मिलाकर परिणाम नकारात्मक ही होता है। पुलिस छवि बिगड़ती है तथा अनेक प्रकार के दबाव सहने पड़ते हैं। पुलिस के लिए उचित और अनुचित का अर्थ ही समाप्त होने लगता है।

अनावश्यक निरोधात्मक कारrवाई न करने से पुलिस को कई लाभ होते हैं। प्रथम, पुलिस का कई प्रकार से समय बचता है; अनावश्यक अभियोग पंजीकृत करके विवेचना नहीं करनी पड़ती, अभियुक्त को न्यायालय में प्रस्तुत करने या जेल से न्यायालय में प्रस्तुत करने में पुलिसकर्मी की बचत होती है; अनावश्यक रूप से तमंचा, शराब, अफीम, चाकू आदि की व्यवस्था नहीं करनी पड़ती, पैरवी का कार्य नहीं करना पड़ता, इसी कारण बस मुकदमा छूट जाने पर उन्मुक्ति आख्या तैयार नहीं करनी पड़ती और उसके बाद अधीनस्थों के विरुद्ध, जिसका कोई परिणाम नहीं निकलता है, कारrवाई नहीं करनी पड़ती। किसी भी जनपद में इस प्रकार की कारrवाइयों की निश्चित संख्या नहीं तो मोटा अनुमान लगाया जा सकता है। विभिन्न स्रोतों से पूछताछ करने और अपने अनुभव से एक मोटा अनुमान लगाया जा सकता है कि ऐसी कारrवाइयाँ कुल निरोधात्मक कारrवाइयों की ६० से ७० प्रतिशत तक हो सकती हैं। इस बचे समय में ७५ प्रतिशत यदि अधीनस्थ आराम कर लें और २५ प्रतिशत में क्षेत्र के कुछ भले लोगों से मिल लें, तो पुलिस के कार्य और छवि में काफी सुधार हो सकता है।

द्वितीय, इन अनावश्यक कारrवाइयों के बंद हो जाने से पुलिस की अपने कार्य पर पकड़ मजबूत होती है और अनेक प्रकार के दबाव अपने आप ही कम हो जाते हैं। नेताओं को शिकायत का कम मौका मिलता है। पत्रकारों की खबरें कम हो जाती हैं। बार के सदस्यों द्वारा प्रार्थना-पत्र लिखने या उसकी पैरवी में कमी आती है, साथ ही इन कारrवाइयों से मिलनेवाला आर्थिक लाभ भी कम हो जाता है।

तृतीय, इन निरोधात्मक कारrवाइयों द्वारा पुलिसकर्मी कम-से-कम जिसके विरुद्ध

काररवाई करते हैं, उसे तथा उसके परिवार को पुलिस का दुश्मन बना देते हैं तथा वे अपने जीवन में कभी भी पुलिस को मानवीय और विश्वसनीय नहीं मान सकते। इन काररवाइयों को न करके पुलिस ये नुकसान जो सबसे बड़ा नुकसान है, अत्यधिक कम कर देती है। पुलिस में जनता की आस्था बढ़नी शुरू हो जाती है। साथ ही पुलिसकर्मी को मानवीय होने तथा अपने कार्यों के संबंध में सही विचार करने का अवसर मिलता है।

वास्तव में, पुलिस में चिंतन प्रारंभ करने पर बल देने की आवश्यकता है। इसी चिंतन का एक महत्त्वपूर्ण पहलू है कि पुलिस के विभिन्न स्तरों पर समस्तर और विधि-अधीनस्थ, अधीनस्थ-वरिष्ठ के बीच सुदृढ़ सहयोग और सद्भाव हो। विभाग में ही स्थिति यह हो गई है कि कई स्तरों पर टकराहट की स्थिति है। पुलिस महानिदेशकों और महानिरीक्षकों के स्तर पर सबसे महत्त्वपूर्ण पदों को लेकर टकराव है। वही स्थिति पुलिस उप-महानिरीक्षक-स्तर के पदाधिकारियों की है। पुलिस अधीक्षक स्तर की स्थिति और भी बदतर है। सीधी भरती के आई.पी.एस. अधिकारियों और प्रोन्नति पाए आई.पी.एस. अधिकारियों तथा प्रांतीय पुलिस सेवा अधिकारी और प्रोन्नति पाए अधिकारियों के बीच मनमुटाव, कुढ़न एवं मुकदमेबाजी सर्वविदित है। जिनपर इन मामलों को ठीक करने का दायित्व है। लगता है, वे कुछ करना नहीं चाहते। स्थिति दिन-प्रतिदिन बदतर होती जा रही है। अन्य पदाधिकारियों में सामान्यतः नौकरी और निहित स्वार्थों को छोड़कर कोई स्थायी संबंध या सहयोग की भावना परिलक्षित नहीं होती है।

अधिकांश उच्चतर पदों पर आसीन पदाधिकारियों का अपने अधीनस्थ अधिकारियों और कर्मचारियों के प्रति व्यवहार सद्भावनापूर्ण नहीं है। यह बात उप-निरीक्षक की हेड कांस्टेबल और कांस्टेबल से लेकर वरिष्ठतम स्तर तक के लिए सही हो सकती है। अनेक अधिकारी उप-निरीक्षकों को कुरसी पर बैठाकर बातचीत करने की बात तक नहीं सोचते। हेड कांस्टेबल तो अभी यह सब सोच नहीं सकते। किंतु हम उससे आशा करते हैं कि वह रिक्शेवाले, पानवाले, चाटवाले, खेतिहर मजदूर से व्यवहार-सद्भाव के साथ पेश आए, उन्हें आदर दे। अतः सबसे पहले पुलिस-बल के भीतर आपसी तालमेल का होना आवश्यक है। आपसी सद्भाव के अभाव में जनता-पुलिस सद्भाव स्थायी नहीं हो सकता है।

इसका निदान क्या है? इसमें वरिष्ठ अधिकारियों को विचार-विमर्श करके कोई तरीका निकालना होगा। एक आसान सा सुझाव यह भी हो सकता है कि हम सभी पुलिसकर्मी यह मानकर चलें कि जिसके साथ अब वे नौकरी कर रहे हैं, उसके साथ सदैव नहीं रहेंगे। नौकरी अपनी जगह है तथा व्यक्तिगत संबंध अपनी जगह। इस प्रकार

वे अपने कार्य एवं व्यवहार शुद्ध रखें कि जब अलग होने पर फिर कभी मिलें तो मिलने की इच्छा करे। यदि इन बातों में से कुछ को भी ध्यान में रखा गया तो अनेक समस्याएँ स्वतः समाप्त हो जाएँगी। एक बार आपसी संबंध मधुर और विश्वसनीय हो जाने पर जनता के साथ संबंधों पर इसका अनुकूल प्रभाव स्वाभाविक रूप से पड़ेगा। इसे एक संकल्पना मानकर प्रयोग में लाया जा सकता है।

□

भारत में मानवाधिकार संकट में

मानव अधिकार किसी भी मानव विशेष के अस्तित्व के लिए अत्यावश्यक है। आज संपूर्ण विश्व के समक्ष यह एक समस्या के रूप में उपस्थित हुआ है और मानव अपने इन्हीं अधिकारों के लिए उचित या अनुचित रूप से एक-दूसरे से जूझ रहा है। दुर्भाग्यवश सभ्यता के प्रारंभ से ही विश्व को मानव मात्र के कर्तव्य व अधिकारों की शिक्षा देनेवाला वर्तमान समय में दुनिया का सबसे बड़ा धर्मनिरपेक्ष गणतंत्र भारत आज स्वयं मानवाधिकार के हनन के आरोप से कलंकित है।

मानवाधिकार की अवधारणा एक सुसभ्य समाज की अवधारणा है, जिसमें किसी व्यक्ति या व्यक्ति के समूह को उत्पीड़न और यातनाओं से मुक्त जीवन-यापन का अधिकार प्राप्त है। हालाँकि यह अवधारणा समाज के परिप्रेक्ष्य की है, किंतु वैयक्तिक परिप्रेक्ष्य में मानवाधिकार की अवधारणा समाज की जैविक इकाई व्यक्ति के अधिकारों से है। मानवजाति के लिए मानवाधिकारों का व्यापक और असीम महत्त्व है, इसलिए इसे कभी-कभी मूलाधिकार, आधारभूत अधिकार, अंतर्निहित अधिकार, नैसर्गिक अधिकार तथा मानवीय अधिकार के रूप में निर्दिष्ट किया जाता है।

वस्तुतः अधिकार व्यक्ति की वे तर्कसंगत माँगें हैं, जो व्यक्ति अपने समग्र विकास के लिए समाज के समक्ष रखता है। ये माँगें सामान्यतः अलग-अलग समाज के, अलग-अलग संस्कृति के और उनके विकास की स्थिति के अनुकूल अलग-अलग होती हैं या हो सकती हैं, किंतु इन विभिन्न प्रकार की श्रेणियों में एक माँग ऐसी भी होती है, जो समस्त मानवजाति के लिए समान होती है। समाज और राज्य द्वारा स्वीकृत इन माँगों को ही 'मानवाधिकार' का नाम दिया गया है। इस रूप में मानवाधिकार आधारभूत होते हैं। मानवाधिकार की परिभाषा करना वैसे तो बड़ा कठिन है, फिर भी यह कहना ठीक है कि मानवाधिकार का विचार मानव की गरिमा से संबद्ध तथा जो अधिकार मानवीय गरिमा के पोषण के लिए आवश्यक हैं, उन्हें मानवाधिकार कहा जा सकता है। इस प्रकार मानवाधिकार प्रारंभिक मानवीय आवश्यकताओं पर आधारित हैं, जिनमें से

कुछ भौतिक रूप में जीवित रहने तथा स्वास्थ्य के लिए परमावश्यक हैं। प्रसिद्ध भारतीय न्यायविद् नानी ए. पालकीवाला ने 'मोस्ट डैंजरस एनीमल इन दी वर्ल्ड' शीर्षक से प्रकाशित अपने लेख में मानवाधिकार को कमोवेश रूप में स्वतंत्रता का पर्याय कहा है, किंतु बर्लिन ने तो अपनी कृति 'कंसेप्ट्स ऑफ लिबर्टी' में स्वतंत्रता की दो सौ से अधिक परिभाषाओं की ओर संकेत किया है। इसके बावजूद मानवाधिकार को स्वतंत्रता के अर्थ में लिया जा सकता है, क्योंकि सर अर्नेस्टर बार्कर ने भी अपनी पुस्तक 'प्रिंसिपल ऑफ सोशल एंड पॉलिटिकल थ्योरी' में स्वतंत्रता को अधिकारों का ही समुच्चय माना है। इस प्रकार मानवाधिकार का आशय उस न्यूनतम स्वतंत्रता से है, जो व्यक्ति को मिलनी चाहिए—क्योंकि वह मनुष्य है।

आधुनिक काल में मानव-अधिकारों से संबंधित दो अवधारणाएँ प्रचलित हैं—

उदारवादी भारतीय अवधारणाएँ—इस अवधारणा की मान्यता है कि मनुष्य के मूलभूत अधिकारों की पूर्ण सुरक्षा होनी चाहिए, ताकि प्रत्येक व्यक्ति अपने पूर्ण विकास की दिशा में आगे बढ़ सके, सामाजिक उद्देश्यों और लक्ष्यों की पूर्ति में अपना योगदान दे सके तथा सम्मानपूर्वक सुसंस्कृत जीवन-यापन कर सके। इस अवधारणा को माननेवालों में ग्रेट ब्रिटेन, अमेरिका तथा अन्य लोकतांत्रिक प्रक्रियाओं से युक्त देश शामिल हैं।

मार्क्सवादी अवधारणा—इसके अनुसार विश्व के तथाकथित लोकतांत्रिक देशों के संविधानों द्वारा नागरिकों को दिए गए तथाकथित अधिकार सैद्धांतिक महत्त्व रखते हैं, व्यावहारिक नहीं। मार्क्सवादी अवधारणा केवल संविधान में उल्लिखित नागरिक अधिकारों की व्याख्या करने में विश्वास नहीं रखती वरन् उनका प्रयोग किस प्रकार से किया जाए, उसमें विश्वास करती है। स्टालिन के शब्दों में—'एक भूखे और बेरोजगार के लिए व्यक्तिगत स्वतंत्रता का कोई महत्त्व नहीं है। सच्ची स्वतंत्रता वही है—जहाँ शोषण, बेरोजगारी, भिक्षावृत्ति अथवा कल के लिए चिंता की समस्या नहीं है।'

संयुक्त राष्ट्र संघ की परिधि में मानवाधिकार

युद्ध हमेशा मानवता के खिलाफ होता है। द्वितीय विश्वयुद्ध के दौरान मानव व्यक्तित्व और मानवाधिकार का जो उल्लंघन हुआ था, उसने संपूर्ण विश्व के शांतिवादियों को आंदोलित कर दिया और यह सर्वत्र अनुभव किया जाने लगा कि यदि मानव के अधिकारों की सुरक्षा के लिए कोई कारगर कदम नहीं उठाया गया, तो मानवाधिकार महज एक मजाक बनकर रह जाएगा। अत: १० दिसंबर, १९४८ को संयुक्त राष्ट्र संघ ने मानवाधिकारों की घोषणा की थी, जिससे मानवाधिकारों का संरक्षण हो सके। वस्तुत: यह प्रथम सुसंगठित और सशक्त प्रयास था। मानवाधिकार के अंतर्गत प्रथम और द्वितीय

अनुच्छेद में कहा गया है कि व्यक्ति स्वतंत्र पैदा होता है तथा गरिमा एवं अधिकारों में समान होता है। अतः सभी बिना किसी भेदभाव के जाति, रंग, लिंग, भाषा, धर्म, राजनीति तथा अन्यमत, राष्ट्रीय तथा सामाजिक उत्पत्ति, संपत्ति, जन्म अथवा अन्य स्तर आदि के सभी अधिकारों और स्वतंत्रताओं के अधिकारी हैं और इसी कसौटी पर खरे उतरने का आज भारत का वर्तमान स्वरूप तर्क प्रस्तुत करता है। कारण जिस अनेकता में एकता है, विशेषता से भारतीय लोकतंत्र विभूषित है, वह मानवाधिकार संरक्षण के नैतिक, सामाजिक, राजनीतिक और सांस्कृतिक पक्ष को उजागर करता है। अनुच्छेद ३ से २१ में सभी को नागरिक तथा राजनीतिक अधिकारों का पोषण किया गया है, जिसके अंतर्गत जीवन, स्वतंत्रता, सुरक्षा, दासता से मुक्ति, दारुण वेदना, अमानुषिक अत्याचार इत्यादि सम्मिलित हैं। अनुच्छेद २२ से २७ में आर्थिक, सामाजिक और सांस्कृतिक अधिकारों के लिए मानव को समान रूप से अधिकारी कहा गया है।

इस संघ की स्थापना के पूर्व भी इस समस्या के निराकरण के लिए कनिपय महत्त्वपूर्ण घोषणाओं, अधिनियमों आदि में मानवाधिकारों को मान्यता दी जा चुकी है। सन् १२१५ के मैग्नाकार्टा, १६७९ के बंदी प्रत्यक्षीकरण अधिनियम, १६८९ के बिल ऑफ राइट्स, १७७६ की अमेरिकी स्वतंत्रता की घोषणा, १७८९ में मानवाधिकारों की फ्रांसीसी घोषणा आदि को हम मानवाधिकार की मूल समस्या के निराकरण के लिए उठाए गए कदमों में 'मील का पत्थर' कह सकते हैं।

भारतीय विधि और मानवाधिकार

मानवाधिकारों के संदर्भ में वर्तमान परिप्रेक्ष्य में भारत मिली-जुली तसवीर पेश करता है। भारत के भूतपूर्व मुख्य न्यायाधीश पी.एन. भगवती ने एक बार कहा था कि भारत जैसे विकासशील देश में मानवाधिकारों का मुख्य बल सामाजिक, सांस्कृतिक और आर्थिक अधिकारों पर होना चाहिए, न कि राजनीतिक और नागरिक अधिकारों पर। परंतु भारतीय परिप्रेक्ष्य का सबसे सबल तत्त्व उसकी प्रबल न्यायपालिका है, जो स्वतंत्रता के बाद के ६० वर्षों के इतिहास में एक-दो अपवादों को छोड़कर कभी भी कार्यपालिका की गुलाम नहीं रही, बल्कि मानवाधिकारों के संरक्षक के रूप में हमारे देश में कार्यशील है। आज हमारी कार्यपालिका और न्यायपालिका जीवन, स्वतंत्रता, सुरक्षा का अधिकार, दासता, मृत्युभाव से मुक्ति, दारुण वेदना, अमानुषिक अत्याचार, अमानवीय व्यवहार, दंड से मुक्ति, मनमाने ढंग से बंदी बनाया जाना, विवाह करने, परिवार बनाने, संपत्ति रखने, कोई भी धर्म मानने, मत-निर्माण करने, अभिव्यक्ति की स्वतंत्रता जैसे मानवाधिकारों की समस्या का सार्थक निराकरण कर रहा है। प्रो. उपेंद्र बख्शी के अनुसार—भारतीयों में अपीलीय न्यायालय न्यूनाधिक रूप में राज-व्यवस्था के प्रभाव से मुक्त रहे हैं। सन्

१९७५-७७ के अप्रत्याशित समय को छोड़कर भारतीय अपीलीय न्यायालय पूर्णतया स्वतंत्र रहे हैं और किसी भी स्तर पर वे कार्यपालिका के हाथों में नहीं रहे। न्यायपालिका ने 'न्यायिक पुनरीक्षण' को एक संपूर्ण अधिकार मानते हुए यह विचार व्यक्त किया है कि न्यायिक पुनरीक्षण का अधिकार उस स्थिति में भी इससे नहीं छीना जा सकता है जब पूरी संसद् इस विषय में एकमत हो। और भारत का यही प्रबल पक्ष है जो मानवाधिकारों के संरक्षण की तसवीर उभारता है, किंतु इस तसवीर का एक दूसरा पहलू है। इसका ज्वलंत उदाहरण 'स्टिंग ऑपरेशन' के दौरान रँगे हाथों 'रिश्वत कांड' में पकड़े गए प्रमुख राजनीतिक दलों के वे सांसद हैं, जिनका प्रकरण न्यायालय में ले जाने पर न्यायालय द्वारा संसद् से स्पष्टीककरण माँगा है और संसद् ने सर्वसम्मत से न्यायालय द्वारा भेजे गए किसी भी नोटिस का जवाब नहीं देने का तथा इस संबंध में न्यायालय को किसी भी प्रकार की अभिक्रिया न देने का निर्णय करना है।

भारत में सशक्त न्यायपालिका, अल्पसंख्यक आयोग, पिछड़ा वर्ग आयोग आदि सरकारी संस्थाएँ मौजूद हैं, जो मानवाधिकारों के आर्थिक और सामाजिक पक्ष की प्रतिष्ठा के लिए प्रयासरत हैं, किंतु इसके दोषपूर्ण कार्यान्वयन से मानवाधिकार के हनन की घटनाएँ आम बन गई हैं। भारत में अस्पृश्यता विद्यमान है, बँधुआ मजदूरी विद्यमान है, बाल-श्रमिकों से काम कराया जा रहा है तथा उनके उज्ज्वल भविष्य के साथ खिलवाड़ किया जा रहा है, पुलिस की बर्बरता जारी है। भारत में पुलिस की छवि आम जनता के मनो-मस्तिष्क में अत्यंत विकृत रूप में है। वस्तुत: अपराध को रोकनेवाले संस्थान न्यायालय पदलोलुप और धनलोलुप हो गए हैं। भारत में जो शक्तिशाली है, उन्हें ही भाषण और अभिव्यक्ति की स्वतंत्रता खुले रूप में प्राप्त है। इस प्रकार, कमजोर को अपराधी घोषित कर दिया जाता है। पुलिस-तंत्र, जो अपराध के ढाँचे का प्रमुख अवयव है, अपराध-यंत्र के चालू होते ही मानवीय मूल्यों को चीरने लगता है। आज भारत में मानवाधिकार के हनन के विभिन्न रूप विद्यमान हैं, जो आए-दिन मीडिया के माध्यम से आम जनता तक पहुँचते रहते हैं। इनके अंतर्गत चोरी, डाका, अपहरण, हत्या, अपमान, वेश्यावृत्ति, आतंकवाद, बलात्कार, उग्रवादियों द्वारा निरीहों की हत्या, जातीय व भाषाई तनाव, अलगाववाद आदि आते हैं। इसी प्रकार हमारे यहाँ पुलिस मुठभेड़ों की संख्या में भी अप्रत्याशित वृद्धि होती जा रही है। कुल मिलाकर शक्ति का दुरुपयोग, अधिकारों का हनन, प्रताड़ना, भय और निरंकुशता का खतरा भारतीय परिवेश में व्याप्त हो गया है।

एमनेस्टी इंटरनेशनल और भारत में मानवाधिकार

एमनेस्टी इंटरनेशनल सन् १९६१ में स्थापित लंदन में स्थापित एक ऐसी संस्था है, जिसका दावा है कि वह दुनिया भर में मानवाधिकारों की रक्षा के लिए सजग प्रहरी

का काम करती है। १५० देशों में लगभग ५ लाख कार्यकर्ता समाचार-पत्रों, टी.वी. चैनलों, स्वयं सेवी संस्थाओं, जागरूक बुद्धिजीवियों तथा लेखकों के माध्यम से प्रत्येक देश में ऐसी जानकारी एकत्र करते हैं, जिससे संबद्ध देश की सरकार तथा अन्य एजेंसियों द्वारा मानवाधिकार के हनन का मामला बनता है। यह संस्था प्रतिवर्ष एक रिपोर्ट प्रकाशित करती है, जिसमें प्रत्येक देश के बारे में उपर्युक्त घटनाओं का ब्योरा रहता है। इस संस्था के पास कोई कानूनी अधिकार तो नहीं है, परंतु यह मानवाधिकार हनन के विरुद्ध विश्व-जनमत तैयार करती है। विभिन्न देशों में सरकार विरोधी उग्रवादी संगठन एमनेस्टी से सीधे संबंध बनाए रखते हैं। इस संस्था ने पिछले कई वर्षों से भारत में पंजाब तथा कश्मीर मामले में लगातार ऐसी रिपोर्टें प्रकाशित की हैं जिसमें भारत की सुरक्षा एजेंसियों पर इन राज्यों में अत्याचार के आरोप लगाए गए हैं। भारत ने हर बार ऐसी रिपोर्ट का खंडन किया है और हर बार अपना पक्ष प्रस्तुत करते हुए इसके विरुद्ध तीव्र विरोध और रोष प्रकट किया है। अतीत में कई वर्षों तक इस संगठन का भारत के प्रति रवैया विद्वेषपूर्ण रहा है। आज संगठन द्वारा उन लोगों के मामले नहीं उठाए जाते जो हिंसक गतिविधियों में लिप्त हैं तथा निर्दोष आम जनता की हत्या कर मानवाधिकार का उल्लंघन कर रहे हैं। इस नकारात्मक रवैए के कारण भारत ने इस संगठन का देश में प्रवेश प्रतिबंधित कर दिया था, किंतु इस संगठन और 'एशिया वाच' जैसे मानवाधिकार संगठनों पर लगाए गए प्रतिबंधों को विश्व समुदाय संदेह की दृष्टि से देखने लगा था। फलत: भारत ने इस संगठन को अपने देश में प्रवेश की इजाजत दे दी। हाल के वर्षों में प्रकाशित रिपोर्ट में एमनेस्टी ने आतंकवादियों और उग्रवादियों को जहाँ मानवाधिकारों के हनन का दोषी माना है, वहीं पुलिस-मुठभेड़ में हुई मौतों पर गहरी चिंता व्यक्त की है।

आतंकवाद बनाम भारत में मानवाधिकारों की हत्या

आतंकवाद और उग्रवाद भारत की एक प्रमुख समस्या है। विषाक्त मानसिकतावाले असामाजिक तत्त्व हिंसक वारदातों को अंजाम देने के उद्देश्य से आम जनता से लेकर सरकार के बड़े पदाधिकारियों और समाज के अन्य वर्गों के व्यक्तियों के अपहरण से लेकर हत्या तक का दुष्कृत्य कर देते हैं। आज कश्मीर और पूर्वोत्तर राज्यों में आतंकवादियों का बोलबाला है। इन आतंकवादियों को पाकिस्तान का पूर्ण संरक्षण प्राप्त है। भाड़े के प्रशिक्षित उग्रवादियों को कश्मीर भेजा जा रहा है, जो वहाँ मानवता की हत्या कर मानवाधिकारों का खुला उल्लंघन करने में लगे हैं। इस दौरान हमारे सुरक्षा बल सामान्य स्थिति की बहाली और मानवाधिकारों की सुरक्षा हेतु संघर्षरत हैं, किंतु पाकिस्तानी हुक्मरान तथा अमेरिकी सुरक्षाबलों को ही मानवाधिकारों के उल्लंघन का दोषी मानते हैं। उग्रवादियों द्वारा की गई निर्दोष लोगों की हत्या का उन्हें स्मरण तक नहीं आता। पिछले

कुछ वर्षों में—मुंबई बम विस्फोट, मद्रास बम विस्फोट प्रकरण, हजरत बल कांड आदि सब पाकिस्तानी साजिश का परदाफाश करते हैं, जो भारत को तोड़ने के लिए ऐसी घिनौनी हरकत कर रहा है और 'उलटा चोर कोतवाल को डाँटे' कहावत को चरितार्थ करते हुए अमेरिका के समर्थन पर विभिन्न सम्मेलनों में भारत के सुरक्षा बलों पर ही मानवाधिकारों के उल्लंघन का आरोप लगता है। इस संदर्भ में भारत ने हमेशा धैर्य से काम लिया है और मानवाधिकारों के संरक्षण की इसी भावना से उत्प्रेरित होकर पाकिस्तान की ओर हमेशा दोस्ती का हाथ बढ़ाया है, किंतु 'मुँह में राम बगल में छुरी' की कहावत ही पाकिस्तान चरितार्थ करता आ रहा है।

मानवाधिकार की आड़ में भारत पर विदेशी दबाव

मानवाधिकार भारत का स्वीकृत सिद्धांत है, लेकिन मानवाधिकार की व्याख्या तथा इन्हें प्रवर्तित करने के तरीकों को लेकर भारत का विभिन्न देशों से मतभेद है। भारत का विचार है कि मानवाधिकारों को सामाजिक, सांस्कृतिक और राजनीतिक संदर्भ से अलग नहीं किया जा सकता है, किंतु अमेरिका ने भारत को मानवाधिकार के प्रति उदासीन राष्ट्र की पंक्ति में खड़ा कर जहाँ मानवाधिकार के मुद्दे को अपनी विदेश नीति के अस्त्र के रूप में इस्तेमाल करना शुरू कर दिया है, वहीं अपने छह अन्य सहयोगी देश (जी-७) के साथ राजनीतिक, आर्थिक, कूटनीतिक तथा सांस्कृतिक प्रचार-प्रसार के साधनों पर अपने वर्चस्व को बनाए रखने के लिए मानवाधिकार के विषय को जोर-शोर से उठा रहा है। शीतयुद्ध की समाप्ति के बाद अमेरिका विश्व बैंक तथा आई.एम.एफ. के माध्यम से भारत को आर्थिक सहायता से वंचित रखने के लिए मोहरे के रूप में पाकिस्तान का इस्तेमाल कर रहा है। इसके अतिरिक्त वह भारत के अंतरिक्ष प्रक्षेपास्त्र-कार्यक्रम को भी बाधित करने के लिए प्रयत्नरत है।

मानवाधिकार पर भारतीय पहल

मानवाधिकारों पर भारतीय पहल काफी उद्देश्यपूर्ण है। कुछ गैर-सरकारी संस्थाओं और अंतरराष्ट्रीय संगठनों द्वारा भारत में, विशेषकर कश्मीर और पूर्वोत्तर राज्यों में मानवाधिकारों के कथित हनन के प्रचार के विरुद्ध कारवाई हेतु भारत सरकार ने संसद् में मानवाधिकार विधेयक पारित कराया, जिसके कारण मानवाधिकार आयोग की स्थापना की गई। इस पाँच सदस्यीय आयोग का अध्यक्ष उच्चतम न्यायालय के न्यायाधीश को बनाया गया। वैसे भी भारत ने मीर्डिया सजगता और सक्रियता के चलते मानवाधिकारों के प्रति जन-जागरूकता का नया शंखनाद फूँक दिया है। इसके अतिरिक्त स्वैच्छिक मानवाधिकार संगठनों के अस्तित्व में तेजी से वृद्धि का होना भी एक शुभ संकेत है।

सन् २००५ में भारत ने पाकिस्तान तथा एमनेस्टी इंटरनेशनल के आरोपों को लेकर अपना खुला पक्ष प्रस्तुत कर कड़ा विरोध जताया तथा दुनिया को अपने पक्ष से सहमत करने में सफल रहा था। वस्तुतः मानवाधिकार की समस्या के निराकरण के लिए भारत स्वतंत्रता के बाद से ही दृढ़ प्रतिज्ञ है और काफी हद तक इसमें उसे सफलता भी हासिल हुई है। भारत का दृष्टिकोण है—हमें स्पष्ट संदेश देना है कि हम मानवाधिकारों का हनन बरदाश्त नहीं करते।

अतीत साक्षी है कि भारत ने हमेशा मानवीय मूल्यों—करुणा, दया, सहिष्णुता, अहिंसा, सत्य, धर्म, परोपकारिता, नारी-सम्मान, नैतिकता आदि की कसौटी पर खरी उतरकर जीवन उद्देश्य, समाज उद्देश्य और राष्ट्र उद्देश्य को प्राप्त करने का प्रयास किया है और इसमें सफलता भी प्राप्त की है। वर्तमान में मानवाधिकारों की समस्या के निराकरण के लिए भारत प्रयासरत है, किंतु पड़ोसी राष्ट्र पाकिस्तान के कुटिल इरादों के कारण उसे अपने कार्यक्रम में भारी गतिरोधों का सामना करना पड़ रहा है। अतएव भारत की रणनीति आतंकवादियों द्वारा उत्पन्न मानवाधिकारों के हनन की समस्या के जड़ का ही समूल नाश करने की होनी चाहिए। इसके लिए भारत को अपनी रक्षात्मक रणनीति त्यागनी होगी। आज पाक और उसके आकाओं द्वारा भारत के राज्य कश्मीर में मानवाधिकार के हनन किए जाने के अंतरराष्ट्रीय मंचों से आवाजें उठाकर इसे राजनीतिक रंग देनेवालों को समझना चाहिए कि उनके इरादे कभी कामयाब नहीं हो सकते, कारण मानवाधिकार सभी जाति और राष्ट्रों के लिए समान रूप में आदर्श और मानक है। फिर भारत को बदनाम करनेवालों को स्वयं भी अपने गिरेबान में झाँककर देखना चाहिए। बाइल्ड ने ठीक ही कहा था—'कर्तव्यों की दुनिया में ही अधिकारों का महत्त्व है। अतः भारत में मानवाधिकारों के हनन का तथ्य उजागर करनेवाली संस्थाओं, राष्ट्रों आदि को आतंकवादियों, उग्रवादियों की हिंसक काली करतूतें भी नजर आनी चाहिए।'

□

नवीन अंतरराष्ट्रीय अर्थव्यवस्था और चुनौतियाँ

नवीन अंतरराष्ट्रीय आर्थिक व्यवस्था (NIEO) की उद्घोषणा के मुख्य लक्ष्य थे—गरीब राष्ट्रों को उनके आर्थिक विकास में विकसित राष्ट्रों के सहयोग से मदद पहुँचाना तथा विश्व स्तर, राष्ट्रीय और व्यक्तिगत स्तर पर समानता को प्राप्त करना। 'नीओ' के उद्देश्यों को तीन भागों में बाँट सकते हैं—

१. **व्यापार संबंधी उद्देश्य : 'नीओ' के अंतर्गत—**

क. व्यापार को उत्तरोत्तर मुक्त कर विकसित राष्ट्रों के संरक्षणवाद को समाप्त किया जाना चाहिए, जिससे कि विकासशील राष्ट्रों को अपनी वस्तुएँ निर्यात करने में अधिक कठिनाई न हो।

ख. विकसित राष्ट्रों द्वारा अपनी आवश्यकता की अधिकाधिक वस्तुओं को विकासशील राष्ट्रों से आयात किया जाना चाहिए।

ग. विकासशील राष्ट्रों को निर्यात-क्षम बनाने के लिए औद्योगिक राष्ट्रों द्वारा उनके (विकासशील राष्ट्रों के) औद्योगिकीकरण में सहयोग दिया जाना चाहिए।

घ. व्यापार की उत्तरोत्तर बिगड़ती शर्तों, जो कि विकासशील राष्ट्रों के लिए लगातार घाटे की होती जा रही थीं, में सुधार करना।

२. **सहयोग संबंधी उद्देश्य—**

क. विकसित राष्ट्रों को विकासशील राष्ट्र की आर्थिक उन्नति और उनके पिछड़ेपन को दूर करने के लिए प्रौद्योगिक और मौद्रिक सहयोग दिया जाना चाहिए।

ख. विकसित राष्ट्रों द्वारा पीर्सन कमेटी (१९६८) द्वारा प्रस्तावित राशि को विकासशील राष्ट्रों के विकास हेतु सहयोग राशि के रूप में प्रदान करना चाहिए। सन् १९६८ में पीयर्सन कमेटी ने यह सुझाव दिया था कि यदि विकसित राष्ट्र अपनी समग्र राष्ट्रीय आय का मात्र एक प्रतिशत भी गरीब

राष्ट्र को दे दें तो इससे गरीब राष्ट्रों को अपने विकास में काफी मदद मिलेगी।

ग. विकासशील राष्ट्रों को ऋण के भार से मुक्ति दिलाई जानी चाहिए।

घ. विकसित राष्ट्रों द्वारा विकासशील राष्ट्रों में कार्यरत अपने बहुराष्ट्रीय निगमों के कार्यकलापों पर रोक लगानी चाहिए।

३. **मौद्रिक संबंधी उद्‌देश्य**—विकसित राष्ट्रों द्वारा संचालित, किंतु अंतरराष्ट्रीय वित्तीय संस्थाओं, जिनके अर्द्ध-विकसित और विकासशील राष्ट्र भी सदस्य हैं, जैसे—विश्व बैंक, अंतरराष्ट्रीय मुद्राकोष आदि के निर्वाचन ढाँचे में परिवर्तन किया जाना चाहिए तथा इन संस्थाओं द्वारा अधिकाधिक वित्त विकासशील राष्ट्रों को सस्ती दरों पर तथा आसान शर्तों पर दिया जाना चाहिए।

द्वितीय विश्वयुद्ध के पश्चात् विकसित राष्ट्रों ने आपसी सहयोग द्वारा अपनी बिगड़ी हुई अर्थव्यवस्था को सुधारने का व्यक्तिगत और संस्थागत स्तर पर प्रयास करना शुरू कर दिया था। राजनीतिक क्षेत्र में विश्व शांति हेतु राष्ट्र संघ की स्थापना तथा व्यापार क्षेत्र में सहयोग हेतु 'गैट' (General Agreement on Trade and Tariffs) तथा मौद्रिक सहयोग हेतु अंतरराष्ट्रीय मुद्राकोष (I.M.F) और विश्व बैंक की स्थापना सन् १९५० के पूर्व हो ही गई थी। किंतु इनके सदस्य मुख्यतया विकसित राष्ट्र ही थे। वास्तव में, द्वितीय विश्वयुद्ध के बाद उपनिवेशवाद की समाप्ति का जो दौर शुरू हुआ, उससे विश्व बैंक और अंतरराष्ट्रीय मुद्राकोष में विकासशील राष्ट्रों की सदस्यता बढ़ती गई, किंतु इन संस्थाओं द्वारा वितरित की जानेवाली धनराशि किन देशों और किन उद्‌देश्यों तथा किन शर्त्तों पर वितरित की जाएगी, इस पर अमेरिका का लगभग एकाधिकार था। परिणामतः इन संस्थाओं को अमेरिका समयानुसार अपने आर्थिक और राष्ट्रीय हितों के लिए इस्तेमाल करता रहा तथा कुल मिलाकर 'मुक्त आर्थिक व्यापार' के सिद्धांत का प्रतिपादन करते हुए कुछ गिने-चुने राष्ट्र औद्योगिक स्तर पर सुदृढ़तर होते चले गए। इन सुदृढ़ औद्योगिक राष्ट्रों को ही हम आज 'उत्तर' के नाम से जानते हैं। दूसरी तरफ वे राष्ट्र थे, जो मुक्त व्यापार के सिद्धांत के कारण उत्तरोत्तर अमीर राष्ट्रों की अमीरी का साधन बनते रहे तथा आपसी स्पर्द्धा में अपने कच्चे माल को सस्ती दरों पर निर्यात करते रहे और स्वयं का कोई औद्योगिक ढाँचा न होने के कारण लगातार बद से बदतर स्थिति में चले गए। इन्हीं गरीब राष्ट्रों को हम आज 'दक्षिण' के नाम से जानते हैं और इनमें मुख्यतया एशियाई, लैटिन अमेरिकी और अफ्रीकी राष्ट्र हैं। इसके अतिरिक्त उत्तरोत्तर मुक्त व्यापार की दशाओं के कारण अमीर 'उत्तर' और गरीब 'दक्षिण' राष्ट्रों के बीच की खाई निरंतर बढ़ती रही। अपनी बढ़ती गरीबी और असमानता को दूर करने हेतु विकासशील राष्ट्रों ने फिर संयुक्त राष्ट्र महासभा

का सहारा लिया और सन् १९६४ में महासभा की विशेष इकाई संस्था के रूप में 'अंकटाड' (UNCTAD) की स्थापना हुई। सन् १९६४ की अंकटाड संस्था में विकासशील राष्ट्र प्रथम बार संगठित होकर सामने आए, जिनकी संख्या उस समय मात्र 77 थी, उन्हें समूह-77 का नाम दिया गया। विशेषरूप से अंकटाड के भीतर रहकर कार्य करनेवाली यह संस्था तृतीय विश्व के आर्थिक मुद्दों के लिए सदैव एकजुट रही है। वास्तव में, सन् १९७४ में संयुक्त राष्ट्र महासभा द्वारा 'नीओ' की उद्घोषणा, अंकटाड के अंदर कार्यरत् समूह-77 और विश्व राजनीतिक मंच पर क्रियाशील निर्गुट राष्ट्र आंदोलन का प्रत्यक्ष परिणाम थी।

विकासशील देशों के मुख्य निर्यातक मालों की कीमतें गिर गईं और दूसरी ओर पूँजीवादी शक्तियाँ तृतीय विश्व के विरुद्ध अधिक संरक्षणात्मक और भेदभावमूलक बाधाएँ खड़ी कर रही थीं। फलस्वरूप विकासशील राष्ट्रों की निर्यात आय घटती चली गई। निजी पूँजी बाजार कतिपय अफ्रीकी, एशियाई और लैटिन अमेरिकी राष्ट्रों की आर्थिक परियोजनाओं के लिए वित्त-पोषण का मुख्य बाह्य स्रोत तैयार हो गया है। उसकी कर्जदारी बढ़ती जा रही है और सरकारी आँकड़ों के अनुसार अरबों डॉलर तक पहुँच गई है।

भूतपूर्व उपनिवेश आर्थिक स्वाधीनता पाने तथा न्यायपूर्ण जनवादी आधार पर अंतरराष्ट्रीय आर्थिक संबंधों का पुनर्निर्माण करने के लिए अपने प्रयास तेज कर रहे हैं। इस परिस्थिति में, विकासशील देशों को पूँजीवाद की अपनी आर्थिक व्यवस्था में बनाए रखने के लिए अधीनता और उत्पीड़न के नए तरीके ढूँढ़ने हैं।

संयुक्त राष्ट्र के कतिपय नीतिगत दस्तावेजों में नवउपनिवेशवाद का विरोध करने तथा न्यायोचित अंतरराष्ट्रीय आर्थिक संबंधों की स्थापना करने के मुख्य विचार अंकित किए गए। इन दस्तावेजों में शामिल हैं—राज्यों के आर्थिक अधिकारों और कर्तव्यों का घोषणा-पत्र तथा नवीन अंतरराष्ट्रीय आर्थिक व्यवस्था की स्थापना संबंधी घोषणा और अमली कार्यक्रम, जिन्हें ग्रुप-77 ने प्रस्तुत किया था। ये प्रावधान बाद में सातवें गुट निरपेक्ष शिखर सम्मेलन तथा संयुक्त राष्ट्र महासभा के ग्यारहवें विशेष अधिवेशन तथा व्यापार विकास संबंधी संयुक्त राष्ट्र सम्मेलन के छठे अधिवेशन के प्रस्तावों में अनुपूरित और निर्दिष्ट किए गए थे।

नवीन अंतरराष्ट्रीय आर्थिक व्यवस्था संबंधी संयुक्त राष्ट्र के प्रस्ताव के कार्यान्वयन में विलंब हो रहा है, जिसका कारण है—पूँजीवादी शक्तियों की, सर्वप्रथम अमेरिका की व्यवधान उपस्थित करनेवाली नीति।

विकासशील देश व्यापार-विकास और वित्तीय-मौद्रिक संबंधों के मुख्य प्रश्नों पर भू-मंडलीय वार्त्ताएँ आयोजित करने की माँग करते हैं। इन समस्याओं पर विस्तारपूर्वक

विचार-विमर्श से नई अंतरराष्ट्रीय आर्थिक व्यवस्था की स्थापना को बल मिलेगा। यद्यपि पूँजीवादी शक्तियाँ ऐसी वार्त्ताओं के आयोजन के लिए सरकारी तौर पर सहमत तो हैं पर ऐसी शर्तें रख देती हैं, जिनसे उसका प्रारंभिक चरण ही अवरुद्ध हो जाता है।

साम्राज्यवादी तत्त्व ताकत बनाए रखने के तरीके अपनाना जारी रखे हुए हैं, जिनका शीतयुद्ध के दिनों में व्यापक इस्तेमाल किया जाता था। अमेरिका के साथ-साथ अन्य साम्राज्यवादी सरकारें भी राष्ट्रीय मुक्ति आंदोलनों को 'अंतरराष्ट्रीय आतंकवाद' के रूप में देखती हैं। अमेरिका विकासशील देशों में हर कीमत पर, यहाँ तक कि शस्त्र-बल के द्वारा भी, अपने हितों की उपयुक्त व्यवस्था कायम करने की दृष्टि से उनके आंतरिक मामलों में हस्तक्षेप करने का अधिकार ग्रहण कर लेता है। इसका प्रमाण है—ईरान-इराक युद्ध, लेबनान और ग्रेनाडा का युद्ध, अफगानिस्तान-निकारगुआ का अघोषित युद्ध, इराक और अमेरिका तथा उसके समर्थक देशों का युद्ध इत्यादि।

'पारस्परिक आर्थिक सहायता परिषद्' के सदस्य-देशों की शांति-रक्षा तथा अंतरराष्ट्रीय आर्थिक सहयोग संबंधी घोषणा, जो जून १९८४ में मॉस्को में स्वीकृत हुई थी, कहा गया था कि उत्पीड़न के समस्त प्रकारों और अन्य राज्यों के आंतरिक मामलों में हस्तक्षेप करने का दृढ़तापूर्वक विरोध करते हैं।

पूर्व के औपनिवेशिक और पराधीन देशों तथा समाजवादी समुदाय के मध्य तीव्र गति से बढ़ते आर्थिक संबंध नवीन अंतरराष्ट्रीय अर्थव्यवस्था के लक्ष्यों और सिद्धांतों के कार्यान्वयन का एक महत्त्वपूर्ण और कारगर साधन हैं। सन् १९७१ से १९८२ के बीच विकासशील राष्ट्रों के साथ 'पारस्परिक आर्थिक सहायता परिषद्' के व्यापार में लगभग २१ प्रतिशत की वार्षिक वृद्धि होती रही। लगभग १०० विकासशील देशों में, जिन्होंने 'पारस्परिक आर्थिक सहायता परिषद्' के सदस्य-राज्यों के साथ आर्थिक और प्रौद्योगिकी-सहयोग के समझौते पर हस्ताक्षर किए हैं, ६ हजार से ज्यादा प्रतिष्ठान बनाए गए हैं या बनाए जा रहे हैं। इनमें से अधिकांश प्रतिष्ठान विकासशील देशों की मुख्य आर्थिक शाखाओं और सार्वजनिक क्षेत्रों में हैं।

विगत वर्षों के दौरान जो कुछ दिखाई दे रहा था, उसकी पुष्टि वाशिंगटन में संपन्न विश्व बैंक तथा अंतरराष्ट्रीय मुद्राकोष की बैठकों के द्वारा हो चुकी है। बुश-प्रशासन अंतरराष्ट्रीय मुद्राकोष पर पूर्णतः यह दबाव डालने में सफल हो गया है कि ऋणी राष्ट्रों को उधार देने की नीति और वितरण को और कठोर बनाया जाए। इतना ही नहीं, विश्व बैंक और अंतरराष्ट्रीय मुद्राकोष के बीच हुई बातचीत का भी स्पष्ट उद्देश्य यही था कि विश्व बैंक पर उसके आर्थिक विकास और कर्जों की शर्तों को कठोर बनाने के लिए दबाव डाला जाए। अमेरिकी ट्रेजरी सचिव ने घोषणा की थी कि 'जरूरतमंद' देश अपनी देखभाल स्वयं करें और 'मुक्त बाजार' के निजी क्षेत्र का अधिक सहारा लें,

बजाय बहुराष्ट्रीय संस्थाओं द्वारा उनकी सहायता करने के। अमेरिकी प्रतिनिधि ने गरीब देशों की इस माँग को ठुकरा दिया कि अंतरराष्ट्रीय मुद्राकोष के ढाँचे पर विचार करने के लिए सभी देशों का एक राष्ट्रीय सम्मेलन बुलाया जाए और विश्व बैंक वर्तमान संपूर्ण मुद्रा-पद्धति पर पुनर्विचार करे।

यह कोई छुपी बात नहीं है कि अंतरराष्ट्रीय मुद्राकोष और विश्व बैंक में लगभग सारे गैर-साम्यवादी देश हैं। अमेरिका का इनकी बैठकों में वर्चस्व रहता है। यही बात अन्य संयुक्त राष्ट्र संस्थाओं के बारे में समीचीन है। परिणाम के तौर पर विकासशील देश, न केवल विश्व बैंक और मुद्राकोष से खाली हाथ लौटते हैं बल्कि अंकटाड और यूनिडो जैसी संस्थाओं से भी।

स्थिति की गंभीरता का इस तथ्य से पता चलता है कि विकासशील देशों के फोरम-२४ ग्रुप के 'एक्शन प्रोग्राम' में दिए गए सभी सुझावों को एक तरफ रख दिया गया था। विकासशील देशों में विकास-दर नकारात्मक है, प्रति व्यक्ति आय गिर रही है और कर्जों का भारी बोझ है। इस स्थिति को ध्यान में रखते हुए 'एक्शन कार्यक्रम' ने अनेक बातें तुरंत उपायों के रूप में रखी हैं, जिनमें कोष के स्रोत में वृद्धि, विश्व बैंक की सामान्य पूँजी में वृद्धि, अधिक सरकारी विकास सहायता, ऋण-भार को हलका करने के लिए उपाय आदि। एक महत्त्वपूर्ण सुझाव यह भी दिया गया कि वित्तीय संस्थाओं के कुल मतदान में विकासशील देशों का भाग ५० प्रतिशत तक बढ़ाया जाए। इस समय पूरे विकासशील देशों का मतदान में हिस्सा केवल ३८ प्रतिशत है, अर्थात् सभी निर्णय विकसित देशों द्वारा ही ले लिये जाते हैं, क्योंकि मतदान में उनका भाग अधिक रहता है। अमीर देश इस स्थिति को बनाए रखना चाहते हैं, इसीलिए वे वर्तमान पद्धति में कोई परिवर्तन नहीं चाहते।

आर्थिक सहायता और पूँजी-निवेश

सर्दी, गरमी और बाढ़ से मरने तथा बेसहारा लोगों की खबरें आज साल-दर-साल का एक अटूट सिलसिला बन गई हैं। सहारा रेगिस्तान के दक्षिण के विशाल अफ्रीकी महाद्वीप में लाखों की संख्या में लोग वर्षों से भूख से तिल-तिलकर मरते आ रहे हैं। लैटिन अमेरिका संबंधी संयुक्त राष्ट्र आर्थिक आयोग के उच्च कार्य-सचिव एन. गोंजालेज द्वारा प्रस्तुत एक रिपोर्ट के अनुसार, लैटिन अमेरिका की कुल ४० करोड़ की आबादी में लगभग १० करोड़ लोग घोर गरीबी के शिकार हैं।

इस भुखमरी तथा गरीबी का मूल कारण है, पश्चिमी जगत् का पिछले जमाने का औपनिवेशिक शोषण और आज के युग में जारी नव-औपनिवेशिक दोहन। आर्थिक सहायता और ऋण, पूँजी-निवेश, व्यापार, अंतरराष्ट्रीय संपर्क का हर साधन इस दोहन

का हथियार बना डाला गया है और इनमें भी ऋणों की भूमिका सर्वाधिक प्रत्यक्ष और कमर-तोड़ है।

व्यापार में पश्चिमी देश और उनकी कंपनी कच्चे मालों, खनिजों और कृषि पैदावारों के दाम गिराकर, बीजक में माल की मात्रा कम दिखाकर अपने पक्के मालों के दाम बढ़ाकर, मात्रा ज्यादा दिखाकर तथा तरह-तरह की संरक्षणवादी युक्तियों का सहारा लेकर, अपनी पूँजी-निवेश के हर डॉलर पर ३ से ४ डॉलर का वार्षिक लाभ पैदा करती हैं। इससे विकासशील देशों के वित्तीय साधनों का क्षय होता जाता है और वे तरह-तरह के कर्ज लेने पर मजबूर होते हैं। इस कर्ज पर पश्चिमी बैंक, विशेषत: अमेरिकी बैंक ब्याज-दरें लगातार बढ़ाते रहे हैं। साथ ही डॉलर की कीमत भी बढ़ती जा रही है, जिससे ऋण की राशि अपने आप बढ़ जाती है।

अब स्थिति यह है कि ब्याज पर दी गई पूँजी विकासशील देशों के आर्थिक शोषण का एक मुख्य साधन बन गई है। विकासशील देश कर्ज और सूद की अदायगी के लिए बार-बार कर्ज लेने के लिए विवश होते हैं, जिससे भुगतान की राशि बढ़ती जाती है। इस प्रकार यह एक दुष्चक्र का रूप धारण कर लेता है। लैटिन अमेरिकी देशों की ऋण ग्रस्तता ने तो मैक्सिको, ब्राजील तथा अर्जेंटीना में भी भूचाल ला दिया है।

'फाइनेंशियल टाइम्स' के अनुसार लैटिन अमेरिकी देश अपने कच्चे माल के निर्यात से जितना कुछ अर्जित करते हैं, वह सबका सब कर्ज-अदायगी में चला जाता है, फ़लत: विकास-कार्य में पूँजी निवेश अवरुद्ध होते से दिख रहा है।

'अंत: अमेरिकी विकास बैंक' के अनुसार, विकास बैंक की उपेक्षा के कारण लैटिन अमेरिकी देश में कुल घरेलू उत्पादन वृद्धि या स्थिर रहने की बजाय १० प्रतिशत गिर गया है। ब्राजील, मैक्सिको और चिली में बड़ी मात्रा में उत्पादन में गिरावट आई है। यह जानलेवा दुष्चक्र है। अब तो कच्चे माल की कीमतों में ही नहीं, उनके कुल उत्पादन में भी गिरावट आने लगी है। उधर, बैंक-दरें चढ़ती ही जा रही हैं। लैटिन अमेरिकी देशों पर कर्जदारी का यह शिकंजा कसता और उन्हें तीव्र गति से सर्वनाश की ओर धकेलता जा रहा है।

इस स्थिति को ध्यान से देखते हुए 'एक्शन कार्यक्रम' में अंतरराष्ट्रीय मुद्रा-पद्धति को सुधारने की बात कही गई थी, जिससे कि एक ओर विनिमय और मुद्रा की स्थिरता के उद्‌देश्य प्राप्त किए जा सकें, तो दूसरी ओर विकासशील देशों पर विशेष ध्यान दिया जा सके। इस ओर भी ध्यान दिलाया गया कि पहले सुधार के चरण में केवल फुटकर और आंशिक प्रयत्न हुए हैं। जब से इन संस्थाओं का गठन हुआ था, तब से अब तक अंतरराष्ट्रीय अर्थव्यवस्था में अनेक मूलभूत परिवर्तन हुए हैं और बहुत से स्वतंत्र विकासशील देशों का उदय हुआ है, इसीलिए कार्य-पद्धति में सुधार की नितांत आवश्यकता

है। 'ग्रुप ऑफ २४' ने इस बात की ओर ध्यान दिलाया कि विश्व बैंक और क्षेत्रीय बैंकों के उधार देने के कार्यक्रम अपर्याप्त सिद्ध हुए हैं। निजी पूँजी का प्रवाह भी अस्थिर रहा है। इसी प्रकार सहायता प्रदान करने के लिए कोष की सामर्थ्य भी उसके स्रोतों के अपर्याप्त विकास के कारण अवरुद्ध रही है। कोष द्वारा ऋण प्राप्तकर्ताओं से तो उग्रता का व्यवहार किया जाता है और बड़े औद्योगिक देशों की नीतियों पर इसका कोई प्रभाव न होने से तालमेल की प्रक्रिया असंतुलित हो जाती है।

अमेरिका को व्यापार और आर्थिक विकास विनिमय की वर्तमान प्रणाली से कोई शिकायत नहीं है, जिसके अंतर्गत मूल्य-कटौतियों में जारी वृद्धि के कारण विकासशील देशों से विपुल मुद्रा-दोहन जारी रखने की सुविधा है। इसके अतिरिक्त ब्याज-दर और डॉलर-दर में वृद्धि विकासशील देशों में उसके मुनाफों को दसियों अरब डॉलर तक बढ़ा लेता है। इसमें तनिक भी आश्चर्य की बात नहीं है कि लैटिन अमेरिका, जो अंतरराष्ट्रीय बैंक के शिकंजे में छटपटा रहा है, से अमेरिका पहुँचने वाली पूँजी विगत बीस वर्षों में १५० अरब डॉलर से अधिक हो गई है।

जहाँ तक समाजवादी और विकासशील देशों के बीच वित्तीय संपर्क-सूत्रों का संबंध है, यह बात याद रखनी चाहिए कि अधिकांश नवोदित राज्य किसी-न-किसी हद तक विश्व-पूँजीवादी अर्थतंत्र के घेरे में बने हुए हैं, इसीलिए नवोदित राज्यों के विकास के लिए समाजवादी देश, जो वित्तीय सहायता प्रदान करते हैं, उसके अधिकांश का भुगतान होता है और उसे लौटाया जाता है अन्यथा पश्चिम समाजवादी राष्ट्रों के यहाँ से संसाधन निकाल लेगा। ऋण समाजवादी देशों की वित्तीय सहायता का मुख्य रूप है, जिसका लक्ष्य है—नवोदित देशों के विकास को सरल बनाना। पिछले पैंतीस वर्षों में इन ऋणों की कुल रकम चालीस गुनी हो गई है।

पश्चिम अपनी द्विपक्षीय सरकारी सहायता का एक छोटासा हिस्सा ही उद्योग और कृषि के लिए देता है। औद्योगिक पूँजीवादी देश इसके लिए भरसक कोशिश कर रहे हैं कि विकासशील राष्ट्रों को बढ़ते उद्योग का वित्त-पोषण निजी क्षेत्र में ही हो। पश्चिमी अंतरराष्ट्रीय संगठन तृतीय विश्व को मिलनेवाली समाजवादी राज्यों की वित्तीय सहायता और पश्चिम की सरकारी विकास सहायता के बीच तुलना करने के लिए हिसाब की पक्षपातपूर्ण प्रणाली का इस्तेमाल करते हैं। पश्चिम आरोप लगाता है कि समाजवादी देश, विकासशील देशों को उनकी आर्थिक समस्याओं का निराकरण करने के लिए अंतरराष्ट्रीय स्तर पर कम मदद देते हैं, किंतु संयुक्त राष्ट्र की सिफारिशों के आधार पर, जिन्हें पश्चिमी संगठन किसी-न-किसी कारण से ठुकरा देते हैं, नव-स्वतंत्र देशों के विकास में पूर्वी और पश्चिमी योगदान के वस्तुगत मूल्यांकन पर पहुँचा जा सकता है।

ज्ञातव्य है कि नव-स्वतंत्र देश औद्योगिक पूँजीवादी राज्यों से जो ऋण प्राप्त करते हैं, उनका समाजवादी देशों की सहायता से कोई सामंजस्य नहीं है। औद्योगिक पूँजीवादी राज्यों द्वारा दिए जानेवाले ऋणों का ६० प्रतिशत से ज्यादा निजी बैंकों से प्राप्त होता है, जो आजकल वार्षिक १०-१५ प्रतिशत और यहाँ तक कि २० प्रतिशत ब्याज वसूलते हैं।

वस्तुतः बहुराष्ट्रीय कंपनियों के विरुद्ध संघर्ष हमारे युग का एक प्रमुख कार्य है। इस संघर्ष में विकासशील देश प्रमुख भूमिका निभा रहे हैं। गुट निरपेक्ष आंदोलन के दस्तावेजों की एक शृंखला से पता चलता है कि अधिकांश विकासशील राष्ट्रों, एशिया, अफ्रीका और लैटिन अमेरिका के देशों की राष्ट्रीय स्वतंत्रता और सामाजिक प्रगति के लिए नव-उपनिवेशवाद के आसन्न संकटों से पूरी तरह से परिचित हैं। इन देशों ने संयुक्त राष्ट्र में यह माँग रखी थी कि बहुराष्ट्रीय कंपनियों के मनमानेपन तथा उनकी नव-उपनिवेशवादी नीतियों को समाप्त किया जाए।

विकासशील देश इसका अनुभव करते हैं कि उनकी अधिकांश समस्याओं का मूल इस बात में है कि बहुराष्ट्रीय कंपनियाँ उनकी राजनीतिक तथा आर्थिक स्वतंत्रता की न्यायोचित माँगों की उपेक्षा करती रहती हैं। उनकी माँग है कि ये बहुराष्ट्रीय कंपनियाँ उनकी राजनीतिक परिपाटियों का सम्मान करें और एक 'मानकी कृत' आदर्श थोपने के लिए उनका दमन न करें। इस प्रकार की आचार संहिता के प्रस्तावित प्रारूप पर बड़ी आशाएँ लगी हुई हैं। बहुराष्ट्रीय कंपनियों की गतिविधियों पर नियंत्रण लगने का विकासशील देशों का संघर्ष, जिसे समाजवादी देशों का सक्रिय समर्थन भी प्राप्त है, एक नवीन अंतरराष्ट्रीय आर्थिक व्यवस्था के न्यायोचित लोकतांत्रिक आधार पर निर्माण के लिए अंतरराष्ट्रीय संबंधों की संपूर्ण प्रक्रिया के पुनर्गठन की माँग कर रहा है।

हथियारों की होड़ के परिणाम

सैनिक तैयारियाँ खतरनाक ही नहीं हैं, बल्कि अपव्ययी भी हैं। संसार में वार्षिक सैनिक व्यय पहले से ही ८ खरब डॉलर से अधिक हो गया है, जिसमें एक खरब ३० अरब डॉलर विकासशील देशों द्वारा व्यय किए जाते हैं। यह उसके सैनिक-व्यय की तुलना में पाँच गुनी अधिक राशि है।

जहाँ तक विकासशील देशों का संबंध है, उनके क्षेत्रों में अमेरिकी अड्डों तथा सैनिक स्थलों की स्थापना, अपने अर्थतंत्र को अमेरिका के लिए रणनीतिक महत्त्व के कच्चे माल की पूर्ति की दिशा में उन्मुख करना, उनपर व्यापार की भेदभावपूर्ण शर्तों का थोपा जाना, अमेरिका से शस्त्रास्त्रों को मँगाना आदि असंगत नीतियाँ देखने को मिलती हैं। हथियारों की होड़ न सिर्फ विकासशील देशों के संसाधनों को चट कर जाती है, अपितु उन्हें विदेशों से प्राप्त सहायता के परिमाण और कार्य-क्षमता को नकारात्मक रूप

में प्रभावित भी करती है, साथ ही सहायता-राशि में वृद्धि करने के विचार के क्रियान्वयन में बाधा डालती है।

बाह्य-आंतरिक सैन्यीकरण की शुरुआत हथियारों की होड़ का एक ऐसा चक्र आरंभ करेगी, जो क्षेत्र-विस्तार, लागत तथा संभावित विध्वंसक परिणामों की दृष्टि से अभूतपूर्व होगा। इससे 'निरस्त्रीकरण' की अवधारणा, तृतीय विश्व के दर्जनों देशों की विदेशी ऋण से मुक्त होने की आशाओं, अपने आर्थिक पिछड़ेपन को समाप्त करने की आशाओं, रोग एवं निरक्षरता से मुक्ति पाने के करोड़ों लोगों के स्वप्नों, नाभिकीय सर्वनाश की दिशा में तेजी से बढ़ते जाने आदि की रोकने के समस्त धरती के लोगों के विश्वास को गहरा आघात लगेगा।

तथाकथित साम्राज्यवादी ताकतें विश्व स्तर पर हथियारों की होड़ शुरू करने के बाद एशिया, अफ्रीका तथा लैटिन अमेरिका के नए देशों को इसमें घसीट रही हैं। इसका मुख्य कारण है कि साम्राज्यवाद अपने लिए ऐसी स्थितियाँ चाहता है, जिनमें वह विकासशील देशों के अंदरूनी मामलों में मुक्त रूप से हस्तक्षेप कर सके, खनिज संपदा से घने इलाकों में अपना राजनीतिक, सैनिक और आर्थिक प्रभुत्व बनाए रखने तथा नवोदित देशों की जनशक्ति और प्राकृतिक संपदा का नव उपनिवेशवादी शोषण करता रहे। इन लक्ष्यों को प्राप्त करने के लिए, अमेरिका ने हस्तक्षेपकारी उड़न फौज और केंद्रीय कमान, जिसका कार्य-क्षेत्र उत्तर-पूर्व अफ्रीका और फारस की खाड़ी है, का गठन किया है और 'नाटो' की गतिविधियों का क्षेत्र बढ़ाने के लिए हर तरह की कोशिश कर रहा है।

एशिया, अफ्रीका और लैटिन अमेरिका में हथियारों की होड़ का एक और बड़ा कारण यह है कि पश्चिमी देश राष्ट्रीय-मुक्ति आंदोलन के विरुद्ध सशस्त्र संघर्ष का अधिकाधिक भार साम्राज्यवाद समर्थक देशों पर डालना चाहते हैं। 'एशियार्ड' के आर्थिक स्वरूप को बदलकर उसे सैनिक राजनीतिक मोरचे का रूप देने और साम्राज्यवाद के मार्ग पर चल रहे हिंद-चीन देशों के विरुद्ध उसके इस्तेमाल के लिए बड़ी कोशिश चल रही है। ईरान में शाह के पतन के बाद अमेरिका ने दक्षिण और दक्षिण-पश्चिमी एशिया में पुलिस की भूमिका पाकिस्तान को सौंप दी। अफगानिस्तान के विरुद्ध पाकिस्तान की धरती से अघोषित युद्ध में वृद्धि और भारत से लगी सीमा पर पाकिस्तान की सैनिक तैयारी से इसकी पुष्टि होती है। लाल सागर क्षेत्र में उपक्षेत्रीय सैनिक-गठजोड़ों के लिए कोशिश चल रही है।

आँकड़े बता रहे हैं कि तृतीय विश्व की सामाजिक और आर्थिक समस्याएँ नितांत गंभीर हैं। 'अंतरराष्ट्रीय श्रम संगठन' के अनुसार ४५.५ करोड़ व्यक्ति बेरोजगार हैं। औद्योगिक पूँजीवादी देशों में बेरोजगारों के मुकाबले यह संख्या सतहत्तर गुना अधिक

है। संयुक्त राष्ट्र संघ के आँकड़ों के अनुसार, एशिया, अफ्रीका और लैटिन अमेरिका में ८० करोड़ व्यक्ति गरीबी, भूख और कुपोषण का सामना कर रहे हैं; ७० करोड़ अशिक्षित हैं और डेढ़ अरब चिकित्साहीनता की स्थिति प्राप्त कर चुके हैं। अर्थव्यवस्था के सैन्यीकरण के परिणामों का विश्लेषण करने पर स्पष्ट हो जाता है कि नवोदित देशों में राज्य मुख्य आर्थिक शक्ति है और आवश्यक पूँजी-विनियोग में अधिकांश केंद्र सरकार के परिव्यय से प्राप्त होता है। इसलिए सैनिक-व्यय में वृद्धि का अर्थ है, इन देशों की राष्ट्रीय अर्थव्यवस्था में विनियोग की खासी कटौती।

जो देश व्यापक स्तर पर हथियार नहीं बनाते, वे आयात करते हैं, जिससे व्यापार में घाटा होता है। एक बात यह भी है कि सैनिक आयात से प्राप्ति में बढ़ोतरी नहीं होती, निर्यात नहीं बढ़ता और इस कारण कर्ज की अदायगी संभव नहीं हो पाती। विकासशील देशों पर पश्चिमी देशों का ८१ हजार करोड़ डॉलर का कर्ज है। सैनिक साजो-सामान के आयात से साधनों की बरबादी होती है, क्योंकि न तो उपभोग बढ़ता है और न ही उत्पादन। तोहफे के तौर पर जब हथियार दिए जाते हैं तब भी गरीब देशों को रख-रखाव, मरम्मत और संबद्ध सेवाओं के लिए व्यय करना पड़ता है। अर्थव्यवस्था के सैन्यीकरण से मुद्रा-स्फीति बढ़ती है; सेना के रख-रखाव पर व्यय बढ़ता है और सीमित कुशल श्रम और वैज्ञानिक तकनीकी क्षमता असैनिक उद्योगों को नहीं मिल पाती, परिणामस्वरूप पश्चिम का सैनिक औद्योगिक तंत्र विकासशील देशों से 'सैनिक सहयोग और भागीदारी' से करोड़ों का लाभ प्राप्त करता है, उन देशों से खरीदे गए कच्चे माल पर हुए व्यय को पूरा करता है तथा ये देश कुछ वस्तुओं, सर्वोपरि तेल के मूल्य, जो यदा-कदा बढ़ा देते हैं, उसका बदला लेता है।

इस प्रकार, सैन्यीकरण तृतीय विश्व के राष्ट्रीय विकास के कार्यों के विपरीत है, क्योंकि अफ्रीका और लैटिन अमेरिका में साम्राज्यवाद द्वारा शुरू की गई हथियारों की होड़ का नकारात्मक परिणाम विश्व में गरीबी बनाए रखने तथा करोड़ों लोगों को भूख, अशिक्षा और बीमारी में बनाए रखने के इजारेदार पूँजी के ऐतिहासिक दायित्व की एक अभिव्यक्ति है।

इन सबसे निष्कर्ष निकलता है कि अमीर देश गरीबों की कोई चिंता नहीं करते। अंतरराष्ट्रीय मुद्रा में वित्तीय संकट से मुख्यत: अविकसित देश प्रभावित होते हैं और इस प्रकार से आर्थिक संबंधों की वर्तमान पद्धति का दिवालियापन प्रकट करते हैं। इस घोर संकट का कारण अमेरिका द्वारा द्वितीय विश्वयुद्ध के पश्चात् से अब तक अपनाई गई नीतियाँ हैं। उस समय सन् १९४४ में हुए 'ग्रेट ब्रिटेन बुड् सम्मेलन' में अमेरिकी डॉलर के प्रभुत्व को स्वीकार किया गया था और सोने के मुकाबले इसे मुख्य अंतरराष्ट्रीय संपत्ति के रूप में स्वीकार किया गया था। इस प्रकार मुद्रा वित्तीय क्षेत्र में इस देश का

वर्चस्व स्थापित हो गया था और उसने अंतरराष्ट्रीय मुद्राकोष और विश्व बैंक पर अपना वर्चस्व बना लिया था। इतना ही नहीं, अमेरिका ने अपनी ब्याज-दरों में वृद्धि कर न केवल विकासशील देशों को मुसीबत में डाल दिया है, प्रत्युत अमेरिका के व्यापारिक भागीदारों पर भी इसका कुछ प्रभाव पड़ा है।

इस स्थिति से निबटने का केवल एक ही उपाय है कि बराबरी के आधार पर एक नई स्थायी और विश्वव्यापी अंतरराष्ट्रीय वित्तीय तथा मुद्रा पद्धति की स्थापना की जाए, जिसका उधार देने और मतदान करने का दृष्टिकोण जरूरतमंद देशों की वास्तविक सहायता करना हो, न कि उसके कुछेक सदस्यों की आर्थिक शक्ति का प्रदर्शन। नवीन पद्धति का उद्देश्य यह होना चाहिए कि विकासशील देशों का भुगतान संतुलन विकृत न होने पाए और उनकी आवश्यकताओं को वास्तविकता के धरातल पर लिया जाए।

अब प्रश्न यह है कि उपर्युक्त वातावरण में तृतीय विश्व अथवा 'दक्षिणी' राष्ट्रों का आर्थिक भविष्य क्या होगा? अंतरराष्ट्रीय मुद्राकोष विश्व बैंक और अंकटाड तीनों ने ही अपनी हाल की वार्षिक आख्याओं में, जहाँ यह इंगित किया है कि विकसित राष्ट्रों की बेरोजगारी और मंदी की समस्याएँ शनैः-शनैः समाप्त हो रही हैं, वहीं दूसरी ओर ये आख्याएँ विकासशील राष्ट्रों के भविष्य को लेकर बहुत आशान्वित नहीं हैं। दूसरे शब्दों में—जहाँ एक ओर विकसित राष्ट्रों की विकास-दर बढ़ने की संभावना है, वहीं आगामी कुछ वर्षों में विकासशील राष्ट्रों की विकास-दर घटने की भी संभावना है। स्पष्ट है कि आगामी वर्षों में 'उत्तर-दक्षिण' की असमानता और भी बढ़ेगी। इन परिस्थितियों में 'गुट-निरपेक्ष आंदोलन' द्वारा प्रस्तावित 'सामूहिक आत्मनिर्भरता' ही विकासशील राष्ट्रों के सामने विकल्प रह जाता है। इस दिशा में 'दक्षिण-एशियाई क्षेत्रीय सहयोग' जैसी अवधारणाओं को बढ़ावा देना चाहिए, किंतु ये दक्षिणी राष्ट्र अपने आपसी मतभेद को भुलाकर एक-दूसरे के कितने निकट आएँगे अथवा प्रयास करेंगे, यह आनेवाला समय ही बताएगा।

□

समकालीन भारतीय समाज की अर्थव्यवस्था

समकालीन भारतीय समाज में वर्गीय शोषण-आधारित अर्थव्यवस्था और संसदीय लोकतंत्र के राजनीतिक ढाँचे का अंतर्विरोधपूर्ण और क्रियाशील रूप अस्तित्व में है। शोषक-वर्ग लोकतांत्रिक ढाँचे में जनाधिकार को सीमित बनाए रखने और सत्ता के केंद्रों पर अपना प्रत्यक्ष अथवा परोक्ष अंकुश बनाए रखने के लिए क्रियाशील रहते हैं। बुनियादी जनाधिकार और राजनीतिक निर्णय-निर्धारण में जनता की भागीदारी के अधिकार सीमित बने हुए हैं। इसके बावजूद भारतीय संसदीय लोकतंत्र की न्यूनतम शर्त बुनियादी जनाधिकार और प्रतिनिधि-निर्वाचन में जनता की निश्चित भागीदारी है, जो अपने विधिक स्वरूप और औपचारिक संस्थाओं में सीमित होने के बावजूद शासन की नीतियों को जनता से मान्यता और औचित्य लेने की अनिवार्यता तय करता है तथा जनता की आकांक्षा के सतत दबाव का वाष्पन देता है। राज्य मूलतः दमन का एक यंत्र है, फिर भी यह लोकतंत्र अंधाधुंध दमन पर अंकुश रखने का माध्यम बनता है।

क्षेत्रीय विषमता के कारण विभिन्न स्वरूपों के इलाकों में भारतीय कृषि-क्षेत्र विभाजित है। क्रूर सामंती संबंधों से लैस भूमि के स्वामित्व के अतिकेंद्रीकरण का कृषि क्षेत्र, सिंचाई साधनों की प्रचुर उपलब्धता, आधुनिक तकनीक और साधनों से युक्त पूँजीवादी विकास की दिशा रखनेवाला कृषि क्षेत्र और सिंचाई विहीन व भूमि-स्वामित्व के अल्पकेंद्रीकरणवाला क्षेत्रीय शोषण का चरम शिकार कृषि क्षेत्र, इन तीन तरह के कृषि इलाकों का अस्तित्व भारतीय समाज में सामान्यतः मिलता है। यह भारतीय समाज औद्योगिक दृष्टि से पिछड़े और विकसित क्षेत्रों में स्पष्टतः विभाजित है। खान और जंगल की बहुलतावाला इलाका अपने आम आबादी के हित में नहीं, पूँजीपतियों और व्यापारियों के हित में संचालित हो रहा है। खान और जंगल के इलाके की आबादी शोषण और उपेक्षा की शिकार है। अर्थव्यवस्था के इन विभिन्न हिस्सों में निश्चित अंतरसंबंध हैं। बाजार पर अपने प्रभुत्व के माध्यम से पूँजीपति-वर्ग अपने अनुकूल सस्ती कीमत पर कच्चा माल खरीदते हुए और ऊँची कीमत पर उद्योग-निर्मित कृषि-उपयोगी

साधन को बेचते हुए कृषि क्षेत्र से पूँजी-दोहन की प्रक्रिया चला रहा है। कृषि-क्षेत्र का प्रभुत्वशाली वर्ग कृषि उत्पादन में लगे श्रम का शोषण कर रहा है। इस तरह पूँजीपति-वर्ग और धनी किसान शोषण के हिस्से में असमान हिस्सेदारी के बावजूद अंततः कृषि क्षेत्र में लगे श्रम का शोषण कर रहा है। खदान और जंगल की व्यवस्था राजकीय स्वामित्व और निजी स्वामित्व, दोनों माध्यमों से मुख्यतः पूँजीपतियों के हित में ही संचालित हो रही हैं।

समकालीन भारतीय समाज का राजनीतिक ढाँचा 'औपचारिक लोकतंत्र' का है। लोकतांत्रिक तत्त्व और प्रणाली औपचारिक संस्थाओं में सीमित है। राज्य संचालन के लिए नीति-निर्धारण करनेवाले निकाय के निर्माण के लिए वयस्क मताधिकार पर आधारित जन-प्रतिनिधियों के चुनाव की प्रक्रिया अनिवार्य राजनीतिक प्रक्रिया है। देश के हर व्यक्ति को संविधान द्वारा बुनियादी अधिकार प्राप्त हैं। इन बुनियादी जनाधिकारों के संदर्भ में यह मान्यता अस्तित्व में है कि इन अधिकारों से नागरिकों को सामान्य परिस्थिति में वंचित नहीं किया जा सकता है। राजनीतिक कार्यपालिका, नौकरशाही, सेना, पुलिस और न्यायपालिका राज्यसत्ता के इन संस्थाओं के ढाँचों के निर्माण तथा कार्यपद्धति और कार्यनीति में जनता की भागीदारी एवं प्रभाव का सीमित अवसर है। इन सीमाओं के बावजूद बुनियादी जनाधिकार और बालिग मताधिकार का सांविधानिक प्रावधान राजतंत्र के लोकतांत्रिक स्वरूप को ही अभिव्यक्त करता है। इसे 'तानाशाही' नहीं कहा जा सकता।

भारतीय समाज का मौजूदा वर्गीय स्वरूप ब्रिटिश शासन की शोषण-प्रक्रिया, उस शोषण के खिलाफ आर्थिक शक्तियों के संघर्ष और आजाद भारत में इन वर्गों के विकास की प्रक्रिया का परिणाम है। इन कारणों में सबसे प्रभावी है ब्रिटिश शासन की शोषण-प्रक्रिया। समकालीन भारतीय लोकतंत्र का प्रमुख आधार है ब्रिटिश शासन के खिलाफ आजादी का राष्ट्रवादी जन-आंदोलन और उस दौरान विकसित लोकतांत्रिक शक्ति।

ईस्ट इंडिया कंपनी जिस समय क्षेत्रीय राजनीतिक सत्ता का केंद्र बनी, ब्रिटेन औद्योगिक क्रांति के कारण अपने विकास के सर्वाधिक संभावनायुक्त दौर से गुजर रहा था; अतः कंपनी को लगातार ब्रिटेन के व्यापारिक और औद्योगिक हितों की सिद्धि के लिए तैयार होने पर मजबूर किया जा रहा था। अंततः कंपनी की वास्तविक सत्ता ब्रिटिश सरकार के हाथ में आ गई, जो कुल मिलाकर अंग्रेजी पूँजीपतियों का प्रतिनिधित्व करनेवाली थी। अंग्रेजी ने भारत में अपनी राजनीतिक सत्ता और नियंत्रण का विस्तार ब्रिटिश पूँजीवाद के विकास के लिए आवश्यक पूँजी और माल की खपत के लिए फैले बाजार की जरूरत के लिए किया। अपनी इस जरूरत के लिए ब्रिटिश शासन ने भारत के स्वाभाविक विकास को अपनी शोषणकारी नीतियों द्वारा कुंद कर किया। भारत की

आर्थिक संरचना को बलात् नष्ट कर साम्राज्यवादी और औपनिवेशिक हितों के अनुकूल नई आर्थिक संरचना का आरोपण किया। अधिकतम राजस्व वसूली और शासन-समर्थक दलाल, सामाजिक शक्ति खड़ी करने के उद्देश्य से ब्रिटिश शासन ने परंपरागत भारतीय भूमि-व्यवस्था को समाप्त कर विभिन्न क्षेत्रों में क्रमशः तीन विभिन्न स्वरूपों की भूमि-व्यवस्था आयोजित की—स्थायी बंदोबस्ती, रैयतवाड़ी एवं महालबारी। इन तीनों भूमि-व्यवस्थाओं में विद्यमान क्रूर शोषण-पद्धति का दुष्परिणाम कुछ लोगों के हाथ भूमि-केंद्रित होने और बड़ी संख्या में किसानों के भूमिहीन बनाए जाने के रूप में आया। स्थायी बंदोबस्तवाले इलाकों में जमीन का केंद्रीकरण सबसे ज्यादा हुआ। ब्रिटिश शासन के अधीन देशी रियायतों में भी केंद्रीकरण बढ़ा। नील, चाय, रबर तथा कपास की व्यावसायिक खेती के कारण भी किसानों का शोषण बढ़ा और बड़ी संख्या में भूमिहीन मजदूरों का सृजन हुआ। व्यावसायिक खेती की शुरुआत अंग्रेजों ने ब्रिटिश पूँजीवाद को चुनौती न देनेवाले कृषि-उत्पादनों से अधिक लाभ कमाने के दृष्टिकोण से की थी। ब्रिटेन की औद्योगिक क्रांति में भारतीय पूँजी की भूमिका महत्त्वपूर्ण रही है। ब्रिटिश पूँजीवाद के विकास के लिए बाजार-विस्तार की जरूरत पूर्ति हेतु स्थापित भारतीय हस्त-शिल्प को एकपक्षीय मुक्त व्यापार, भयंकर प्रभेदकारी नीति और क्रूर दमन के बल पर शिल्पकारों को नष्ट किया गया। स्पष्टतः भारतीय उद्योग-धंधों के विनाश का कारण ब्रिटिश तकनीकी श्रेष्ठता नहीं, विनाशकारी ब्रिटिश-नीति थी। शोषण के अगले दौर में औपनिवेशिक लूट से एकत्र धन के लाभप्रद निवेश के लिए ब्रिटिश पूँजी की भारत में घुसपैठ की शुरुआत हुई। ब्रिटिश पूँजी का मूल चरित्र भारत में आधुनिक औद्योगिक विकास का विरोध था, ब्रिटिश पूँजी-निवेश की मुख्य दिशा भारत को कच्चे माल के निर्यातक और तैयार ब्रिटिश माल के बाजार के रूप में विकसित करने की थी। आधुनिक उद्योगों में पूँजी निवेश को अवरुद्ध करने की नीति ब्रिटिश शासन और पूँजीपति-वर्ग द्वारा प्रयोग में लाई जाती रही। भारतीय मुद्रा पूँजी के अभाव के बावजूद व्यापारिक और महाजनी संचय का औद्योगिक पूँजी में रूपांतरण हुआ। इस भारतीय पूँजी के साथ ब्रिटिश सरकार लगातार भेदभाव बरतती रही।

ब्रिटिश शासन द्वारा खड़ी की गई औपनिवेशिक शोषण-संरचना तथा शोषक आर्थिक शक्तियों के खिलाफ विभिन्न वर्ग-संघर्षों ने स्वतंत्रता पश्चात् भारतीय अर्थव्यवस्था के वर्ग-संबंधों तथा आर्थिक संरचनाओं को तय करने में अपनी महत्त्वपूर्ण भूमिका निभाई। जमींदारों, साहूकारों और ब्रिटिश आर्थिक नीतियों के खिलाफ चले प्रारंभिक किसान-संघर्ष वीरतापूर्ण शहादतों के बावजूद असंगठित और स्थानीय स्वरूप के होने की वजह से अपना विकासशील सातत्य नहीं बनाए रख सके, दबा दिए गए। फिर भी इन संघर्षों ने जमींदारों, साहूकारों और ब्रिटिश शासन के खिलाफ सामाजिक वातावरण

बनाने तथा अपने हित में चंद कानूनी प्रावधान पाने की सीमित सफलता हासिल की। बाद के किसान-संघर्ष संगठित स्वरूप में विकसित हुए और इस स्वरूप के बावजूद राष्ट्रीय समन्वय की दिशा में अग्रसर हुए राष्ट्रवादी-स्वतंत्रता आंदोलन से अपना संबंध बनाया। इन संघर्षों में एक विकासशील सातत्य था और मालगुजारी को कम करने जैसे मुद्दों से विकसित होते हुए जमींदारी उन्मूलन जैसे बड़े बदलाव के मुद्दों तक आ पहुँचे थे। विभिन्न वर्गों की संयुक्त सक्रियता पर आधारित आजादी का राजनीतिक आंदोलन और जमींदारी उन्मूलन का संघर्ष—इन दो मोरचों पर साथ-साथ संघर्ष की स्थिति से किसानों के संघर्ष और शक्ति-विस्तार पर एक सीमा बनी रही थी, पर मजबूत राष्ट्रीय समन्वय-विकासशील सातत्य और आजादी के आंदोलन में जमींदार-वर्ग की मामूली उपस्थिति और प्रभाव की वजह से किसान एक मजबूत सामाजिक शक्ति के रूप में स्थापित होता गया था। औद्योगिक मजदूर भी संगठित हो चुके थे। अपनी माँगों पर संघर्ष की परंपरा भी इस वर्ग ने विकसित कर ली थी, पर इस वर्ग के साथ दो विशिष्ट स्थितियाँ जुड़ी हुई थीं, जिनका प्रभाव इस पर लगातार पड़ रहा था। औद्योगिक मजदूर राष्ट्रीय आंदोलन की मुख्यधारा की शक्ति कांग्रेस, सोशलिस्ट पार्टी और राष्ट्रीय आंदोलन के संदर्भ में बदलते निर्णय करते रहनेवाली साम्यवादी पार्टी—इन दो खेमों में बुरी तरह विभाजित था। राष्ट्रीय आंदोलन में पूँजीपति-वर्ग समर्थन और सहयोग की भूमिका के माध्यम से अपना प्रभाव बढ़ाते रहने के लिए सफलतापूर्वक प्रयासरत था। इन दोनों परिस्थितिगत जटिलताओं के प्रभावस्वरूप औद्योगिक मजदूर-वर्ग एक सामाजिक शक्ति के रूप में स्थापित होने के बावजूद पूँजीपति-वर्ग के लिए चुनौती पैदा करने वाली हद तक शक्तिशाली नहीं बन पाया था। आजादी के आंदोलन के काल में विकसित हो रही इन आर्थिक शक्तियों की वस्तुगत स्थिति ही आजाद भारत की आर्थिक व्यवस्था और वर्ग-संबंधों का निर्धारक तत्त्व बनी।

समकालीन लोकतांत्रिक राजतंत्र, ब्रिटिश औपनिवेशिक साम्राज्यवादी शोषण के लिए खड़ी की गई शासन-संरचना को समाप्त करने के उद्देश्य से चले राष्ट्रवादी स्वतंत्रता आंदोलन से विकसित लोकतांत्रिक शक्तियों की बुनियाद पर खड़ा हुआ है। ब्रिटिश शासन के पहले की समाज की राजनीतिक व्यवस्था निरंकुश थी। ग्राम-पंचायत और जाति-पंचायत की स्वायत्त संस्थाएँ ग्रामीण समाज में न्याय संस्था के रूप में भी काम करती थीं। ब्रिटिश शासन ने इस संरचना को ध्वस्त कर औपनिवेशिक शासकीय ढाँचा खड़ा किया। शासन-नीतियाँ ब्रिटेन में तय होती थीं और उन नीतियों पर शासन चलाने का पूरा तंत्र—न्यायालय, सेना-पुलिस, नागरिक-प्रशासक का ढाँचा भारत पर आरोपित किया गया था। अंग्रेजों ने शासन का जो संयंत्र विकसित किया था, उसका आशय भारत की राष्ट्रीयता का विकास करना कतई नहीं था, वरन् अंग्रेजों ने राष्ट्रीयता

और राष्ट्रीय भावना को कमजोर करने की कोशिश अंत तक जारी रखी। भारत को एक राष्ट्र के रूप में विकसित करने की जगह ब्रिटिश हित-साधन के एक विशाल भूखंड की मान्यता पर ही भौगोलिक रूप में केंद्रीय शासन की प्रक्रियाएँ चलती रहीं। ब्रिटिश हितों के अनुरूप ही विजित प्रदेशों को प्रत्यक्ष शासन अथवा ब्रिटिश शासन-अधीन रजवाड़ों की व्यवस्था में लाया गया। अपने शासन के अंतिम काल में भी ब्रिटेन ने सत्ता का हस्तांतरण करने के लिए भारत को एक राष्ट्र के रूप में स्वीकार नहीं किया और सांप्रदायिकता को आधार बनाकर देश को दो स्थायी राष्ट्रों में बाँटने में अपनी निर्णायक भूमिका निभाई।

उन्नीसवीं सदी के पाँचवें दशक से ही लोकतांत्रिक चेतना से भरपूर राजनीतिक समूह विकसित हो रहे थे। विधानमंडलों में ज्यादा भारतीय प्रतिनिधित्व, विधानमंडलों में बहस और निर्णय-निर्धारण में अवसर या अधिकार, ब्रिटिश शासन की कर-नीति की आलोचना और कर-नीति में सुधार, जनप्रतिनिधित्व पर आधारित स्थानीय स्वशासन की संस्थाओं का निर्माण—ये मुद्दे प्रारंभिक राजनीतिक गतिविधियों की मुख्य अभिव्यक्तियाँ थीं।

अभिव्यक्ति की स्वतंत्रता और नागरिक अधिकारों के खिलाफ उठाए गए ब्रिटिश शासकीय कदमों का भी इन राजनीतिक समूहों द्वारा विरोध होता रहा। ये राजनीतिक गतिविधियाँ सन् १८५७ के जनविद्रोह और अन्य पूर्ववर्ती की अपेक्षा इस संदर्भ में अपना विशिष्ट चरित्र रखती थीं कि इनके पीछे संगठित दीर्घकालीन और लोकतांत्रिक सोच की पृष्ठभूमि काम कर रही थी। सन् १८८३ तक अधिकांश राजनीतिक समूहों में ब्रिटिश शासन के अधीन सारे क्षेत्रों की गतिविधियों के बीच संरचनात्मक समन्वय बन चुका था। १८८४ में 'इंडियन नेशनल कॉन्फ्रेंस' द्वारा आयोजित राष्ट्रीय सम्मेलन इस बोध की ही अभिव्यक्ति थी। कांग्रेस का गठन प्रमुखतः राष्ट्रीय संगठन की अनिवार्यता के बोध का ही निष्कर्ष रूप था। आरंभ से ही कांग्रेस नेतृत्व के पास ब्रिटिश शासन द्वारा जारी आर्थिक शोषण की पूरी प्रक्रिया की गंभीर समझ थी। लगातार विकसित होते हुए कांग्रेस राष्ट्रवादी लोकतांत्रिक स्वतंत्रता की संघर्षशील शक्तियों के एकताबद्ध होने का मंच बना, स्वतंत्रता आंदोलन की प्रमुख राजनीतिक शक्ति स्वतंत्रता संग्राम द्वारा पूर्ण स्वराज्य की कामना करनेवाले इन भूमिगत समूहों को भी राष्ट्रवादी प्रेरणा बनाने के संदर्भ में विशिष्ट भूमिका रही है, पर अपने संघर्ष की रणनीतियों की सीमा की वजह से वे जनभागीदारी का आधार तैयार नहीं कर सके; जनांदोलन के संचालन की स्थिति नहीं पा सके। स्वतंत्रता आंदोलन के पूरी अवधि के दौरान संघर्ष के मुद्दों, आंदोलन की पद्धति और कांग्रेस में विभिन्न सामाजिक शक्तियों के समीकरण का स्वरूप बदलता रहा। आरंभ में, कांग्रेस में शिक्षित मध्यवर्गीय पेशाजीवी समूह और व्यापारियों की ही प्रमुख

भागीदारी थी। वह किसान तथा अन्य शोषित वर्ग से सीधा रिश्ता नहीं रखती थी। बाद में, कांग्रेस में अन्य सामाजिक शक्तियों की भागीदारी बढ़ती गई। कांग्रेस ने किसान और औद्योगिक मजदूरों के हितों में संघर्षों से अपना सीधा और सतत जुड़ाव बनाया और उनके संघर्षों को संगठित भी किया।

शासन में भारतीय भागीदारी बढ़ाने की आरंभिक माँग पूर्ण स्वाधीनता की माँग तक पहुँची। आंदोलन में व्यापक जनभागीदारी बनाने और विभिन्न वर्गों के हित में जुड़ने की पद्धति ने गांधी के नेतृत्व में अपनी परिपक्वता पाई। किसान संघर्ष और औद्योगिक मजदूरों का संघर्ष विकसित होता गया था। किसान-औद्योगिक मजदूर मजबूत सामाजिक शक्तियों के रूप में निरंतर स्थापित हुए। राजकीय संरचना को लेकर कांग्रेस में वैचारिक अंतर्विरोध मौजूद थे। एक धारा विकेंद्रित लोकतांत्रिक राज्य संरचना की पक्षधर थी, जबकि दूसरी धारा केंद्रीयकृत संसदीय लोकतंत्र की। इस अंतर्विरोध के बावजूद एक सामान्य खाका वयस्क मताधिकार पर आधारित जनप्रतिनिधित्व से बने विधानमंडलोंवाली राजकीय व्यवस्था का तो बनता ही था।

समकालीन भारतीय समाज की अर्थव्यवस्था वर्ग-आधारित है। पूँजीपति बड़े व्यापारी, भूपति और धनी किसान इस अर्थव्यवस्था के शोषक वर्ग हैं। इन सब शोषक वर्गों के बीच भी पूँजीपति वर्ग सर्वाधिक शक्तिशाली है। राजसत्ता पर भी इन वर्गों की प्रभावी भूमिका है। दूसरी ओर, खेतिहर मजदूर, ठेके पर काम करनेवाला या अस्थायी मजदूर, छोटे किसान, औद्योगिक मजदूर तथा इनके समकक्ष आर्थिक स्थिति रखनेवाले शोषित वर्गों की लंबी श्रृंखला का अस्तित्व इस व्यवस्था में मौजूद है। मध्यम किसान, छोटे व्यापारी—जैसे कई वर्ग भी इस व्यवस्था में हैं। ये वर्ग इस मायने में विशिष्ट हैं कि ये इस आर्थिक व्यवस्था में जहाँ शोषण का शिकार बन रहे हैं, वहीं निम्न वर्गों के शोषण में हिस्सेदार हैं। इन्हें मध्यमवर्ग के रूप में चिह्नित किया जा सकता है।

जमींदारी उन्मूलन, भूमि-हदबंदी—जैसे कानूनों के बनने के बावजूद राजसत्ता पर अपने प्रभाव के कारण भूपति-वर्ग, धनी किसान-वर्ग भूमि पर अपना वर्चस्व बनाए रखने में सफल रहे हैं। अपने हित में विकास-कार्यक्रम बनाने, लोकतांत्रिक दबावों के कारण बने कृषि-क्षेत्र के अपने हित के विरोधी प्रगतिशील कानूनों पर अमल में रुकावट बनाए रखने तथा छोटे और मध्यम किसानों को मिली सुविधाओं को हड़पने में भी कृषि-क्षेत्र का यह शोषक-वर्ग सफल रहा।

भूमि-व्यवस्था से देश की क्षेत्रीय असमानता का संबंध तो है ही, असमानता को विकसित करने की मुख्य चालक शक्ति विकास का पूँजीवादी मॉडल है। कृषि-क्षेत्र में पूँजी और तकनीक के उपयोग की असमान नीति अपनाई गई है। कृषि-समृद्धि या हरित क्रांति के अंतर्गत जिन मॉडल इलाकों का विकास हुआ है, वे समृद्धिसूचक

नहीं, असमानता के आधार हैं। कुछ इलाकों को परंपरागत गतिहीनता में बनाए रखकर वहाँ स्वाभाविक विकास को रास्ता नहीं दिया गया, वरन् पूँजीपति दोहन के विभिन्न स्तर वहाँ भी विकसित किए गए हैं। विकसित इलाके पूँजी-निर्माण के माध्यम बने हैं और गतिशीलता से वंचित रह गए इलाके सस्ते श्रम के आधार पर हुए हैं। इन पिछड़े इलाकों में कई अति पिछड़े इलाके अभी भूमि के केंद्रीयकरण की क्रूर परंपराओं से जकड़े हुए हैं।

मिश्रित अर्थव्यवस्था, राजकीय आयोजन और कई संरचनात्मक बदलावों के बावजूद औद्योगिक व्यवस्था मूलतः पूँजीवादी है। सार्वजनिक क्षेत्र की संरचना में भी उत्पादन-संबंध स्पष्टतः पूँजीवादी है। यहाँ उत्पादन-साधन का स्वामित्व राज्य में निहित है। मजदूर एक श्रम बेचनेवाली इकाई मात्र है और उत्पादन की दिशा निर्धारित करने का काम उच्च राजकीय नौकरशाही ही कर रहा है। आजादी के बाद लागू हुई मिश्रित और आयोजित अर्थव्यवस्था समाजवादी समाज के निर्माण के उद्देश्य का परिणाम नहीं, आजादी के समय मौजूद आर्थिक शक्तियों के समीकरण का अनिवार्य परिणाम थीं। यह अर्थव्यवस्था राष्ट्रवादी शक्तियों की औपनिवेशिक शोषण के खिलाफ राष्ट्रीय आर्थिक विकास की चेतना और स्वतंत्र रूप से विकसित पूँजीपति-वर्ग के प्रभाव का संयुक्त परिणाम है। आजादी के बाद सत्तारूढ़ राष्ट्रवादी शक्तियों में वैकल्पिकआर्थिक दृष्टिकोण अभाव था; साथ ही तेज औद्योगिक विकास के प्रति अंधविश्वास पूर्ण आकर्षण था।

पूँजीवाद क्षेत्रीय विषमता को आधार बनाकर विकसित हो रहा है। उद्योग, चाहे निजी क्षेत्र के हों या सार्वजनिक क्षेत्र के, उत्पादन के स्थान और खनिज पदार्थ के खनन और दोहन के दृष्टिकोण से इलाके का असमान निर्धारण होता है। क्षेत्रीय शोषण के शिकार इलाके में खान और कारखाने का निर्माण भी उस इलाके के आर्थिक शोषण को तेज ही करता है। पूँजीपति-वर्ग ने बाजार पर अपने प्रभाव की वजह से सस्ते मूल्य पर कच्चा माल खरीदकर कृषि-क्षेत्र के अंदर अपने शोषण का आधार तो बनाया ही है, अपने शेयर बेचकर, वित्तीय संस्थाओं और बीमा-कंपनियों के माध्यम से जनता की बचत को अपने उपयोग में भी ले रहा है। इस तरह पूँजीपति-वर्ग जनता की आय के शोषण के माध्यम से जनता के श्रम का ही शोषण कर रहा है। आज वह उत्पादन इकाई के अंदर श्रम का शोषण नहीं कर रहा है, बल्कि श्रम को विस्थापित भी कर रहा है और बेरोजगारी पैदा कर रहा है।

भारत की औद्योगिक प्रणाली में छोटे उद्योगों का विकास वैकल्पिक विकेंद्रित अर्थव्यवस्था के दृष्टिकोण से नहीं, बल्कि बड़े केंद्रीयकृत उद्योगों के हित में और लोकतांत्रिक व्यवस्था के रूप में किया गया है। छोटे उद्योग राजकीय ऋण पाकर विकसित हुए हैं और उन्हें बाजार के लिए राज्य तथा बड़े उद्योगों पर निर्भर रहना पड़ता

है। अधिकांश छोटे उद्योगों में बड़े उद्योगों के लिए आवश्यक सामान का ही उत्पादन होता है और छोटे उद्योगों में सस्ती मजदूरी एवं कम लागत पर उत्पादित पुरजों को कम दाम पर उपलब्ध कर, पूँजीपति इस दिशा में पूँजी-विनियोग से बच जाते हैं।

भारत की अर्थव्यवस्था में साम्राज्यवादी पूँजी मजबूत स्थिति में है। बहुराष्ट्रीय कंपनियाँ और राजकीय समझौतों के माध्यम से कार्यरत साम्राज्यवादी पूँजी तकनीक का चुनाव अधिकाधिक लाभ के लिए करती है; अपने मशीन और पुरजों का बाजार कायम रखने के लिए अपनी पूँजी और तकनीक पर निर्भरता बनाए रखने को बाध्य भी करती हैं। साम्राज्यवादी पूँजी का शोषण निरंतर जारी है। भारतीय पूँजीवाद अपने विकास के प्रारंभिक काल में ही औपनिवेशिक शासन के अधीन विश्व पूँजीवाद के संरचनात्मक स्तर पर एकताबद्ध हो गया था। आज भी पूँजी और तकनीक के स्तर पर भारतीय पूँजीवाद सापेक्षतः साम्राज्यवादी पूँजी से कमजोर स्थिति में है। इस कारण अपनी स्वतंत्र स्थिति के बावजूद वह साम्राज्यवादी शक्तियों पर निर्भर है।

समकालीन भारतीय समाज के राजतंत्र का स्वरूप लोकतांत्रिक है। यह समकालीन लोकतंत्र एक औपचारिक लोकतंत्र है। लोकतंत्र के तत्त्व औपचारिक संस्थाओं में सीमित हैं। इस लोकतांत्रिक संरचना में जनता की भागीदारी विधायिका के गठन के लिए प्रतिनिधि चुनाव हेतु वयस्क मतदान तक ही सीमित है। चुनाव में जनता की महत्त्वपूर्ण भूमिका के कारण कार्यपालिका की गतिविधि पर भी एक बड़ा दबाव होता है। न्यायपालिका, नौकरशाही और सेना-पुलिस—राज्य के इन अंगों की संस्थाओं के निर्माण में जनता की आकांक्षा का दबाव कार्यपालिका और विधायिका के माध्यम से कार्यशील होता है। संविधान और संविधान-प्रदत्त बुनियादी जनाधिकार और नागरिक स्वतंत्रता का तत्त्व भी शासन की हर संस्था पर अपना लोकतांत्रिक दबाव बनाए रखता है।

दलीय प्रणाली की वजह से प्रतिनिधि-चयन में जनता के मत की भूमिका वास्तविक अभिव्यक्ति नहीं बन पाती है। उम्मीदवार दल का होता है; उम्मीदवार तय करने में जनता की कोई भागीदारी नहीं होती और जनता दलीय उम्मीदवारों को मत देने के लिए बाध्य होती है। आज की चुनाव-पद्धति का एक मौलिक दोष यह है कि जनता के व्यक्तिगत मत के गणितीय योग को ही संपूर्ण जनता की अभिव्यक्ति माना जाता है। मत देने की प्रक्रिया में जनता की सामूहिक विचार-चर्चा, वैचारिक अंतःक्रिया का न कोई प्रविधान है, न ही परंपरा। यह इस संसदीय चुनाव-पद्धति में संभव भी नहीं है और जनता का मत मात्र व्यक्तिगत होता है, जो अधिकांशतः अपूर्ण या असामूहिक होता है। इस चुनाव-पद्धति में सबसे ज्यादा मत प्राप्त व्यक्ति जनप्रतिनिधि होता है; भले ही उससे ज्यादा मत उस उम्मीदवार से अलग गए हों; यानी प्रतिनिधि के अल्पमत के आधार पर भी चयन होने का अवसर है।

आज की भारतीय राज-व्यवस्था संघात्मक राज-व्यवस्था के रूप में चिह्नित की जाती है, पर स्पष्टतः प्रांत और केंद्र के बीच शासन अधिकारों का विषय वितरण है। केंद्र के पास सत्ता अतिकेंद्रित है और केंद्रित होने का सिलसिला जारी है। संघात्मक राज-व्यवस्था को विकेंद्रित राज-व्यवस्था नहीं माना जा सकता; फिर भी यह केंद्रित एकात्मक राज-व्यवस्था से सापेक्षतः बेहतर है।

भारत के स्वतंत्र होने के बाद आरंभिक काल से ही जनांदोलनों, क्षेत्रीय असंतोषों के लोकतांत्रिक समाधान की जगह राज्य ने उपेक्षा और दमन की कार्य-शैली प्रमुखता से अपनाए रखी है। विभिन्न दल लोकतांत्रिक जनाधार और संगठन की मजबूती के अभाव में जाति-संप्रदाय जैसे सामाजिक स्तर को अपना मत-आधार बनाने के लिए सक्रिय हैं। राजतंत्र कार्यात्मक स्तर पर जनता की अभिव्यक्ति नहीं दे रहा है और जन-असंतोष को दबाने के लिए नागरिक-अधिकारी के क्षरण और लोकतांत्रिक प्रावधानों को सीमित करने की प्रक्रिया में प्रयासरत है। राजनीतिक कार्यपालिका विधायिका की भूमिका को लगातार सीमित करने की प्रक्रिया में सक्रिय है। यह तथ्य प्रमाणित करता है कि नागरिक अधिकारों के संकुचन की कोशिश पं. जवाहरलाल नेहरू के शासन काल से ही शुरू हो गई थी। इन लोकतांत्रिक शक्तियों के सामान्यतः असंगठित और निष्क्रिय होने के कारण शासन शक्ति के द्वारा लोकतंत्र को खत्म करने के प्रयासों का जोरदार विरोध नहीं हो पा रहा है; फलतः यह सीमित लोकतंत्र भी उत्तरोत्तर संकीर्ण होता जा रहा है।

मौजूदा भारतीय समाज में वर्गीय संरचना और औपचारिक लोकतांत्रिक संरचना के बीच विलोम संबंध है और ये दोनों इस समाज में एक साथ मौजूदगी के बावजूद एक-दूसरे के साथ अंतर्विरोध रखते हुए सक्रिय हैं। आर्थिक प्रभुत्वशाली वर्ग राजसत्ता पर अपनी प्रभावी भूमिका बनाए हुए है। दूसरी ओर, सीमित स्वरूप के बावजूद लोकतांत्रिक राज-संरचना को आम जनता के हितों का ध्यान एक सीमा तक ही रखना पड़ता है। नीति-निर्धारण में जनता के हितों के लिए विधान बनाने पड़ते हैं। निष्कर्षतः, शोषक वर्गों की ताकत, लोकतंत्र के केंद्रीयकृत स्वरूप और उसमें केंद्रीयकरणवादी राजनीतिक शक्तियों के प्रभुत्व तथा शोषित वर्ग और लोकतांत्रिक शक्तियों की विस्तारित, किंतु असंगठित और कमजोर स्थिति के परिणामस्वरूप शासन-संचालन प्रधान रूप से शोषक वर्गों के हित में हो रहा है तथा जनता के हित गौण हैं।

शोषक वर्ग और लोकतांत्रिक शक्तियाँ एक-दूसरे के खिलाफ सक्रिय हैं। लोकतांत्रिक संघर्ष का दमन शोषक-वर्ग का हित है, क्योंकि लोकतांत्रिक चेतना और जनसंघर्ष का विकास अंततः उस वर्ग की सत्ता-समाप्ति की दिशा तय रखेगा। लोकतांत्रिक शक्तियाँ चरित्रतः शोषित वर्ग के संघर्ष की सहयोगी हैं, क्योंकि लोकतांत्रिक आधार के निरंतर विकास के लिए वर्गीय शोषण की समाप्ति एक अनिवार्य हिस्सा है।

समानता, स्वतंत्रता और मानवता पर आधारित शोषणविहीन और राजविहीन समाज की स्थापना की अनिवार्य प्रक्रिया यह है कि शोषण, असमानता और परतंत्रता या तानाशाही की हर संस्था, प्रवृत्ति और गतिविधि के खिलाफ सात्यपूर्ण संघर्ष चलाया जाए। परिवर्तन के इन विभिन्न अनिवार्य संघर्षों में वर्ग संघर्ष और लोकतांत्रिक संघर्ष का विशिष्ट महत्त्व है। वर्ग संघर्ष समाज में व्याप्त वर्गीय शोषण को समाप्त करने की एक अपरिहार्य प्रक्रिया है, वर्ग संघर्ष के इस विशिष्ट महत्त्व के बावजूद इनकी यह सीमा भी है कि मात्र वर्ग-संघर्ष शोषण के हर आयाम की समाप्ति नहीं कर सकता; राजविहीनता की स्थिति नहीं ला सकता। इसी तरह लोकतांत्रिक संघर्ष, जहाँ समाज-संचालन से जनता की भूमिका को लगातार बढ़ाते जाने, उसे उच्चतम स्वरूप देने की प्रक्रिया है, वहीं यह तथ्य है कि शोषण के हर स्वरूप को मिटाए बिना लोकतांत्रिक सामाजिक आधार को फैलाना, जनता की भागीदारी और निर्णायक भूमिका बनाना तथा राजविहीन समाज बनाना संभव नहीं है, क्योंकि आज समाज में मौजूद हर सत्ता की केंद्रीय अभिव्यक्ति है। परिवर्तन की प्रक्रिया की इस मान्यता की तार्किक निष्पत्ति यह बनती है कि वर्ग-संघर्ष लोकतांत्रिक संघर्ष को अपना अंतर्संबंध अनिवार्यतः बनाना होगा; साथ ही अन्य शोषण-विरोधी संघर्षों से अपना संबंध बनाए रखने की कार्य-शैली बनानी होगी।

समकालीन भारतीय समाज के वर्गीय विश्लेषण से यह स्पष्ट है कि पूरा समाज वर्गों में स्तरीकृत है। वर्गीय समाज के एक छोर पर पूँजीपति, भूपति, धनी किसान हैं, जिनकी सत्ता और समृद्धि का आधार निम्नवर्ग का शोषण है। दूसरे छोर पर खेतिहर मजदूर, असुरक्षित मजदूर, मेहनतकश पेशाजीवी-समूह, इन वर्गों से इतर गुजर करनेवाले अन्य समूह, छोटे किसान, औद्योगिक मजदूर हैं, जो चल रही क्रूरतम शोषण-प्रक्रिया के शिकार हैं। इन वर्गों के अलावा मध्यम वर्गों का एक खेमा भी है, जो उत्पादन साधन के स्वामित्व, रोजगार, आय और जीवन-स्थिति की दृष्टि से शोषित वर्ग में वर्गीय शोषण का माध्यम कभी-कभी बनते हैं, पर वे वर्गीय व्यवस्था के संचालन में अपनी निर्णायक भूमिका नहीं रख पाते और कभी-कभी वर्गीय शोषण की मार से पीड़ित भी होते हैं। इस जटिल वर्गीय स्थिति के कारण ये वर्ग-परिवर्तन की प्रक्रिया के संदर्भ में दोहरा या ढुलमुल रवैया रखते हैं।

वर्गों की वस्तुगत स्थिति यह निर्धारित करती है कि वर्गीय शोषण की समाप्ति उन्हीं वर्गों के संगठित संघर्ष से संभव है, जिन वर्गों के शोषण की बुनियाद पर वर्गीय व्यवस्था टिकी हुई है। प्रारंभिक दौर में वर्ग-संघर्ष क्षेत्रीय स्तर पर ही संगठित करना संभव है। क्षेत्रीय स्तर पर संगठित और संचालित करने की सर्वोत्तम रणनीति है कि चुने गए इलाके के सर्वाधिक शोषित वर्ग को संगठित करने की शुरुआत की जाए और उसी वर्ग के मुद्दे पर संघर्ष संगठित किया जाए। संघर्ष का मुद्दा क्षेत्र की परिस्थिति और

शोषण की प्रक्रिया के आधार पर तय होगा। दूसरा तर्क यह है कि इस पद्धति से संघर्ष का सातत्य बनाए रखना संभव है। अन्य वर्गों का संघर्ष या विभिन्न वर्गों का संयुक्त संघर्ष अंततः मध्यम स्थिति प्राप्त वर्ग को शक्तिशाली बनाएगा; सर्वाधिक शोषित वर्ग अपनी शक्ति बनाए रखने के लिए अपने से नीचे के वर्ग को दबाने की प्रवृत्ति रखेगा और यह उस वस्तुगत स्थिति में संभव भी होगा और इस सर्वाधिक शोषित वर्ग को संगठन और संघर्ष की प्रक्रिया चलानी होगी, जो इस दौर में ज्यादा जटिल और लंबा समय लेनेवाला होगा। क्षेत्रीय षमता के चरम शिकार क्षेत्र में क्षेत्रीय शोषण के खिलाफ व्यापक संघर्ष भी शुरू किया जा सकता है, पर वहाँ भी सबसे ज्यादा ध्यान साधनविहीन और श्रम बचानेवाले वर्ग के संगठन और चेतना-निर्माण पर देना होगा।

वर्ग-संघर्ष क्षेत्रीय शोषक-वर्ग की आर्थिक सत्ता के कदम-कदम समाप्त करने का कार्यमात्र नहीं करेगा, बल्कि आर्थिक सत्ता के ढहाने के हर कदम को राजकीय मान्यता दिलाने का भी कार्य करेगा। राजकीय मान्यता प्राप्त करने का यह संघर्ष शोषित वर्ग की संघर्षशील शक्ति का राजसत्ता पर प्रभाव अभिव्यक्त करेगा।

आर्थिक सत्ता के विकेंद्रीकरण का दृष्टिकोण और इस दिशा में विकास के लिए संघर्ष के मुद्दे और संघर्ष-विकास के स्तरों के बारे में सोचना आवश्यक होगा। व्यक्तिगत संपत्ति की समाप्ति वर्गविहीनता के लिए अपरिहार्य है। यह चेतना भी आरंभ से ही बनानी होगी, अन्यथा बाद के दौर में अनावश्यक जटिलताएँ आएँगी।

समाज-संकलन, राजसत्ता के संचालन का केंद्रीय बिंदु समाज और जनता होना चाहिए और यह तभी संभव है जब इस संचालन-प्रक्रिया में जनता की महत्तम निर्णायक भूमिका हो। दूसरे शब्दों में—समाज-संचालन में हर व्यक्ति की भागीदारी का अधिकार उसका नैसर्गिक अधिकार है। इस मान्यता की यह निष्पत्ति बनती है कि लोकतंत्र सामाजिक परिवर्तन की प्रक्रिया के हर दौर में अनिवार्य है। किसी भी तरह की तानाशाही अवांछनीय है। समकालीन समाज में लोकतंत्र, जनता के लोकतांत्रिक अधिकार सीमित हैं। केंद्रित सत्ता, निहित स्वार्थ की सक्रियता इस बुनियादी तत्त्व—नैसर्गिक अधिकार को लगातार विकसित करने, व्यवस्था-संचालन में अधिकतम और निर्णायक भूमिका स्थापित करने का लोकतांत्रिक संघर्ष-व्यवस्था परिवर्तन का एक महत्त्वपूर्ण संघर्ष है।

लोकतांत्रिक संघर्ष की ताकत वे सभी शक्तियाँ होंगी, जिनका हित लोकतांत्रिक व्यवस्था में है और वे सभी शक्तियाँ, जिनका मौजूदा शासन-संचालन के साथ अनिवार्य हित संबंध नहीं है, उनका हित लोकतांत्रिक व्यवस्था में है। लोकतांत्रिक संस्थाओं, नागरिक स्वतंत्रताओं और बुनियादी जनाधिकारों को सीमित या समाप्त करने की कोशिशों का विरोध, सत्ता के केंद्रीयकरण का विरोध, नागरिक स्वतंत्रता और लोकतांत्रिक अधिकारों का विकास-निर्णय तथा कार्यान्वयन में जनता की अधिकतम निर्णायक भूमिका पर

आधारित विकेंद्रित संस्थाओं और राजनीतिक प्रणाली का निर्माण—लोकतांत्रिक संघर्ष के प्रमुख मुद्दे होंगे।

आज नागरिक अधिकारों का, बुनियादी अधिकारों पर सीमाबन्धन और राजनीतिक संस्थाओं को कमजोर करने की दिशा राज्य द्वारा संचालित हो रही है; अतः आज के लोकतांत्रिक संघर्ष का तात्कालिक दायित्व व्यापक जनमत-निर्माण कर व्यापक जन-आधारित जन-संघर्ष संगठित कर इन अधिकारों और संस्थाओं की बहाली करना है। लोकतांत्रिक संघर्ष की अगली दिशा इस लोकतांत्रिक संरचना में बुनियादी और व्यापक परिवर्तन करने की होगी। इस चरित्र के संघर्ष का मुख्य पक्ष आज की केंद्रीयकृत संरचना के खिलाफ जनमत संगठित कर, उसकी जगह जनता की अधिकतम और प्रभावी भागीदारीवाली भूमिका पर आधारित हर स्तर पर विकेंद्रित संस्थाओं का निर्माण होगा।

'जिसका संघर्ष, उसका नेतृत्व' की अवधारणा के पीछे मान्यता यह है कि संघर्ष जिस समूह के हितों पर चल रहा है, उस संघर्ष में उसी समूह का नेतृत्व संघर्ष को अधिकतम मजबूती देगा। रस-अवधारणा के आधार पर प्रारंभ से ही यह भूमिका होगी कि संघर्ष-संचालन की ऐसी पद्धति विकसित हो, जिसमें निर्णय-निर्धारण और क्रियान्वयन में उस समूह के लोगों की भागीदारी बने और बढ़ती जाए।

परिवर्तन की प्रक्रिया की सफलता के लिए वर्ग-संघर्ष और लोकतांत्रिक संघर्ष का अंत अनिवार्य है। एक-दूसरे से कटकर चले दोनों संघर्ष मात्र एकांगी परिवर्तन कर पाएँगे। इस एकांगी परिवर्तन का स्थायित्व भी संदिग्ध ही होगा। लोकतांत्रिक संघर्ष से कटकर चला वर्ग-संघर्ष आर्थिक समता लाने में सफल हो, तब कहीं राजनीतिक व्यवस्था केंद्रित होगी। कुछ लोगों के हाथ राजकीय सत्ता का प्रभुत्व होगा और मूल जनाधिकारों पर राजकीय हस्तक्षेप की स्थिति रहेगी। राजकीय सत्ता की ताकत से आर्थिक केंद्रीयकरण बनाने का प्रयास भी चलेगा। किंतु इस तरह वर्ग-संघर्ष से कटकर चला लोकतांत्रिक संघर्ष लोकतांत्रिक अधिकारों की बढ़ोतरी के बावजूद आर्थिक असमानता समाप्त नहीं कर पाएगा। राजनीतिक व्यवस्था पर मजबूत आर्थिक शक्तियों का प्रभाव होगा; बुनियादी जनाधिकार पर सीमा की संभावनाएँ बनी रहेंगी। वर्ग-संघर्ष लोकतांत्रिक संघर्ष का सहयोग देते हुए, इसमें अपने मुद्दों को मान्य कराने और संघर्ष में शोषित वर्ग की मजबूत भूमिका बनाने का प्रयास करेगा।

लोकतांत्रिक संघर्ष वर्ग-संघर्ष की मदद करते हुए शोषित वर्ग में लोकतांत्रिक चेतना बनाएगा तथा लोकतांत्रिक संस्थाओं के निर्माण की बुनियाद तैयार करेगा। इस अंतर्संबंध के माध्यम से वर्ग-संघर्ष लोकतांत्रिक शक्तियों को अपने पक्ष में खड़ा करेगा और लोकतांत्रिक संघर्ष शोषित वर्ग को जोड़कर अपना आयाम विकसित करेगा; अपने आधार पर क्षेत्र खड़ा करेगा। वर्ग-संघर्ष और लोकतांत्रिक संघर्ष का अपना अंतर्संबंध

लगातार बनाते हुए विकसित और मजबूत करते हुए, समाज में मौजूद अन्य अंतर्विरोधों पर भी अपनी आवश्यक भूमिका निभानी होगी। जाति, संप्रदाय और लिंग के आधार पर विभेदीकरण की जो शोषणकारी संस्थाएँ समाज में क्रियाशील हैं, वे समाज की शोषक शक्तियों की ही सहयोगी हैं। इन अंतर्विरोधों के आधार पर संगठित संघर्ष में शामिल शक्तियों में से इन संस्थाओं की वजह से मौजूद आंतरिक अंतर्विरोधों को सुलझाते हुए बढ़ना होगा। सुलझाने की प्रक्रिया इन अंतर्विरोधों में मौजूद शोषणकारी मान्यता, प्रवृत्ति और व्यवहारों पर चोट करने की होगी, न कि बिना प्रहार छोड़ देने की।

□

काला धन : कारण और निवारण

भारत एक लोकतांत्रिक देश है। अपने कल्याणकारी उद्देश्यों की पूर्ति अर्थात् औद्योगिक व्यापारिक तथा आर्थिक विकास, राष्ट्रीय आय में वृद्धि, व्यय तथा समानता पर आधारित वितरण तथा आय की असमानता की समाप्ति के लिए यह आवश्यक है कि सरकार की आय तथा वित्तीय साधनों में कभी किसी प्रकार की रुकावट नहीं आनी चाहिए। इसके लिए यह आवश्यक है कि हमारी अर्थव्यवस्था ऐसी हो, जिससे देश के वित्तीय साधनों का विनियोजन आर्थिक विकास में सहायक क्षेत्रों में हो। विगत कुछ वर्षों से हमारा देश अनेक आर्थिक और सामाजिक समस्याओं से गुजर रहा है, क्योंकि हमारी अर्थव्यवस्था के समानांतर एक और अर्थव्यवस्था है, जो देश की वास्तविक अर्थों में अर्थव्यवस्था बन गई है। यह व्यवस्था काले धन की है, जो हमारी राजनीति का प्राण तथा हमारी नई पश्चिमी पंचतारा, संस्कृति, सप्ततारा होटलों की वैभव वाली संस्कृति का उन्नायक है।

काला धन सरकार की आय में रुकावट पैदा करता है तथा देश के सीमित वित्तीय साधनों को अवांछित दिशाओं में मोड़ देता है। इसके अतिरिक्त काले धन या समानांतर अर्थव्यवस्था की समस्या सामान्य समस्याओं से अलग प्रकार की समस्या है, क्योंकि जब हम सामान्य आर्थिक समस्याओं, यथा गरीबी, मुद्रास्फीति या बेरोजगारी के संबंध में विचार करते हैं तब हमारा ध्यान निर्धन तथा बेरोजगार आदि के समूह पर केंद्रित हो जाता है। परंतु जब हम काले धन या समानांतर अर्थव्यवस्था पर दृष्टिपात करते हैं तब एक विशेषता दृष्टिगत होती है, कि इसमें वह व्यक्ति या व्यक्ति समूह बिल्कुल ही प्रभावित नहीं होता, जो इस काले धन को रखता है बल्कि इससे वे व्यक्ति प्रभावित होते हैं, जो इससे वंचित रह गए हैं और साथ-ही-साथ इस देश की सरकार भी।

काले धन की अवधारणा

आजकल 'काले धन' का प्रयोग सामान्यत: बिना हिसाब-किताबवाले या छुपाई

हुई आय अथवा अप्रकट धन या उस धन के लिए किया जाता है, जो पूर्णतया अथवा अंशतया प्रतिबंधित सौदों में लगा हुआ है। काला धन काली आय अथवा काली संपदा के रूप में भी हो सकता है। काली आय से तात्पर्य उन समस्त अवैध प्राप्तियों और लाभों से है जो करों की चोरी, गुप्त कोषों तथा अवैध कार्यों के करने से एक वर्ष में प्राप्त हुए हों। इसी प्रकार काली संपदा से तात्पर्य वह काली आय, जो वर्तमान में खर्च की जाती है और बचा ली जाती है या विनियोजित कर दी जाती है अर्थात् अपनी काली आय को व्यक्ति सोना-चाँदी, हीरे-जवाहरातों, बहुमूल्य पत्थरों, भूमि, मकान, व्यापारिक परिसंपत्तियों आदि के रूप में रखता है। इस काले धन को आयकर-अधिकारियों या सरकार की करारोपण दृष्टि से बचाकर रखने में उपर्युक्त प्रक्रिया प्रयोग में लाई जाती है।

इस प्रकार, हम देखते हैं कि 'काले धन' शब्द से आशय केवल उस धन से नहीं होता, जो कानूनी धाराओं, यहाँ तक कि सामाजिक ईमानदारी का उल्लंघन करके कमाया गया हो अपितु काले धन में वह धन भी सम्मिलित किया जाता है, जो छुपाकर रखा गया हो और जिसका कोई हिसाब-किताब न हो।

काले धन की उत्पत्ति

काला धन मुख्यतः दो प्रकार की शक्तियाँ उत्पन्न करता है। प्रथमतः, अवैध साधनों को प्रयोग करके काले धन की प्राप्ति, यथा—तस्करी, फ्लैटों और दुकानों के आवंटन में ली जानेवाली पगड़ी की राशि, माल के कोटों तथा लाइसेंसों को गैर-कानूनी रूप में बेचना, गुप्त कमीशन या घूसखोरी, विदेशी विनिमय की चोरी से प्राप्त धन तथा सरकारी नियंत्रण में बिक्री की कुछ वस्तुओं को काले बाजार में बेचने से अर्जित धन, आदि। इसी प्रकार दूसरे, प्रकार का काला धन वह होता है, जिसके अर्जन का स्रोत उपर्युक्त के विपरीत अर्थात् न्यायपूर्ण तथा वैध साधन होते हैं, परंतु अर्जन करनेवालों के व्यक्तिगत/व्यवहारों के कारण यह काले धन का रूप ले लेता है या अपनी आय को कर-अधिकारी से छुपाकर तथा उसपर कर अदा न करके अर्थात् 'कर-वंचन' के फलस्वरूप भी काले धन की उत्पत्ति होती है। जैसे—यदि किसी व्यक्ति की वार्षिक आय आयकर के अंतर्गत है तो वह आयकर की राशि को बचाने के लिए अपनी वास्तविक आय से कर आय को दरशाता है। इस प्रकार वह अंतर (वास्तविक आय घोषित आय) 'काला धन' कहलाएगा।

वास्तव में कर-वंचन (Tax-evasion) तथा काला धन, दोनों परस्पर अत्यंत घनिष्ठ रूप में संबंधित हैं। कर-वंचन, जहाँ काले धन को जन्म देता है, वहाँ काले धन को जब अधिक आय कमाने के लिए गुप्त रूप से व्यवसाय में लगाया जाता है, तो उससे पुनः कर-वंचन को प्रोत्साहन मिलता है। हम कह सकते हैं कि वर्तमान कर-प्रणाली ही

काले धन की उत्पत्ति का प्रमुख कारण है। कर-प्रणाली के जटिल होने के साथ-साथ करों की ऊँची दरों से भी कर-वंचन को बढ़ावा मिलता है। विगत कुछ वर्षों तक भारत में आयकर की सीमांत दर ९७.७५ प्रतिशत तक थी। वर्तमान में उसकी सीमांत दर ५० प्रतिशत है। प्रत्यक्ष तथा अप्रत्यक्ष, दोनों प्रकार के करों के संबंध में चोरी की प्रवृत्ति बढ़ रही है जिससे काला धन बढ़ता ही जा रहा है।

इसी प्रकार नियंत्रण (राशनिंग) व्यवस्था भी पर्याप्त मात्रा में काले धन की जननी है। अपने देश में बहुत से उपभोक्ता और औद्योगिक पदार्थों के उत्पादन मूल्य, तथा वितरण सरकार के नियंत्रण में है। आयात, निर्यात तथा विदेशी विनिमय पर भी बहुत से प्रतिबंध लगाए गए हैं। कई वस्तुओं के लिए लाइसेंस तथा कोटा-प्रणाली प्रचलित है। सरकार द्वारा निर्धारित मूल्य तथा बाजार मूल्य में अंतर के कारण अधिक लाभ प्राप्ति के लिए इन नियंत्रणों को भंग किया जाता है तथा नियंत्रित मूल्य की वस्तुएँ अधिक मूल्य पर काले बाजार में बेच दी जाती हैं। व्यापारी तथा साधारण जन भी लाइसेंस, कोटा-परमिट प्राप्त करने के लिए तथा अवैधपूर्ण रीति से कोई कार्य करवाने के लिए कर्मचारियों तथा अधिकारियों को रिश्वत देते हैं। इस प्रकार से नियंत्रण तथा निर्णयों में देर करने की प्रवृत्ति काले धन का प्रचुर मात्रा में उत्पादन करती है।

अर्थव्यवस्था में मुद्रा-स्फीति तथा वस्तुओं की कमी भी काले धन को जन्म देती है। मूल्यों के बढ़ने से व्यापारी माल को छुपाते या संचित करते हैं तथा इस माल को बाद में अधिक मुनाफे पर काले बाजार में बेच देते हैं। फलस्वरूप काले धन में अभिवृद्धि होती है। इसी प्रकार भ्रष्ट व्यावसायिक कारवाइयाँ व्यावसायिक खर्चों की सीमाबंदी तथा उनकी अनुमति न मिलना, बिक्रीकर तथा अन्य करों की ऊँची दरें, कर-कानूनों को अप्रभावी ढंग से कार्यान्वित करना आदि भी ऐसे महत्त्वपूर्ण कारण हैं, जो प्रचुर मात्रा में काला धन उत्पादित करते हैं। सरकारी कर्मचारी भी मूल्यों में वृद्धि के अनुक्रम में वेतन-वृद्धि नहीं पाते, जिसके फलस्वरूप वे अपने अधिकारियों का दुरुपयोग करके भ्रष्ट तरीकों से आय प्राप्त करते हैं, जो काले धन का रूप ग्रहण कर लेती है। उधर ठेकेदारों, माल की आपूर्ति करनेवाले, एजेंटों तथा दलालों की संख्या में हुई वृद्धि भी काले धन की वृद्धि का एक महत्त्वपूर्ण कारण है।

अचल संपत्तियों यथा—भूमि, भवन आदि का हस्तांतरण भी काले धन का एक बड़ा स्रोत है। के.एन. वांचू समिति की जाँच से यह स्पष्ट हो गया है कि महानगरों में अचल संपत्ति के मूल्य ६० : ४० के अनुपात में अदा किए जाते हैं, जिसमें ४० का अनुपात काले धन के रूप में होता है। कभी-कभी तो यह अनुपात ५० : ५० या ४०: ६० के अनुपात में भी देखने में आता है। तस्करी देश के उत्पादन तथा व्यापार को तो प्रभावित करती ही है, साथ-ही-साथ काले धन का एक महत्त्वपूर्ण स्रोत बन जाती है। तस्करी

काले धन के सृजन में वृद्धि करने के साथ व्यापार-संतुलन को भी देश के हितों के विरुद्ध ले जाती है। विदेशी माल तथा भारतीय माल के मूल्यों में बड़ा अंतर है। उदाहरणार्थ, अनेक मूल्यवान् धातुओं के भारतीय तथा अंतरराष्ट्रीय मूल्यों में 'एक निश्चित इकाई' का मूल्यों में अंतर काफी ज्यादा है। इसी प्रकार जाली नोटों के प्रचलन तथा यातायात के साधन भी काली आय का एक महत्त्वपूर्ण और बहुत बड़ा साधन बन रहे हैं।

चुनाव और काला धन

चुनाव में धन के बढ़ते प्रभाव और चुनाव के खर्च में होनेवाली भारी वृद्धि भी काले धन की उत्पत्ति में महत्त्वपूर्ण भूमिका निभाती है। चुनाव में पैसे का प्रभाव किसी से छुपा नहीं है। चुनाव में उम्मीदवार सारा खर्च स्वयं तो वहन नहीं कर पाता, अत: वह कई दिशाओं—बड़े ठेकेदारों अथवा पूँजीपतियों—से साँठ-गाँठ कर आर्थिक साधन 'चंदे' के रूप में जुटाता है। सरकार ने बड़ी कंपनियों पर चुनाव में राजनीतिक दलों को चंदा देने पर रोक लगा दी है। अत: वह चंदा राजनीतिक दल को व्यक्तिगत रूप में प्राप्त होता है, जो काला धन ही होता है। चुनावों में खर्च होनेवाला काला धन पूँजीपति कर लगवाकर तथा वस्तुओं के मूल्य बढ़ाकर जनता की जेब से ही निकलवाते हैं, जिससे महँगाई बढ़ती है।

भारत सरकार द्वारा सन् १९७१ में नियुक्त 'वांचू समिति' ने प्रत्यक्ष कर के ढाँचे में सुधार हेतु कहा था कि राजनीतिक दलों की अपने खर्च के लिए पूँजीपतियों और व्यवसायियों पर निर्भरता ही काले धन का प्रमुख कारण है। अत: चुनाव में बेहिसाब खर्च की प्रवृत्ति पर रोक लगाना अत्यंत आवश्यक है।

काले धन का प्रभाव

'के.एन. वांचू समिति' ने अर्थव्यवस्था पर काले धन के प्रभाव का उल्लेख करते हुए कहा था कि देश की अर्थव्यवस्था पर काले धन के बड़े खतरनाक और विनाशकारी प्रभाव पड़ते हैं। आज काला धन देश की प्रगति को गंभीर रूप से अवरुद्ध कर रहा है, क्योंकि काले धन के कारण सरकार को राजस्व-प्राप्ति की सीधे-सीधे हानि होती है। ऐसी आय वर्तमान में खर्च कर दी जाती है, जिससे बचत कम हो जाती है। करों की चोरी से प्राप्त आय से धन की असमानता को बढ़ावा मिलता है; चूँकि काले धन को न तो बैंकों में जमा किया जा सकता है और न ही प्रतिभूतियों में लगाया जा सकता है। इस धन का उपयोग मुख्यत: विलासिता तथा फिजूलखर्ची में किया जाता है। इस व्यय का देश के उत्पादन पर बुरा प्रभाव पड़ता है, क्योंकि सीमित साधनों को उत्पादन की बजाय उपभोग में लगा दिया जाता है, जिससे आर्थिक विकास में बाधा उत्पन्न होती है। यही

कारण है कि वर्तमान में देश को विकास के लिए जितने साधनों की आवश्यकता है, यथेष्ट रूप में इसीलिए सामने नहीं आ पा रहे हैं, क्योंकि वे संसाधन काले धन के रूप में गुप्त रूप से चलनेवाले व्यवसायों में लगे हैं।

वास्तव में, काले धन की अपनी अलग अर्थव्यवस्था होती है, जो अदृश्य रूप में सफेद धन की अर्थव्यवस्था के समानांतर कार्य करती है। ये दोनों अर्थव्यवस्थाएँ ठीक उसी प्रकार एक-दूसरे के संपर्क में नहीं आती हैं जिस प्रकार दो समानांतर रेखाएँ एक-दूसरे को नहीं काटती हैं। अत: काले धन को 'समानांतर अर्थव्यवस्था' से भी संबोधित किया जा सकता है। यहाँ यह द्रष्टव्य है कि दोनों अर्थव्यवस्था के स्रोत (काला और सफेद धन) दोनों एक-दूसरे में परिवर्तित हो सकते हैं, क्योंकि काले धन की अर्थव्यवस्था इतनी सुदृढ़ और शक्तिशाली होती है कि वह निरंतर सफेद धन को अपनी ओर आकृष्ट करती रहती है और चक्रवृद्धि ब्याज की भाँति निरंतर अपनी गति से बढ़ती जाती है। जब तस्करी की वस्तुएँ खरीदी जाती हैं या दुर्लभ वस्तु के लिए निर्धारित राशि से अधिक मात्रा में भुगतान किया जाता है, तब कहा जाता है कि सफेद धन काले धन में परिवर्तित हो गया, परंतु इसी प्रकार कोई धनी तस्कर या उद्योगपति विलासिता की वस्तुओं के उपभोग पर काले धन को व्यय करे और इसके बदले निर्धारित रसीद प्राप्त करे या सरकार काले धन को स्वत: आकर्षित करने के लिए कोई विशेष योजना लागू कर दे तो काला धन सफेद धन में बदल जाता है।

अत: हम देखते हैं कि काला धन किसी देश की अर्थव्यवस्था पर निम्नलिखित रूपों में घातक प्रभाव डालता है—

१. इससे कालाबाजारी, सट्टेबाजी, मिलावट ा तस्करी-जैसे गैर-कानूनी अपराधों को बल मिलता है।
२. दुर्लभ संसाधनों को अनावश्यक और अनुत्पादक कार्यों की ओर मोड़ देता है।
३. कर-वंचन से सरकार की सकल आय में कमी आती है और समाज में संपत्ति और आय का वितरण धनी वर्ग के पक्ष में हो जाता है, जिससे धनी और अधिक धनी तथा निर्धन और भी निर्धन हो जाते हैं।
४. विलासिता, विदेशी साज-सज्जा तथा उपभोग की वस्तुओं की माँग ज्यादा होती है। यह माँग तस्करी को प्रोत्साहित करती है।
५. काले धन को सामान्यत: नकद, सोने तथा अन्य मूल्यवान् धातुओं, विदेशी बैंकों, इन्वेंटरी में विनियोजन, निवासीय तथा व्यापारिक भवनों के क्रय, व्यापारिक तथा औद्योगिक पूँजी के रूप में किया जाता है। इस आय को सोने तथा मूल्यवान् धातुओं में लगाना स्फीतिकारक होता है। उन वस्तुओं की माँग

बढ़ने से इनका मूल्य बढ़ जाता है।

६. काले धन को विदेशी बैंकों में जमा करने में घरेलू वित्तीय स्रोत विदेशों को पलायन करने लगते हैं, जिसके फलस्वरूप देश का भुगतान-संतुलन बिगड़ने लगता है।
७. काली कमाई से भूमि तथा भवन आदि अचल संपत्ति क्रय करने पर रजिस्ट्रेशन शुल्क की चोरी के साथ ही इनके मूल्य में वृद्धि होती है।
८. काली आय से हुई बचत को अवैध कार्यों के लिए वित्त के रूप में प्रयोग किया जाता है तथा यह वित्त का वैकल्पिक स्रोत बन जाती है, जिससे सरकार की मुद्रा संबंधी नीतियाँ असफल हो जाती हैं।

काले धन की मात्रा

भारत में वर्तमान समय में कितना काला धन है, यह निश्चित रूप से बता पाना संभव नहीं है, परंतु अनुमानों के अनुसार, भारत में प्रतिवर्ष लगभग १,५०० से २,००० करोड़ रुपया काले धन का रूप ले लेता है।

'राष्ट्रीय लोक वित्त और नीति संस्थान' ने अपने रिपोर्ट में कहा है कि भारत में अरबों रुपए का काला धन है। अंतरराष्ट्रीय मुद्राकोष के एक सर्वेक्षण के अनुसार भारत में कुल राष्ट्रीय उत्पादन का ५० प्रतिशत काला धन है।

काला धन निकालने के उपाय

काले धन को बाहर निकालने के लिए सरकार द्वारा निम्नलिखित उपाय अभी तक प्रयोग में लाए गए हैं या लाए जा रहे हैं अथवा शीघ्र ही प्रवर्तित किए जाएँगे—

१. काले धनधारियों से यह अपेक्षा करना कि वे स्वत: तथा स्वेच्छापूर्वक अपने काले धन को प्रकट कर दें, वास्तव में, सिद्धांतत: यह बड़ी उचित तथा श्रेष्ठ व्यवस्था हो सकती है, परंतु व्यावहारिक दृष्टि से यह समर्थन-योग्य नहीं है, क्योंकि यह उपाय केवल युद्ध अथवा राष्ट्रीय संकट के समय ही कारगर हो सकता है। वांचू समिति ने भी इसका जोरदार विरोध किया है। इसके अनुसार, यदि इस उपाय का सामान्य परिस्थितियों में और वह भी बार-बार प्रयोग किया जाता है तो ईमानदार करदाता तो कर जमा कर देंगे, परंतु बेईमान करदाता इस विषय में तनिक भी नहीं सोचेंगे। ऐसी परिस्थितियों में ईमानदार करदाताओं का सरकार पर से विश्वास उठ जाएगा और वे समझेंगे कि कानून तोड़नेवालों से निबटने में सरकार अक्षम है। साथ-ही-साथ सरकार का कर विभाग भी अपमान का पात्र होगा।

२. दूसरा उपाय यह है कि सरकार करदाताओं के साथ समझौता कर ले, परंतु करदाताओं को इस विषय में आश्वस्त करने के लिए ये समझौते न्यायपूर्ण, शीघ्र तथा स्वतंत्र रूप में होने चाहिए। इन्हें कर विभाग के अंतर्गत ही किसी पृथक् निकाय को सौंपना चाहिए, क्योंकि यदि राजकोषीय कानूनों के प्रशासन में अत्यंत कठोर रुख अपनाया जाता है तो उससे किसी समय के कर-वंचक अथवा अनिच्छा से कभी कर-वंचन करनेवाले व्यक्ति को ईमानदार बनने का अवसर नहीं मिलेगा तथा व्यर्थ के मतभेद बढ़ेंगे। अत: कर-कानून में ऐसी व्यवस्था होनी चाहिए, ताकि कारवाई के किसी भी स्तर पर करदाता के साथ समझौता हो सके।
३. तृतीय उपाय के अंतर्गत सरकार ऐसे दीर्घकालीन धारक बॉण्ड जारी करे, जिन पर निम्न दर से ब्याज दिया जाए तथा धन विशेष निवेश करनेवालों को भी यह आश्वस्त करे कि निवेश किए गए धन के स्रोत के बारे में बॉण्डधारियों से कुछ नहीं पूछा जाएगा। इस उपाय से दबा हुआ काला धन प्रचलन में आकर सरकार के योजना-कार्यों में व्यय होगा तथा उत्पादन-वृद्धि हो सकेगी। इस योजना के कई लाभ भी सरकार ने बताए, परंतु व्यवहार में यह योजना असफल ही रही, क्योंकि लगभग पिछले कई वर्षों से इस योजना का कोई विशेष लाभ सरकार को नहीं मिल सका है। वास्तव में, सरकार करवंचकों तथा काली आय प्राप्त करनेवालों को इस योजना के प्रति पूर्ण आश्वस्त नहीं कर पाई है, इसलिए इन धारकबाँण्डों के प्रति काले धनधारकों ने विशेष रुचि नहीं दिखाई है।
४. विमुद्रीकरण भी एक कारगर उपाय हो सकता है। इसका अर्थ होता है, अर्थव्यवस्था में अधिक मूल्य के करेंसी नोटों को रद्द कर देना, क्योंकि काला धन आमतौर पर इन्हीं नोटों के माध्यम से संचालित होता है। यद्यपि यह एक आसान और अच्छा उपाय है, तथापि भारत में यह सफल नहीं रहा है।
५. कर की अधिकतम सीमांत दर में कमी करने पर काला धन निकालने में सहायता मिल सकती है। करों की ऊँची दरें अनेक कठिनाइयों तथा जोखिमों के बावजूद कर-वंचन को लाभप्रद तथा आकर्षक बनाती हैं; करों की ऊँची दरें उत्पादन पर प्रतिकूल प्रभाव डालती हैं तथा अधिक प्रयत्न करने के मार्ग में मनोवैज्ञानिक बाधा उत्पन्न करती हैं, साथ ही लोगों की बचत और निवेश की इच्छा और क्षमता को भी कम करती हैं।
६. यदि सरकार तस्करी की रोकथाम में सफल हो जाए तो काले धन का एक बहुत बड़ा भाग समाप्त किया जा सकता है। वास्तव में, तस्करी के प्रति

सरकार पूरी तरह से जागरूक है तथा इसमें कमी लाने के पूरे प्रयत्न भी किए जा रहे हैं। तस्करी का मुकाबला करने के लिए एक चौमुखी नीति अपनाई गई थी। इसके अंतर्गत रोकथाम और गुप्तचर शाखा को सुदृढ़ बनाना, विदेशी विनिमय अधिनियम के प्रविधानों को कड़ाई से लागू करना, आर्थिक और कानूनी उपाय तथा पड़ोसी राष्ट्रों से द्विपक्षीय समझौते इस राजनीति के मुख्य उद्देश्य हैं। यह उपाय यदि सतर्कता, ईमानदारी तथा वैज्ञानिक ढंग से प्रयोग में लाया जाए तो परिणाम उत्साहवर्धक होंगे।

७. कर-विभाग द्वारा डाले गए छापों से भी काले धन का परदाफाश होता है। काले धन को निकालने के लिए ऐसे व्यक्तियों, जिन पर संदेह होता है, के घरों तथा व्यावसायिक प्रतिष्ठानों पर समय-समय पर छापे डाले जाते हैं। यदि छापों की संख्या बढ़ा दी जाए तथा कर-विभाग इन छापों का क्रियान्वयन अधिक ईमानदारी और सतर्कतापूर्वक बड़े-बड़े तस्करों, सट्टेबाजों तथा जमाखोरों पर केंद्रित करे तो परिणाम उत्साहवर्धक रहेंगे।

८. सरकारी नियंत्रण तथा लाइसेंसों की न्यूनतम संख्या रखने पर भी काला धन अंशतः सामने आ सकता है। ये बातें काले धन तथा कर-वंचन को पैदा करती हैं।

९. देश में काले धन के निर्माण तथा संग्रह के लिए राजनेता काफी हद तक उत्तरदायी रहे हैं। अतः वांचू समिति के अनुसार राजनीतिक दलों को चंदा देने के कारण जो राशि कुल आय में से घटाई जाए, वह सकल आय की १० प्रतिशत से अधिक नहीं होनी चाहिए।

१०. व्यय-कर को पुनः लागू किए जाने से भी काले धन पर नियंत्रण किया जा सकता है। इस प्रकार हम देखते हैं कि आज भारत की अर्थव्यवस्था में काला धन इस प्रकार शामिल हो गया है कि वास्तविक प्रचलित धन के समानांतर काले धन की अर्थव्यवस्था चल रही है, जो कि हमारी अर्थव्यवस्था को घुन की तरह खोखला करती जा रही है।

११. सभी आयकर-अधिकारियों के तबादले साल भर के अंदर एक स्थान से दूसरे स्थान पर कर दिए जाएँ तथा जिन स्थानों पर उनकी नियुक्ति की जाए, वे उनके स्थायी निवास-स्थान से दूर हों। जो नए अधिकारी हैं उनके संबंध में यह भी ध्यान रखा जाना चाहिए कि जहाँ उन्होंने अंतिम शिक्षा प्राप्त की है, वहाँ भी उनकी नियुक्ति न की जाए।

१२. चुनाव में धन के बढ़ते प्रभाव और चुनाव खर्च में हुई भारी वृद्धि को देखते हुए एक महत्त्वपूर्ण सुझाव यह दिया जा सकता है कि सरकार की ओर से

उम्मीदवारों को आर्थिक सहायता दी जानी चाहिए; जैसे—जर्मनी और अमेरिका में राष्ट्रपति के चुनाव में। चुनावों में काले धन के प्रयोग पर रोक लगाने के लिए कुछ अन्य सुझाव भी दिए जा सकते हैं; जैसे—कंपनियों से धन लेने पर लगाई गई रोक हटा दी जाए, किंतु इसके साथ यह शर्त रखी जाए कि राजनीतिक दलों का पंजीकरण हो, वे पूरा हिसाब रखें, हिसाब की जाँच हो और वह साफ-साफ बताए कि वह पूरा धन उन्हें कहाँ से मिला और वे अपने चुनाव-प्रचार में उसका उपयोग किस प्रकार करेंगे। राजनीतिक दल जो रकम अपने उम्मीदवारों को दे, उसकी सीमा भी निश्चित हो। यह भी सुझाव दिया गया है कि सार्वजनिक क्षेत्र के प्रतिष्ठान किसी को चंदा नहीं दे सकते और निजी क्षेत्र की वही इकाइयाँ चंदा दे सकती हैं, जो लाभ कमा रही हों।

काला धन मुख्यतः विलासिता तथा फिजूलखर्ची में व्यय होता है, जो कि अनुत्पादक कार्य है। यह व्यय प्रथम तो देश की बचत को कम करता है; दूसरे, देश के उत्पादन पर प्रतिकूल प्रभाव डालता है, क्योंकि सीमित साधनों (आर्थिक) को उत्पादन के आधार पर उपभोग में लगाने पर स्वाभाविक है कि देश का आर्थिक विकास अवरुद्ध हो जाएगा। अतः भारत सरकार इस विकट समस्या से भली-भाँति परिचित है तथा उसके निवारणार्थ प्रयासों में लगी हुई है। आयकर उपबंधों के अंतर्गत केंद्रीय सरकार को ऐसी अचल संपत्ति को अधिग्रहण करने का अधिकार है, जिसका उचित बाजार मूल्य एक लाख रुपए से अधिक हो। संपत्ति के बेनामी धारण की पद्धति पर अंकुश लगाने के उद्देश्य से यह आवश्यक कर दिया गया है कि संपत्ति के वास्तविक स्वामी को संपत्ति के अर्जन के एक वर्ष के अंदर आयकर आयुक्त को सूचित करना अनिवार्य होगा। किसी भी मामले में, जहाँ एक वर्ष में कुल कारोबार ४० लाख रुपए से अधिक का होगा, लेखा पुस्तकों का लेखा परीक्षक द्वारा परीक्षण भी अनिवार्य कर दिया गया है।

अतः सरकार यदि कर-चोरी को घटाना चाहती है तो आयकर, प्रत्यक्ष-करों आदि की सीमांत दर, जोकि देश की तीव्र मुद्रा-स्फीति संदर्भ में काफी ऊँचे हैं, को कम कर दे, कर-चोरों के लिए कठोर दंड की व्यवस्था की जाए, कर-प्रशासन को अधिक चुस्त तथा निपुण बनाकर आर्थिक नियंत्रण, परमिट, कोटा, लाइसेंस आदि को सीमित तथा जरूरी होने पर ही लागू किया जाए, अधिक संख्या में तथा सार्थकतापूर्वक छापे मारकर, उपभोक्ता पदार्थों का उत्पादन बढ़ाकर, चुनाव-काल में राजनीतिक दलों द्वारा प्राप्त किए जानेवाले चंदे पर रोक लगाकर ही काले धन की समस्या से उचित तथा प्रभावशाली ढंग से निबटा जा सकता है। इसके अतिरिक्त प्रशासनिक कार्यक्षमता में वृद्धि करके देरी की प्रवृत्ति से मुक्ति पाना भी जरूरी होगा। विदेशी विनिमय की चोरी तथा तस्करी रोकने के लिए कोफेपोसा (Cofeposa) की व्यवस्थाओं को सख्ती से लागू

किया जाना चाहिए। संदिग्धों की जाँच तथा सभी कर-विभागों में उचित समन्वय होना अत्यावश्यक है। इस प्रकार उन समस्त स्रोतों को समाप्त करने में सफलता मिलेगी, जो काले धन को उत्पन्न करने में सहायता प्रदान करते हैं। इसके फलस्वरूप 'काला धन' हमारी अर्थव्यवस्था के लिए एक नगण्य समस्या होगी और फिर आसानी से कुचली जा सकेगी।

वास्तव में, भारत में काला धन खूब फल-फूल रहा है। बड़े लोगों के विरुद्ध जैसी काररवाई होनी चाहिए, नहीं हो पाती। इसका मूल कारण हमारे नैतिक स्तर और सामाजिक मूल्यों में आई गिरावट है। अत: नैतिकता का प्रशिक्षण और व्यवहार प्रत्येक स्तर पर अपेक्षित है।

□

भारतीय समाज और भावात्मक एकता

भारतवर्ष की वर्तमान परिस्थितियों में भावात्मक एकता का विषय बहुत महत्त्व रखता है। यह विषय एक राष्ट्रीय समस्या के रूप में देश के शुभचिंतकों और देशभक्तों का ध्यान प्रबल रूप में आकर्षित कर रहा है। प्रत्यक्ष में यह बात कही जा रही है कि देश का भविष्य, उसकी सभी योजनाओं की सफलता और भावी पीढ़ी की सुख-समृद्धि उसके नागरिकों की भावात्मक एकता पर निर्भर है। भावात्मक एकता का तात्पर्य है—प्रत्येक भारतीय यह अनुभव करे कि भारतभूमि उसकी मातृभूमि है। यहाँ के प्रत्येक नागरिक का हित उसका अपना हित है। भारतभूमि, इसकी नदियों, पर्वतों, पशु-पक्षियों और निवासियों के प्रति, यहाँ के इतिहास, परंपरा, संस्कृति तथा सभ्यता के प्रति प्रत्येक भारतवासी का पूज्य भाव हो—यही भावात्मक एकता है।

अतीत काल से हमारा देश एक भौगोलिक इकाई रहा है, किंतु उसमें राजनीतिक या प्रशासनिक एकता की भावना अंग्रेजों के पूर्व कभी नहीं आ पाई।

इस दिशा में अशोक, समुद्रगुप्त, चंद्रगुप्त, अकबर जैसे महान् सम्राटों के प्रांत भी केवल अंशत: सफल रहे। प्राचीन और मध्यकाल में देश अनेक राजनीतिक और प्रशासनिक इकाइयों में विभक्त था, फिर भी यह बात सर्वमान्य है कि समस्त भारतीय जीवन एक प्रकार की एकता के सूत्र में आबद्ध था। जीवन की बाह्य विभिन्नताओं और असमानताओं के अंतराल में भावात्मक, रागात्मक और सांस्कृतिक एकता की मंदाकिनी प्रवाहित होती रहती थी। अंग्रेजी शासन काल में ही सर्वप्रथम इतने व्यापक स्तर पर देश में राजनीतिक और प्रशासनिक एकता स्थापित हुई और उत्तराधिकार के रूप में यह स्वतंत्र भारत को भी प्राप्त हुई।

कुछ वर्षों से यह अनुभव किया जाने लगा है कि भावात्मक एकता के अभाव में देश की राजनीतिक, आर्थिक और प्रशासनिक एकता को दृढ़ बनाना अत्यंत कठिन है। कितनी विचित्र स्थिति है, जब देश में राजनीतिक एकता नहीं थी तब भावात्मक एकता का अभाव नहीं था और जब देश में शताब्दियों के पश्चात् स्वतंत्रता के साथ राजनीतिक

एकता स्थापित हुई तब भावात्मक एकता की सरिता सूख चली। महात्मा गांधी ने बहुत पहले देश के विभिन्न वर्गों के बीच बढ़ती इस संकुचित प्रवृत्ति को लक्ष्य करते हुए ही कहा था—"कैसा विचित्र समय आता जा रहा है कि पंजाबी केवल पंजाब के हित की बात करता है; बंगाली बंगाल के हित की तथा मद्रासी मद्रास के हित की, पर समूचे देश के हित की बात कोई नहीं करता। यदि पंजाब पंजाबियों का है, बंगाल बंगालियों का है, मद्रास मद्रासियों का है—तो फिर भारत किसका है?" महात्मा गांधी ने प्रांतीयता, सांप्रदायिकता, जातीयता, धार्मिकता तथा असहिष्णुता की जिन संकीर्ण मनोवृत्तियों पर चिंता प्रकट की थी, वे मनोवृत्तियाँ आज देशव्यापी बनकर विविध रूपों में प्रकट हो रही हैं, जिनके कारण देश का भविष्य ही संकट में पड़ गया है। वह जातिवाद, भाषावाद, क्षेत्रवाद और जाने कितने अन्य 'वादों' के जंजाल में फँसकर किंकर्तव्यविमूढ़ सा हो रहा है। पश्चिम में पंजाबी सूबे की माँग पर कितना भयंकर विवाद चला और अंत में वह बनकर ही रहा। दक्षिण में मद्रास राज्य का हिंदी-विरोधी आंदोलन भी उग्र रहा जिसका परिणाम तमिलनाडु के रूप में आज हमारे सामने है। हाल ही में बने तीन नए राज्यों—उत्तराखंड, झारखंड और छत्तीसगढ़ के आंदोलनों को तो हम सभी ने देखा है। विदर्भ, हरित प्रदेश, बोडोलैंड, भोजपुरी अंचल, मिथिलांचल आदि की माँगों को लेकर समय-समय पर रक्तिम क्रांतियाँ होती रही हैं।

राजनीतिक दलों का जन्म तो बरसाती मेढकों की तरह होता रहा है। प्रत्येक दल और संगठन अपने-अपने रंगमंच से देश की एकता की दुहाई देता है, पर अधिकार हस्तगत करने के लिए वह नीचता और क्षुद्रता का मार्ग अपनाने में लेशमात्र भी नहीं हिचकता। हमारे सार्वजनिक जीवन से जिस प्रकार ईमानदारी, नैतिकता और सत्यनिष्ठा कूच कर गई हैं, उसी प्रकार हमारे मनों से जननी जन्मभूमि के प्रति अनुराग, श्रद्धा और भक्ति की भावना भी किनारा करती जा रही है। यही वह भावना है, जो किसी देश के नागरिकों में परस्पर प्रेम, सहानुभूति, विश्वास और एकता का बीजारोपण करती है। जिस देश के नागरिकों में उनकी जन्मभूमि की एक समूची प्रतिमा—अपने समस्त प्राकृतिक वैभव, शस्य-संपदा और जन-संकुल समाज—संपत्ति के साथ सदैव नेत्रों के सामने रहती है, उस देश के नागरिक अपने को एक भाव-सूत्र में गुँथा हुआ अनुभव करते हैं और वही देश भावात्मक दृष्टि से दृढ़ आधार पर संगठित हो पाता है। भावात्मक एकता का मूलाधार है कि हम अपने देश और उसके विधायी तत्त्वों के प्रति प्रेम, सहानुभूति और लगाव अनुभव करें।

भारत में यह आधार विभिन्न कारणों से दुर्बल और अशक्त हो गया है। इस समय एक समस्या के रूप में अथवा एक चुनौती के रूप में उनके कारणों को स्वीकार कर देश एक बार फिर भावात्मक एकता के मूल आधार को शक्तिशाली बनाने के लिए प्रतिश्रुत

हुआ है। अब तक इस दिशा में अनेक महत्त्वपूर्ण प्रयत्न हो चुके हैं तथा अखिल भारतीय स्तर पर अनेक निश्चय किए जा चुके हैं, उनमें से कुछ कार्यान्वित भी हो चुके हैं और कुछ का क्रियान्वयन होना अभी तक शेष है।

देश में भावात्मक एकता की उत्पत्ति और उन्नयन के लिए भारत सरकार के शिक्षा मंत्रालय का ध्यान सबसे पहले विद्यार्थियों पर गया। किसी देश का भविष्य उसके विद्यार्थियों पर ही निर्भर करता है। वहाँ के विद्यार्थियों में यदि भावात्मक एकता का बीजारोपण हो जाए, तो उस देश का भविष्य सुनिश्चित हो जाता है, क्योंकि देश का नेतृत्व अंततः उन्हीं के हाथों में जाना है। इधर विद्यार्थियों की अनुशासनहीनता सरकार के समक्ष एक विचारणीय प्रश्न बनकर आ खड़ी हुई है। इस विषय पर अनेक शिक्षाशास्त्रियों ने विभिन्न मत प्रकट किए हैं। विद्यार्थियों में भावात्मक एकता को दृढ़ करने के लिए केंद्रीय शिक्षा मंत्रालय ने एक आयोग गठित किया। इसके कुछ वर्षों पूर्व इसी प्रकार 'संपूर्णानंद समिति' ने सारी परिस्थिति का बारीकी से अध्ययन करके अनेक उपयोगी सुझाव प्रस्तुत किए थे, जिन्हें राज्य सरकारों ने स्वीकार भी कर लिया था।

□

भारतीय जीवन और पाश्चात्य आदर्श

प्राय: यह देखा जाता है कि जब दो जातियों या दो संस्कृतियों का परस्पर सम्मिलन होता है तब दोनों एक-दूसरे पर अपना प्रभाव छोड़ती हैं। विचार-विनिमय, आदर्श, सभ्यता, संस्कृति या सभ्यता-विशेष प्रभुत्वशाली होने पर विजित जाति पर विशेष प्रभाव छोड़ती है और वह स्वयं भी विजित जाति से कुछ प्रभाव ग्रहण करती है। विजित जातियाँ विजेताओं के आदर्श, विचार और सिद्धांतों का अनुकरण करने में ही अपना कल्याण समझती हैं, क्योंकि इसके माध्यम से वे उनकी विशेष कृपाभाजन बन सकती हैं।

भारत में अंग्रेज आए, पाश्चात्य सभ्यता प्राच्य सभ्यता से घुली-मिली; भोगवाद ने त्यागवाद पर अपना प्रभाव डालना प्रारंभ किया। अंग्रेज अपने साथ अपनी भाषा लाए, अपनी जलवायु और वातावरण से उद्भूत भोगवादी विचार लेकर आए और शीघ्र ही पराजित भारतीय जनजीवन को प्रभावित करने लगे। अंग्रेजी भाषा शिक्षा का माध्यम बनी, देश की जनता का झुकाव अंग्रेजी की ओर हुआ। फलस्वरूप देश के अधिकतर नागरिक धीरे-धीरे अंग्रेजी-साहित्य के अध्ययन से सहज में ही उनकी संस्कृति से प्रभावित हो गए। छात्र विदेशी भाषा की छत्रच्छाया में आकर उसका अनुकरण करने में गौरव का अनुभव करने लगे और इस प्रकार, वे अपना सर्वस्व देकर भी बदले में बहुत कम पा सके। वे क्षण घोर अभिशाप के थे जबकि इस प्रकार के दयनीय घाटे को भी वे लाभ के रूप में स्वीकार करते रहे। संस्कृति का मूल आधार 'भाषा' होती है और भाषा का चरम उत्कर्ष साहित्य में प्रकट होता है, अत: साहित्य का पतन संस्कृति का और अंतत: जीवन को पतन की ओर ले जाता है। विदेशी साहित्यकारों की रचनाएँ पढ़ते समय हम अपने देश के कलाकारों और साहित्यकारों को भूल गए थे। यहीं से हमारा सर्वनाश प्रारंभ हुआ। स्वदेशी कलाकार विदेशियों की अपेक्षा भारत की मिट्टी से उगने के कारण हमारे मस्तिष्क को अधिक स्वस्थ और संतुलित खुराक दे सकते थे; आत्मचिंतन के माध्यम से कहीं अधिक गहराई से कल्याण पथ पर ले जा सकते थे, किंतु हमने सदा उनकी उपेक्षा

की। विदेशी नववधू के आकर्षण ने कुछ ऐसा जादू किया कि हम जन्म देनेवाली, पाल-पोसकर बड़ा करनेवाली अपनी माँ को ही भूल बैठे। पाश्चात्य सभ्यता के प्रकाश में हमारी चकाचौंध बुद्धि ने अपना सर्वस्व उसी के चरणों में न्योछावार कर दिया।

प्रत्येक देश का अपना एक वातावरण होता है; उसकी अपनी एक प्रकृति होती है और उसी के अनुकूल वहाँ की सभ्यता, संस्कृति और विचारधारा होती है। पाश्चात्य देशवासियों ने ठंडे देश में उत्पन्न होने के कारण कोट-पैंट-टाई से शरीर को अधिक-से-अधिक कसने में ही अपना कल्याण देखा और उन्होंने ठीक ही किया, किंतु उष्ण देश के निवासी भारतीयों ने उनका अपने स्वास्थ्य और धन का अपव्यय ही किया; पिछलग्गू बनने की उपाधि से अपने आपको विभूषित किया। बहरहाल, इस पहनावे को भारतवासी अब आत्मसात् कर चुके हैं।

प्राचीन मनीषियों ने हमारे शारीरिक और मानसिक स्वास्थ्य के लिए जो अचूक नुस्खे बनाए थे, वे भारतीय मिट्टी से मेल खाते हैं। वे यहाँ की जलवायु के अनुकूल भी हैं। उनमें हमारे पूर्वजों के सारे संस्कार निहित हैं। वे सभी प्रकार से हमारे लिए कल्याणकारी हैं। उनसे श्रेयस् और निःश्रेयस् दोनों की प्राप्ति हो सकती है। स्वास्थ्य ही संसार में सारे सुखों का मूल है। इसी क्षेत्र में, आयुर्वेद में बताए गए नुस्खे या औषधियाँ कम खर्च में तैयार होती हैं। वे हमारे स्थायी स्वास्थ्य का सृजन करती हैं, क्योंकि वे यहाँ के वातावरण और जलवायु के अनुकूल हैं। वे रोग को समूल नष्ट कर स्थायी प्रभाव छोड़ती हैं, किंतु विदेशी रंग में रँगे हम लोगों ने क्षणिक उत्तेजना देनेवाली अस्थायी प्रभाव से युक्त, महँगी विदेशी वस्तुओं और औषधियों को स्वीकार कर अपना स्वास्थ्य और धन ही नष्ट नहीं किए, अपितु अपने आर्थिक ढाँचे को भी अस्वस्थ, असंतुलित और जर्जर बना डाला। विदेशी इंजेक्शनों को अपने शरीर के रक्त-मांस में आत्मसात् करवाकर विदेशी चरणों में अपना मस्तिष्क भी बेच दिया। विदेशी धन-धान्य से संपन्न हो गए और हम अपने अज्ञान से भूखों मरने लगे।

हमने अपना स्वास्थ्य खोया, धन खोया, अपनी अमूल्य संस्कृति और सभ्यता खोई, फिर भी हम मिथ्याभिमान में तने रहे। हम सरीखा वज्र मूर्ख दूसरा कौन होगा? हमने महँगी विदेशी शिक्षा लेकर तर्कवाद के माध्यम से अपनी ही संस्कृति के सिर धूल डाली। उसे मृत घोषित किया; हृदय का पल्ला छोड़कर हम जितना ही मस्तिष्क की ओर खिंचते गए, उतने ही सभ्य और शिष्ट बने। जितना ही अधिक हमने पढ़ा उतनी ही मात्रा में छल, मिथ्याभिमान और बुद्धिवाद के सहारे सही को गलत सिद्ध करने की योग्यता हममें आती गई। हम बुद्धिवाद के स्वामी बने, भले ही व्यावहारिक, नैतिक और सात्विक ज्ञान में शून्य रहे।

पाश्चात्य आदर्शों की भित्ति एकमात्र विज्ञान पर टिकी हुई है। विज्ञान के ही बल

पर वह इतराती है, किंतु सुख और सुविधा के नाना साधनों के होते हुए भी वह चंचल और अशांत है। भोग से परे भी कोई वस्तु है, यह उसे सोचने की फुरसत ही नहीं। मोटर, महल, रेडियो, टी.वी., वीडियो, मोबाइल, कंप्यूटर, रेल, सिनेमा, हवाई जहाज, बड़े-बड़े अस्पतालों, कारखानों और ज्ञानराशि के होते हुए भी हम छिछले हैं; विषण्ण है। ऐसी कोई वस्तु है, जो हमें नहीं मिल रही है? आज के युग का मानव सड़कों पर दौड़ रहा है, वह अपने रुकने की जगह जानता ही नहीं। जब हम इतिहास के माध्यम से अपने पूर्वजों के जीवन के विषय में पढ़ते हैं तब हमें महान् आश्चर्य इस बात पर होता है कि जितनी सुविधाएँ आज हमें प्राप्त हैं, उनकी शतांश भी उन्हें प्राप्त न थीं, फिर भी वे जीवन से संतुष्ट थे और अपने आप में भरे-पूरे थे। उनका अपना एक ध्येय था। वे शांति को पा चुके थे तथा अपने लक्ष्य-सीमाओं को समेटकर बैठे थे। 'जब आवे संतोष धन सब धन धूरि समान', इस जीवन मंत्र को पचाकर अपने अंत:करण में उतार चुके थे, किंतु विज्ञान-युग के पाश्चात्य आदर्शों में पले हम तरंगों में बहे जा रहे हैं और हमारे पैरों के नीचे की जमीन गायब है। इस विषमता को हम इलियट के शब्दों में इस प्रकार कह सकते हैं—"हम जो ज्ञान हासिल कर रहे हैं, वह चलने का ज्ञान है, ठहरने का नहीं। वह बोलने का ज्ञान है, शब्दों का ज्ञान है; शब्दों के साथ लिपटे हुए अज्ञान का ज्ञान है, चुप रहने का नहीं। वह जिदंगी कहाँ है, जिसे हम जीते जी गवाँ चुके हैं? वह ज्ञान कहाँ है, जो सूचनाओं के संचय में गुम हो गया है?"

हम देखते हैं कि टेलीफोन और टेलीविजन के संयोजन से दूरी की बाधा को तोड़कर मनुष्य-मनुष्य की आवाज ही नहीं सुन सकते हैं, बल्कि वे परस्पर एक-दूसरे को देख भी सकते हैं। मिलने के ऐसे सुलभ साधनों के होते हुए यदि मानव के बीच हार्दिक और आत्मिक मिलन नहीं हो पा रहा है तो यह महान् आश्चर्य की बात है। पाश्चात्य आदर्शों ने जितना हमें ज्ञान दिया है उतना ही व्यस्त रहना भी सिखा दिया है। 'शांति' नाम की चीज हम सुनते भर हैं, कभी अनुभव करने का अवसर नहीं पाते और न उसकी कुछ आवश्यकता ही समझते हैं। हलचल और शोरगुल से भरे हुए नगरों में प्रलोभन और मन-बहलाव के जो लाखों उपकरण उपलब्ध हैं, वे मनुष्य को चौबीस घंटे एकांत से अलग उस भीड़ में व्यस्त रखते हैं, जिसकी विशेषता यह है कि उसे सोचने और चिंता करने की कमी कभी अनुभव ही नहीं होती। मन के भीतर जो आत्मा नाम का देवता है, दिन भर का हिसाब-किताब देने के लिए हमने उसकी बैठक में जाना छोड़ दिया है। हमारे पुरखे पाप करते हुए भी डरते थे, क्योंकि पाप को वे 'पाप' समझते थे, किंतु हम पाप-पुण्य को नहीं मानते। हमने उस युग के नीतिशास्त्र को त्रुटिपूर्ण और अव्यावहारिक समझकर एक पृथक् नीतिशास्त्र का निर्माण कर लिया है, जिसमें बुद्धि का प्राधान्य है। 'आत्मा' नाम की कोई वस्तु नहीं है, ऐसा हमारा विश्वास हो गया है। अत:

हमने उसका पूर्णतया बहिष्कार भी कर दिया है और इसीलिए हम लंदन के चौक पर के घड़ियाल की तो आवाजें रेडियो पर सुन लेते हैं, लेकिन अपने पड़ोसी की आह और कराह हमें सुनाई नहीं पड़ती। आज हम अनेक व्यक्तियों से मुलाकात करते हैं, लेकिन संपर्क जितना ही अधिक बढ़ा है, घनिष्ठता उतनी ही कम हो गई है। हमारे मानसिक महल में कई बरामदों के पीछे जो आत्मा का कक्ष है, उसमें हम किसी को भी नहीं ले जाते। एक खास तरह की वाक्पटुता, एक खास तरह की व्यवहार-कुशलता, एक खास तरह का चातुर्य और नकली नैसर्गिकता के चूने से पुती हुई एक खास तरह की बनावट हमारी आज की विशेषता है, जिसे हम निस्संकोच पाश्चात्य सभ्यता के द्वारा प्रदत्त वरदान कह सकते हैं। हम यांत्रिक युग के सुशिष्ट नागरिक हैं। हमारे पूर्वज करघे से कपड़ा बुनते थे। उनके कपड़ा बुनने के साधन कितने फूहड़, भद्दे और श्रम-साध्य थे, फिर भी उनका कपड़ा उनकी आत्माओं के भावों से, उनके अपने व्यक्तित्व से ओत-प्रोत था। उनका वह कपड़ा उनका अपना था, उसपर अपनत्व की छाप थी। लेकिन आज कारखाने का कौन ऐसा मजदूर है, जो यह कह सके कि मशीन के आखिरी मुँह से जो कपड़ा निकल रहा है, उसका एक गज भी ऐसा है, जिसे वह अपना कह सके। आज के श्रमिक के लिए जीवन का अर्थ है, एक निरर्थक यांत्रिक क्रिया की बुद्धिहीन अनवरत आवृत्ति। हमारे पूर्वज निरक्षर होकर भी शिक्षित और सुसंस्कृत थे, किंतु हम पढ़-लिखकर भी घोर अशिक्षित हैं।

हमें सोचना है, क्या दूसरों के अनुकरण पर चलकर हम अपने को इस प्रकार भूले रहेंगे या अपने अतीत से प्रेरणा ग्रहण कर नवीन जीवन-दर्शन की स्थापना की ओर अग्रसर होंगे?

□

पुरुष-प्रधान समाज में भारतीय नारी

वेद-वेदांतर से हमें ऐसे प्रमाण मिलते रहते हैं, जिनमें नारी के सामाजिक स्तर की अभ्यर्थना की गई है। प्रकृति स्वरूपा नारी को ईश्वरीय शक्तियों के रूप में स्थान मिला है। कभी ज्ञान दायिनी के रूप में 'सरस्वती', वैभवदायिनी के रूप में 'लक्ष्मी' तो कभी शक्ति के रूप में 'चंडी' का रूप धारण कर नारी ने सर्वत्र पूज्य परमशक्ति के रूप में अपना स्थान बनाया। धर्मवेत्ता तथा महान् आचारशास्त्री 'मनु' के अनुसार—

'यत्र नार्यस्तु पूज्यन्ते, रमन्ते तत्र देवता।'

प्राचीन कालीन भारतीय समाज में 'नारी' केवल आदर की पात्र ही नहीं थीं, वरन् उसे भी पुरुषों के साथ बराबर का स्थान प्राप्त था। चाहे कानून के तराजू पर या प्रथाओं-परंपराओं के मानदंड पर ही परखें, भारतीय नारी में बौद्धिक क्षमता, कार्य-कौशल, वाक्पटुता आदि सभी दृष्टियों से पुरुषों के समकक्ष समझा जाता था। ऋग्वैदिक सूक्तों तथा श्लोकों के रचनाकारों में भी गार्गी, मैत्रेयी, अरुंधती, सीता, सावित्री, उर्वशी, देवयानी, सारंगा, इंद्राणी आदि ब्रह्मबंदिनियों का नाम उल्लेखनीय है। मुनि-महात्माओं की तरह ये नारियाँ भी सामाजिक, धार्मिक तथा आचार-व्यवहार की नियंता थीं। नारी-शिक्षा भी आधुनिक नहीं वरन् प्राचीन काल से ही बालक-बालिकाओं के सह-शिक्षा का सर्वत्र प्रचलन था। इस कथन की पुष्टि वाल्मीकि मुनि के आश्रम में पढ़े—लव-कुश के साथ एत्रेयी के शिक्षा ग्रहण करने से स्पष्ट होती है। ऋग्वेद में भी महिलाओं को सामाजिक स्तर पर सर्वोच्च स्थान दिया गया है। वैसे तो 'विवाह' को जीवनपर्यंत 'अटूट बंधन' माना जाता था, फिर भी विधवाओं को अपने 'देवर' या अन्य व्यक्ति, जो उसका पाणिग्रहण करे, के साथ पाणिग्रहणोपरांत अकेलेपन के दुःख को सुख में परिवर्तित कर लेने का पूर्ण अधिकार था। यथा—'को वां शयुत्रा विधवेव देवरभर्यम न योषा कृणुते सधस्थ आः।' प्राचीन काल में प्रचलित 'स्वयंवर विवाह प्रथा' से यह प्रमाण मिलता है कि उस समय 'बालविवाह' जैसी कुरीतियाँ नहीं थीं वरन् स्वयंवर द्वारा नारी को स्वयं एक योग्य पति चुनने की पूर्ण स्वतंत्रता प्राप्त थी। 'महाभारत' के शांति पर्व में उल्लिखित

है कि नारी को 'गृहस्वामिनी' और 'माँ' के रूप में पिता और आचार्य से भी उच्च स्थान प्राप्त था। यथा—'गुरुणां चैव सर्वेषां माता परमं को गुरुः'।

इस प्रकार स्पष्ट होता है कि नारी-जीवन के सामाजिक स्तर को ऊपर उठाने का प्रयास प्राचीन काल से ही किया जाता रहा है।

मध्यकालीन नारी

मध्यकालीन समाज अनेकानेक रूढ़ियों से ग्रस्त था, इसीलिए इस युग को 'अंधकार युग' का घिनौना नाम दिया गया है। इस युग में सतीप्रथा, बालविवाह, विधवा को हेय दृष्टि से देखना, बहुपत्नी-प्रथा, परदा-प्रथा तथा जीवनपर्यंत वैधव्य आदि सामाजिक कुप्रथाएँ आग की लपटों की तरह बढ़ने लगीं। इस काल में दासी-प्रथा तथा विवाहोपरांत रानी के साथ कई दासियों का जाना आदि आम बात मानी जाती थी। कोई भी राजा अपने राज्य की रक्षा या अन्य राजनीतिक बिंदुओं को ध्यान में रखते हुए, अपनी कन्या का विवाह उसकी इच्छा के विरुद्ध किसी बादशाह या राजकुमार से कर देता था। मध्यकालीन कवियों और संतों ने भी नारी को हेय दृष्टि से देखा तथा अपनी रचनाओं में भी नारी के प्रति अत्यंत कटु दृष्टिकोण अपनाया। उदाहरण के रूप में कबीर दास की ये पंक्तियाँ देखें—

'नारी तो हम भी करी, जाना नहीं विचार।
जब जाना तब परिहरा, नारी बड़ा बिकार॥
नारी की झाँईं पड़त, अंधा होत भुजंग।
कबिरा तिनकी कौन गति, नित नारी के संग॥'

उपर्युक्त पंक्तियाँ मध्यकालीन स्त्रियों के दुर्दशापूर्ण और निम्नतम स्तर को स्पष्ट करती हैं। नारी-स्वाभिमान को पैरों तले रौंदा जाता देखकर भी मध्यकाल में न तो कोई नारी-सम्मान के रक्षार्थ आवाज उठाई गई और न ही नारी-सम्मान को बचाने का प्रयास ही किया गया, फिर भी इस काल में प्रशासकों, योद्धाओं और विष को गले में उतारनेवाली मीराबाई, अकबर का सामना करने वाली चाँदबीबी, औरंगजेब से टक्कर लेनेवाली मराठा वीरांगना ताराबाई तथा मातृशक्ति से संपन्न माँ जीजाबाई ने अपने साहसपूर्ण कार्यों से अपने अमरत्व का मार्ग प्रशस्त कर लिया तथा चहारदीवारी के परदे तक सीमित रहनेवाली नारियों को 'नारी स्वातंत्र्य' का मौन संदेश देकर उनमें प्रेरणा का भाव भर दिया।

आधुनिक कालीन नारी

मध्यकालीन समाज की घुटन से नारियों को उबारने का प्रयास आधुनिक काल में किया गया। ब्रिटिश युग के अविर्भाव से भारतीय समाज ने नवीन युग का स्वप्न देखना

प्रारंभ कर दिया। अंग्रेजों ने अपनी सेना में तथा अन्य सरकारी प्रतिष्ठानों में सर्वप्रथम अंग्रेजी शिक्षा देनी प्रारंभ की। यहीं से पश्चिमी सभ्यता, जनांदोलन और सामाजिक आंदोलन का प्रादुर्भाव भारतीयों के मस्तिष्क में भी हुआ, परिणामतः अपने गौरवपूर्ण अतीत से भारतीय जनमानस का प्रेम बढ़ने लगा और पुनर्जागरण की लहर 'तूफान' में परिवर्तित हो गई। कुपरंपराओं से ग्रस्त समाज से मुक्ति के लिए कुछ समाज-सुधारकों ने 'नवीन मुक्तिमार्ग' का प्रदर्शन किया। महिला शिक्षा प्रसार, सतीप्रथा, बेमेल विवाह आदि कुपरंपराओं से मुक्ति के लिए समाज-सुधारकों का ध्यान केंद्रित हुआ। श्रीमती रामाबाई रानाडे, लेडी बोस, भीकाजी कामा आदि ने नारी को अपने अधिकारों के प्रति सजग करने तथा उन्हें काम करने के लिए अनेक अवसर जुटाने का प्रयास किया। इसी प्रकार आर्यसमाज, ब्रह्मसमाज जैसी समाज-सुधारक संस्थाओं ने कुपरंपराओं को दूर करने के लिए आंदोलन का आयोजन किया। इन समाज-सुधारकों में राजा राममोहन राय का नाम उल्लेखनीय है। उन्होंने 'सती प्रथा' की समाप्ति, स्त्री शिक्षा और विधवा विवाह का समर्थन किया था। महात्मा गांधी ने अछूतोद्धार की तरह 'नारी उद्धार' के लिए भी प्रयास किए। अंग्रेजी शासन के विरुद्ध महिलाओं ने सत्याग्रह आंदोलन में महत्त्वपूर्ण भूमिका निभाई तथा भूमिगत आंदोलन का भी व्यवस्थित और सफल अभियान चलाया था। इन महिलाओं में—अरुणा आसफ अली, सुचेता कृपलानी, दुर्गामयी, प्रकाशवती पाल तथा उषा मेहता का नाम उल्लेखनीय है। आधुनिक-कालीन कवियों ने मध्यकालीन नारियों की दयनीय दशा का अनुभव किया और 'नारी-पीड़ा' को गहराई से समझा। मैथिलीशरण गुप्त की निम्नलिखित पंक्तियों में नारी-दशा के प्रति सहानुभूति अंकन परिलक्षित होती है—

'अबला जीवन हाय! तुम्हारी यही कहानी।
आँचल में है दूध, और आँखों में पानी॥'

इस प्रकार सामाजिक पुनर्जागरण से प्रगतिशील विचारधारा ने जोर पकड़ा, समाज-सुधारकों के प्रयास से नारी स्वाभिमान को सहारा मिला और नारी ने भी अपने महत्त्व और अधिकार को समझा। सुमित्रानंदन पंत ने अपनी इस रचना—

'मुक्त करो नारी को, मानव चिर बंदिनि नारी को।
युग-युग की निर्मल कारा से जननी, सखि, प्यारी को॥'

के माध्यम से जहाँ नारी-सम्मान को ऊँचा उठाने का प्रयास किया, वहीं सुभद्रा कुमारी चौहान ने भी अपनी रचना 'खूब लड़ी मर्दानी वह तो झाँसी वाली रानी थी' के माध्यम से नारी-सम्मान में चार चाँद लगा दिए थे।

'नारी मुक्ति-आंदोलन' को बीसवीं सदी में राष्ट्रीय आंदोलन से प्रोत्साहन मिला। फलतः नारी ने 'बंग-भंग' विरोधी आंदोलन और होमरूल लीग आंदोलनों में सक्रियता

से भाग लिया। नारी-उत्थान से संबंधित तथा सन् १९२७ में स्थापित 'ऑल इंडिया वीमेंस कॉन्फ्रेंस' नामक संस्था उल्लेखनीय रही।

इस प्रकार महान् समाज-सुधारकों के प्रयास तथा पाश्चात्य सभ्यता के प्रभाव से देश में सामाजिक, राजनीतिक, आर्थिक, वैज्ञानिक और शैक्षिक क्षेत्रों में राष्ट्रीय और अंतरराष्ट्रीय स्तर पर नारी कंधे-से-कंधा मिलाकर आगे बढ़ती रही है। फलतः आज न्यायाधीश, अधिवक्ता, प्रशासक, राजनीतिज्ञ, कवि, पायलट, एअर होस्टेस, सैन्य अधिकारी, फिल्म-तारिका, विश्व सुंदरी आदि स्थानों पर नारी भी नर के साथ समाज को अपना अमूल्य योगदान दे रही है।

स्वातंत्र्योत्तर नारी

स्वतंत्रता-प्राप्ति के बाद 'समानता' के लिए 'नारी-संघर्ष' ने आगे महत्त्वपूर्ण कदम बढ़ाए। सन् १९४७ में पूर्ण स्वतंत्रता के पश्चात् महिलाओं ने राजनीतिक, आर्थिक, सामाजिक आदि अन्य क्षेत्रों में अपनी अमिट छाप छोड़नी प्रारंभ कर दी थी। भारतीय संविधान के १४वें और १५वें अनुच्छेद में 'नारी' और 'पुरुष' को समानता का अधिकार प्रदान किया गया तथा लिंगभेद का खंडन किया गया। सन् १९५५ में 'हिंदू कोड बिल' के द्वारा हिंदुओं में प्रचलित बहुपत्नी प्रथा पर रोक लगा दी गई तथा महिलाओं-पुरुषों के आपसी संबंध-विच्छेद के लिए पूर्ण अधिकार दिया गया। सन् १९५६ में माता-पिता की संपत्ति पर पुत्र-पुत्री दोनों को बराबर का अधिकारी माना गया। दहेज की विकरालता को देखते हुए सन् १९६१ में दहेज विरोधी कानून बनाए गए, जिसमें दोषी सिद्ध होने पर छह माह तक की कैद और ५ हजार रुपए तक के जुरमाने का प्रावधान रखा गया तथा आगे चलकर 'दहेज विरोधी कानूनों' को और भी कठोर बनाया गया, साथ ही दहेज-उत्पीड़न के विरुद्ध नारी के लिए विशेष संवैधानिक अधिकारों की घोषणा की गई। वर्तमान समय में सभी प्रमुख राजनीतिक दलों के अपने स्थायी महिला संगठन हैं, जो महिलाओं को संसद् और विधानमंडलों में अधिकाधिक प्रतिनिधित्व दिलाने का प्रयास करते हैं। महिलाओं को सभी क्षेत्रों में मिली सुविधाओं का ही परिणाम है कि देश के उच्च पदों को भी महिलाएँ सुशोभित कर रही हैं। नारी-हित को ध्यान में रखते हुए न्यायालयों ने 'मुसलिम विवाह अधिनियम' में आवश्यक संशोधन कर 'तीन बार तलाक' कह देने पर नारी-पुरुष-संबंध विच्छेद की प्रथा को समाप्त कर नारी को एक नवीन मुक्ति मार्ग पर लाकर खड़ा कर दिया। सरकार ने अल्प अर्जन करनेवाली महिलाओं के हितार्थ 'महिला समृद्धि योजना' प्रारंभ की है, जिससे ग्रामीण महिलाएँ आत्मनिर्भर बन सकें और आवश्यकता पड़ने पर अपनी बचत का उपयोग कर अपने भविष्य को सुरक्षित कर सकें। इस योजना के प्रति महिलाओं की प्रतिक्रिया भी उत्साहवर्द्धक रही है।

वास्तव में, आज नारी में पर्याप्त जागरूकता आ गई है। देश में अब स्थल, वायु और नौसेना में भी महिलाओं को कमीशन दिया गया है। देश के अनेक स्थानों पर 'महिला थाना' खोले गए हैं, जिससे महिलाओं पर हो रहे अत्याचार का तुरंत निराकरण किया जा सके। सरकार द्वारा अनेकानेक रोजगार की योजनाएँ भी चलाई जा रही हैं, जिसमें महिलाओं और पुरुषों को समान पारिश्रमिक देने का नियम निर्धारित है और इन सभी योजनाओं का लाभ भी महिलाओं को प्राप्त होने लगा है।

इन सबके बावजूद आज नारी को जितना सम्मान मिलना चाहिए, उतना नहीं मिल पाया है। इसके मूल में महिलाओं में शिक्षा का प्रसार न होना है। घुटन भरे वातावरण में आज भी अनेक पढ़ी-लिखी नारियाँ दीन-हीन हालत में हैं तथा लंबा घूँघट निकाले पति की गुलामी करती हैं। आज भी उन्नत समाज में दुधमुँही बच्चियों और तुतलाती लड़कियों को विवाहमंडप के नीचे देखा जा सकता है। 'शारदा ऐक्ट' के होते हुए भी मध्य खेतिहर जातियों में अब भी बालविवाह का काफी प्रचलन है। इनमें दुर्भाग्यवश अगर लड़के की मृत्यु हो जाती है तो लड़की की जिंदगी अंधकार और निराशा की जीती-जागती तसवीर बनकर रह जाती है। वह वैधव्य की त्रासदी झेलने को मजबूर हो जाती है। देश में सामाजिक और सांस्कृतिक परिवर्तन न होने से दहेज प्रथा जैसी घिनौनी कुप्रथा से आज का समाज अभिशप्त है। इस अनियंत्रित प्रथा के कारण भारतीय नारी के सम्मान की रक्षा पूर्णतया नहीं हो पाई है। अभी भी नारी इस प्रथा के दंश को झेलने हेतु मजबूर है।

आर्थिक क्षेत्र में नारी ने भले ही पदार्पण किया है, फिर भी समानता का दर्जा आज भी उसे नहीं मिल पाया है। स्त्रियों को समान पारिश्रमिक और समान अधिकार प्राप्त करने के लिए अनेक प्रकार की कठिनाइयों का सामना करना पड़ रहा है।

महत्त्वपूर्ण सुझाव

भारतीय नारी की दुर्दशा एवं समस्याओं के निवारण के लिए निम्नलिखित सुझाव दिए जा सकते हैं—

१. सर्वप्रथम ऐसे सभी ग्रंथों और व्यक्तिगत कानूनों के उन अंशों को अमान्य करार कर दिया जाए, जिनमें किंचित् भी महिलाओं के भेदभाव की बात कही गई हो।

२. प्रत्येक राजनीतिक दल सामाजिक चार्टर तैयार करके महिलाओं और पुरुषों के बीच समानता की अधिकृत रूप से घोषणा करे।

३. 'फैमिली कोर्ट' के अंतर्गत स्त्रियों के प्रति आपराधिक मामलों को व्यावहारिक तरीके से निपटाया जाना चाहिए।

४. भारत सरकार को महिला-विकास के लिए राष्ट्रीय नीति बनानी चाहिए, जिससे संवैधानिक व्यवस्था का समुचित प्रयोग हो सके।
५. कानून के क्षेत्र में बहु विवाह, बाल विवाह, दहेज प्रथा तथा संतान गोद लेने की प्रथा के कानून-विरोधियों को कठोर दंड दिया जाए।

उपर्युक्त विचारों को दृष्टिगत रखते हुए यह स्पष्ट है कि जब तक पुरुष-प्रधान समाज में लोगों के वैचारिक दृष्टिकोण में परिवर्तन नहीं होगा तब तक स्त्रियों को बराबर का स्थान मिल पाना संभव नहीं है। इस स्थान को प्राप्त करने के लिए नारी को स्वयं आगे बढ़ना होगा। उसे 'नारी जागरण अभियान' को गति देनी होगी। साथ-ही-साथ भारतीय नारी को अपनी गरिमा का ध्यान भी रखना होगा। यह अभियान पाश्चात्य न होकर, शुद्ध भारतीय होना चाहिए। नहीं तो पाश्चात्य सभ्यता के अंधानुकरण में तलाक, अवैध शिशु-जन्म तथा मानसिक तनाव का सामना करना पड़ेगा, जैसा कि अमेरिका के ५० प्रतिशत तथा यूरोप के ४० प्रतिशत संबंध-विच्छेद से अनेक घरों की खुशियाँ मातम में बदल रही हैं अर्थात् पाश्चात्य सभ्यता से दूर रहकर तथा भारतीय आदर्श को ध्यान में रखकर चलाया गया अभियान ही भारतीय नारी को आत्म-गौरव दिला सकेगा।

□

कितनी उपयोगी है हमारी शिक्षा-पद्धति

मानव-जीवन एक दुर्लभ संयोग है। इसका विकास मात्र उत्तम शिक्षा से ही संभव हो सकता है। मानव-जीवन के पूर्ण विकास के लिए उसे जीवनोपयोगी, स्वविवेक, बौद्धिक जागृति, रचनात्मक-वैचारिक स्पष्टता की शिक्षा देना अति आवश्यक है। भारत जैसे अर्द्ध-विकसित देश में शिक्षा-क्षेत्र की समस्याएँ पश्चिम से भिन्न हैं। यहाँ की समस्याएँ जीवन की यथार्थताएँ हैं। हमारे अधिकांश विद्यार्थी विश्व में चारों ओर हो रहे घटनाक्रम, यहाँ तक कि देश की सीमाओं के पार की घटनाओं के प्रति सर्वथा उदासीन हैं। उनके लिए जीवन अस्तित्व का सतत संघर्ष महत्त्व रखता है, क्योंकि वे अपने चारों ओर के सहानुभूतिहीन समाज में व्याप्त बेरोजगारी और भुखमरी की विभीषिकाओं से त्रस्त हैं। नक्सलवादी समस्या मूलतः युवक-युवतियों की निराशा और क्षोभ की अभिव्यक्ति है। देश के एक शिक्षाशास्त्री ने नक्सलवादी समस्या के प्रश्न पर अपना मत प्रकट किया था कि इस समस्या का सर्वाधिक भयावह पहलू यह है कि अशांति, अव्यवस्था और भ्रांतिमय दशा देश के निराश-हताश युवक-युवतियों को एक निश्चित लक्ष्य हेतु लड़ने के लिए प्रेरित करती है।

इंजीनियरिंग कॉलेजों, पॉलिटेक्नीक और प्रतिनिधिक संस्थाओं में भी प्रायः हड़तालें तथा अन्य हिंसक घटनाएँ क्यों होती हैं? इस समस्या का मूल तत्त्व इसी सीधे-सादे प्रश्न में निहित है। हजारों की संख्या में इंजीनियरिंग स्नातक बेरोजगार या अर्द्ध-बेकार क्यों हैं? लाखों डिप्लोमाधारी और प्रशिक्षित तकनीकी विशेषज्ञ बेरोजगारी की विभिषिका झेलने को मजबूर हैं। जब तक हम अपने मेडिकल स्नातकों को गाँवों में जाने के लिए प्रेरित या बाध्य नहीं करेंगे, बेरोजगार इंजीनियरों की भाँति बेरोजगार मेडिकल स्नातकों का कल्पित दृश्य भी उपस्थित रहेगा। यह स्थिति विदेशियों को बड़ी विचित्र प्रतीत होती है। हम अपने समाज की अवनति के निकृष्टतम रूप में भी निश्चिंत और सुखपूर्वक रहने के अभ्यस्थ हो गए हैं और यह निश्चिंतता प्राच्य चरित्र का 'एक विशेष अंग' प्रतीत होती है। केरल में बेरोजगारों में कला और विज्ञान के प्रथम श्रेणी के

स्नातकोत्तर उपाधि प्राप्त युवक हैं, जिनमें कुछ मेधावी, अनुसंधान उपाधि प्राप्त युवाजन भी शामिल हैं। बेरोजगारी की समस्या की विकरालता का अनुमान तो इस एक तथ्य से ही हो जाता है कि अकेले पश्चिम बंगाल में १५ लाख बेरोजगारों में से ५ लाख शिक्षित बेरोजगार हैं। अन्य राज्यों में भी कमोबेश यही स्थिति है। पश्चिमी देशों में भी बेरोजगारी है, परंतु वहाँ लोग भुखमरी से नहीं मरते और न ही वे कुपोषण से पीड़ित हैं—जैसा कि इस देश में होता है। भारत में तो बेरोजगारी की समस्या इतनी प्रचंड है कि यह अन्य हर समस्या को पृष्ठभूमि में डाल देती है। यहाँ तक कि इसके आंशिक निराकरण मात्र से ही विश्वविद्यालयों के प्रांगण में पर्याप्त शांति स्थापित हो सकती है। निराशा और अनिश्चितता की यह भावना ही इस देश में छात्र-असंतोष का मूल कारण है, क्योंकि उन्हें अपना भविष्य सुरक्षित नहीं दिखाई देता। इसीलिए वे छात्र-नेताओं तथा राजनीतिज्ञों के प्रचार और प्रपंचों का शिकार बन जाते हैं, जो कि अपनी स्वार्थ-सिद्धि के लिए उनका उपयोग करते हैं।

कक्षाओं में भारी भीड़ रहती है। सन् १९५० के पूर्व प्रत्येक वर्ग में जहाँ ४०-५० विद्यार्थी हुआ करते थे, वहाँ अब यह संख्या ३ से ४ गुणा तक बढ़ गई है। अत्यधिक भीड़ उत्तेजना उत्पन्न करती है। कोलकाता के अधिकांश कॉलेजों में गुरु-शिष्य अनुपात कम-से-कम १ : ७ या ८ है, जबकि यह आर्ट्स (समाज विज्ञान सहित), कॉमर्स और लॉ में १ : १२ या अधिक-से-अधिक १६ होना चाहिए। विज्ञान में यह अनुपात और भी कम होना चाहिए। यह कोई आदर्श व्यवस्था नहीं है, परंतु यदि उच्चतर शिक्षा को मूल्यवान् और अर्थवान् बनाना है तो यह न्यूनतम सुविधा उपलब्ध करानी ही होगी, ताकि शिक्षा उपयोगी हो सके। कोलकाता के कुछ कॉलेज आमतौर पर निम्न मध्यम आय-वर्ग के लोगों से चलते हैं, जो भीड़-भाड़ के मामले में सन् १९४७ से भी पहले की परंपरा को रेखांकित करते हैं। इनमें प्रवेश-संख्या ७ से १० हजार तक पहुँच गई है और ये कॉलेज प्रात:काल से सायंकाल तक कई पालियों में चलते हैं।

मान लीजिए, चयन प्रक्रिया से प्रवेश लागू करते हैं तो हम उनका क्या करेंगे, जो प्रवेश से वंचित कर दिए जाएँगे? जनसंख्या-वृद्धि के दबाव के कारण कृषि-क्षेत्र में बेरोजगारी अथवा अर्द्ध-बेरोजगारी की स्थिति है और औद्योगिक क्षेत्र में मंद प्रगति के कारण हमारे उद्योग उन लोगों को खपाने में भी असमर्थ हैं, जो कि प्रौद्योगिकी दृष्टि से योग्य हैं। ऐसी दशा में, वर्तमान प्रणाली को जारी रखना, एक भयावह अपराध है, यद्यपि इससे देश में उच्चतर शिक्षा की जड़ों पर आघात हो सकता है।

छात्रसंघ विलासिता का एक माध्यम बन गया है। छात्रनेता इनमें प्राय: केवल धन के लोभ से प्रेरित होकर आते हैं। इनकी न शिक्षा में कोई रुचि होती है और न छात्रों के हित से कोई प्रेम। वे इन संघों के द्वारा छात्र-असंतोष को जीवित रखने के लिए प्रदर्शनों

और प्रपंचों का आयोजन करते रहते हैं। कुछ तथाकथित प्रगतिशील राजनीतिक छात्रसंघों के गुणों पर बड़ा प्रभावशाली व्याख्यान देते हैं। वे इस प्रकार लोकप्रियता अर्जित करने का प्रयत्न करते हैं और उनका उद्देश्य विश्वविद्यालयों में छात्र-नेताओं के माध्यम से अपना प्रभुत्त्व स्थापित करना होता है, जो कि आमतौर पर उनके एजेंट ही होते हैं। छात्र संघों के नेताओं में से अधिकांश को राजनीतिक दलों या असामाजिक तत्त्वों से धन प्राप्त होता है, जो कि इसे पूँजी लगाने का एक लाभकारी स्थान समझते हैं। छात्रसंघ की बजाय अच्छा यह होगा कि प्रत्येक संकाय में सर्वोत्तम छात्रों की छात्र परिषद् हो और यह परिषद् अनुभवी और सहानुभूतिपूर्ण शिक्षकों के निर्देशन में संचालित हो। यह छात्रों की रचनात्मक गतिविधियाँ तेज करने और उनकी शिकायतों की ओर विश्वविद्यालय-अधिकारियों का ध्यान आकर्षित करने के मंच के रूप में कार्य करें तथा विश्वविद्यालय-प्रशासन उन शिकायतों पर तत्काल सहानुभूतिपूर्वक विचार करे। सर्वाधिक महत्त्वपूर्ण बात यह है कि इसमें कोई विलंब न हो। छात्र-छात्राओं को निश्चित रूप से यह अनुभव कराया जाना चाहिए कि विश्वविद्यालयों का अस्तित्व 'उन्हीं' के लिए है और वे एक संयुक्त प्रयास के सक्रिय भागीदार हैं। उनकी मनोरंजन-गतिविधियों में सत्ता का पूर्ण विकेंद्रीकरण किया जाए और यह आवश्यक है कि छात्रसंघ ही वह माध्यम बने।

अब हमारे समक्ष यह यक्ष प्रश्न है कि हमारी शिक्षा-प्रणाली छात्र-छात्राओं को विश्वविद्यालय छोड़ने पर जीवन के कटु सत्यों का सामना करने के लिए तैयार करने में कहाँ तक समर्थ है और हमारे पाठ्यक्रम का स्तर विकसित देशों की तुलना में कहाँ तक पहुँचा है? भारतीय विश्वविद्यालय पुराने पाठ्यक्रमों और अप्रचलित विचारों के आधार पर चल रहे हैं तथा ये ऐसे शैक्षणिक संरचना पर आधारित हैं, जिनमें नवीन विचारों का प्रवेश नहीं हो पाता और निर्भय मत-अभिव्यक्ति को पसंद नहीं किया जाता। हम अर्द्ध-शिक्षित स्नातक और स्नातकोत्तर युवक-युवतियाँ पैदा कर रहे हैं, कुछ उच्च वर्ग के तथा आमतौर पर नवधनिक वर्ग के बच्चे जो पश्चिमी संस्कृति के निकृष्टतम रूप का अन्धानुकरण करके एक प्रकार की 'दोगली' संस्कृति ग्रहण कर रहे हैं।

गंभीर छात्र-छात्राएँ प्राय: निराशा से ग्रस्त रहती हैं। कुछ विद्यार्थी वर्तमान शिक्षा-प्रणाली की अपर्याप्तता के बारे में कभी-कभी अपनी शिकायतें व्यक्त करते हैं, पर उनका स्वर विश्वविद्यालय प्रशासन के शोरगुल में गुम हो जाता है। हमारे पाठ्यक्रम छात्र-छात्राओं के समक्ष चुनौतियाँ प्रस्तुत नहीं करते। एक औसत से भी कम बुद्धिवाला छात्र शिक्षकों द्वारा लिखे गए 'बाजारू नोट्स' का एक महीने तक गम्भीर अध्ययन करके कला या सामाजिक विज्ञान, वाणिज्य या कानून की कोई भी परीक्षा उत्तीर्ण कर सकता है। इस प्रकार इन विद्यार्थियों को वर्ष-भर समस्त प्रकार की गतिविधियों में संलग्न होने के लिए अवकाश के क्षण मिल जाते हैं, किंतु उनकी हरकतों से यह उक्ति रेखांकित हो

उठती है, 'खाली दिमाग शैतान का घर।'

अधिकांश विद्यार्थी ग्राम्यांचलों से आने लगे हैं। वे नीरस, उदासीनतापूर्ण विश्वविद्यालय-जीवन में पूर्णतया खो जाते हैं। उनका कोई मार्ग-दर्शन नहीं करता और न ही कोई सहानुभूति के दो शब्दों से उनकी आहत भावनाओं को प्रभावित करता है। कुलीन परिवारों के बच्चे तो अत्यल्प काल में ही आधुनिक जीवन की समस्त बुराइयों को आत्मसात् कर लेते हैं। हम यह गलत समझ लेते हैं कि विद्यार्थी ने तो विश्वविद्यालय में प्रवेश ले ही लिया है, वह अपनी जरूरतें स्वत: पूरी कर लेगा तथा विश्वविद्यालय का उत्तरदायित्व तो मात्र प्राध्यापकों द्वारा दिए जानेवाले व्याख्यानों के साथ समाप्त हो जाता है, परंतु अनुभव ने यह गलत साबित कर दिया है।

वांछित परिणाम की प्राप्ति के लिए यह आवश्यक है कि छात्र-छात्राओं के एक वर्ग को, जिनकी संख्या २०-२५ से अधिक न हो, अनुभवी और सहानुभूतिपूर्ण शिक्षकों की देख-रेख में सौंप दिया जाए, जो उनके निजी कल्याण और शैक्षणिक हितों पर ध्यान दे तथा उनके संरक्षकों की भाँति काम करे। इस प्रकार का व्यक्तिगत संपर्क बड़ा प्रभावशाली होता है।

इस समस्या का महत्त्वपूर्ण पक्ष 'शिक्षक' है। इसकी भूमिका निराशाजनक रही है। हाल में, एक राज्य में एक परियोजना के अंतर्गत संपन्न सर्वेक्षण से यह प्रमाणित हो गया कि उच्चतर माध्यमिक स्कूलों में घटनेवाली अनुशासनहीनता की कुल घटनाओं में से २४ प्रतिशत के लिए शिक्षक ही उत्तरदायी थे। विश्वविद्यालयों में यह प्रतिशत और भी अधिक हो तो आश्चर्य नहीं होना चाहिए। समस्त खतरनाक अपराधियों में शिक्षक-राजनीतिज्ञ सबसे बुरा है, क्योंकि उसमें शरारत की अपरिमित संभावनाएँ हैं। ऐसे शिक्षक-राजनीतिज्ञ अधिकांश विश्वविद्यालयों और शिक्षण-संस्थाओं में मौजूद हैं। वे खतरनाक इसलिए हैं, क्योंकि वे सब अपने निहित स्वार्थ के लिए छात्र-छात्राओं को 'कठपुतली' की तरह नचाते हैं और उस प्रक्रिया में वे निर्दोष छात्र-छात्राओं का जीवन निर्ममता से बरबाद कर डालते हैं। कोई भी विश्वविद्यालय इस बुराई से अछूता नहीं है।

उधर, शिक्षकों की भी अपनी समस्याएँ हैं। उन्हें न सामाजिक स्तर प्राप्त है और न वे अब आदर के पात्र रहे। उनमें से अधिकांश का जीवन गरीबी के विरुद्ध सतत संघर्ष के सिवाय कुछ नहीं रह गया है, यद्यपि ऊपर से वे शालीन जीवन बिताने का आडंबर रचते हैं। जब उनका अधिकांश समय विद्यालयों की प्रबंध-समितियों के प्रशिक्षित सदस्यों की कृपा प्राप्त करने और उनकी खुशामद करने में ही बीत जाता है तो वे धनी लोगों के बच्चों में अनुशासन की भावना कैसे उत्पन्न कर पाएँगे? जब वे प्राइवेट ट्यूशन करेंगे, केवल ऐसे पाठों की तैयारी कराएँगे, जिसमें से परीक्षा के प्रश्न बता देंगे, तो वे स्वस्थ आदर्श कैसे स्थापित कर सकेंगे? शिक्षकों का स्तर और प्रतिष्ठा का अवमूल्यन

ही छात्रों के अशिष्ट होने के प्रधान कारण है।

यहाँ समाजवाद को हमने एक आस्था के रूप में स्वीकार कर लिया है, जिसमें कि अन्य बातों के अतिरिक्त, सामाजिक विषमताएँ घटाना, आय की असमानता दूर करना और समस्त नागरिकों को जीवन की उन्नति के लिए अवसर सुलभ कराना भी शामिल है, परंतु जिस ढंग का समाजवाद हमने अपनाया है, उससे अमीर और अमीर बन रहे हैं तथा आय की विषमता भी बढ़ रही है। तस्कर, चोरबाजारी करनेवाले तथा साहूकार हमारी नैतिक चेतना के संरक्षक बन बैठे हैं और उनके बच्चे, संबंधी तथा नाते-रिश्तेदारों ने अपने लिए जीवन के सर्वोत्तम साधन जुटा लिये हैं। यहाँ तक कि उन्होंने ऐसे पद भी हस्तगत कर लिये हैं, जिसमें बुद्धिमत्ता, ईमानदारी और आदर्शवादिता की आवश्यकता होती है। वे इन गुणों से रहित होने के बावजूद भी इन अधिकारों को हथिया लेते हैं और इस प्रकार सुयोग्य गुरुजनों को उनके उचित अधिकार से वंचित कर देते हैं। इससे देश का विकास अवरुद्ध हुआ है और प्रतिभाशाली युवक-युवतियों में निराशा बढ़ी है, जिनमें से विश्व-योग्यतावाले युवक-युवतियाँ संपन्न पश्चिम में पूर्व के लिए अवसर खोजने को प्रेरित हुए हैं। अन्याय, सामाजिक विषमता और चारों ओर व्याप्त अमानवीयता ने नक्सलवाद का प्रभाव बढ़ा दिया है। ईमानदार किंतु निराश और क्षुब्ध युवा-पीढ़ी नक्सलवादी बन रही है या फिर सस्ते, बाजारू, कामुक साहित्य और फिल्म के शिकंजे में फँसती जा रही है।

इस समस्या के निराकरण की आशा करना एक प्रकार से आसमान के तारे तोड़ना है। जिस प्रकार बेरोजगारी और अत्यधिक भीड़ की समस्याएँ असाध्य हैं उसी प्रकार वैचारिक तनाव भी।

कुछ समय पूर्व तो भारत-सरकार द्वारा घोषित शाब्दिक 'राष्ट्रीय शिक्षा-नीति' का प्रारूप व्यावहारिकता के अर्थ में संदिग्ध प्रतीत हो रहा था, यहाँ तक कि असंतुलित भी, किंतु जब राष्ट्रीय चिंतकों ने उक्त नीति पर गंभीरता के साथ बार-बार विचार-मंथन किया तब 'नवनीत' के रूप में राष्ट्रीय शिक्षा-नीति के आधारभूत तत्त्व इस रूप में प्राप्त हुए—

- शिक्षा का लोकतंत्रीय स्वरूप,
- समाज में परिव्याप्त शैक्षणिक विषमता का उन्मूलन करने की दृष्टि,
- शिक्षा से मिलनेवाले लाभों पर वर्तमान पारस्परिक एकाधिकार को समाप्त करने की दृष्टि,
- देश के प्रत्येक नागरिक के लिए शिक्षा का समान अवसर प्रदान करने की दृष्टि,
- परंपरागत भारतीय संस्कृति के उन मूल तत्त्वों को शिक्षा में नैसर्गिक रूप से समावेश करना, जिनसे उसकी जातीय सांस्कृतिक पहचान को आघात न पहुँचे,

- विज्ञान और तकनीकी का शैक्षिक आवश्यकताओं के अर्थ में व्यापक उपयोग,
- शिक्षा की औपचारिक और अनौपचारिक, दोनों पद्धतियों का उपयोग।

उपर्युक्त आधारभूत तत्त्वों को विस्तार देने के लिए 'राष्ट्रीय शिक्षा-नीति' की प्रमुख उपयोगी उपनीतियों पर गौर करना भी श्रेयस्कर होगा—

- परीक्षा की नवीन पद्धति,
- राष्ट्रीय स्तर पर प्रति पाँचवें वर्ष संपूर्ण शिक्षा-नीति का मूल्यांकन,
- अखिल भारतीय शिक्षा-सेवा की योजना,
- रोजगारपरक शिक्षा-नीति,
- नवोदय विद्यालयों को विस्तार देना,
- रेडियो, टी.वी. तथा अन्यान्य संचार उपकरणों का शिक्षा में प्राथमिकता के साथ समावेश,
- केंद्रीय और राज्य-स्तरीय शिक्षा-सलाहकार परिषदों की स्थापना।

उपर्युक्त सभी परोपकारी बातें फिलहाल कागजों तक ही सीमित हैं। इनका व्यावहारिक स्वरूप कब सामने आता है, इसकी प्रतीक्षा है। लेकिन इतना अवश्य है कि किसी भी व्यक्ति या देश का विकास वहाँ के शिक्षा-स्तर पर ही निर्भर करता है। दृष्टांतस्वरूप, आज के विकसित देशों जापान, रूस अमेरिका को ले सकते हैं। ये देश अन्य देशों की अपेक्षा अत्यधिक विकसित हैं। इसका मुख्य कारण है, वहाँ की अत्युत्तम शिक्षा-पद्धति।

भारतवर्ष के प्राचीन शैक्षिक व्यवस्था और मूल्यों पर दृष्टि डाली जाए तो पता चलेगा कि पहले की शिक्षा-पद्धति आदर्श थी। उस काल में मानव-जीवन को उच्च और उदार बनाने के लिए वास्तविक शिक्षा दी जाती थी। इसकी उत्तमता से अभिप्रेरित और आकर्षित होकर विदेशों से असंख्य विद्यार्थी भारत में विद्याध्ययन करने आते थे। उस समय शिक्षा के क्षेत्र में भारत का आकर्षण था। उसे 'जगद्गुरु' का श्लाघनीय सम्मान प्राप्त था। यहाँ तक्षशिला, नालंदा जैसे अप्रतिम विश्वविद्यालय थे, जिनमें सहस्रों की संख्या में विद्यार्थी अध्ययन करते थे। इन विश्वविद्यालयों में ज्ञान का अपरिमित कोष विद्यमान था। शिक्षा-केंद्र विद्यार्थियों को व्यावहारिक शिक्षा के अक्षय कोष से संपूरित कर देते थे। छात्र-छात्राएँ आध्यात्मिक शिक्षा के साथ-साथ अपने आप में जीविकोपार्जन की क्षमता भी रखते थे। इस कर्तव्यपरायणता के फलस्वरूप भारत ज्ञान का वितरण करता था। भारत 'ज्ञान-सूर्य' बन चुका था। काल-चक्र के प्रत्यावर्तन से कालांतर में, भारत अनेक उथल-पुथल और राजनीतिक संघर्षों का केंद्र बना और शनैः-शनैः उसकी प्राचीन आदर्श पद्धति का ह्रास होते-होते लोप हो गया। अतीतकालीन भारतीय शैक्षणिक पद्धति की उत्कृष्टता इससे स्पष्ट हो जाती है कि उस काल में जिन्होंने भी उच्च स्तर तक की

शिक्षा प्राप्त की थी, वे आज 'इतिहास पुरुष' की संज्ञा और अलंकरण प्राप्त कर चुके हैं।

कालखंड अतीत में समाते चले गए और एक समय अंग्रेजी सभ्यता का प्रादुर्भाव हुआ। अंग्रेजी शासन में शिक्षा का आमूल-चूल परिवर्तन कर दिया गया। लॉर्ड मैकाले ने भारत को शिक्षा-प्रारूप प्रस्तुत करते हुए अपनी सत्ता के समक्ष कहा था—'भारत की संतानों को ऐसी शिक्षा दी जाए, जिससे कि वे वर्ण से भारतीय हो किंतु, मस्तिष्क से ब्रिटिश।' इसके परिणामस्वरूप छात्र-छात्राएँ शिक्षा ग्रहण कर 'खोखले ज्ञान की प्रतिमा' बनने लगे। जो लोग कुछ पढ़-लिख लेते थे, वे ब्रिटिश अधिकारियों के दासत्व में ही अपने जीवन को समाप्त कर देना अपना कर्तव्य समझते थे। ब्रिटिश राज द्वारा प्रदत्त शिक्षा-पद्धति ने विद्यार्थियों में अकर्मण्यता और विवेकहीनता को जन्म देकर आध्यात्मिक पक्ष का समूल विनाश कर दिया। इस प्रकार, ब्रिटिश-साम्राज्य शैक्षिक जगत् में रोग फैलाने में सफल हो गया। उसने भारतीयों के मस्तिष्क को इतना संकुचित कर दिया कि वे शिक्षा का उद्‌देश्य मात्र नौकरी समझने लगे तथा शिक्षा परीक्षा उत्तीर्ण करने का पर्यायवाची हो गई। जीवन की समस्याओं का निराकरण करने और जीवन सफल बनाने की शक्ति उस शिक्षा में नहीं रही।

सदियों की पराधीनता के बाद भारत ने स्वाधीनता के वातावरण में श्वास लिया। १५ अगस्त, १९४७ को देश स्वतंत्र हुआ और २६ जनवरी, १९५० को संवैधानिक सार्वभौमिकता का गौरव प्राप्त किया था, किंतु आज भी लगभग ६० वर्षों की स्वतंत्रता के उपरांत भारतीय शिक्षा का आधार ब्रिटिश कालीन शिक्षा बनी हुई है। सांप्रतिक शिक्षा-नीति के अंतर्गत कतिपय गुणों के साथ अधिक अवगुण हैं। पहला दोष यह है कि यह निष्क्रिय और अकर्मण्य है। इस शैक्षिक पद्धति में विद्यार्थी निष्क्रिय रहते हुए, शिक्षा के दायित्वों के प्रति जागरूकता का प्रदर्शन नहीं हो पाता। उसमें चेतना, जागृति और स्फूर्ति के अवयवों का समावेश इस प्रकार की शिक्षा नहीं करती और निरंतर कार्य-क्षमता और दक्षता के स्थान पर आलस्य और श्रम से बचने की भावना को स्थापित करती जाती है।

शिक्षा भारत के विद्यार्थियों को पुस्तकीय ज्ञान के बोझ से लादे जा रही है, जिनको विद्यार्थी डिग्री, डिप्लोमा, उपाधि, सम्मान इत्यादि के रूप में लाद-लादकर इधर-उधर भटकते, आवारा फिरते हुए बेकारी की समस्या को बढ़ाने में सहयोग करते रहे हैं। शिक्षा का जो वास्तविक उद्‌देश्य है, सांप्रतिक शिक्षा से उसकी पूर्ति नहीं होती। विद्यार्थी की आत्मिक तथा शारीरिक शक्ति का समग्र विकास नहीं हो पाता। मात्र कुछ पुस्तकीय ज्ञान के अतिरिक्त उसे देश-काल, राजनीति तथा मानवीय गुणों का विशेष ज्ञान नहीं होता। विद्यार्थियों का दृष्टिकोण विकसित नहीं होता तथा वे क्षुद्र भावनाओं से ऊपर नहीं उठ पाते। यही कारण है कि छात्र-छात्राओं में सर्वत्र अनुशासनहीनता के प्रकरण रू-बरू होते रहते हैं। अभी तक जीवंत नैतिक शिक्षा की गंध नहीं मिल पा रही है,

क्योंकि समाज में सुचारु रूप से जीवन-यापन के लिए मानव में मानवीय गुणों का होना नितांत आवश्यक है।

आज जिस तरह की और जिस तरह से शिक्षा भारत के छात्र-छात्राओं को दी जा रही है, उससे देश-प्रेम और राष्ट्रीयता का संस्कार नहीं पनप सकता। भारत की जो वास्तविक सभ्यता और संस्कृति है, उसका आज की शिक्षा से कोई सरोकार नहीं। यही कारण है कि आज शिक्षित मनुष्य में अपने देश के गौरव तथा मर्यादा के प्रति किंचित् मात्र भी अभिमान नहीं होता। उसमें तो बस परदेशी बाबुओं की तरह जीवन-यापन करने, चकाचौंध भरी दुनिया में रहने तथा भौतिक सुखों के पीछे भागने की चाह बनी रहती है। इस दिशा में सैद्धांतिक व्यावहारिकता की दृष्टि से उनका जीवन 'शून्य' बना रहता है। शिक्षाशास्त्रियों के अनुसार, छात्र-छात्राएँ देश-विदेश के इतिहासों को कंठस्थ तो कर लेते हैं, लेकिन वे अपने जीवन के इतिहास को पढ़ने से वंचित रह जाते हैं। वनस्पति-विज्ञान या भूगोल से वे प्रकृति की सूक्ष्मताओं का अध्ययन तो कर लेते हैं, परंतु मानवीय प्रवृत्ति को समझना उनके लिए एक समस्या ही बनी रहती है। इसी कारण वे मित्रों के चरित्र, जीवन-मूल्यों से अपरिचित रह जाते हैं और इधर-उधर भटकते रहते हैं। तात्पर्य यह है कि थोपी गई शिक्षा-पद्धति छात्र-छात्राओं को विषयगत दक्षता तो प्रदान कर सकती है, परंतु उनको एक जागरूक नागरिक बनाने का दावा नहीं कर सकती।

वास्तव में, आज शिक्षा का कोई महत्त्व नहीं रह गया है, यही कारण है कि उसके विशिष्ट पक्ष की मूलभूत सारी रीतियाँ, नीतियाँ तथा मान्यताएँ चरमराकर रह गई हैं। छात्र-छात्राओं पर कृत्रिम संस्कार का एक लबादा डाल दिया जाता है और वे शिक्षा मंदिर में ठीक उसी तरह से आवारा फिरने लगते हैं, जिस तरह से एक धोबी गधे पर बोझ डाल देता है और बोझ का महत्त्व समझे बिना गधा महाराज चल पड़ते हैं, घाट की ओर। ज्ञान का सार्थक पहलू तो तब उजागर होता है, जब विद्यार्थी को सम्यक् ज्ञान और सम्यक् आचरण की ओर अभिप्रेरित किया जाता है। आज, शिक्षा देनेवालों की स्थिति और उनकी मानसिकता 'एकोहम् द्वितीयोनास्ति', दूसरे शब्दों में 'अहम् ब्रह्मास्मि' वाली हो चुकी है।

वर्तमान शिक्षा पद्धति धन पोषित हो गई है। विश्वविद्यालयीय स्तर तक के शिक्षा भार को वहन करना सामान्य परिवार के लिए एक चुनौती भरा कार्य है। इसके साथ-साथ शिक्षा और मूल्यांकन-पद्धति, गोपनीयता की गुफा में घुसकर उल्टी-सीधी कलाबाजियों का प्रदर्शन करती रहती है।

□

साहित्य और जीवन

जीवन का अर्थ है 'गतिशीलता'। प्राणिमात्र को हम तब तक जीवित मानते हैं जब तक उसमें आंतरिक और बाह्य गतियाँ विद्यमान रहती हैं। जब गति ठहर जाती है तब उसे निर्जीव अथवा 'मृत' घोषित कर दिया जाता है। इसी प्रकार साहित्य में भी जब तक गति रहती है तब तक वह सजीव माना जाता है। साहित्य की गतिशीलता और प्रगति जब तक रहती है, वह जीवित कहलाता है और जब उसका विकास रुक जाता है, तब उसे 'मृत' मान लिया जाता है। मानव-समाज के प्रारंभ से अब तक विश्व में न जाने कितने साहित्यों का जीवन समाप्त हो चुका और अब भी कितने जीवित हैं तथा कितने भविष्य में आनेवाले हैं।

प्रकृति में गतिक्षविकास है, परिवर्तनशीलता है। अत: वह सजीव है। साहित्य भी प्रकृति की अनुकृति है, जिसमें प्रगति, परिवर्तन और विकास अनिवार्य है, जो सजीव साहित्य का लक्षण है। साहित्य-निर्माण का उद्‌देश्य मानव-उपयोग, मानव का कल्याण और मनोरंजन है जब तक साहित्य जन-साधारण के संघर्ष में रहता है अर्थात् सामान्य-जन अपने दैनिक जीवन में उसका उपयोग करते रहते हैं तब तक उसमें निरंतर नवीन प्रयोग होते रहते हैं, किंतु जब वह विद्वानों के विलास का साधन बन जाता है तब उसकी गतिशीलता का ह्रास होने लगता है। वह केवल विद्वानों की मंडली में सम्मिलित हो जाता है। कालांतर में वैसा साहित्य अपनी गतिशीलता खोकर 'मृत साहित्य' कहा जाने लगता है। उसमें प्रकृति को नवीन रूप में व्यक्त करने की शक्ति नष्ट हो जाती है। जिस समाज का रिश्ता ऐसे निर्जीव साहित्य मात्र से रहता है, वह 'निर्जीव समाज' कहलाता है।

प्राय: सभी धर्मों में उनका धार्मिक साहित्य ही प्राचीन साहित्य माना जाता है। वैदिक साहित्य को विश्व का प्राचीनतम साहित्य अगर माना जाए तो कहना होगा कि उसके पूर्व का समाज और साहित्य अतीत के गर्भ में विलीन हो गए। भारत के पूर्व-इतिहास काल में ऋषियों ने तत्कालीन समाज और जीवन-क्रम का जो वर्णन किया, वह 'वैदिक साहित्य' कहलाया। उसके ह्रास के साथ संस्कृत-साहित्य का आविर्भाव हुआ।

आज उसे सजीव साहित्य नहीं कहा जा सकता है। उसके स्थान पर आज देशीय भाषा साहित्य विकसित हो रहा है, जो जीवंत और गतिशील है। अरबी, फारसी, लैटिन, रोमन आदि प्राचीन पाश्चात्य साहित्यों की भी यही स्थिति है।

आधुनिक भारतीय भाषा-साहित्यों की तरह अन्य राष्ट्रों में भी अंग्रेजी जर्मन, फ्रेंच, उर्दू, रूसी, चीनी, बर्मी, जापानी आदि सैकड़ों भाषाओं में गतिशील साहित्य पनप रहा है, जिनके रूपों से निरंतर परिवर्तन अथवा नवीनता देखी जा सकती है। छठी सदी में जब पाणिनि ने संस्कृत को व्याकरणबद्ध किया तब संस्कृत-साहित्य निर्माण में गतिशीलता का ह्रास होने लगा तथा देशी भाषा-साहित्यों में जीवन-तत्त्व पुष्ट होने लगा। चूँकि संस्कृत में शब्द का निर्माण तथा संस्कृति के प्रदर्शन की क्षमता थी, इसलिए वह मृत साहित्य होने से बच पाई। वर्तमान में हिंदी, बँगला, मराठी, पंजाबी, गुजराती, उड़िया तथा दक्षिणी भाषाएँ साहित्य संपन्न होती जा रही हैं।

साहित्य मानव-जीवन का अभिन्न अंग है। मानव-प्रवृत्तियों और प्रकृति के नित परिवर्तित नाना रूपों का चित्रण ही साहित्य का जीवन है। पावस-ऋतु में इंद्रधनुष के रंगों पर सबकी मुग्ध नजर पड़ती ही है। महाकवि भारवि एक निराला इंद्रधनुष 'किरातार्जुनीयम्' में प्रस्तुत करते हैं—

'नीले आकाश में हरे रंग के तोते अपनी लाल चोंचों में धान की पीली बालियाँ लेकर धनुषाकार पंक्तियों में उड़े जा रहे हैं।' प्रकृति का कैसा गतिशील चित्र है! महाकवि बिहारी के दोहे में भी ऐसा ही चित्रित है—

'अधर-अधर हरि के परत ओठ-दीठ परजोति।
हरित बाँस की बाँसुरी, इंद्रधनुष घुति होति॥'

श्रीकृष्ण के अरुण अधरों पर 'हरी बाँसुरी' बज रही है। बजाते समय जरा सिर के झुकने पर काली पुतली तथा पीतांबर की आभा भी बाँसुरी पर पड़ रही है। यों गाता हुआ इंद्रधनुष प्रकट है। इसे कहते हैं, सजीव साहित्य। इस प्रकार जीवन को नवोन्मेष जिस साहित्य की गद्य-पद्य विधाओं से प्राप्त होता है, वही साहित्य गतिशील तथा जीवंत कहलाता है।

☐

हिंदी साहित्य में आदर्शवाद और यथार्थवाद

साहित्यकार और साहित्य, दोनों को समाज ही बनाता है। एक साहित्यकार अपने जीवन और समाज से जो भी पाता है, वही साहित्य में उड़ेलता है और यदि वह कहीं बाहर से कुछ भी लेता है तो वह हमारे जीवन से मेल नहीं खाता, वह निरर्थक हो जाता है। साहित्य का उद्देश्य व्यक्ति को ऊँचाइयाँ देना ही नहीं होता, बल्कि वह व्यक्ति के व्यक्तित्व को यथार्थ से भी परिचित कराता है। साहित्यकार स्वयं ही प्रगति नहीं करता, बल्कि समाज को भी प्रगति के मार्ग पर अग्रसर करने के लिए पथ-प्रशस्त करता है।

साहित्यकार जब समाज के यथार्थ से गुजरता है तब उसके अनुभवों में कड़वापन आ जाता है। वह चाहता है कि इसे ज्यों-का-त्यों साहित्य में उकेर दे। किंतु ऐसा करने से उसके मन का मैल तो साहित्य में बिखर जाता है। वहीं पाठकों को भी वैसा साहित्य कड़वाहटों की ओर ले जाता है। वह आशाओं को छोड़कर उस कड़वाहट को भी जीवन की सच्चाई मानने लगता है। हाँ, जीवन सभी को सिर्फ कड़वाहटें देता हो, ऐसी बात नहीं है, इसमें मिठास भी होती है; आदर्श रूप भी होते हैं, जो समाज के लिए स्वयमेव आदर्श बन जाते हैं। आदर्श जीवन के आधार पर ही आदर्श साहित्य की रचना होती है।

साहित्य मानव समाज से सत्य और सुंदर चुनकर समाज के समक्ष रखता है। मनुष्य स्वयं ही अपनी आलोचना किसी-न-किसी रूप में किया करता है। हिंदी साहित्य में आदर्शवाद और यथार्थवाद तलाशा जाए तो दोनों के अलग-अलग क्षेत्र प्राप्त होते हैं। भक्तिकाल में सूरदास, कबीर, रैदास, जायसी, तुलसी, मलूकदास, मीराबाई आदि भक्त कवियों ने समाज और वास्तविक जीवन से अलग हटकर ईश्वर की आदर्श प्रतिमा स्थापित की है। वे ईश्वर या परमात्मा को सर्वोच्च सत्ता समझकर उसे अपने साहित्य का विषय बनाते हैं। आदर्शवाद की इससे बड़ी उपलब्धि और कोई न होगी, जिसमें अनदेखे-अनजाने सत्ताधारी को अपना सारा जीवन ही समर्पण कर दिया गया हो।

शृंगारकाल में लगभग सभी कवियों ने प्रेमपरक रचनाएँ की हैं तथा प्रेम और नायिका-सौंदर्य को आदर्श रूप प्रदान कर दिया है। उस काल की रचनाएँ मूलतः

प्रशस्ति-गान होती थीं। अत: उनमें यथार्थ की झलक कम ही मिलती है। शृंगारकाल के साहित्य को वास्वविक जीवन से परे होने के कारण यथार्थ की श्रेणी में नहीं रखा जा सकता और आदर्श रूप न होने के कारण आदर्श की श्रेणी में भी नहीं रखा जा सकता। उस काल का साहित्य अलंकारों के चमत्कार का उत्कर्ष कहा जा सकता है।

शृंगार युग को पीछे छोड़ते हुए जब साहित्य आगे बढ़ा, तब वह प्रकृति में उलझ गया। छायावादी कवियों ने अपने-अपने प्रेम की आदर्शवादिता बघारी और यौन कुंठाओं को भूलने के प्रयास में अपने प्रेम को आदर्श प्रेम के रूप में स्थापित किया।

छायावाद का प्रचलन सन् १९२० तक हो चुका था। छायावाद हिंदी-साहित्य के रोमांटिक उत्थान की प्रमुख काव्यधारा है। इसमें आदर्श प्रेम के साथ-साथ कवियों और लेखकों ने यथार्थ जीवन का भी नग्न चित्रण किया है। एक तरफ तो महादेवी किसी अदृश्य प्रिय को संबोधित कर रहस्यवाद की स्थापना करती हैं, जो कि उपनिषद् और वेदों से आता हुआ छायावाद का एक अंग बनता है। दूसरी तरफ निराला 'सरोज-स्मृति', 'कुकुरमुत्ता' और 'कुल्लीभाट', 'बिल्लेसुर बकरिहा' में जीवन का नग्न यथार्थ चित्रित करते हैं। छायावादी कवियों में निराला ही ऐसे व्यक्ति हैं, जो प्रकृति-चित्रण के साथ-साथ यथार्थ के धरातल पर भी अपने पैर मजबूती से जमाए हुए हैं। यथार्थ-चित्रण में कुछ कवियों ने स्वतंत्रतापरक कविताएँ भी की हैं और उनमें एक आदर्श राष्ट्र की स्थापना की छटपटाहट दिखाई पड़ती है, वे कभी ललकारते हैं; कभी वीरों को आगे बढ़ाते हैं और कभी स्वार्थी जीवन को धिक्कारते भी दिखाई देते हैं।

हिंदी साहित्य में आदर्शवाद और यथार्थवाद का मूल प्रश्न गद्य-साहित्य में उठ खड़ा होता दिखाई देता है, जिसकी स्थापना भारतेंदु हरिश्चंद्र कर चुके थे और परिष्करण आचार्य महावीर प्रसाद द्विवेदी द्वारा किया गया था। इसका बीज पड़ चुका था, सिर्फ उसे खाद-पानी की आवश्यकता थी और वह काम किया प्रेमचंद ने। उनकी परवर्ती पीढ़ी ने, जिसने प्रेमचंद के द्वारा लगाए गए वृक्ष को हरा-भरा रखा और यहाँ-वहाँ उसके बीज रोपते रहे, किंतु उन अंकुरों का हर बार श्रेय पाया प्रेमचंद ने ही।

प्रेमचंद ने अपने निबंध 'साहित्य का उद्देश्य' में लिखा है—"जब साहित्य की सृष्टि भावोत्कर्ष होती है, तब यह अनिवार्य है कि उसका कोई आधार हो। हमारे अंत:करण का सामंजस्य जब तक बाहर की वस्तुओं या प्राणियों से न होगा, जागृति हो ही नहीं सकती। स्वयं में दु:ख अनुभव कर लेना ही काफी नहीं होता; कलाकार में उसे प्रकट करने की सामर्थ्य भी होनी चाहिए। जिस तरह किसी सामाजिक अत्याचार के पक्ष-विपक्ष में लिखा गया रसहीन साहित्य प्रोपेगेंडा है। उसी तरह किसी तात्त्विक विचार या अनुभूत दर्शन से भरी हुई रचना भी प्रोपेगेंडा ही है।"

साहित्य हमें सत्य और सुंदर के समीप ले जाता है। यदि नहीं ले जाता तो वह

प्रोपेगेंडा से भी निकृष्ट है। प्रोपेगेंडा में यदि चतुर कलाकार रस भर सके तो वह भी सत्साहित्य हो जाता है।

प्रेमचंद शायद यह कहना चाहते हैं कि कड़वा जहर भी मधु के साथ मिलकर 'मधु' हो जाता है, पर इससे उसका प्रभाव किसी भी प्रकार कम नहीं होता अर्थात् यथार्थ कितना भी कड़वा हो, उसमें रस भरना साहित्यकार का काम होता है।

यथार्थवादी चरित्रों को पाठक के सामने उनके यथार्थ नग्न रूप में रख देता है। यथार्थवाद हमारी दुर्बलताओं, हमारी विषमताओं और क्रूरताओं का नग्न चित्र होता है और इस तरह यथार्थवाद हमको निराशावादी बना देता है। इसमें संदेह नहीं कि समाज की कुप्रथा की ओर ध्यान दिलाने के लिए यथार्थवाद अत्यंत उपयुक्त है—लेकिन जब वह दुर्बलताओं का चित्रण करने में शिष्टता की सीमाओं से आगे बढ़ जाता है तो आपत्तिजनक हो जाता है।

यथार्थवाद की शिष्टता की सीमाओं पर प्रेमचंद ने कोई प्रकाश नहीं डाला पर उनका संकेत अत्यंत घृणित चरित्रों या बीभत्स चित्रों की ओर है, जो हमारे मन में 'मानव जाति' के प्रति घृणा या भय उत्पन्न करते हैं।

''यथार्थवाद यदि हमारी आँखें खोल देता है तो आदर्शवाद हमें उठाकर किसी मनोरम स्थान पर पहुँचा देता है, लेकिन आदर्शवाद का तात्पर्य ऐसे चरित्रों का चित्रण नहीं है, जिनमें जीवन हो नहीं, और वे सिद्धांतों की मूर्तिमात्र हों, जिनमें जीवन न हो, किसी देवता की कामना करना मुश्किल नहीं है, लेकिन उस देवता में प्राण-प्रतिष्ठा करना कठिन है। आदर्श को सजीव बनाने के लिए ही यथार्थ का उपयोग होना चाहिए। साहित्यकार का काम केवल पाठकों का मन बहलाना नहीं है, यह तो भाटों और विदूषकों का काम है। साहित्यकार का पद इससे कहीं ऊँचा है, वह हमारा पथ-प्रदर्शक होता है, वह हमारे मनुष्यत्व को जगाता है, हममें सद्भावों का संचार करता है, हमारी दृष्टि फैलाता है।''

प्रेमचंद ने आदर्शवाद और यथार्थवाद के प्रति अपना जो दृष्टिकोण प्रस्तुत किया, वह आज भी उतना ही विचारणीय है जितना उस समय था। अपनी इसी धारणा को ध्यान में रखकर उन्होंने अनेक रचनाएँ की हैं—'प्रेमाश्रम', 'कर्मभूमि', 'कर्बला', 'रंगभूमि' आदि उपन्यास आदर्शोन्मुख यथार्थवादी हैं अर्थात् ऐसा यथार्थ, जो आदर्श की ओर उन्मुख हो। 'गोदान' और 'निर्मला' दोनों उपन्यासों में आदर्श की मात्रा कम और यथार्थ की मात्रा थोड़ा ज्यादा है 'सद्गति', 'कफन', 'पूस की एक रात' जैसी कहानियों में भी उन्होंने यथार्थ का ध्यान रखा है, पर उनकी अन्य रचनाओं में आदर्श और यथार्थ का समावेश है। प्रेमचंद-युग के अन्य लेखकों में निराला, प्रसाद, वृंदावनलाल वर्मा, पं. बेचन शर्मा 'उग्र', यशपाल, रांगेय राघव आदि भी कथा-साहित्य में अपनी रचनात्मकता के कारण प्रसिद्ध हैं।

आचार्य चतुरसेन शास्त्री और प्रसाद अतीत जीवी कहे जा सकते हैं। प्रसाद ने 'कंकाल' और 'तितली' को वर्तमान युग से जोड़ा है; पर चतुरसेन ने एक भी रचना में इतिहास को नहीं छोड़ा। हाँ, उनकी रचनाएँ ऐतिहासिक जीवन की भव्य झाँकी प्रस्तुत करती हैं। वृंदावनलाल वर्मा ने इतिहास को विषय बनाया है, पर वे उसमें रमे नहीं और यथार्थवाद से जुड़े रह गए। इसे ऐतिहासिक यथार्थवाद कहा जाता है।

प्रेमचंद युग के बाद लेखकों की जो पीढ़ी आई, उसने हिंदी-साहित्य को अत्यधिक समृद्ध किया। सन् १९३६ के बाद यह पीढ़ी प्रगतिशील चेतना का अंग बनती हुई नए विचारों और नई सोच के साथ कथामंच पर आती है। इस पीढ़ी का रचनात्मक कृतित्व प्रेमचंद का अनुकरण मात्र नहीं है, बल्कि सन् १९३६ के बाद के वास्तविक हिंदुस्तान का चित्रण इसमें किया गया है। जो समस्याएँ प्रेमचंद के समय में थीं, वे सब यहाँ और अधिक उग्र रूप में सामने आई हैं।

आदर्शवाद का प्रतिमान यथार्थ के धरातल पर टूटने लगा और यथार्थवाद की कठोरता, कड़वाहट, समस्याएँ तथा जीवन अपने नग्न रूप में सामने आने को अकुलाने लगा। यातनाग्रस्त मनुष्यता भी यहाँ अधिक व्याकुल और दृढ़संकल्प होकर आई। राहुल सांकृत्यायन ने हालाँकि ऐतिहासिक संदर्भ चुना है, फिर भी वे प्रगतिशील आस्थाओं के सिलसिले में वैचारिक स्रोत से जुड़े हैं और अमृतराय आधुनिक जीवन से अपना सरोकार प्रदर्शित करते हुए भी यथार्थवाद की धरती पर नजर आते हैं। रांगेय राघव की औपन्यासिक कृतियाँ 'हुजूर', 'विषादमठ', 'सीधे-रास्ते', 'मुरदों का टीला' तथा 'कब तक पुकारूँ' और 'गदल' जैसी कहानियाँ प्रेमचंद के प्रतिमानों से जुड़ती हैं। यशपाल और नागार्जुन की व्यंजनागर्भी शैली उन्हें स्थूल नहीं बनाती और वे भी यथार्थवाद के दायरे में आ जाते हैं। यथार्थवाद धीरे-धीरे अतियथार्थवाद और नग्नयथार्थवाद का रूप लेने लगा। फणीश्वरनाथ रेणु और अमृतलाल नागर की कथा-सर्जना आदर्शोन्मुख यथार्थवाद के दायरे में आती है, पर आगे आनेवाली पीढ़ी ने आदर्शवाद की बची-खुची दीवारों को भी ठोकर मारकर गिरा दिया। अपने साहित्य में इस पीढ़ी ने आदर्श को स्थान नहीं दिया, पर हाँ, मार्क्सवाद की धारणा, जिसे प्रेमचंद ने देहरी के बाहर से स्पर्श किया था, को इस पीढ़ी ने बाकायदा अध्ययन करके अपनी रचनाओं में उभारा और 'मार्क्सवाद' को स्थापित करना चाहा।

मुक्तिबोध की कविताओं में इसका गहरा प्रभाव देखने को मिलता है। उन्होंने 'मार्क्सवाद की स्थापना' को समस्याओं के निराकरण के रूप में देखा है। इसी विचारधारा से जुड़नेवाले सच्चिदानंद हीरानंद वात्स्यायन 'अज्ञेय', रघुवीर सहाय, धूमिल, शमशेर आदि भी हैं, जिन्होंने व्यक्तिगत और सामाजिक कथ्य को यथार्थ-रूप में प्रस्तुत किया। उपेंद्रनाथ अश्क भी यथार्थवाद के दायरे में आते हैं, पर कहीं-कहीं आदर्श को छोड़ नहीं

पाते। केदारनाथ अग्रवाल ने भी अपनी कविताओं में आदर्श और यथार्थ का समन्वय रखा है। नरेंद्र मोहन आधुनिक कवि थे, पर फिर भी उनकी रचनाएँ अलौकिकता को तलाशती हैं। नरेश मेहता नए कवि होते हुए भी यथार्थवाद से नहीं जुड़ पाए और आत्म-मुग्ध होकर रचनाएँ करते रहे। ये दोनों कवि अलौकिकता की खोज में लौकिकता से दूर होते गए। अन्य यर्थाथवादी लेखकों में शिव प्रसाद सिंह, राही मासूम रजा, श्रीलाल शुक्ल, रामदरश मिश्र, जगदीश चंद्र, मार्कंडेय, शेखर जोशी, कमलेश्वर, मोहन राकेश, गिरिराज किशोर, शैलेश मटियानी आदि ऐसे तमाम नाम गिनाए जा सकते हैं, जो यथार्थ की धरती पर खड़े होकर अपनी रचनाओं में उसका अन्वेषण करते हैं।

आदर्शवाद के टूटने से जो यथार्थवाद उभरा है, उसमें साहित्यकार नग्न यथार्थ प्रस्तुत कर रहे हैं। स्वप्नों की दुनिया से निकलकर यथार्थ का सामना करते हुए वे पाठकों को भी यथार्थ का दर्शन कराना चाहते हैं और अपने कड़वे-मीठे सारे अनुभवों को साहित्य का विषय बना रहे हैं। यथार्थवाद का आशय चित्रों की बारीकी या ब्योरों का फैलाव नहीं है, बल्कि साहित्य को जीवन में सार्थकता प्रदान करने का अवयव है। इसके अभाव में आदर्शवाद किसी चमत्कार से अधिक मायने नहीं रखता, किंतु यथार्थ को कलात्मक ढंग से प्रस्तुत करने का कर्तव्य साहित्यकार का ही है।

□

हिंदी गद्य का विकास

संसार की समस्त भाषाओं में पद्य-रचना पहले हुई थी, गद्य-रचना इसके बाद की मानी जाती है। अतएव गद्य साहित्य का विकसित रूप है। हिंदी साहित्य के विगत कालों में धार्मिक उपदेश, जीवन चरित्र लेखन आदि के माध्यमों से ब्रजभाषा का प्रयोग सीमित दायरे में होता रहा।

आधुनिक काल में प्रजातांत्रिक आदर्शों के बल पर जीवन-ढाँचा बदलने लगा, तो शिक्षा, प्रशासन, उद्योग, विज्ञान आदि क्षेत्रों में गद्य की अनिवार्यता आई, जिसका कि साहित्य पर भी असर पड़ा। आगे चलकर, हिंदी साहित्य के आधुनिक काल को भी 'गद्य युग' कहा गया।

भारत में अंग्रेजी राज्य का पैर जमाने के लिए अंग्रेज प्रशासकों ने जनसंपर्क के माध्यम के रूप में खड़ी बोली हिंदी की दो भाषा-शैलियों को अलग-अलग पनपाया। गिलक्राइस्ट की प्रेरणा से उन्नीसवीं शताब्दी के प्रारंभ में लल्लू लाल, सदल मिश्र, इंशा अल्ला और सदासुख लाल ने अरबी, फारसी मिश्रित तथा रहित दोनों शैलियों में गद्य लिखा।

भारतेंदु काल में सामान्य जीवन से संबंधित विषयों पर गद्य लिखा जाने लगा और विषयानुसार भाषा-प्रयोग में वैविध्य लाया गया। गद्य का क्षेत्र व्यापक बना। नाटक, उपन्यास, कहानी, निबंध, व्यंग्य आदि सभी कुछ लिखे जाने लगे। इनके सभी लेखक अपनी-अपनी स्वच्छंद प्रवृत्ति के अनुसार भाषा का प्रयोग करते रहे, मगर यह प्रयोग की स्थिति में ही रहा। गद्य का रूप निश्चित नहीं हो पाया था, साथ ही व्याकरण-व्यवस्था भी कमजोर बनी रही। राजा लक्ष्मण सिंह, राजा शिव प्रसाद सितारे हिंद, देवकी नंदन खत्री, प्रताप नारायण मिश्र, लाला श्रीनिवास दास, बालकृष्ण भट्ट, बालमुकुंद गुप्त, बद्री नारायण चौधरी आदि भारतेंदु काल के प्रमुख गद्य लेखक रहे।

भारतेंदु काल की भाषा-विषयक स्वच्छंदता तथा व्याकरण शिथिलता को मिटाकर हिंदी-भाषा की स्थिरता तथा गद्य-साहित्य का वैविध्य प्रदान किया, आचार्य महावीर प्रसाद द्विवेदी और 'सरस्वती' पत्रिका ने। इसी काल में कामता प्रसाद गुरु लिखित हिंदी

का प्रामाणिक व्याकरण ग्रंथ प्रकाशित हुआ था। हिंदी-ग्रंथ के परिष्कार के साथ आचार्य द्विवेदी ने प्रचलित विधाओं के अलावा विविध सामयिक तथा विज्ञान-विषयक निबंध, संस्मरण, आत्मकथा, पत्रकारिता आदि विषयों पर लिखने की प्रेरणा दी थी। समीक्षा विधा में विविध शैलियों का भी प्रवर्त्तन किया गया था; जैसे—विश्लेषणात्मक, गवेषणात्मक, निर्णयात्मक शैलियाँ। इस युग में अनुवाद का भी काम बढ़-चढ़कर हुआ। इस प्रकार द्विवेदी युग में गद्य-साहित्य सर्वांगीण तथा बहुमुखी बना। इस युग के गद्यकारों में प्रेमचंद, श्यामसुंदर दास, चंद्रधर शर्मा 'गुलेरी', पद्म सिंह शर्मा, सरदार पूर्ण सिंह, आचार्य रामचंद्र शुक्ल आदि प्रमुख हैं। इस युग के कवियों में अयोध्या सिंह उपाध्याय 'हरिऔध', जयशंकर प्रसाद, सूर्यकांत त्रिपाठी 'निराला', सुमित्रानंदन पंत आदि।

छायावाद को मध्यवर्गीय चेतना का विद्रोह कहा जाता है। काव्य-विधा में ही नहीं, अपितु गद्य-विधाओं में भी विद्रोह की वह छटा द्रष्टव्य है। भाषा में लाक्षणिक और कलात्मक शब्दावली को प्रश्रय मिला था। गद्य-साहित्य में जीवन के अंतर्द्वंद्वों की मनोवैज्ञानिक परख का स्वागत हुआ। समीक्षा-विधा में रचनाओं के मूल्यांकन में कवि के दृष्टिकोण और वातावरण को भी मान्यता प्राप्त हुई। रेडियो-नाटकों तथा भाव-चित्रों का पर्याप्त विकास हुआ। ये विशेषताएँ महादेवी, प्रसाद, चतुरसेन शास्त्री, पं. बेचन शर्मा 'उग्र', राम कुमार वर्मा, नंददुलारे वाजपेयी, वियोगी हरि तथा रायकृष्ण दास की गद्य-कृतियों में प्रस्फुटित है।

गद्य का वर्तमान अधुनातन स्वरूप अधिक बौद्धिक है; अर्थ-ग्रहण में ध्वनि और लाक्षणिकता की प्रधानता है। व्यंग्य-परिहास की तीक्ष्णता भी कम नहीं है। वर्तमान युग में गद्य का क्षेत्र इतना व्यापक हो गया है कि पद्य भी गद्य से त्रस्त है। सामयिक पत्र-पत्रिकाओं के प्रभूत प्रचलन के कारण गद्य के विकास की असीम संभावनाएँ हैं।

हिंदी-साहित्य में गद्य का प्रारंभ जितना सरल था, आज उसकी गति उतनी ही तीव्र और जटिल है। उसकी अभिव्यक्ति में इतना विस्तार हुआ है कि स्वतंत्र भारत की राजभाषा बनने की उसकी अर्हता सर्वाधिक सुनिश्चित है।

□

हिंदी पद्य का विकास

हिंदी पद्य हिंदी साहित्य के आदिकाल से आज तक अखंड रूप में प्रवाहित होती रही है। इसका आदिम रूप मध्यकाल के राजपूत शासकों के दरबारों और अपभ्रंश में मिश्रित भाषा में पाते हैं। राजाश्रय के कवि अपने आश्रयदाताओं के ऐश्वर्यमय जीवन तथा युद्ध में उनकी वीरता को बढ़ा-चढ़ाकर वर्णन करते थे। इन काव्यों में वीर और शृंगार रसों की प्रधानता होती थी। प्राय: इनमें ऐतिहासिक प्रामाणिकता का अभाव रहता था। पृथ्वीराज रासो, बीसलदेव रासो, हम्मीर रासो आदि तत्कालीन राजाओं के जीवन-चरित्र पर अधारित महाकाव्य, प्रबंधकाव्य तथा गीतकाव्य के अतिरिक्त उस समय में जैन-बौद्ध श्रमणों द्वारा नीति प्रधान 'दूहे' भी रचे गए थे। तेरहवीं सदी तक काव्य-रचना का यही रवैया रहा था। इसके साथ मैथिली भाषा में विद्यापति के लिखे भक्ति और शृंगार के फुटकर पद तथा खड़ी बोली में लिखित अमीर खुसरो की सूक्तियाँ व पहेलियाँ भी मिलती हैं।

चौदहवीं सदी तक हिंदू-राजाओं की शक्ति की शिथिलता के साथ वीर-काव्यों का भी ह्रास होता गया। इसलाम द्वारा हिंदू राजाओं की धार्मिक और राजनीतिक पराजय के कारण हिंदू जाति में धार्मिक तथा सामाजिक संकीर्णता बढ़ी; मनों में निराशा का भाव बढ़ता गया।

धार्मिक कट्टरता में इसलाम भी पीछे नहीं था, मगर हिंदू और मुसलमान, दोनों युद्ध से थक चुके थे। मुसलमान भारत के निवासी होना चाहते थे। दोनों जातियों की धार्मिक संकीर्णता तथा पड़ोसी भाव की टकराहट को कबीर ने अपने अनोखे अंदाज में प्रस्तुत किया था। इस युग के सैकड़ों हिंदू-मुसलिम संतों ने निर्गुण-सगुण तथा प्रेममार्गी भक्ति की करीब तीन सौ सालों तक ऐसी गंगा बहाई कि अकबर का शासन हिंदू-मुसलिम भाईचारे का प्रतीक बनकर उभरा और निखरकर सर्वत्र फैल गया। वही भक्तिकाल कालान्तर में हिंदी कविता का 'स्वर्णकाल' कहलाया।

इनमें निर्गुणवादी संप्रदाय के संतों ने, जिनमें कबीर, नानक, दादू आदि मुख्य थे,

अपनी कविताओं के माध्यम से निर्भयता के साथ दोनों जातियों की धार्मिक, सामाजिक संकीर्णताओं तथा कर्मकांडों का जनवाणी में विरोध किया। वहीं अद्वैतवाद और एकेश्वरवाद के मिलन द्वारा उपासना-क्षेत्र में दोनों में एकता पैदा करने की कोशिश की। उनकी वाणी में स्पष्टता और सत्यता थी। अत: साधारण जनता पर उनके नैतिक उपदेशों का प्रभाव भी पड़ा। इस प्रकार संत-साहित्य से हिंदी कविता का आत्मबल बढ़ा।

दूसरी तरफ, सूफी-संप्रदाय के मुसलिम संतों ने, जिनमें जायसी, कुतबन मझन उसमान आदि मुख्य थे। इन सूफी संतों में लौकिक हिंदू-प्रेमकथाओं को प्रतीक बनाकर आत्मा-परमात्मा के मिलन का वर्णन किया।

मसनवी शैली में जनभाषा का प्रयोग करते हुए लिखित इन कवियों के प्रबंध काव्यों में इसके वास्तविक जनपक्ष के यथार्थ का भी चित्रण हुआ है। ये संत भी हिंदू-मुसलिम समन्वय के समर्थक रहे थे। हिंदी कविता में गीत और प्रबंध काव्य-पद्धति की नींव उक्त हिंदू-मुसलिम संतों के द्वारा पड़ी तथा काव्य में रहस्यवाद का भी पुट आया।

निर्गुणवादी संतों की वाणी वीरगाथाकाल के युद्धों से त्रस्त साधारण जनता को धार्मिक आशा तो प्रदान कर सकी, किंतु सामाजिक पुनर्गठन कम सहायक रहा। इस सामाजिक अराजकता के मार्जन के लिए सगुणवादी भक्ति-आंदालेन का आविर्भाव हुआ, जो दक्षिण से उत्तर की ओर बहा था। आचार्य रामानुज तथा बल्लभाचार्य की शिष्य-परंपरा के राम और कृष्णभक्त कवियों ने, जिसमें तुलसी, सूर, मीरा तथा अष्टछाप के कवि मुख्य थे, अपनी मुक्तक तथा प्रबंधबद्ध काव्य द्वारा सामाजिक स्थिरता पैदा की तथा हिंदी-भाषा और साहित्य को कलात्मक ऊँचाइयाँ प्रदान कीं। इन सगुण भक्त-कवियों की सेवा में ब्रज और अवधी भाषाओं में हिंदी-कवियों का सर्वांगीण विकास हुआ। इन कवियों की मुक्तक तथा प्रबंध रचनाओं में भगवान् के प्रतिनिधि राम और कृष्ण इनसान बनकर अवतरित होते हैं; सामाजिक दु:ख-सुखों में रमते हैं; अपनी शक्ति, शील तथा सौंदर्य से समाज का रंजन करते हैं तथा समाज को व्यवस्थित और मर्यादित बनाते हैं। इन कवियों ने जनता के सम्मुख वह आदर्श रखा, जिनके बल पर वे अपने लोक और परलोक दोनों को बना सके। कृष्ण-भक्ति ने हिंदी कविता को तन्मयता का उन्नत भाव-भूमि पर पहुँचाया। यह महाकवि सूरदास की सफलता थी। तुलसी के 'रामचरितमानस' ने तो हिंदी कविता को भावपक्ष और कलापक्ष के सर्वोच्च शिखर पर प्रतिष्ठित किया।

मुगल शासन के शांत और संपन्न वातावरण में हिंदी कविता पुन: राजदरबारों की शोभा बढ़ने लगी। वहाँ आचार्यगण हिंदी के तब तक रचित लक्ष्य-ग्रंथों का विवेचन तथा काव्य के लक्षण तथा रीति का नियमन करते रहे, मगर मुगलकालीन विलासिता के प्रभाव से इस काल में नायिका-भेद, नखशिख-वर्णन तथा शृंगारिक रचनाएँ प्रचुर मात्रा में रची

गईं। भक्तिकाल की राधा और कृष्ण इस काल में साधारण नायक-नायिका बन गए। भूषण जैसे एकाध कवियों ने वीररस की दुंदुभि भी बजाई। इस काल के कवियों में बिहारी, देव, मतिराम, पद्माकर आदि मुख्य हैं। रीतिकाव्य की कलात्मकता का रीतिकाल में चमत्कारपूर्ण विकास हुआ था।

अंग्रेजों के शासनकाल में हिंदी कविता में नवीन परिवर्तन होने लगे। कविता की भाषा खड़ी बोली, जिसमें संस्कृतनिष्ठ भाषा-छंदों का प्रयोग होने लगा। द्विवेदी युग में उपदेश नीतिबद्ध रतिवृत्तों के खंड और प्रबंधकाव्य बहुतायता में रचे गए। देश में आजादी की लड़ाई का वातावरण होने से कविता में राष्ट्रीय भावना को प्राधान्य मिला। गुप्त, नवीन, एक भारतीय, आत्मा, दिनकर आदि की कविताओं में देश-प्रेम, त्याग, बलिदान और विप्लव की भावनाएँ व्यक्त हुईं।

भाव तथा अभिव्यक्ति की स्थूलता के परिष्कार के लिए छायावादी काव्य-पद्धति का आगमन हुआ, जिसमें प्रकृति में आत्म-प्रसारपरक तथा भावात्मक मुक्तक, गीत काव्य अधिक लिखे गए, जिसमें रहस्यात्मक अनुभूतियों को भी स्थान मिला। छायावाद के स्वप्निल पलायन की निरर्थकता को अति की स्थिति में काव्य में निराशावाद और हालावाद का भी प्रवेश हुआ। इन सबकी प्रतिक्रिया में मार्क्सवाद से अनुप्राणित प्रगतिवादी तथा प्रयोगवादी कविताएँ भी रची गईं। प्रसाद, पंत, निराला, महादेवी, बच्चन, भगवतीचरण वर्मा, दिनकर, अज्ञेय आदि उल्लेखनीय काव्यकार रहे।

इस प्रकार हिंदी कविता देश-विदेशों के भाषा साहित्यों से प्रभाव ग्रहण करती हुई, भारतीय समाज के अनुकूल सतत विकास-पथ पर गतिमान् है।

□

हिंदी-काव्य में राष्ट्रीय विचारधारा

राष्ट्रीय काव्य-रचना के लिए वातावरण का प्रक्षुब्ध होना तथा समाज का संघर्षरत होना अपेक्षित है। हिंदी साहित्य के आधुनिक काल के प्रारंभ से देश में आजादी की लड़ाई का वातावरण तैयार हो गया था। इसी तरह वीरगाथा काल से ही राष्ट्रीय भावना और प्रक्षुब्ध वातावरण के भिन्न-भिन्न रूप मिलते हैं, जिनका प्रभाव तत्कालीन कवियों की रचना पर पड़ा था। वीरगाथा काल की राष्ट्रीयता राजाओं के व्यक्तिगत मानापमान, शौर्य-प्रदर्शन तथा अपने राज्य की रक्षा तक ही सीमित था। उस समय कवियों को राज्याश्रय प्राप्त था, जो अपने आश्रय-दाताओं पर वीर रस प्रधान कविताएँ रचते थे। वीरगाथा काल के 'रासो' काव्य इसके प्रमाण हैं। भक्तिकाल के भक्त-कवियों ने तत्कालीन हिंदू जनता की युद्धजन्य पराजित दैन्य को राम-कृष्ण गाथाओं द्वारा दूर करने की कोशिश अवश्य की थी, किंतु उनके काव्यों को राष्ट्रीय काव्य नहीं कहा जा सकता।

रीतिकाल में मुगल शासन के विरुद्ध छिटपुट राजाओं का व्यक्तिगत मुक्ति-संग्राम तथा उनके दरबारी कवियों द्वारा रचित वीरकाव्य द्रष्टव्य हैं। अकबर के विरुद्ध राणाप्रताप और औरंगजेब के विरुद्ध शिवाजी का युद्ध-प्रयास हिंदू राष्ट्रीयता तक सीमित था। अतः भूषण, सूदन और लाल की वीर रचनाएँ आश्रयदाता से हटकर साधारण जनता की नहीं बन पाई थीं। सन् १८५७ के बाद भारत में सामंतवादी राष्ट्रीयता के बदले जनतांत्रिक राष्ट्रीयता का श्रीगणेश होता है। अंग्रेजों की दमन नीति और अर्थशोषण के विरुद्ध पहला स्वर भारतेंदु की रचना 'भारत दुर्दशा' में फूट पड़ा। द्विवेदी-युग में राष्ट्र के गौरवशाली अतीत के परिप्रेक्ष्य में राष्ट्रगीतों में मुक्ति-संग्राम के अभियान-गीतों का स्वर विशेष उच्चारित हुआ। कांग्रेस का नेतृत्व महात्मा गांधी के हाथों में आया। उन्होंने सत्य, अहिंसा, सविनय अवज्ञा, असहयोग आंदोलन का राजनीति में प्रयोग किया, जिसके समांतर सामाजिक, धार्मिक तथा शैक्षिक सुधार-आंदोलन भी जोर पकड़ता गया। यह संपूर्ण आंदोलन हिंदी कविता में प्रतिबिंबित हुआ। गुप्त, दिनकर, पंत, निराला, नवीन, सोहनलाल द्विवेदी, रामनरेश त्रिपाठी, श्याम नारायण पांडे आदि सभी कवियों ने देश के

लिए त्याग-बलिदान से ओत-प्रोत मुक्तक गीत और खंडकाव्य रचे। राष्ट्रीयता के प्रतीक के रूप में 'वंदे मातरम्', 'जन गण मन अधिकनायक' जैसे गीतों तथा राष्ट्रीय पताका का गौरव बढ़ा।

इस राष्ट्रीय विचारधारा से जनता की भावना जाति और धर्म की संकीर्णता से उठकर राष्ट्रीय एकता के पक्ष में व्यापक बनी; आत्मगौरव बढ़ा, अपनी संस्कृति के प्रति आस्था का प्रत्यावर्तन हुआ। इस तरह जन-जागरण का काम राष्ट्रीय कविताएँ सफलतापूर्वक करती रहीं। राष्ट्रीय विचारधारा के कारण आधुनिक हिंदी कविता-विधा की प्रतिष्ठा बढ़ी। इतना ही नहीं, हिंदी स्वयं राष्ट्रभाषा कहलाई।

साहित्य समाज का दर्पण होने के कारण समाज में व्याप्त विचारधारा साहित्य की काव्य-विधा में भाव-प्रवणता के साथ व्यक्त होती है। हिंदी सदा देशकाल के अनुसार जन-भावना को व्यक्त करती रही है। जीवन में राष्ट्रीय भावनाओं का बड़ा महत्त्व है। हिंदी कविता ने इस दायित्व का पूरी तरह से निर्वाह किया है और देश को जाग्रत् किया। कहा जा सकता है कि आधुनिक भारतीय भाषाओं में राष्ट्रीय भावनाएँ हिंदी कविता में सर्वाधिक व्यक्त हुई हैं।

□

हिंदी साहित्य में हालावाद की प्रासंगिकता

हिंदी साहित्य में 'हालावाद' की शुरुआत 'छायावाद' के बाद हुई। हालावाद की कविताओं में वैयक्तिकता की प्रधानता रही। इसके कवि दुनिया को भूलकर स्वयं अपने प्रेम-संसार की प्रेमपूर्ण मस्ती में डूब गए। संसार के सारे दुःख, सारी निराशा और सारी कठिनाइयाँ इसी 'हालावाद' की मस्ती में डूब गईं। उभरा तो सिर्फ प्रेम और सभी प्रेम की दुनिया में तिरोहित हो गए। कवि और श्रोता दोनों ही मस्ती के रंग में रँग गए। 'प्रेम' को सर्वस्व मानना सभी हालावादी कवियों का मूल सिद्धांत बनकर उभरा। ये कविताएँ अपने समय में अतीव लोकप्रिय हुईं तथा इनका व्यापक प्रचार हुआ। इस धारा के अग्रणी हैं—हरिवंश राय बच्चन, भगवतीचरण वर्मा, पं. नरेंद्र शर्मा आदि।

मस्ती और अल्हड़पन से भरे मधु के गीत गानेवाले कवि बच्चन का हिंदी साहित्य से सर्वप्रथम परिचय 'उमर खय्याम' की रूबाइयों के अनुवाद से हुआ था। यह अनुवाद मात्र शब्दजाल न होकर बच्चन के हृदय-रस से परिपूर्ण है।

बच्चन की 'मधुशाला' हालावाद की उत्कृष्ट कृति मानी जा सकती है, क्योंकि यह जितनी लोकप्रिय हुई उतनी किसी भी अन्य कवि की काव्य कृतियाँ प्रसिद्ध नहीं हुईं। रूढ़िवादियों ने 'मधुशाला' का विरोध तो किया, पर उन लोगों ने उस कृति को अमरता प्रदान कर दी, जो मस्ती के दीवाने थे। जब पहली बार दिसंबर १९३३ ये रूबाइयाँ बच्चन द्वारा झूम-झूमकर शिवाजी हॉल, काशी हिंदू विश्वविद्यालय के एक कवि सम्मेलन में सुनाई गईं, तब सभी श्रोता मदमस्त होकर झूम उठे। नवयुवक विद्यार्थी ही नहीं, बड़े-बूढ़े भी आह्लादित हो उठे।

बच्चन ने 'मधुशाला' के संबोधन! में 'मादक' को संबोधित किया है और लिखा है—"आज मदिरा लाया हूँ—मदिरा जिसे पीकर भविष्य के भय भाग जाते हैं भूतकाल के दारुण दुःख दूर हो जाते हैं, जिसे पाकर मान-अपमान का ध्यान नहीं रह जाता और गर्व लुप्त हो जाता है, जिसे ढालकर मानव अपने जीवन की व्यथा, पीड़ा और कठिनता को कुछ नहीं समझता और जिसे चखकर मनुष्य श्रम, संकट, संताप सभी को भूल जाता

है।···यह मेरे हृदय की मदिरा है। मत समझ, तू अकेले जलता है। तू जलता है पर प्रभाव मुझपर पड़ता है··· ।''

सचमुच बच्चन की 'मधुशाला' तब तक अमर रहेगी जब तक लोग प्रेम और मस्ती के दीवाने बने रहेंगे। इसका अस्तित्व कभी समाप्त नहीं होगा; जैसा कि स्वयं बच्चन ने ही कहा है—

''कभी न कण भर खाली होगा
लाख पियें, दो लाख पियें
पाठक गण हैं पीने वाले
पुस्तक मेरी मधुशाला!''

'मधुशाला' वास्तव में एक रहस्यमय गुफा है, जिसे पढ़ने पर उसमें तमाम द्वार स्वत: ही खुलते जाते हैं और हर द्वार पर एक नई मस्ती से भरी 'मधुशाला' का एहसास होता है। मधुशाला के प्रथम पैरोडिस्ट 'मनोरंजन' ने अपने 'गुनगुन' में 'मधुशाला' और 'मधु का प्याला' के लिए 'मधुगीत' शीर्षक देकर इन दोनों रचनाओं का परिचय देते हुए लिखा है—

''प्रयाग के प्रतिभाशाली कवि श्रीयुत बच्चनजी ने हिंदी में 'मधुशाला' की रचना करके एक नई ही धारा बहाई है, जो हमारे साहित्य के लिए ही नहीं, संस्कृति के लिए भी नई, किंतु मुझे 'पगध्वनि' सरीखी कविताएँ हर तरफ से अच्छी लगीं; वहीं पर 'मधुशाला' संबंधी कविताएँ उनकी दार्शनिकता के कारण उतनी श्रेयस्कर प्रतीत न हुईं। बच्चनजी के प्याले की गहराई तक नवयुवक नहीं पहुँच सकते। वे प्याले की सतह तक ही उतरकर रह जाते हैं—ऐसी मेरी धारणा है।''

'मधुशाला' जितनी प्रिय तब थी, आज भी उससे कम प्रिय नहीं है। बच्चन की अन्य रचनाएँ 'मधुबाला', 'मधुकलश', 'निशा निमंत्रण', 'एकांत संगीत', 'आकुल अंतर' आदि है, जो अपने अंदर गहन पीड़ा और दार्शनिकता समेटे है। वस्तुत: इन कविताओं का खुमार 'मधुशाला' से भिन्न है।

'हालावाद' में दूसरे महत्त्वपूर्ण कवि भगवतीचरण वर्मा हैं। उन्होंने भी बच्चन की तरह छायावादी रहस्यात्मकता का परित्याग किया तथा प्रेम, मस्ती और उल्लास भरे गीत पाठकों के सामने प्रस्तुत किए। उनके गीतों में किसी प्रकार की कृत्रिम नैतिकता का बंधन नहीं है,

''हम दीवानों की क्या हस्ती, आज यहाँ कल वहाँ चले।
मस्ती का आलम साथ चला, हम धूल उड़ाते जहाँ चले॥''

भगवतीचरण वर्मा की मस्ती और दीवानगी इनकी कृतियों 'मधुकरण' और 'प्रेम-संगीत' में देखने-योग्य है, किंतु उनकी रचना 'मानव' में मस्ती और खुमार जरा भी

नजर नहीं आता, बल्कि उसका स्थान शोषित वर्ग के प्रति उपजी सहानुभूति और करुणा ने ले लिया है। 'हालावाद' का नशा बिखेरनेवाले तीसरे कवि नरेंद्र शर्मा हैं।

उनकी प्रारंभिक रचनाओं में प्रेम की व्याकुल अभिव्यक्ति हुई है। वे कहीं-कहीं पर वासनात्मक भी हो गई हैं, जिसे 'हालावाद का अतिक्रमण' कहा जा सकता है। उन्हें आधुनिक युग का निराशावाद अच्छा नहीं लगा और वे यथार्थवादी गीतों की रचना में अधिक रमे, पर प्रधानता प्रेम गीतों की ही है। उन्होंने स्वयं को मानवीय दुर्बलताओं का कवि कहा है। 'शूल-फूल' और 'कर्णफूल' उनकी प्रारंभिक रचनाएँ हैं।

'हालावाद' का हाला का प्याला पकड़ानेवाले इन कवियों ने दीवानगी और मस्ती से भरपूर जिंदगी जीने का जो पैगाम अपनी कविताओं के द्वारा जन-जन तक पहुँचाया है, वह दुःख, विषाद तथा निराशा को भूलने की अचूक औषध रही है। प्रेम और मस्ती से भरपूर ये गीत पाठकों के मन में गहरे पैठ गए तथा आज भी जो इन्हें पढ़ता है, वह प्रेम और मस्ती से भर जाता है और ये गीत जीवन में भरपूर सार्थकता का निर्वाह करने में समर्थ नजर आते हैं।

वस्तुतः हिंदी साहित्य में 'हालावाद' की प्रासंगिकता जितनी तब थी उतनी ही अब भी है और उसकी यह भाव-प्रवण दुनिया स्वयं में जीवन का एक पहलू है। शिवदान सिंह चौहान ने हालावाद के विषय में लिखा है—"प्रसाद, पंत, निराला और महादेवी ने व्यक्ति के सुख-दुःख, उल्लास-निराशा की अनुभूति-प्रवण और विषयी-प्रधान अभिव्यंजना करते हुए भी जिन नए मानव-मूल्यों की सृष्टि की थी, कविता का जिन नई अर्थ-भूमियों पर प्रसार किया था और काव्य की अंतःस्वर में मानवतावादी उदात्तता की जो गरिमा भर दी थी, अंचल तक आते-आते उन मानव-मूल्यों, अर्थ-भूमियों और अंतःस्वर की उदात्तता का संपूर्ण विघटन हो गया तथा छायावादी कविता का दायरा संकीर्णतर होता चला गया। छायावादी काव्य के उत्कर्ष और ह्रास की यह प्रक्रिया हिंदी कविता के विकास-क्रम की एक कड़ी है।"

'हालावाद' विकास की एक कड़ी के रूप में हिंदी साहित्य का एक खास अंग बन गया और यह अंग आज भी उपस्थित है, भले ही इसकी मात्रा अब कम हो गई है और एक खास समय के बाद मस्ती और प्रेम का रूपांतरण यथार्थ जगत् की करुणा और सहानुभूति में हो जाती है। 'हालावाद' की प्रासंगिकता आज जीवन के एक अंग के रूप में हिंदी साहित्य में आज भी बनी हुई है। अतः इसे पूरा जीवन भले ही न माना जा सके, पर इसे जीवन का एक मस्ती भरा पहलू जरूर माना जा सकता है। यह प्रेम और मस्ती आज भी हिंदी साहित्य में बनी हुई है। केदारनाथ अग्रवाल, शमशेर, सर्वेश्वर दयाल सक्सेना आदि ने उस दौर के बाद भी इसमें डूबकर कुछ कविताएँ की हैं। अत्याधुनिक काल के नए कवि भी आरंभ में ऐसी कविताएँ करते हैं।

समकालीन काव्य-साहित्य में 'हालावाद' अर्थात् प्रेम में पगी और दार्शनिकता से ढकी-दबी कविताएँ प्राप्त होती हैं। अज्ञेय, नागार्जुन और सर्वेश्वर दयाल सक्सेना की कुछ कविताओं में प्रेम कहीं-कहीं वियोग की स्थिति में है और कहीं-कहीं मिलनावस्था में प्रेम का नशा सिर चढ़कर बोलता दिखाई देता है। अज्ञेय की इस कविता में प्रेम का वासनात्मक पहलू तो है ही, असफल प्रेम की कुंठा भी है—

"वासना के पंक-सी फैली हुई थी''।
तोड़ दूँगा मैं तुम्हारा आज यह अभिमान॥"

अज्ञेय ने प्रकृति-चित्रण द्वारा भी अपने काव्य में प्रेम संबंधी उपदेश दिए हैं—

"खग युगल! करो संपन्न प्रणय।
क्षण के जीवन में हो तन्मय॥"

नारी-शरीर की कोमल और सौंदर्य को उन्होंने इस प्रकार स्पष्ट किया है—

"अगर मैं यह कहूँ
बिछली घास हो तुम
लहलहाती हवा में कलगी छरहरे बाजरे की।"

इसी क्रम में आगे 'नागार्जुन' भी कुछ कविताएँ करते हैं—

"तुम नहीं हो पास मैं तो तरसता हूँ,
प्यार के दो बोल सुनने के लिए।
एक की ही दस अंगुलियाँ नहीं काफी,
कदाचित् रेशमी परितृप्तियों का जाल बुनने के लिए॥"

मस्ती भरी जिंदगी और प्रेम की उद्दाम तरंगें सर्वेश्वर दयाल ने भी तरंगित कीं—

"एक तीखी ढलान मेरे सपनों में,
आओ उन पर दौड़ें
फिसलें, लोट-लोट जाएँ,
एक-दूसरे की आत्मा को छू लें॥"

हिंदी साहित्य में 'हालावाद' की प्रासंगिकता आज भी बरकरार है। बच्चन, भगवतीचरण वर्मा, नरेंद्र शर्मा आदि ने जो धारा प्रवाहित की, वह आज भी सतत प्रवाहित है; भले ही क्षीण होकर ही, किंतु है जरूर। आधुनिक कवियों में केदारनाथ अग्रवाल के काव्य में भी यह प्रेम-रस भरपूर मात्रा में मिल जाता है। वे यथार्थ के धरातल पर खड़े होकर भी प्रेम की दुनिया में डूबे नजर आते हैं। केदारनाथ अग्रवाल की एक कविता जहाँ प्रेम का उन्मत्त रूप और अमरता दोनों हैं—

"हम न रहेंगे तब भी तो
रति रंग रहेंगे,

लाल कमल के साथ
पुलकते भृंग रहेंगे
मधु के दानी, मोद मनाते,
भूतल के रससिक्त बनाते,
लाल चुनरिया में लहराते अंग रहेंगे।''

प्रेम के ये गीत, जो मस्ती से भरे हैं, इनकी प्रासंगिकता हिंदी साहित्य में कभी समाप्त होगी, असंभव सा लगता है, क्योंकि यह दौर आज भी बरकरार है, जिसमें मनुष्य प्रेम के गीत गाना चाहता है, उन्हें अमर कर देना चाहता है। यथार्थ जीवन की निराशा, दुःख और कठिनाइयाँ 'हालावाद' की मस्ती में तिरोहित कर देना चाहता है।

□

महाप्राण निराला की साहित्य-यात्रा

यह एक सर्वमान्य तथ्य है कि 'महाकवि' का आसन समलंकृत करने का अधिकार उस विचक्षण को है, जिसने जीवन के विपरीत पहलुओं की अनुभूतियों को जिया और भोगा हो। हम यदि पं. सूर्यकांत त्रिपाठी 'निराला' के जीवन से साक्षात् करें, तो निःसंदेह 'महाकवि' के रूप में उनका बिंब स्पष्ट उभरता है। 'प्रसाद' की भाँति 'निराला' भी 'रहस्यवादी' कवि हैं, परंतु उनकी रहस्यात्मक अनुभूति का क्षेत्र अत्यंत व्यापक है, क्योंकि उन्होंने विराट् सत्ता और शाश्वत ज्योति द्वारा रहस्यात्मक अनुभूतियाँ ग्रहण की हैं। अद्वैतवादी होने के कारण वे ब्रह्म सत्यं जगन्मिथ्या के सिद्धांत को मानते थे, किंतु अद्वैतवाद की शुष्क भूमि में अपनी भक्तिपूर्ण सरसता को खोते नहीं, स्वयं उन्हीं के शब्दों में—

> "मुक्ति नहीं चाहता मैं भक्ति रहे काफी
> सुधाधर की कला में, अंशु यदि बनकर रहूँ
> तो अधिक आनंद है।"

निराला की कविता में करुणा, वीर और रौद्र रसों के सजीव चित्र विद्यमान हैं, उनकी कल्पना इतनी मर्मस्पर्शी होती है कि पढ़ते ही एक अज्ञात व्यथा से समस्त शरीर क्षुब्ध हो उठता है; मन में एक बिजली सी कौंध जाती है। किसी भी रस का चित्रण करने में वे समान रूप से सफल रहे हैं। भाषा और भावों पर कवि का कुछ ऐसा अधिकार है कि उसमें एक प्रकार की संगीतात्मकता उत्पन्न हो जाती है, जिससे उनका प्रभाव और भी वेगशाली और अमिट हो जाता है।

निराला का मूल्यांकन वस्तुतः जो होना चाहिए, वह अभी नहीं हुआ है। क्योंकि वे अपने युग से बहुत आगे रहे हैं। उनकी प्रतिभा, उनकी वाणी और उनका व्यक्तित्व इतना 'प्रगतिशील' रहा कि वर्तमान से वे निर्वाह न कर सके। उससे वे आजीवन जूझते ही रहे। महाप्राण का मूल्यांकन आगे आनेवाली पीढ़ियाँ करेंगी और तभी उनकी वाणी के नए-नए अर्थ और आकार खुलेंगे।

सन् १९२० में रची गई कविता के जिन भावों की दुहाई अब भी दी जाती है, वह दर्शनीय है। यह उस समय की कविता है जबकि हिंदी के अधिकांश कवि गगन-बिहारी बनकर क्षितिज के किसी कोने में अज्ञात प्रेयसी से अभिसार करने में रत थे। उस समय यही कवि धरती की कठोर चट्टानों पर अपने गीत लिखता था। इलाहाबाद स्थित दारागंज मुहल्ले की सड़कें आज भी साक्षी हैं, निराला के हर पाठ और हर संवेदना की—

"वह तोड़ती पत्थर
देखा उसे मैंने इलाहाबाद के पथ पर
पड़ रही थी धूप गरमियों के दिन
दिवा का तमतमाता रूप,
उठी झुलसाती हुई लू, रुई ज्यों जलती हुई भू,
गर्द चिनकी छा गई, प्राय: हुई दुपहर।"

उनकी अपौरुषेय प्रतिभा से प्रभावित होकर महीयसी महादेवी वर्मा ने एक बार कहा था—"कवि-श्री निराला उस छाया-युग की कृति थे, जिसने जीवन में उभरते हुए विद्रोह को संगीत के स्वर का भाव रूपी मुक्त सूक्ष्म आकाश दिया। वे ऐसे युग का भी प्रतिनिधित्व कर रहे थे, जो उस विद्रोह का परिचय कठोर धरती पर विषम कला में ही देता है।"

सच, निराला की आत्मा नई दिशा खोजने के लिए सदा विकल रही। एक ओर उनका दर्शन, उन रहस्यमय सूक्ष्म तत्त्वों का साथ नहीं छोड़ना चाहता था, जो युग-युग का अर्जित अनुभूति वैभव है और दूसरी ओर उनकी पार्थिकता धरती के गुरुत्व से बँधी हुई थी, जो आज की पहली आवश्यकता है। एक ओर उनकी सांस्कृतिक दृष्टि पुरातन की प्रत्येक रेखा में उजले रंग भरती है तो दूसरी ओर आधुनिकता व्यंजना की ज्वाला में तपा-तपाकर सब रंग उड़ाती है। कोमल-मधुर गीतों की वंशी से ओज लेकर शंख तक उनकी स्वर साधना का उतार-चढ़ाव है। अब निराला के कोमल-मधुर गीतों की वंशी में कुछ अमर स्वर सुनिए—

"विजन वन वल्लरी पर
सोती थी सुहाग भरी
स्नेह स्वप्न मग्न
अमल कोमल तनु तरुणी
जुही की कली
दृग बंद किए-शिथिल पत्रांक में।"

निराला का काव्य रामकृष्ण परमहंस और स्वामी विवेकानंद के वेदांत, राष्ट्रप्रेम तथा रवींद्र के सौंदर्य-दर्शन एवं बंकिम के मार्मिक व्यंग्य-परिहास से ओत-प्रोत है।

निराला के काव्य में दार्शनिक विचारों का समावेश है। समाज के शोषित वर्ग के साथ उनकी हार्दिक सहानुभूति है। एक याचक की व्यथा-कथा को निराला की ये पंक्तियाँ कितनी जीवंतता देती हैं—

"वह आता—
दो टूक कलेजे के करता पछताता पथ पर आता,
पेट-पीठ दोनों मिलकर हैं एक,
चल रहा लकुटिया टेक,
मुट्ठी भर दाने को—भूख मिटाने को
मुँह फटी पुरानी झोली को फैलाता
दो टूक कलेजे के कारण करता पछताता पथ पर आता।"

महाप्राण की 'कुकुरमुत्ता' काव्य-रचना तो जन-शोषकों की अशिष्ट दृष्टि और शब्दों के प्रति करारा कटाक्ष है। 'गुलाब' शोषक-रूप का प्रतीक है। यही नहीं, तथाकथित संभ्रांत श्रेणी का प्रतिनिधि भी है। निराला का शब्द-तीर का असर असह्य हो उठता है—

"अबे, सुन बे गुलाब!
भूल मत जो पाई खुशबू रंगोआब,
खून चूसा खाद का तूने अशिष्ट!
डाल पर इतरा रहा है 'कैपिटलिस्ट'!
देख मुझको, मैं बढ़ा
डेढ़ बालिश्त और ऊँचे पर चढ़ा
बहुतों को बनाया है तूने गुलाम,
माली कर रखा खिलाया जाड़ाघाम!"

निराला का मानवीकरण सर्व-चेतनावाद पर आधारित होता है। 'जुही की कली', 'यामिनी', 'बेला', 'बादल', 'शेफाली' आदि का मानवीकरण विशेष रूप से उल्लेखनीय है। इनमें न केवल मानवीय भावनाओं और गुणों का आरोपण है वरन् वे उस सर्व-चेतन सत्ता की तादात्म्य अवस्था तक पहुँच गई हैं। उनके इस मानवीकरण की एक विशेषता है और वह यह कि अभिव्यक्ति में शृंगार-भावना मिली होने पर भी अध्येता के मन पर कुत्सित प्रभाव नहीं पड़ पाता।

आइए 'शेफालिका' से साक्षात् करें—

"बंद कंचुकी के सब खोल दिए प्यार से,
यौवन उभार ने,
पल्लव पर्यंक पर सोती शेफालिके!"

उनकी सुप्रसिद्ध कविता 'राम की शक्ति पूजा' का आधार-फलक असंदिग्ध रूप से विराट् है। उस अवसर पर हमारे समक्ष न तो 'तीक्ष्ण शर विधृत-क्षिप्र-कर, वेग-प्रखर' आता है और न ही राशि-राशि जल की राशि पछाड़ खाती है। हाँ, वहाँ तो नयनों का गुप्त संभाषण है; उन्मद पलकों का गिरना है; अधरों का स्पंदन है और है, आशा के विहंगों का मधुर कलरव। अब परखते हैं, इस विपरीत बिंब को—

"ये अश्रु राम के आते ही मन में विचार,
उद्वेल हो उठा शक्ति खेल सागर अपार।
हो श्वसित पवन उनचास पिता पक्ष से तुमुल,
एकत्र वक्ष पर बहा वाष्प को उड़ा अतुल।
शत धूर्णावर्त तरंग भंग उठते पहाड़,
जल राशि-राशि जल पर चढ़ता खाता पछाड़।
तोड़ता बंध प्रति संध धरा, हो स्फीत वक्ष,
दिग्विजय-अर्थ प्रतिपल समर्थ बढ़ता समक्ष।"

निराला की भावनाओं में ज्वालामुखी-सी विनाशक फूफकार और मार्त्तंड की जाज्वल्यमान किरणों की सी दहकती आभा है। उनकी वाणी में यदि अथाह जलनिधि की सी गंभीरता है तो नीलाकाश की तरह व्याप्ति तथा फौलादी धरती की सी सहनशीलता भी।

इस महाकवि का जन्म सन् १९५३ में बंगाल के मेदिनीपुर के अंतर्गत महिषादल राज्य में हुआ था तथा देहावसान १५ अक्तूबर, १९६१ को दारागंज, इलाहाबाद में हुआ था। उनके पिता पं. राम सहाय त्रिपाठी कान्यकुब्ज ब्राह्मण थे। उन्नाव जिले के गढ़कोला गाँव के निवासी थे, किंतु जीविकोपार्जन हेतु वे बंगाल चले गए थे। वहीं पर निराला का जन्म हुआ।

निराला की प्रारंभिक शिक्षा बंगाल में ही हुई और वहीं से उन्होंने मैट्रिक परीक्षा उत्तीर्ण की। कविता के प्रति प्रेम बचपन से ही रहा, उनकी प्रारंभिक कविताएँ बंगाल में ही हुआ करती थीं। हिंदी की प्रेरणा उनको अपनी धर्मपत्नी से मिली थी। जो प्रतिदिन रामायण का पाठ बड़े सुमधुर कंठ से किया करती थीं। रामायण पढ़ने की उत्कट अभिलाषा से उन्होंने बँगला पढ़ना छोड़ दिया। वे आगे चलकर हिंदी और संस्कृत के आधिकारिक विद्वान् बन गए। भारतीय दर्शन से निराला अतिशय प्रभावित थे। इसी से उनकी कविताओं में वेदांत का निखरा हुआ रूप सर्वत्र मिलता है। कवि होने के साथ-साथ वे एक कुशल गायक और संगीतज्ञ भी थे। उनकी कविताओं में शास्त्रीय संगीत का उत्कृष्ट रूप देखने को मिलता है।

निराला की साहित्यिक जीवन की साधना 'समन्वय' नामक पत्र के संपादन-

काल से आरंभ हुई तथा 'मतवाला' तक पहुँचते-पहुँचते उनकी प्रतिभा निखरकर सर्वत्र बिखर गई।

वस्तुतः निराला सब प्रकार के बंधनों से परे एक स्वच्छंद प्रकृति के कलाकार थे। बिना किसी शंका के उन्हें 'युग-प्रवर्तक' के अमर विशेषण से विभूषित किया जा सकता है।

निराला की साहित्य-यात्रा

काव्य संग्रह—'अर्चना', 'अणिमा', 'अनामिका', 'अपरा', 'कुकुरमुत्ता', 'गीतिका', 'तुलसीदास', 'नए पत्ते', 'परिमल', 'बेला', 'हलाहल'।

कहानी संग्रह—'अपना घर', 'चतुरी चमार', 'लिली', 'सखी', 'सुकुल की बीबी'।

उपन्यास—'अप्सरा', 'अलका', 'काले कारनामे', 'चमेली', 'निरुपमा', 'प्रभावती'।

निबंध—'चाबुक', 'प्रबंध-प्रतिभा', 'रवींद्र-कविता कानन'।

जीवनी-साहित्य—'ध्रुव', 'प्रह्लाद', 'भीष्म', 'राजा प्रताप', 'शकुंतला'।

रेखाचित्र—'कुल्ली भाट', 'बिल्लेसुर बकरिहा'।

अनुदित साहित्य—'आनंद मठ', 'कपाल कुंडला', 'चंद्रशेखर', तुलसीकृत 'रामचरित मानस की टीका', 'दुर्गेश नंदिनी', 'देवी चौधरानी' 'परिवाजक' स्वामी विवेकानंद के भाषण', 'महाभारत', 'रजनी', 'राधारानी', 'श्रीराम कृष्ण वचनामृत' (चार भागों में)।

जहाँ तक निराला के व्यक्तित्व का प्रश्न है, उन्होंने वैदिकयुगीन देव मूर्ति सा प्रशस्त ललाट पाया था। वे स्वतंत्रता, साहस और निर्भीकता की प्रतिमूर्ति थे। उनके दानशीलता का कोई सानी नहीं, एक बार एक कीमती ऊनी कोट पहनकर शीत-ऋतु में वे घूमने निकले थे और एक व्यक्ति को जाड़े से पीड़ित देखकर अपना कोट और कपड़े देकर वे एक लँगोट लगाए घर वापस आए। उन्होंने स्वयं पुराने कोट पर पूरा जाड़ा काट दिया था।

निराला के व्यक्तित्व की साक्षी ये पंक्तियाँ हैं—

"तुम हो महान् तुम सदा हो महान्,
है नश्वर यह दीन-भाव,
कायरता कामपरता ब्रह्मा हो तुम,
पद रज भी है नहीं पूरा विश्व भार।"

सच कहा जाए तो 'निराला' जैसा असाधारण व्यक्तित्व लेकर बहुत कम ही

रचनाधर्मी इस धरा पर अवतरित हुए हैं। उनमें जैसे कबीर का अक्खड़पन, तुलसी की विराटता, सूर की भावुकता और रवींद्र की मनस्विता एकाकार हो उठी थी। उनके पास एक कवि की वाणी, कलाकार का मस्तिष्क, पहलवान् का वक्ष-प्रांत और दार्शनिक के चरण थे।

□

प्रेमचंद की साहित्य-यात्रा

हिंदी साहित्य की प्रवृत्तियों, विषय-वस्तुओं, रूप-विधानों और उपकरणों का अध्ययन करने से हम इस निष्कर्ष पर पहुँचेंगे कि प्रेमचंद का कृतित्व असाधारण, क्रांतिकारी, यथार्थवादी और राष्ट्रीय जीवनधारा के अधिक निकट रहा है। प्रेमचंद के पूर्व के हिंदी साहित्य के अधिकांश संस्कार, आलंबन और उपकरण सामंती उच्च वर्ग की सीमाओं से घिरे हुए हैं। साहित्य का आलंब चाहे योद्धा हो या विलासी, धार्मिक हो या भक्त, ईश्वर हो या देवता—सबका जीवन व्यापार आदर्श और मर्यादाएँ सामंती उच्च वर्ग के विभिन्न स्तरों से ग्रस्त हैं। उनमें देश-काल के व्यवधानों से कुछ रूप-भेद हो सकते हैं, किंतु सामान्य जनता, कृषकों तथा श्रमिकों को—साहित्य का आलंबन नहीं चुना गया, उनके जीवन-व्यापार से साहित्य में सजीवता नहीं पैदा की गई। प्रेमचंद ने युग-जीवन से प्रेरणा लेकर सामान्य जनता और किसानों के देहाती जीवन को अपने साहित्य का आलंब बनाया। उन्होंने भारत की ८० प्रतिशत जनता की मूकवाणी को अपनी रचनाओं से मुखरित किया। हिंदी साहित्य में सामान्य राष्ट्रीय जीवन को आधार बनाना, एक नया और क्रांतिकारी प्रयोग था।

प्रेमचंद देख रहे थे कि उस समय का राष्ट्रीय आंदोलन विदेशी शासन से राजनीतिक स्वाधीनता प्राप्त करने का आंदोलन है, वर्ग-विभाजित समाज में श्रमिकों और किसानों का शोषण तो जारी रहेगा। इस आंदोलन में, जो भी व्यक्ति विदेशी हुकूमत से लोहा लेने के लिए तैयार था, वह राष्ट्रीय आंदोलन का एक अंग बन जाता था, फिर यह नहीं देखा जाता था कि वह किस वर्ग का है—शोषित है या शोषक। प्रेमचंद को यह कमी खटकी थी, अतः उन्होंने अपनी रचनाओं में राष्ट्रीय आंदोलन की झाँकियों के साथ-साथ, महाजनी सभ्यता और वर्ग-भेदजन्य शोषण के भी यथार्थ चित्र खींचे हैं। प्रेमचंद राजनीतिक स्वाधीनता के साथ-साथ शोषणविहीन किसान-मजदूरों के राज की कल्पना करते थे, इसीलिए उनकी कृतियों में राष्ट्रीय एकता का बहुत बड़ा आधार 'वर्गविहीन शोषणविहीन' समाज की रचना का स्वरूप देखने को मिलता है।

प्रेमचंद ने जिस समय साहित्य के क्षेत्र में प्रवेश किया था, उस समय की साहित्यिक परंपरा सामंती राष्ट्रीयता को अपने साथ भारतेंदु युग की विरासत के रूप में ग्रहण किए हुए नई पूँजीवादी राष्ट्रीयता के युग में प्रवेश कर रही थी। साहित्य की प्रवृत्ति, भावाधार और चिंतनधारा कहीं आदर्शवादी और कहीं रोमांटिक थी। आदर्शवाद पर सामंती राष्ट्रीयता का प्रभाव था और रोमांटिक भावधारा पर पूँजीवादी व्यक्ति वैचित्र्य और वैयक्तिक असंतोष का प्रभाव था। उस समय की कविता में छायावादी 'रोमांटिसिज्म' का उदय हो रहा था और गद्य में आदर्शवादी सुधारवाद का।

प्रेमचंद अपने पूर्व और समसामयिक साहित्य-प्रवाह में अपर्याप्तता, जीवन से असंपृक्तता और रूढ़ि के शिलाखंडों को देख रहे थे, साथ ही तूफान की गति से बदलती हुई तत्कालीन राष्ट्रीयता के आवरण में आच्छादित आर्थिक शोषण और वर्गभेद को देख रहे थे, इसीलिए उन्होंने अपने कथा-साहित्य के सृजन के लिए अपना दृष्टिकोण अपनाया, जिसका आधार जनता का सतत प्रवाही जीवन-दर्शन था, जिसमें असंतोष की आग, रूढ़ियों और भाव-रूढ़ियों की घुटन, जातीय परंपराओं के प्रति आस्था और बदलते हुए समय के नवनूतन के प्रति कौतूहलपूर्ण जिज्ञासा होती है। यद्यपि उनकी पहले की रचनाओं में काल्पनिक चित्रण और आदर्शवाद का प्रभाव है, तथापि उनका आतंरिक झुकाव सामाजिक यथार्थवाद की ओर था और 'गोदान' तक आते-आते उनका दृष्टिकोण संपूर्ण रूप से यथार्थवादी हो गया था। यद्यपि उन्होंने अपने प्रारंभ के उपन्यासों में समस्याओं को प्रस्तुत तो यथार्थवादी ढंग से किया है, तथापि उनका समाधान यांत्रिक आदर्शवादी है, जिसे राजनीतिक दृष्टि से 'गांधीवादी' प्रभाव भी कहा जा सकता है। फिर भी तमाम विसंगतियों और अंतर्विरोधों के समाधान में सामाजिक चेतना प्रबल है, वे व्यक्ति प्रयत्न नहीं, क्योंकि समाज से पलायन करके किसी हल को पेश करने की कोशिश प्रेमचंद ने नहीं की है। उन्होंने देश भर में व्याप्त समस्याओं के निराकरण को आदर्शवादी बनाने की यांत्रिक कोशिश नहीं की है—प्रेमचंद मूलतः यथार्थवादी रचनाकर थे, किंतु उन पर अपने युग के आदर्शवाद का प्रभाव था।

प्रेमचंद ने अपनी रचनाओं में ग्रामीण जीवन को केंद्र में रखा है। उनके कथानकों के पात्र व्यक्ति न होकर, संपूर्ण भारतीय राष्ट्रीय जीवन के पात्र बन जाते हैं। 'गोदान' का नायक होरी अवध के एक गाँव का किसान है, किंतु वह केवल व्यक्ति नहीं, भारतीय किसान के जीवन का प्रतीक भी है, वह व्यक्ति होते हुए भी एक वर्ग है। उसके व्यष्टिगत जीवन से भारतीय कृषक की परंपराओं, सांस्कृतिक, विरासतों, उसकी रुढ़ियों और रीति-रिवाजों, उसकी कष्ट-कथाओं और अतृप्त अभिलाषाओं की समष्टिगत व्यापक अभिव्यक्ति मिलती है। होरी एक होते हुए भी अनेक रूप है। इसीलिए प्रेमचंद का कथा-साहित्य ग्रामीण कथानक पर आधारित होते हुए भी राष्ट्रीय जीवन का कथात्मक

साहित्य है। प्रेमचंद ने 'प्रेम पीयूष' की भूमिका में लिखा है—"जिस देश के अस्सी फीसदी मनुष्य गाँवों में बसते हों, उसके साहित्य में ग्राम-जीवन का ही मुख्य रूप से चित्रित होना स्वाभाविक है। उनका सुख राष्ट्र का सुख, उनका दुःख राष्ट्र का दुःख और उनकी समस्याएँ राष्ट्र की समस्याएँ हैं।" प्रेमचंद की राष्ट्रीयता को भी सही ढंग से इसी परिप्रेक्ष्य में देखा और समझा जा सकता है।

आधुनिक युग में प्रेमचंद साहित्य की प्रासंगिकता या सार्थकता का सवाल कई रूपों में उठाया गया है। वास्तव में, कोई भी पूर्ववर्ती रचना तभी सार्थक, प्रासंगिक और स्वीकार्य होती है, जब वह समकालीन जीवन और चिंतन को प्रभावित करती है।

प्रेमचंद का लेखन आज भी प्रासंगिक और सार्थक है, यद्यपि यह बात सत्य है कि ग्राम-समाज के अंतः एवं बाह्य संबंधों और स्थितियों की पहचान में प्रेमचंद अपनी रचना के अंत में प्रायः एक उपदेशक की मुद्रा बना लेते हैं, इसीलिए व्यवस्था के खिलाफ गुस्से से भरे हुए उनके पात्र या तो आश्रमवासी हो जाते हैं या फिर निष्क्रिय हो जाते हैं। परंतु क्या पात्रों के आश्रमवासी हो जाने से प्रेमचंद की प्रासंगिकता संदिग्ध हो जाती है। प्रेमचंद का रचना-काल स्वाधीनता-संग्राम का काल भी है। इस कालखंड पर महात्मा गांधी का प्रभाव अधिक गहरा हो गया था। गांधीजी ने न केवल भारतीय राजनीति को प्रभावित किया था, प्रत्युत हमारा सामाजिक जीवन भी गांधीवादी चिंतन से प्रभावित हो गया था। गांधीजी केवल राजनीतिक जागरण नहीं चाहते थे, बल्कि एक राष्ट्रीय चरित्र-निर्माण के प्रयास में भी तत्पर थे। हमारे राष्ट्रीय चरित्र के लिए त्याग, सदाशयता, परोपकार जैसी सद्वृत्तियों की आवश्यकता होती है। राजनीतिक स्तर पर राष्ट्रीय चरित्र-निर्माण का जैसा प्रयास गांधीजी ने किया है, साहित्य के स्तर पर वैसा ही प्रयास प्रेमचंद ने किया है। इसलिए प्रेमचंद का लेखन सामाजिक संघर्षों और अंतर्द्वंद्वों के साथ-साथ राष्ट्रीय चरित्र-निर्माण का लेखन भी है। यह लेखन अपने समय की समझ और चिंतन के साथ पूर्ण रूप से जुड़ा हुआ है। क्या आज ऐसे राष्ट्रीय चरित्र की आवश्यकता नहीं है? राष्ट्रीय चरित्र को ही 'सामूहिक चरित्र' कहा जाता है। यह सामूहिक चरित्र क्रांतिकारी परिस्थितियों का निर्माण करता है। प्रेमचंद के उपन्यासों में इसी सामूहिक चरित्र के निर्माण का प्रयास किया गया है। क्या ऐसा लेखन कभी अप्रासंगिक हो सकता है? वास्तव में, प्रेमचंद का लेखन उन सभी लेखनों से अधिक प्रासंगिक है, जो केवल रचनात्मक स्तर पर क्रांतिकारी परिस्थितियों का संसार खड़ा करते हैं। जो वामपंथी या जनवादी लेखक अपनी राजनीतिक पक्षधरता के कारण हमारे सामाजिक जीवन की पहचान में रीत गए हैं। उनकी रचनाएँ, उनकी राजनीतिक पक्षधरता पानी पर तैरते हुए तेल की तरह बिलकुल अलग-थलग रह गई हैं। इसलिए अपनी आक्रामक और संत-विरोधी मानसिकता के बावजूद वामपंथी या जनवादी लेखन संकटापन्न

मानवसमाज की पहचान में प्रेमचंद से अधिक सफल नहीं हुआ है। प्रेमचंद के लेखन की सार्थकता और प्रासंगिकता इस बात में है कि उन्होंने देश के मध्यमवर्गीय चरित्र को उसकी विस्तृतता और वास्तविकता में देखने का प्रयास किया है। भारतीय मध्यवर्ग का चरित्र बड़ा ही जटिल और विभाजित है, वह प्रत्येक परिवर्तनकारी शक्ति को सहयोग का आश्वासन देता है और पारस्परिक विचारधारा की रक्षा भी करना चाहता है। सामाजिक जीवन-यापन में वह उच्च वर्ग के निकट पहुँचना चाहता है, किंतु आर्थिक विपन्नता के कारण वह गुस्से से भरा होता है। उसकी आक्रोशमय मुद्रा तो सर्वहारा की है, किंतु भोगवादी आकांक्षा उच्च वर्ग से मेल खाती है। प्राय: प्रेमचंद की सभी रचनाओं में मध्यमवर्गीय चरित्र को अभिव्यक्ति देने का प्रयास किया गया है। मध्यवर्ग की संशयशील मानसिकता की पहचान में प्रेमचंद एकरस हो गए हैं। इसलिए इस वर्ग के चरित्र की परख शायद उनकी रचनाओं में नहीं हो पाई है। भारतीय राष्ट्रीय जीवन में मध्यमवर्गीय चरित्र का विशिष्ट महत्त्व है। इस वर्ग की उपेक्षा करके इस देश में रचा जानेवाला कोई साहित्य स्थायी या प्रासंगिक नहीं हो सकता। प्रेमचंद इस बात को अच्छी तरह समझते थे, इसलिए उनके उपन्यास—'गबन', 'सेवासदन', 'प्रेमाश्रम', 'निर्मला', 'कर्मभूमि', 'रंगभूमि' और 'गोदान' में मध्य वर्ग के चरित्र को ही आधार बनाया गया है।

प्रेमचंद का समूचा लेखन आदर्श से यथार्थ की यात्रा का लेखन है। आदर्श उनके लेखन का बाह्य कलेवर है तथा यथार्थ जीवन-शक्ति है। यथार्थ के अभाव में आदर्श अग्राह्य हो जाता है और आदर्श से च्युत होकर यथार्थ तिरष्कृत हो जाता है इसलिए प्रेमचंद ने आदर्श और यथार्थ के समीकरण से सामाजिक जीवन की पहचान की है और उसे अपने उपन्यासों में स्थान दिया है। प्रेमचंद की पूर्ववर्ती रचनाएँ आदर्श के गहरे रंग से प्रारंभ होती हैं, पर 'गोदान' और 'कफन' तक आते-आते वे यथार्थवादी रंग में पूरी तरह रँग जाती हैं। यह सही है कि प्रेमचंद की पूर्ववर्ती रचनाएँ भी सामाजिक यथार्थ से जुड़ी हुई और परवर्ती रचनाएँ भी आदर्शवाद से एकदम पृथक् नहीं है। प्रेमचंद अपने को राष्ट्रीय सामाजिक जीवन से संपृक्त करके ही रचना करते थे। यह उनकी लेखकीय जागरूकता का प्रमाण है। राष्ट्रीय और सामाजिक दृष्टि से ऐसा जागरूक लेखन कभी भी अप्रासंगिक नहीं हो सकता।

प्रेमचंद के साहित्य में राष्ट्रीय उत्कर्ष का संस्कार जुड़ा हुआ है, किंतु भारतवर्ष के विभिन्न प्रांतों में होनेवाले सांस्कृतिक विनिमय और राजनीतिक उद्योगों के समीकरण का प्रयास 'नहीं' के बराबर है। ग्राम और नगर के विविध वर्गों और प्रतिनिधियों के माध्यम से सामूहिक और राष्ट्रीय चरित्र को अभिव्यक्ति देने का यत्न है, पर देश में इतनी धाराएँ-अंतर्धाराएँ और विचार-आदर्शों की इतनी अनेकरूपता तथा राष्ट्रीय उद्योग का इतना फैलाव है कि प्रेमचंद-साहित्य में उसका समग्र चित्रण नहीं हो पाया है। प्रेमचंद-

युग की अपनी सीमा थी; उसकी राष्ट्रीय चेतना एक विशिष्ट दिशा की ओर अग्रसर थी, उसमें वर्तमान युग के सामाजिक और राजनीतिक संघर्षों की चेतना और संस्कार भी उतने ही तीखेपन के साथ नहीं उभरे हैं, जितने आज के युग के लिए अपेक्षित हैं, किंतु इसे हम प्रेमचंद की त्रुटि नहीं मान सकते और न यह मान सकते हैं कि उन्होंने सामाजिक चेतना की वास्तविकता को अस्वीकार किया है। इसे हम भारतीय सामाजिक स्थिति का अन्वेषण भी कह सकते हैं। भारतीय समाज और जीवन में वर्ण-संघर्ष अधिक व्यापक है। अन्य संघर्ष की अपेक्षा आर्थिक असंतुलन धर्म-रूढ़ि, जातीय और भाषाई संघर्ष अधिक घातक हैं, अत: जो लेखक राजनीतिक प्रतिबद्धता के कारण ऐसे लेखन को कम महत्त्व देता है, वह अपने समाज की समकालीन आवश्यकता की अवहेलना करता है। प्रेमचंद ने समय-सत्य और रचना-सत्य को एक साथ रखकर लेखन किया है, इसलिए वे राष्ट्रीय जीवन के परिप्रेक्ष्य में आज भी प्रासंगिक और सार्थक हैं।

□

समकालीन समाज में बुद्धिजीवियों का प्रभाव

किसी भी समाज के बुद्धिजीवी उस समाज की चेतना के प्रतिबिंब होते हैं। बुद्धिजीवी तत्कालीन समाज की दशा और दिशा निर्धारित करने में निर्णायक भूमिका निभाते हैं। राजनीति के क्षेत्र में बुद्धिजीवियों का प्रभाव क्रांतिकारी सिद्ध हुआ है, हम यदि संसार के इतिहास का अवलोकन करें तो विदित होगा कि बुद्धिजीवियों ने यथा-स्थिति को भंग करने के लिए प्राण-पण से अपनी भूमिका का निर्वाह किया है। फ्रांस की राज्य-क्रांति की सफलता के मूल में वहाँ का उत्तेजनापूर्ण साहित्य ही था। फ्रांसीसी जनता राजतंत्र से बुरी तरह त्रस्त थी। प्रत्येक व्यक्ति की व्यक्तिगत स्वतंत्रता का अपहरण कर लिया गया था और इस स्वतंत्रता के अभाव ने देश की आर्थिक और सामाजिक उन्नति को खतरे में डाल दिया था; जनता शिथिल पड़ गई थी, परंतु वहाँ के बुद्धिजीवियों ने उस संक्रमण-काल में अपने समय की परिस्थितियों का गहन अध्ययन किया था। फलतः उन्होंने देश की दशा के अनुरूप, देश की भक्ति और स्वतंत्रता के महत्त्व को दरशाने वाले काव्य की रचनाएँ की थीं। उस उत्तेजनावर्द्धक साहित्य ने संपूर्ण फ्रांस में क्रांति की ज्वाला भड़का दी और अंत में सत्य (क्रांति) की विजय हुई। इस प्रकार फ्रांस में प्रजातंत्र की स्थापना हो सकी।

बुद्धिजीवियों को राजनीतिक आईने में देखना मात्र कुचक्र को रेखांकित करना है। यद्यपि यह सत्य है कि बुद्धिजीवी को देश-काल एवं परिस्थितियों के अनुरूप ही स्वयं को ढालना चाहिए, तथापि इस संकीर्ण दृष्टिकोण में उलझकर बुद्धिजीवी की स्वतंत्रता का अपहरण नहीं होना चाहिए। बुद्धिजीवी को एक राजनीतिक व्यक्ति बनाकर छोड़ देना उसकी भावना से छल-कपट करना होगा। विश्वकवि रवींद्रनाथ टैगोर ने इस संबंध में अपने विचार बड़े ही विस्तृत रूप में प्रकट किए हैं। उन्होंने बताया है कि साहित्यकार की भावना एक पुष्प की भाँति कोमल और सुगंधमय होती है। जिस प्रकार एक पुष्प अपने पूर्ण रूप में पल्लवित हो जाने पर समस्त दिशाओं में अपनी सुगंध जिसे देता है और उसकी आभा से समस्त दिग्दिगंत सुशोभित हो उठती है, उसी प्रकार एक

साहित्यकार अपनी कल्पना से कितनी ही असाध्य वस्तुओं को साध्य बना देता है।

एक साहित्यकार की लेखनी को यदि उन्मुक्त कर दिया जाए तो वह ऐसे दुष्कर कार्य भी सहज ही साकार कर सकता है, जिन्हें आम व्यक्ति अपने यथार्थ जीवन में प्राप्त करने की कल्पना भी नहीं कर सकते। इसीलिए बुद्धिजीवियों पर समाज को नई दृष्टि प्रदान करते रहने का गुरुतर भार सौंपा गया है। बुद्धिजीवी का दायित्व है, मानव जीवन में आनंद-रश्मियों को संपूरित करना तथा निराशा के अंधकार में आशा-ज्योति जलाए रखना।

सच, लोकजीवन में बुद्धिजीवी एक प्राणदायिनी बूँद-सदृश है। जीवन में इस अलौकिक आनंद की प्राप्ति रचनाधर्मियों की स्वतंत्र कलाकृति से ही होती है, जो बंधनों और सीमाओं से परिमुक्त अपने स्वच्छंद-भावों के प्रवाह में बही जा रही है।

युद्धकाल में इस वर्ग का दायित्व और भी गंभीर हो जाता है। युद्ध में वीर-गति प्राप्त करनेवाले एक सैनिक-जीवन का वर्णन और अपूर्व त्याग-बलिदान में उसके चरित्र की उत्कर्षता को जनता के सम्मुख कुछ ऐसे बिंबों के माध्यम से प्रस्तुत करता है कि देश का हर नौजवान स्वयं को कर्तव्य-वेदी पर निछावर कर देने में किंचित् नहीं हिचकिचाता। वह अपने देश के लिए और समाज के लिए, उसकी हर आह और हर संवेदना में एकान्वित हो जाता है, एकरूप हो जाता है।

बुद्धिजीवी वर्ग का यदि गहराई के साथ अध्ययन किया जाए तो विदित होगा कि अपने बुद्धि के बल पर इन बुद्धिजीवियों ने संसार के प्रत्येक आवरण को बेधने का सफल प्रयास किया है—'सर्वतोमुखी जागृति' का शंखनाद भी इन्हीं बुद्धिजीवियों द्वारा किया गया था। इस जागरण-अभियान का उद्देश्य पश्चिम के बौद्धिक प्रभाव को समाप्त करना था। अंग्रेजों के भारत पर अनेक प्रभावों का परिणाम घातक दृष्टिगोचर होने लगा था, बुद्धिजीवीवर्ग ने जब उस परिणाम को समीप से देखा, तब वह वर्ग काँप उठा। इससे स्पष्ट हो जाता है, कि वह परिणाम निश्चित रूप से किसी भयंकर विनाश का एहसास कराने वाला था। बुद्धिजीवियों ने समाज के प्रति अपने दायित्व को पहचाना। क्रमिक रूप में समाज-सुधारकों ने भारत के अतीत की गौरवगाथा का रस 'किंकर्तव्यविमूढ़' भारतीय जनमानस में घोलकर विनाशकारी संकट से उबार लिया।

उस समय लोक-चेतना पूरी तरह विकसित नहीं हो पाई थी। अनेक दूर-दर्शियों और सुधारक जन-नेताओं के सद्प्रयत्नों के फलस्वरूप भारतीय संस्कृति की अनुपम धरोहर चटख-चटखकर टूटने से बचा ली गई थी।

प्रारंभ में पश्चिमी बुद्धिजीवियों ने भारत को अपने राजनीतिक और आर्थिक शिकार के रूप में देखा और एक समय ऐसा आया, जब प्रतीक्षित शिकार पश्चिमी बुद्धिवादियों के अधिकार-क्षेत्र के अंतर्गत आ गए।

निम्न और गौण रूप में स्वीकार करनेवाले उन तथाकथित बुद्धिवादियों की दृष्टि ने जब भारतवासियों का साक्षात्कार किया, तब उनकी वही दृष्टि पलकें झपकाने लगी। उनको स्वीकार करना पड़ा कि भारतवासियों का इतिहास उज्ज्वल है और उनके पास ऐसी साहित्यिक विधियाँ हैं, जो अन्यत्र दुष्प्राप्य हैं। बस, वहीं से पश्चिमी बुद्धिवादियों की दृष्टि बदलने लगी।

संक्षेप में, पश्चिमी बुद्धिवाद को समझने का प्रयास करें। जिस समय भारत में पश्चिम के विवेकपूर्ण अनुकरण की प्रवृत्ति उत्पन्न हो रही थी, उस समय विशेष रूप से इंग्लैंड में और सामान्य रूप से यूरोप में बुद्धिवाद का दौर चल चुका था। इस बुद्धिवाद की विशेषता यह थी कि वह ईसाइयत की भ्रांत धारणाओं का आलोचक था तथा विज्ञान पर आश्रित तत्त्वज्ञान का सर्मथक। उन दिनों का पाश्चात्य बुद्धिवाद एक पैना कुल्हाड़ा था, जो सदियों से चले आ रहे भ्रमपूर्ण विचारों के कँटीले जंगलों को काटता जा रहा था। यह ठीक है कि उस कँटीले जंगल के बीच-बीच में जो फलदार वृक्ष और फूलदार पौधे थे, वे भी कटते जा रहे थे, परंतु कँटीले जंगलों के नष्ट हुए बिना बाग का पनपना भी संभव नहीं था। उन दिनों इंग्लैंड में स्पेंसर, हक्स्ले, डारविन, हरबर्ट और मिल जैसे तत्त्ववेत्ताओं का प्रभाव बढ़ रहा था। उस प्रभाव का क्षेत्र इतना विस्तार ले चुका था कि शनैः-शनैः सभी वर्गों में यह भावना फैल गई थी कि केवल वर्तमान स्थिति से संतुष्ट होकर बैठे रहना भूल है। जो लोग सुधारकों तथा सुधारक-संस्थाओं के प्रभाव में आ गए थे, उनके अतिरिक्त पुरानी लीक के फकीरों के विचारों में एक तरह का आंदोलन आरंभ हो गया था, जो प्राचीनतम रूढ़ियाँ थीं, उनके या तो विग्रह-परिवर्तन होने लगे अथवा उनके समर्थन के लिए वैज्ञानिक और काल्पनिक आधार ढूँढ़े जाने लगे। अनेक पौराणिक कथाओं, आख्यानों को तर्कसंगत बनाने के लिए कल्पना की डोरी को बेतरतीब खींचा जाने लगा। उसका मूल कारण यह था कि उन कथानकों और आख्यानों को ऐतिहासिक सत्य मानना संभव नहीं था।

भारतीय सामाजिक परिप्रेक्ष्य में राजा राममोहन राय की भूमिका निःसंदेह श्लाघनीय है। राजा राममोहन राय और समकालीन समाज-सुधारकों ने नारीस्थिति का सम्यक् परिशीलन किया था। परिशीलनोपरांत इन समाज-सुधारकों ने नारी की हीन दशा को नए-नए श्लाघ्य प्रतिमान-आयामों में ढाला, जिन्हें देश के लोकमत ने अंगीकार किया। विधवाओं के पुनर्विवाह का चलन और बाल-विवाह का विरोध लगभग सर्वसम्मत हो रहा था। इसका अर्थ यह नहीं कि वे सब सुधार एकदम व्यवहृत होने लगे, किंतु यह निर्विवाद रूप में कहा जा सकता है कि भारतीय लोक-मानस ने इसे दस कदम आगे निकलकर गले से लगा लिया।

अश्पृश्यता, वर्गभेद आदि कुरीतियों की जड़ों को सुधारकों ने अपने प्रयत्नों से

हिला दिया था। उन्नीसवीं शताब्दी को सुधारकों का 'स्वर्ण-युग' कहा जा सकता है। वस्तुतः उन्नीसवीं शताब्दी में ही भारतीय संस्कृति में सर्वांगीण जागरण-चेतना उत्पन्न होकर देश-व्यापिनी बनी थी। उन्नीसवीं शताब्दी का उत्तरार्द्ध और बीसवीं शताब्दी का पूर्वार्द्ध भारत के साहित्यिक उत्थान के लिए सदैव स्मरणीय रहेंगे।

राजा राममोहन राय जैसे विलक्षण व्यक्तित्व ने भारतीय समाज को नई दृष्टि दी थी। बँगला-साहित्य में 'नवयुग' लाने का श्रेय राजा राममोहन राय को ही जाता है। उनके धर्म-संबंधी ग्रंथों ने बँगला में अर्वाचीन गद्य का सूत्रपात किया था। उनके समय में ही बँगला में पत्रिकाओं का प्रकाशन-कार्य प्रारंभ हो गया था। परंतु उसे देशव्यापी गौरव उस समय प्राप्त हुआ था, जब बंकिमचंद्र चटर्जी ने उपन्यासों की रचना प्रारंभ की थी। उनके उपन्यासों से न केवल बँगला भाषा का साहित्य समृद्ध हुआ था, प्रत्युत सामाजिक जागृति को भी बहुत सहायता मिली थी। उनमें अंग्रेजों ने भारत को जीतने के समय जो-जो अत्याचार किए थे, उनका मर्मोद्रावक वर्णन भी था। राष्ट्रीयता उनमें कूट-कूटकर भरी थी।

इस प्रकार यह कहा जा सकता है कि राष्ट्र-निर्माण में बुद्धिजीवियों की महत्त्वपूर्ण भूमिका रही है।

□

स्वामी विवेकानंद का जीवन-दर्शन

वास्तव में, जब-जब आध्यात्मिक, धार्मिक मूल्यों का अधोपतन, चारित्रिक और नैतिक सिद्धांतों का ह्रास हुआ है, महान् द्रष्टा, संत, समाज-सुधारक, विचक्षण और आध्यात्मिकता के उद्बोधक निरंतर हिंदुस्तान में आविर्भूत होते रहे हैं। इतना ही नहीं, जनमानस की जीवन-पद्धति को शक्तिशाली बनाने, उसका पुनरुद्धार करने, आध्यात्मिक मूल्यों की पुनर्स्थापना करने और सनातन धर्म के चिरंतन सिद्धांतों के प्रचार करने के निमित्त अपने मस्तिष्क तथा अपनी शक्ति को न्योछावर करते रहे हैं।

उत्थान-पतन के दीर्घकालीन इतिहास में संभवतः हिंदुस्तान का इतना संकटपूर्ण समय कभी नहीं रहा, जितना कि उन्नीसवीं शताब्दी का उत्तरार्द्ध रहा था। अठारहवीं शताब्दी के मुसलिम आधिपत्य से उत्पीड़ित और उच्छेदित हिंदुस्तानी समाज और अन्य विदेशी मजहब ईसाइयत के तूफान में बहने लगा था। हिंदुस्तान अंग्रेजी साम्राज्य का कंगाल और दयनीय गुलाम बनकर रह गया था। अंग्रेजी शिक्षा के जादू से संज्ञाशून्य-सा हुआ हिंदुस्तान का तरुण वर्ग वेद उपनिषदों और पुराणों की तीव्र भर्त्सना करने लगा था और इन ग्रंथों को फूहड़ अंध-विश्वासों का भंडार, अंधी श्रद्धाओं का पुलिंदा, कूड़ा-कचरा तथा शब्दाडंबरपूर्ण दंत-कथाएँ समझने लगा था। उदात्त हिंदू धर्म में भी अनेक वीभत्स प्रथाएँ प्रचलित थीं। भोली-भाली जनता कतिपय धूर्त पुजारियों के व्यर्थ बकवास और सतही कर्मकांडों के सम्मुख नत-मस्तक थी। कुल मिलाकर आध्यात्मिक और नैतिक मूल्यों की आधारशिला चरमराकर टूटने की स्थिति में आ चुकी थी।

संक्रमण की ऐसी स्थिति में बंगाल में अपनी समस्त आभा के साथ आध्यात्मिकता के एक देदीप्यमान सूर्य का उदय हुआ, जिसका नाम था—'स्वामी विवेकानंद'। उस सूर्य ने चिरकालीन सुसुप्त जनता में जन-जागरण का शंख फूँका था, फलतः उद्भूत राष्ट्रोत्थान के युग का सूत्रपात हुआ।

स्वामी विवेकानंद का जन्म १२ जनवरी, १८६३ को ख्यातिप्राप्त दत्त परिवार में हुआ था। पिता विश्वनाथ दत्त उच्च न्यायालय में वकील थे। वे संस्कृत, फारसी और

कानून के विद्वान् थे। माता भुवनेश्वरी देवी धर्म-परायणा गृहिणी थी। बचपन में नरेंद्र दत्त के नाम से चर्चित विवेकानंद प्रशांत, प्रगतिशील, अत्यंत भावुक और धार्मिक विचारों के किशोर थे। नवोत्साह से परिपूरित नरेंद्र तीक्ष्ण मेधा, सिंह-सदृश शरीर और तार्किक दृष्टिकोण वाले, अनीश्वरवादी युवा के रूप में विकसित होते गए। उनकी प्रज्ञा किसी भी तथ्य को बिना ठोस प्रमाण के स्वीकार ही नहीं करती थी। ईश्वर के अस्तित्व का प्रश्न उन्हें विकल करने लगा और में उसकी खोज में यहाँ-वहाँ भटकने लगे। उस अधीर युवक को तत्कालीन सामाजिक और धार्मिक आंदोलन 'ब्रह्म समाज' में शांति मिलने लगी, परंतु 'ईश्वर के अस्तित्व के प्रश्न' का वहाँ भी कोई संतोषजनक उत्तर न मिल पाया।

उनके जीवन में उस समय एक मोड़ आया, जब एक दिन स्कॉटिश क्रिश्चियन कॉलेज के एक अध्यापक ने 'दी एक्सकर्शन' नामक कविता पढ़ाते हुए बताया कि प्रकृति के मुखर कवि विलियम वड्र्सवर्थ की कविता में वर्णित आनंदानुभूति तभी प्राप्त की जा सकती है, जब मन पवित्र हो और विक्षोभ उत्तेजना से मुक्त हो। उन्होंने यह भी बताया—"मैं इस प्रकार के एक प्रज्ञापुरुष को जानता हूँ, जिनको यह धन्य-स्थिति प्राप्त है और वे हैं—'दक्षिणेश्वर के रामकृष्ण परमहंस'।

हिंदुस्तान के इतिहास में युगांतकारी घटना तब घटी जब जिज्ञासु नरेंद्र, रामकृष्ण परमहंस के पास पहुँचे और उनसे पूछा, "आपने परमेश्वर को देखा है?"

रामकृष्ण परमहंस, जिनको ईश्वर की अनुकंपा से सिद्धि प्राप्ति हो चुकी थी, अतिशय सहजता के साथ मुसकराते हुए बोले "हाँ-हाँ, मैंने उसे वैसे ही हाड़-मांस के शरीर के रूप में देखा है, जैसे मैं तुम्हें देख रहा हूँ।"

हिंदुस्तानी संस्कृति के शिखर रामकृष्ण परमहंस के इस स्वीकारात्मक उत्तर ने उस उत्साही तरुण की समस्त शंकाओं का समाधान कर दिया और यहीं से नरेंद्र की आध्यात्मिक साधना की यात्रा का एक ऐसा प्रशिक्षण आरंभ होता है, जिसके कारण वे पाश्चात्य जगत् में सनातन-धर्म का संदेश पहुँचाने के लिए रामकृष्ण के 'उपकरण' बने।

इस महान् गुरु ने नरेंद्र को मानसिक असंतोष से निकालकर उसके आध्यात्मिक आनंद का मार्ग प्रशस्त किया। महासमाधि की अवस्था तक पहुँचने के पूर्व रामकृष्ण ने अपनी समस्त आत्मिक शक्तियों को नरेंद्र के अंदर प्रविष्ट करा दिया, ताकि वह महत्त कार्यों का संपादन कर सके और यहीं से नरेंद्र की परिणति 'विवेकानंद' के रूप में हो गई। गुरु के निधन से उत्पन्न आघात और पीड़ा पर नियंत्रण पाकर विवेकानंद ने अपने गुरु भाइयों को संयम और आध्यात्मपूर्ण जीवन-यापन करने के लिए प्रेरित किया।

आदि शंकराचार्य के समान उन्होंने परिजक के रूप में भारत के उत्तर में अवस्थित दिव्य हिमालय से तीन महासागरों के समागम स्थल तथा माँ भारती के चरणकमल

कन्याकुमारी के नैसर्गिक सौंदर्य को देखकर भाव-विभोर और तन्मय हो उठे। वहाँ के मुख्य पूजा स्थल 'कुमारी देवी' की प्रतिमा के सम्मुख आनंदातिरेक में वे साष्टांग प्रणाम की मुद्रा में लेट जाते।

एक दिन विवेकानंद सागर में लगभग २०० मीटर की दूरी पर खड़ी चट्टान तक तैरकर चले गए। वहीं पर वे सारी रात समाधिस्थ रहे। उन्होंने हिंदुस्तान के भूत, वर्तमान एवं भविष्य का मनन किया। उनकी कल्पना प्राचीन हिंदुस्तान के अद्‌भुत गौरव का विशाल चित्र लिये अपनी भव्यता के साथ प्रकट हुई। उसी समय उनके हृदय में लाखों भोले-भाले हिंदुस्तानियों की वेदना और कष्टों का दृश्य साक्षात् हो आया। द्रष्टा की सूक्ष्म अंतर्दृष्टि से वे इस तथ्य को देखने में सफल हो गए कि हिंदुस्तान गरिमा के शिखर से पतन के गर्त में क्योंकर आ गिरा।

इस शुभ स्थान पर उन्हें अपने जीवन-उद्‌देश्य की अनुभूति हुई कि मेरा मुख्य उद्‌देश्य है—'वेदांत' का दुनिया के कोने-कोने में प्रचार-प्रसार करना। इस बोध ने एक संन्यासी को एक ऐसे महान् दार्शनिक के रूप में बदल दिया जो दुनिया में बहुत कम ही पैदा होते हैं। राष्ट्र-निर्माता 'हिंदू धर्म' के महान् प्रचारक और हिंदुस्तान के चिंतक तथा आध्यात्मिक चेतना-प्रहरी के रूप में उनका जीवन प्रारंभ हो गया। इस दिव्य स्थान पर उनका भव्य स्मारक उस 'आध्यात्मिक शक्ति' और 'अपराजेय आस्था' का दार्शनिक प्रतीक बन गया, जिसका 'स्वामी विवेकानंद' के रूप में मानवीकरण हो गया है।

स्वामी विवेकानंद कन्याकुमारी से मद्रास आए और अपने अनुयायियों तथा मित्रों के आग्रह पर सितंबर, सन् १८९३ में शिकागो (अमेरिका) में आयोजित 'सर्वधर्म सम्मेलन' में भाग लेने के लिए अमेरिका रवाना हो गए। हिंदुस्तान के इतिहास में वह एक अविस्मरणीय घटना थी, जब उन्होंने श्रोताओं के समक्ष हिंदुस्तान की महिमा और वेदांत की महत्ता का वर्णन किया। हिंदुस्तान का सम्मान सागर की गहराइयों से उठकर हिमालय की ऊँचाइयों तक उन्नत हो गया। उस सम्मेलन में जब उन्होंने में अपनी वक्तृता से पूर्व 'My Dear Brothers and Sisters!' का संबोधन किया तब धर्मसभा में बैठे अपार विद्वान् समूह ने करतल ध्वनि से उनका हार्दिक अभिनंदन किया। उनके प्रभावी व्यक्तित्व—स्वस्थ शरीर, अनुनादित वाणी और ओजमय वाग्-धारा ने उपस्थित सभ्यजनों को मंत्रमुग्ध कर दिया। अमेरिका का भ्रमण कर उन्होंने हिंदू-धर्म के विविध पहलुओं को उजागर किया। रोमा-रोलाँ ने उन्हें 'मंच-महारथी' का सम्मान देकर आदर प्रकट किया। उन्होंने स्वामी विवेकानंद को 'दैविक अधिकार से वक्ता, अपनी जाति का आदर्श प्रतिनिधि, अंग्रेजी भाषा का पूर्ण ज्ञाता और धर्म सम्मेलन का चमत्कार' कहकर पुकारा।

स्वामी विवेकानंद ने यूरोप का भी भ्रमण कर पाश्चात्य-संसार में 'वेदांत' को लोकप्रिय बनाया। उनके द्वारा हिंदू-धर्म की सर्वमान्य व्याख्या से प्रभावित होकर एक

आयरिश कन्या 'मार्गरेट नोबल' उनकी शिष्या बन गई, जो बाद में 'भगिनी निवेदिता' के रूप में प्रतिष्ठित हुई।

सन् १८९६ में हिंदुस्तान की वापसी पर विवेकानंद ने अपने-आपको जड़ता और भाव-शून्यता में डूबी जनता को जगाने के लिए समर्पित कर दिया। वह तेजस्वी साधु हिंदुस्तानियों में व्याप्त सर्वथा अज्ञान, महान् दरिद्रता, अंध-विश्वासों और अन्य सहस्रों प्रकार की सामाजिक कुटिलताओं को देख तड़प उठे। उन्होंने सभी हिंदुस्तानियों से अज्ञानी हिंदुस्तानियों, अकिंचन हिंदुस्तानियों और अछूत हिंदुस्तानियों को भी अपने सगे भाइयों के समान समझने का अनुरोध किया। आध्यात्मिकता के समर्थक होते हुए भी, उन्होंने अनुभव किया कि बिना भौतिक प्रगति किए हिंदुस्तान शक्ति के चरम बिंदु पर नहीं पहुँच सकता।

स्वामी विवेकानंद का धर्म शक्ति और विश्वास का धर्म है। उन्होंने दुर्बलता को 'मृत्यु' और 'शाश्वत जीवन' की संज्ञा दी है। भारत की युवाशक्ति को, लोहे की मांसपेशियाँ, फौलाद की नसें और भीमकाय इच्छाशक्ति, जिसको कोई रोक न सके—के रूप में विकास करने का आह्वान किया। उन्होंने अंग-अंग में शक्ति-अवयव संपूरित करते हुए कहा था, "देश को योद्धाओं की आवश्यकता है—योद्धा बनो! चट्टान की भाँति डट जाओ। हिंदुस्तान को चाहिए कि एक विद्युतोत्पन्न ज्वाला, जो राष्ट्र की नसों में नवचेतना फूँक दे!"

स्वामी विवेकानंद बाह्य संस्कार-युग के विरुद्ध एक तीव्र प्रतिवाद के रूप में खड़े थे। कौन कहेगा कि इस प्रतिवाद की आवश्यकता नहीं थी, जिसका प्रतिवाद किया जाता है, उसके संबंध में व्यक्ति विशेष रूप से सचेत रहता है। इस दृष्टि से ब्रह्म-युग के संबंध में विवेकानंद विशेष रूप से सतर्क थे, इसलिए एक ओर राजा राममोहन राय, विद्यासागर और केशवचंद्र सेन के संस्कार का प्रभाव तथा प्रतिकार, जिस प्रकार उनमें देखा गया, उसी प्रकार दूसरी ओर बंकिम और भूदेव की चिंतन-धारा भी साहित्य के द्वारा उनमें समाविष्ट हुई है, परंतु साथ ही सभी दृष्टियों से उनका व्यक्तित्व और स्वातत्र्य नितांत प्रखर रूप में विकसित हुआ, एक अनुपम भाष्कर अपनी दीप्ति से इतिहास को आलोकित कर गया।

रामकृष्ण परमहंस के प्रमुख शिष्यों में स्वामी विवेकानंद विशेष रूप से उल्लेखनीय हैं। उनके समाधिस्थ होने के बाद स्वामी विवेकानंद ने अपने कुछ शिष्यों को एकत्र कर भातृ-भाव की आधारशिला पर संन्यासियों के संघ का निर्माण किया। उनका यह संघ पहले वाराहनगर में था, फिर आलम बाजार में स्थानांतरित हुआ, तदुपरांत बेलूर पहुँचा। इन स्थानों को केंद्र बनाकर मठ के संन्यासी हिंदुस्तान के एक छोर से दूसरे छोर तक भ्रमण करते रहे।

२० जून, १८९९ को पुनः स्वामी विवेकानंद स्वामी तुरीयानंद और भगिनी निवेदिता को साथ लेकर विश्व-भ्रमण पर निकल पड़े। जुलाई में उन्होंने लंदन, न्यूयॉर्क तथा अन्यान्य स्थानों पर व्याख्यान दिए और वेदांत-केंद्र स्थापित किए। स्वामी विवेकानंद को अपनी मृत्यु का पूर्वाभास हो चुका था, तभी उन्होंने कहा था, ''मेरी नौका उस शांत बंदरगाह के समीप पहुँच रही है, जहाँ से वह फिर कभी वापस नहीं आएगी।''

अंतिम प्रवास के रूप में उनका पड़ाव पेरिस रहा। पेरिस में आयोजित 'धर्म इतिहास-सभा' में भाग लेने के उपरांत १ अगस्त, १९०० को वे स्वदेश लौट आए। ९ दिसंबर, १९०० को बेलूठ मठ में उनके अकस्मात् आगमन से उनके शिष्यों को सुखद आश्चर्य हुआ। बेलूर मठ की समस्त संपत्ति उन्होंने अपने गुरु भाइयों के नाम हस्तांतरित कर दी थी। ४ जुलाई, १९०२ को वे असाधारण रूप में पूर्वाह्न ८ से ११ बजे तक ध्यानमग्न रहे। तृतीय प्रहर तक अपने गुरु-भाइयों और शिष्यों को अपनी योजनाओं से अवगत कराया। संध्याकाल अपने कक्ष में जाकर एक घंटा ध्यानस्थ रहे और लेटकर दो गहरे श्वास लेने के बाद चिर-शांति में लीन हो गए।

यह बहुत ही कम लोग जानते हैं कि महान् दार्शनिक, मनीषी और देशभक्त स्वामी विवेकानंद, जिन्होंने पाश्चात्य जगत् में हिंदू धर्म को लोकप्रिय बनाया; हिंदुस्तान के लब्ध-प्रतिष्ठ संत-कवि कबीर और गुरुनानक की कोटि के सर्वश्रेष्ठ कवि भी थे। यद्यपि उनकी रचित कविताएँ, गीत और भक्ति के श्लोक संख्या में बहुत कम हैं तथापि वे अत्यंत प्रिय हैं। उनकी कविताएँ सीधे-सहज रूप में आध्यात्मिक परमानंद और रहस्यवादी अनुभूतियों की प्रवाह हैं। अतः यह कह पाना सचमुच कठिन है कि उनमें कौन सा पक्ष, 'काव्य पक्ष' अथवा 'आध्यात्मिक पक्ष' प्रबल है।

लयबद्ध भाषा की चेतनशील शोभा और तेजस्विता के गुण ने उनकी कविताओं को और आकर्षक बनाया है। चूँकि वे एक अवर्णनीय परमानंद और प्रशांत क्षणों में रची गई थीं। अतः उनकी कविताएँ सौंदर्यशास्त्र की तीव्रता और आध्यात्मिक उन्नति से भरी हुई हैं। उनकी अनेक कविताएँ, जो अंग्रेजी में हैं, उनके पश्चिमात्य तथा हिंदुस्तान के अनुयायियों के नाम लिखे पत्रों के अंग हैं। स्वामी विवेकानंद ने संस्कृत-साहित्य के कुछ उत्कृष्ट श्लोकों का हिंदी में अनुवाद भी किया है। अनुवाद अत्यंत स्तरीय बन पड़ा है और हर तरह से मूल भावना के अनुरूप है। हिंदी-बंगाली में रचित उनकी कविताएँ प्रादेशिक भाषा-साहित्य की उज्ज्वल रत्न हैं। स्वामी विवेकानंद द्वारा रचित भक्तिगीत अथवा भजन रामकृष्ण मठों में संध्या के समय बड़े ही भक्ति-भाव के साथ गाए जाते हैं।

जन्मतः दार्शनिक होने के नाते स्वामी विवेकानंद की कविताओं में वाचक के मन की भावनाओं को उत्तेजित करनेवाली विपुल दार्शनिक प्रेरणाएँ हैं। काव्य-साहित्य को विवेकानंद की प्रथम देन 'ईश्वर के अन्वेषण में' नामक कविता है। यह कविता प्राध्यापक

जॉन हेनरी ह्वाइट के नाम लिखे पत्रों में पहली बार प्रकाशित हुई थी। यद्यपि विवेकानंद प्रकृति के आराधक नहीं थे, तथापि ईश्वरत्व की महत्ता को स्पष्ट करने के उद्देश्य से, प्रकृति के अलौकिक सौंदर्य का उन्होंने सविस्तार वर्णन किया है। उस पद्य के एक भाग में उनकी काव्य-प्रतिभा और कल्पना-शक्ति, चरम सीमा का स्पर्श कर चुकी है—

"चंद्रमा की शीतल किरणों
प्रकाशमान नक्षत्र
दिनकर का उज्ज्वल प्रकाश
इन सबसे उसकी सुंदरता,
शक्ति की प्रतिच्छाया मात्र है।
प्रशांत गंभीर प्रातःकाल, ढली संध्या
दुग्ध फेन के समान उभरता असीम सागर
नैसर्गिक सुषमा, पक्षियों का कलरव
इन सब में मैं यही देखता हूँ।"

'स्वाधीनों का गान' शीर्षक कविता में स्वामी विवेकानंद ने सर्वसंग परित्याग की महत्ता बताई है। इस पद्य में उन्होंने भौतिक विश्व से मुक्त प्राणी द्वारा अनुभूत किए जानेवाले आध्यात्मिक आनंद का परिचय दिया है—

"पृथ्वी शशि रवि से पहले,
धूमकेतु-नक्षत्रों से भी पहले,
कालोत्पत्ति के अत्यंत पहले मैं था,
अब मैं हूँ, आगे भी रहूँ।"

'समाप्त मेरी कहानी' शीर्षक कविता में स्वामी विवेकानंद ने मानव जीवन की नश्वरता और उसके अनुभवों को स्पष्ट कर 'मायावाद' का समर्थन किया है। जुलाई १८९५ में विवेकानंद के द्वारा न्यूयॉर्क के सहस्र द्वीप उद्यानवन में बैठकर रचा गया गीत है—'संन्यासी का गीत'। इसमें उन्होंने 'सर्व-संग परित्याग' के सिद्धांत का प्रभावी ढंग से प्रतिपादन किया है। विवेकानंद की काव्य-शक्ति का पूर्ण परिचय उनकी 'टू दी अर्ली वॉयलेट' नामक कविता में मिलता है। 'जाग्रत् भारत को' नामक कविता विवेकानंद के असीम देशप्रेम, स्वदेश के पुनरुत्थान में उनके अटूट विश्वास की प्रतीक है। 'प्रबुद्ध भारत' को संबोधित कर उन्होंने जो काव्य रचा, उसका सार है—'भारत का अमरत्व'।

कश्मीर के क्षीरभवानी मंदिर में देवी की प्रेरणा पाकर उन्होंने 'काली माता' कविता की रचना की थी। 'आशीर्वाद' नामक कविता में विवेकानंद ने अपनी प्रियातिप्रिय शिष्या 'भगिनी निवेदिता' को मानसा आशीर्वाद दिया है। 'मैन हैप्पी रिटर्न्स' नामक पद्य में भी वही भावनाएँ व्यक्त की हैं।

बंगाली भाषा में स्वामीजी द्वारा रचित पद्य उनकी काव्य-प्रतिभा का ज्वलंत निदर्शन है। मधुर रूपकों, सुश्राव्य रस विविधाओं से युक्त उन पद्यों में से एक है—'घनश्याम नहीं नाचा'।

यह दैवयोग की बात है कि स्वामीजी बहुत ही अल्पकाल तक जीवित रहे। फिर उगता-उठता सूर्य वय की प्रौढ़ता की प्रतीक्षा नहीं करता और जनपथ को आलोकित करने का श्रेय तो उसे है ही। कलियों के अधरों पर लाली देकर और उपवन में गंध-हास संपूरित कर वह आगे बढ़ जाता है—नियति के अनंत पथ पर!

□

महर्षि अरविंद का जीवन-दर्शन

"हम भारतीयों को अब यह गंभीरतापूर्वक सोचना आरंभ कर देना चाहिए कि भारतीय विचार, भारतीय बुद्धि, भारतीय राष्ट्रीयता, भारतीय आध्यात्मिकता और भारतीय संस्कृति को मानवजाति के सामान्य जीवन में कौन सी भूमिका अदा करनी है। मानवजाति को तो उत्तरोत्तर आगे बढ़ाना ही है। हमें इसके अंदर कार्य करना होगा और इसी का अंग बनना होगा। हम सभी में इसके प्रति अलगाव या ईर्ष्यायुक्त आत्मरक्षा की वृत्ति नहीं, बल्कि सब मनुष्यों और राष्ट्रों के प्रति उदार प्रतिस्पर्द्धा व भ्रातृत्व की भावना होनी चाहिए, जिसे एक प्रकार की चेतना को मनुष्य के भविष्य में उचित स्थान प्राप्त हो, यही भारतीय भावना चाहिए।" ऐसा शुचि और दिव्य चिंतन महर्षि अरविंद का था।

अरविंद का जन्म १५ अगस्त, १८७२ को कलकत्ता में हुआ था। उनके पिता कृष्णघन घोष एक सिविल सर्जन थे। माता का नाम स्वर्णलता देवी था। ७ वर्ष की अवस्था में ही अध्ययनार्थ वे अपने पिता द्वारा विलायत ले जाए गए। उन्हें हिंदू-संस्कार से दूर रखने का प्रयास किया गया। कैंब्रिज के किंग्स कॉलेज की ट्राइपोस की कठिन परीक्षा में विशेष योग्यता के साथ उत्तीर्ण हुए। उन्होंने आई.सी.एस. की खुली प्रतियोगिता में भाग लिया और सर्वोच्च अंक प्राप्त किए थे। परंतु वे सरकारी गुलाम बनने को तैयार नहीं हुए। बड़ौदा राज्य की सेवा अंगीकार कर सन् १८९३ में वे स्वदेश लौट आए। भारत आते ही अरविंद को अवर्णनीय अनुभूति हुई। उन्हें प्रतीत हुआ, मानो एक महान् ज्योति उनके अंत:करण में प्रवेश कर गई हो। भारत का एक दिव्य आध्यात्मिक स्वरूप उनकी आँखों के समक्ष ठहर गया और उनमें प्रवेश कर गया, जिससे उन्हें चिर शांति प्राप्त हुई। विदेश में रहकर उन्होंने अनुभव किया था कि वे अब 'अंधकार' का पर्याय होते जा रहे हैं। इस स्वर्णिम अनुभूति से वह अँधेरा क्षणोपरांत छँट गया और वे प्रकाश, प्रज्ञान, प्रशांति से पूर्णत: उद्भाषित हो उठे। भारत की महिमा है ही ऐसी! इसलिए अपने लोगों ने कहा है कि इसके कण-कण में पावित्र्य भरा हुआ है। वहीं अनुभूति उनमें समा गई और उस अनुभूति की सार्थकता रेखांकित करने के लिए अरविंद ने भारतमाता को

अपना प्रथम और अंतिम प्रणाम किया। आते ही वे भारत के समस्त वाङ्मय और संस्कृति के गहन अध्ययन में लीन हो गए, जिसमें अरविंद ने संस्कृत, बँगला, मराठी, गुजराती, हिंदी आदि भारतीय वाङ्मय का विशद् अध्ययन किया। बड़ौदा कॉलेज में उन्होंने अंग्रेजी के प्राध्यापक के रूप में काफी समय तक सराहनीय कार्य किया। मृणालिनी देवी से उनका परिणय हुआ। अरविंद ने भगिनी निवेदिता से भेंट की। 'काली माता' नामक लब्ध-प्रतिष्ठ ग्रंथ से वे अत्यंत प्रभावित हुए थे। साहित्यिक क्षेत्र में अपनी प्रतिभा का प्रकाश फैलाने के उपरांत उन्होंने राजनीतिक क्षेत्र में पदार्पण किया। उनके मन में भारत को स्वतंत्र कराने की लौ सदैव लगी रहती थी। इसीलिए उन्होंने सन् १९०२ से देश की राजनीतिक गतिविधियों में सक्रिय भाग लेना प्रारंभ कर दिया था। यही नहीं, उन्होंने क्रांतिकारी आंदोलन का गुप्त प्रचार करना भी आरंभ कर दिया था। सन् १९०५ में महर्षि अरविंद ने लोकमान्य बाल गंगाधर तिलक-प्रणीत 'उग्र राजनीति ' का समर्थन किया था।

बंग-भंग की घोषणा होते ही उन्होंने अपना 'पाञ्चजन्य' फूँका और सन् १९०६ में वे कलकत्ता लौट आए। राष्ट्रीय शिक्षा द्वारा नवयुवकों में राष्ट्रीय भावना भरने के उद्देश्य से बंगाल राष्ट्रीय महाविद्यालय कलकत्ता में उन्होंने प्राचार्य-पद को समलंकृत किया। यहाँ से वे खुले रूप में क्रांति में कूद पड़े, कांग्रेस के मंच से स्वराज तथा विदेशी बहिष्कार के प्रस्ताव का अनुमोदन किया। सन् १९०७ में वे जनमानस के सम्मुख उग्र पत्रकार के रूप में उभरे, जब उन्होंने 'वंदे मातरम्' नामक साप्ताहिक समाचार-पत्र का संपादन आरंभ किया और वही 'वंदे मातरम्' तुरंत ब्रिटिश शासन के लिए सिरदर्द बन गया। ब्रिटिश सरकार ने उनपर राजद्रोह का अभियोग लगाया। वे बिना किसी चिंता के ही अपने उद्देश्य में लगे रहे। उन्होंने सूरत कांग्रेस की अध्यक्षता की। 'भिक्षाम् देहि' के स्थान पर उन्होंने 'युद्धम् देहि' का उद्घोष दिग्दिगंत में ध्वनित किया। सन् १९०८ में वे किंग्स फोर्ड-हत्याकांड, अलीपुर बम-केस में गिरफ्तार कर लिए गए। जेल की यातना-कोठरी उनकी तपस्या-कुटीर बन गई थी। वहीं साधना में लीन एक दिन उन्हें 'वासुदेव सार्वमितिः' का साक्षात् हुआ। यहीं से उनके अंदर एक महान् परिवर्तन आया। भागवत-निर्णयानुसार उन्हें अभियोग से विमुक्ति मिली। उत्तरपाड़ा धर्मरक्षिणी सभा में उनका अभिभाषण हुआ। उन्होंने 'कर्मयोगिन' तथा 'धर्म' नामक साप्ताहिक समाचार-पत्रों का सफल संपादन भी किया। उनके विरुद्ध ब्रिटिश शासन ने कुचक्र रचकर पुनः मुकदमा चलाया, परंतु उन्होंने उस चांडाल-चौकड़ी की देश से निर्वासित करने की योजना विफल कर चंद्रनगर तथा पांडिचेरी में योग साधना में लीन हो गए। अब वे राजनीति का पूर्णरूपेण परित्याग कर सुदूर पांडिचेरी में योग-साधना करने लगे थे, जिसका समारंभ बड़ौदा रहते ही हो चुका था।

अतीत की संपूर्ण आध्यात्मिक अनुभूतियों के सारभूत तत्त्वों को आत्मसात् कर

ऐसी आध्यात्मिक शक्ति की खोज करते हुए, जो सारे जीवन का रूपांतर कर उसे दिव्य बना दे, 'पूर्णयोग' के पथ का आविष्कार किया था और इसी की चरितार्थता में अंतिम चालीस वर्ष समर्पित हो गए। सन् १९१४ में उन्होंने 'आर्य' नामक साप्ताहिक पत्र का संपादन किया। उन्होंने ईशोपनिषद्, गीता, कर्मयोगिन्, प्रबंध, दिव्य जीवन, योग समन्वय, हिंदू संस्कृति के मूल तत्त्व आदि का प्रकाशन कार्य किया था। १३ अप्रैल, १९४१ को माँ का पांडिचेरी शुभागमन हुआ था, जहाँ अरविंद से उनकी भेंट हुई थी। सन् १९२६ में आश्रम की स्थापना हुई। माँ पर संपूर्ण भार छोड़कर वे स्वयं अंतराल में चले गए थे, पर समाचार-पत्रों द्वारा साधकों का मार्ग-प्रदर्शन करते रहे। सन् १९४५ में वे 'क्रिप्स मिशन' के प्रस्तावों को मान लेने के पक्ष में थे, क्योंकि भारत-विभाजन उन्हें स्वीकार नहीं था। उन्होंने कहा था कि अखंड, समर्थ तथा सशक्त भारत ही विश्व का पथ-प्रदर्शन करेगा। ५ दिसंबर, १९५० को महर्षि अरविंद ने महासमाधि ले ली। माँ के संरक्षण में उनका कार्य प्रतिफल प्रगति-पथ पर अग्रसर था। सन् १९७३ में माँ ने भी महाप्रयाण किया था। सन् १९५१ में माँ ने अंतरराष्ट्रीय शिक्षा-केंद्र का उद्‌घाटन किया। सन् १९६८ में संपन्न हुआ 'ओरोविल'—उषा नगरी का शिलान्यास।

कुछ आलोचक महर्षि अरविंद को 'पलायनवादी' मानते हैं, जो न सैद्धांतिक है, न व्यावहारिक है, न स्वाभाविक है और न ही अल्पव्यय साध्य ही। पलायनवादी कहनेवाले संभवत: नहीं जानते कि महर्षि अरविंद ने अपना पूरा यौवन क्रांति की आग में झोंक दिया और यदि वय ढलने से शरीर में स्फूर्ति न हो तो किसी भी व्यक्ति को विपरीत कार्य नहीं करना चाहिए। यह तो मात्र दूसरे पर लागू होनेवाला उदाहरण है। उन्हें तो कारागार में 'साक्षात् परब्रह्म का दर्शन' मिल चुका था और उन्हीं से अभिप्रेरित होकर वे एक तापस जीवन व्यतीत करने लगे थे। यदि उन्होंने ईश्वरीय प्रेरणा से ऐसा कार्य किया था तो उन्हें 'पलायनवादी' कहना मिथ्या आरोप है। आलोचकों को यह जानना चाहिए कि उन्होंने देश को स्वतंत्र कराने के पश्चात, साधना के क्षेत्र को अंगीकार किया था। □

रवींद्रनाथ टैगोर का जीवन-दर्शन

प्राचीन मनीषियों जैसा सुगठित शरीर, लंबी श्वेत दाढ़ी, घनी-पतली भौंहें, सिर पर भारतीयता की द्योतक जटाएँ, उन्नत ललाट, ममता और करुणा से प्लावित आँखें, अपने ही ढंग का अद्‌भुत चोगा, मानो कुछ कहना चाहते हों, ऐसा था स्वरूप गुरुदेव का।

रवींद्रनाथ टैगोर भारत के उन देदीप्यमान रत्नों में से एक हैं, जिन्होंने भारत के चेहरे को पढ़ने का प्रयास किया, जिन्होंने भारत के खोए हुए आत्म-विश्वास को ढूँढ़ने का प्रयास किया, जिन्होंने मानवता की कष्टों से राहत, छुटकारे और बोध के लिए अपना संपूर्ण जीवन अर्पित कर दिया, जिन्होंने भारत के वेदों और उपनिषदों की म्रियमाण संस्कृति को नवीन जीवन और चेतना देकर अंतरराष्ट्रीय प्रांगण में खड़ा किया, जिन्होंने देश के रग-रग में 'उत्थितव्यम्', 'जाग्रतव्यम्' और 'बोधितव्य' की भावना का संचार किया, जिन्होंने प्रकृति की मंद सिहरन और रहस्यमय रूप से तादात्म्य स्थापित किया, जिन्होंने कला को सौंदर्य का बोध दिया, जिन्होंने सौंदर्य को गति दी और जिन्होंने गति को शिव तक पहुँचाया।

गुरुदेव का जन्म ७ मई, १८६१ को कलकत्ता के एक प्रसिद्ध और संपन्न घराने में हुआ था। उनके पिता महर्षि देवेंद्रनाथ टैगोर (१८१७-१९०५) एक गंभीर विचारक, असाधारण प्रतिभा-संपन्न 'ब्रह्म समाज' के मार्गदर्शकों में थे।

रवींद्रनाथ की शिक्षा आजकल की प्रचलित शिक्षा-प्रणाली के अनुसार नहीं हुई। उन्हें नगर के अशांत वातावरण में शांति न मिली। प्रकृति की गोद में बैठकर उन्होंने उसके मूक स्पंदनों और विचारों को समझा। टैगोर ने घर में ही वेदों, उपनिषदों तथा विश्व की श्रेष्ठ रचनाओं का अध्ययन किया। उन्होंने २४ वर्ष की अवस्था में पिता से घर का कार्य-भार ग्रहण किया। अवकाश के समय में वे साहित्य-सृजन में लगे रहे। गुरुदेव ने लगभग ३०-४० गद्य तथा लगभग ४०-५० पद्य विधाओं में रचनाएँ कीं। साहित्य का प्रायः कोई भी अंग गुरुदेव की लेखनी से बच न सका। उपन्यास, आख्यायिका, निबंध, गीत, भजन, नाटक इत्यादि में गुरुदेव ने असाधारण सफलता प्राप्त की।

गुरुदेव का सारा जीवन साधना और तपस्यामय था। ज्यों-ज्यों उनपर साहित्य और कला का प्रभाव पड़ता गया त्यों-त्यों उनके जीवन में सादगी, अपरिग्रह और तापस-गुणों का प्रवेश होता गया।

गुरुदेव ने बंग-साहित्य को नूतन विचार प्रवाह-धारा प्रदान की। गुरुदेव के एक भी शब्द व्यर्थ नहीं। छोटे-छोटे वाक्यों में वे असीम भाव-सौंदर्य भर देते थे।

गुरुदेव ने 'गीतांजलि', 'दी गार्डनर', 'साधना', 'दी क्रिसेंट', 'मून', 'चित्र', 'दी किंग ऑफ दी डार्क चैंबर', 'दी पोस्ट-ऑफिस, एटले', 'नेशनलिज्म पर्सनैल्टी', 'लवर्स गिफ्ट रेमेनिसेंस', 'दी रेक', 'गोरा', 'लेटर्स फ्रॉम ए बोर्ड आईसोर', 'ब्रोकेन हाइज' आदि अनेक कृतियों का प्रणयन किया।

सन् १९१२ से १९२० की उनकी विश्व-यात्राएँ विशेष रूप से उल्लेखनीय रहीं। विश्व ने उनके अनमोल विचारों को समझा और उन्हें उत्कृष्ट स्थान दिया। सन् १९१३ में उन्हें साहित्य की उत्कृष्ट सेवा के लिए विश्व विख्यात नॉबेल पुरस्कार से सम्मानि किया गया। विदेशियों के सम्मान का प्रमाण इस पुरस्कार से बढ़कर और कुछ नहीं हो सकता था।

कलकत्ता विश्वविद्यालय ने उन्हें डी.लिट. की उपाधि से विभूषित किया। ७ अगस्त, १९४१ को इस महान् विश्वकवि का शरीरांत हो गया।

रवींद्र यद्यपि मौलिक विचारक थे, तथापि उनकी रचनाओं में पंद्रहवीं और सोलहवीं शताब्दियों में जीवन और प्रेम के वैष्णव कवियों की सुकुमार चेतनाओं की गहरी छाप है। कबीर के रहस्यवाद से भी वे प्रभावित थे। वेद और उपनिषद् की छाया उनकी रचनाओं पर पड़ी है। उपनिषद् का दर्शन टैगोर की धार्मिक कविताओं और गंभीर चिंतन के निबंधों में संगृहीत है। टैगोर ने इन संपूर्ण रचनाओं के दार्शनिक भावों को लेकर अपने विलक्षण प्रतिभा के रंग में रंजित कर दिया था।

टैगोर मानवता के असीम पुजारी थे। उनकी दृष्टि में मनुष्य विधाता की अनुपम कृति है। विश्व में उसका स्थान संदिग्ध नहीं। जीवन और मृत्यु की सीमा के अंतर्गत मानव-कर्तव्य आत्म-चिंतन, प्रेम और कर्तव्य-निष्ठा में है। इसी में जीवन की शांति और वास्तविक सुख है।

टैगोर-साहित्य उपनषिद् की प्रस्तावना है। उनका अध्यात्म उपनिषद् की नींव पर खड़ा है। टैगोर की दार्शनिक विचारधाराओं के अनुसार मानव ईश्वर से पृथक् नहीं। हमारी आत्मा ब्रह्म की आत्मा से पृथक् नहीं। संसार ईश्वर की कृति नहीं, वरन् ईश्वर का स्वरूप है; अत: मानव का ईश्वर से पार्थक्य नहीं हो सकता। प्रकृति—बाह्य संसार ही ईश्वर है। इस बाह्य संसार के ज्ञान से ही हम अपने आत्म को पहचान सकते हैं। आत्म की पहचान मस्तिष्क के विकास से ही संभव है। प्रकृति की पूर्णता

में योगदान ही व्यक्तिगत आत्म-चिंतन का मार्ग है। संसार में वही महान् हुआ है, जिसने आत्म-त्याग और समाज-सेवा की है। मानवता से प्रेम करना ही मानव का प्रथम कर्तव्य है।

टैगोर ने विश्व को मानवता का संदेश दिया। उन्होंने मानवजाति की एकता पर बल दिया। एकता वही है, जो नैसर्गिक विभिन्नता से अनुप्राणित और परिपूर्ण हो। टैगोर के दृष्टिकोण में मानवजाति के पूर्ण विकास के लिए सामाजिक, सांस्कृतिक और धार्मिक विभिन्नताएँ आवश्यक हैं।

विभिन्न विद्वानों की दृष्टि में टैगोर—

"He was far rather spiritual leader. The poet was also seer."

"Tagore is one of the philosophers who were great poets and he is one of the few poets that have themselves gives expression to their philosophy."

—P.T. Raju

"Tagore was the greatest prophet of educational renaissance in modern India.

—H.B. Mukherjee

"Tagore revolutionized ideals of education without breahing with tradition."

—Humayun Kabir

The unfolding of the petals which implies distinctness, so the rose of humanity is perfect only when the divers races and nations have developed their distinct characteristics to perfection yet all remain attached to the stem of humanity by the band of brotherhood."

टैगोर को विश्वास था कि पूर्व और पश्चिम का, अपनी विभिन्न विशेषताओं को रखते हुए भी, अंतिम उद्देश्य एक है। इंग्लैंड के एक प्रीतिभोज में जहाँ इंग्लैंड और आयरलैंड के महान् विद्वान् उनका स्वागत करने के लिए एकत्र हुए थे, कहा था—

“I have learned that, though our tongues are different and our habits are dissimilar at the bottom of our hearts are one. The monsoon clouds generated on the banks of the Niles, fertilizes the far distant shore of the ganges, ideas may have to cross from east to wastern shores find a welcome in men's hearts and fullfil their promise. East is east and west is west, to God forbid that it should be other wise, but the twain must meen in amity, peace and mutual understanding their meeting; will be all the more fruitful because of their differences; it must lead both to holy wed-lock the common alter of humanity.”

राष्ट्रीय वैचारिक दर्शन

रवींद्रनाथ टैगोर परम देशभक्त थे। उन्होंने देशभक्ति पर कितनी ही कविताएँ लिखी हैं। मातृभूमि के वे आराधक थे और स्वदेश-प्रेम से उनका हृदय परिपूर्ण था, परंतु उनकी राष्ट्रीयता में संकीर्णता और विदेशियों के प्रति द्वेष नाममात्र को भी नहीं था। उन्हें संकीर्णता से घृणा थी। वे भारतीय जनता को जाग्रत् करने के चेतन-प्रहरी थे। वे राजनीतिज्ञ भी थे, परंतु उनकी राजनीति वाग्वितंडा में ही नहीं समाप्त हो जाती थी। उनकी राजनीति चरित्र-निर्माण से संबंध रखती है। विश्व के किसी भी व्यक्ति को उनकी राष्ट्रभक्तिपूर्ण कविताओं से आपत्ति नहीं। उनकी कविताएँ प्यार, उत्साह और मानवता का संदेश देती हैं। अपनी एक कविता में उन्होंने कहा था—

"Let the promises and hopes.
The deeds and words of my country be true, my God."

'Keep watch India' में उन्होंने कहा है—

"Come with thy treasure of contentment,
The sword of fortitude and meekness crowning thy forehead."

अपने जीवन के अंतिम श्वास तक यह महापुरुष सामाजिक एकता और विश्व शांति-स्थापना के लिए प्रयत्नशील रहा, जो सांस्कृतिक आदान-प्रदान और मानव-एकता से प्राप्त हो सकती है।

महर्षि टैगोर का विश्वास था कि मानव जाति अपने को विनाश से तभी बचा सकती है, जब वह पुनः उस आध्यात्मिकता में वापस आए, जो संपूर्ण धर्म का प्राथमिक आधार है। विवेकानंद की भाँति वे सोचते थे, भारत विश्व का पथ-प्रदर्शक मात्र नहीं, वरन् उसे भी विश्व से बहुत कुछ प्राप्त करना है। वे ऐसे आधुनिक विश्व का निर्माण करना चाहते थे, जो सुखमय और नवीन हो और जिसका आधार प्राचीनता हो—

"Where the mind is without fear and head is held high, where knowledge is free,

Where the world has not been broken up into fragments narrow domestic walls,

Where worlds come out from the depth of truth,

Where tireless striving stretches its arms towards perfection,

Where the clear stream of reason has not lost its way into the dreary desest sand of dead habits.

Where the mind is led forward by the, into ever widening thought and action.

Into heaven of freedom, my father, let my country awake."

शैक्षिक अवधारणा

टैगोर विश्व की शिक्षा प्रणाली विशेषत: भारत की शिक्षा प्रणाली से दु:खी थे। उनका विचार था—हमारी पाठशालाएँ शिक्षा प्रदान करने के कल-कारखाने हैं और अध्यापक लोग इस कल-कारखाने के एक प्रकार के पुर्जे हैं। जैसे ही कारखाना प्रारंभ होता है, पुर्जे कार्य करना प्रारंभ कर देते हैं, वैसे ही जैसे पाठशाला प्रारंभ होती है, शिक्षक की जुबान चलने लगती है और जैसे ही पाठशाला रूपी कारखाना बंद हो जाता है, शिक्षक की जुबान बंद हो जाती है।

गुरु और शिष्य की परिपूर्ण आत्मीयता के संबंध में भीतर से ही शिक्षा-कर्म सजीव देह में रक्तस्रोत की भाँति चल सकता है। जीवन की सर्वश्रेष्ठ वस्तु को हम पैसा देकर नहीं खरीद सकते अथवा आंशिक भाव से ग्रहण नहीं कर सकते। उसे हम स्नेह, प्रेम और मुक्ति से ही आत्मसात् कर सकते हैं। यही मनुष्य के पाकयंत्र का जारक रस है, इसी की सहायता से हमारा मानसिक भोजन होता है। यही जैव-सामग्री को जीवन के साथ मिला सकता है। उनका मत था—हमारी पाठशालाएँ एक प्रकार का इंजन हैं। वे भिन्न वस्तुओं को आपस में जोड़ अवश्य सकती हैं, परंतु उनमें जीवन नहीं डाल सकतीं। हमें हमारी पाठशालाओं से निर्जीव शिक्षा मिलती है। हमारी पाठशालाएँ जाति से रस नहीं चूसती हैं और जाति को फल भी नहीं देती हैं।

हमारे शिक्षक व्यापारी हैं। वे याचक हैं। विद्यार्थी समझता है कि शिक्षक 'शिक्षा' बेचता है और पैसा प्राप्त करता है। परिणामस्वरूप शिक्षक को स्वाभिमान बेचना पड़ता है। वह शिक्षार्थियों के पीछे फिरता है, जबकि शिक्षकों के निकट विद्यार्थियों को जाना चाहिए। प्रेम, विश्वास अथवा सम्मान की वस्तुएँ खरीदी नहीं जा सकतीं। पाठ्यक्रम की शिक्षा ही पर्याप्त नहीं; उसे विद्यार्थी का प्रेम प्राप्त करना चाहिए। जब शिक्षक समझेगा कि विद्यार्थी में जीवात्मा फूँकनी है, ज्योति जगानी है, अमूल्य जीवन सुधारना है तब कहीं विद्यार्थी सत्य-रूप में स्वाभिमानी बन सकेंगे। पाठ्यक्रम के साथ-साथ हमें हृदय में भी स्थान प्राप्त करना चाहिए, जब वह मिल जाएगा तब संपूर्ण चेष्टाएँ तथा युक्तियाँ सफल होंगी।

रवींद्रनाथ को कृत्रिमता और आडंबर से घृणा थी। वे प्रकृति के असीम पुजारी थे। उनका मत था—"नगर हमारा प्राकृतिक निवास स्थान नहीं है। नगर हमें जीवन तथा रस से परिपूर्ण प्रकृति की गोद से छीनकर अपने तपे हुए पेट में डालकर पचा डालते हैं और झुलसा देते हैं।" अग्नि, वायु, जल, मिट्टी आदि से बने हुए जगत् को ध्यानपूर्वक देखना, उसकी महत्ता को समझना ही वास्तविक शिक्षा है। यह शिक्षा नगरों के शोभायमान विद्यालयों तथा पाठशालाओं में नहीं दी जा सकती, क्योंकि यहाँ शिक्षा देने के कारखानों में हम विश्व को एक प्रकार की कल अथवा मशीन समझना ही सिखा सकते हैं। हमारी

शिक्षा को दीवारों से घेरकर, द्वार से रोककर, दंड आदि देकर घंटे-घंटियों से सचेत करके कितना और कैसा ही विचित्र रूप दे दिया गया है।

हम अपने बच्चों को अनावश्यक रूप में अशक्त और कमजोर बना देते हैं, वे पराश्रयी और अकर्मण्य बन जाते हैं। परमात्मा की इच्छा है कि हमारे बच्चे इस विशाल खुले जगत् के रिक्त स्थान में धीरे-धीरे उन्नति करें। माता के गर्भ में दस-दस मास रहकर बच्चे विद्वान् नहीं हुए। उस दोष के लिए उन्हें परिश्रम का कठोर दंड मत दो। उन पर दया करो।

इसीलिए हमें वन और जंगलों की आवश्यकता है। हम आदर्श विद्यालय स्थापित करना चाहते हैं, तो हमें नगर से गाँवों में खुले आकाश के नीचे विशाल मैदान में प्राकृतिक वृक्षों के मध्य उनका प्रबंध करना चाहिए।

जीवन-दर्शन

रवींद्रनाथ टैगोर मूलत: एक कवि थे। उनकी कविताओं में उनके जीवन-दर्शन का स्पष्ट परिचय मिलता है। जैसाकि डॉ. (श्रीमती) कीर्ति देवी ने उल्लेख किया है—"उनका दर्शन कवि-कल्पना है, हृदय की वेदना है, अध्यात्म का तर्कयुक्त निरूपण नहीं था।"

रवींद्रनाथ की कृतियों और उनके विचारों के अध्ययन से उनका दार्शनिक व्यक्तित्व उभर उठता है, जिनमें प्रमुख है—

(१) ईश्वर और ब्रह्म, (२) आत्मा और जीव, (३) सत्य और ज्ञान, (४) जगत् और प्रकृति, (५) प्रेम-साधना, (६) धर्म और नैतिकता।

१. ईश्वर और ब्रह्म—रवींद्रनाथ ने अपना विचार व्यक्त किया है—"हमें ईश्वर को उसी प्रकार अनुभव करना चाहिए जिस प्रकार हम प्रकाश का अनुभव करते हैं। उसका अनुभव संसार में प्रत्येक क्षण होनेवाली क्रियाओं और प्रतिक्रियाओं में होता है। ऐसा इसलिए कि ये सभी ईश्वरीय इच्छा से संबंधित और प्रेरित होती हैं।" वे ईश्वर और ब्रह्म को तर्क से जानने की सलाह नहीं देते। उनका तो कहना है—ईश्वर और ब्रह्म को प्रेम और अनुभूति से जानने का प्रयत्न करना चाहिए। यही कारण है कि वे शंकराचार्य के तर्क और निर्गुण अद्वैत ब्रह्म के विचार से सहमत नहीं होते।

रवींद्रनाथ टैगोर ब्रह्म-विग्रह का मानवीयकरण करके देखते हैं। मानवीय आधारों पर ही वे ब्रह्म-साक्षात्कार की शिक्षा देते हैं। वे मानव को ब्रह्म का ही एक विग्रह मानते हैं। ईश्वर और ब्रह्म में उनकी पूरी आस्था है। वे दोनों के प्रति आस्तिक और सगुणवादी विचार रखते हैं। उनका मानना है कि ईश्वर से मानव को जोड़ने वाले दो भाव हैं और वे हैं—प्रेम और आनंद।

२. आत्मा और जीव—रवींद्रनाथ टैगोर जीव की आत्मा को ब्रह्म से अलग मानते हैं। वहीं यह भी मानते हैं कि आत्मा यद्यपि स्वतंत्र है तथापि उसकी स्वतंत्रता ईश्वर की इच्छा पर निर्भर है। उनका विचार है कि जीव-आत्मा का लक्ष्य ब्रह्म में लीन होना नहीं है, बल्कि अपने को पूर्ण बनाना है।

उपनिषद्-सिद्धांतों के आधार पर उन्होंने आत्मा के तीन रूप निर्धारित किए हैं, जो हैं—(१) अस्तित्व और रक्षा-भावना, (२) अस्तित्व का ज्ञान (३) आत्माभिव्यक्ति

३. सत्य और ज्ञान—रवींद्रनाथ टैगोर ने सत्य की अवधारणा को स्पष्ट करते हुए लिखा है—"संसार का सत्य उसके जड़ पदार्थों में नहीं है, प्रत्युत उसके माध्यम से अभिव्यक्त होनेवाली एकता में है। हमारा वस्तुओं का समस्त ज्ञान उन्हें विश्व के संबंध में जानना है—उसके संबंध में, जो कि परम सत्य है।" वे तथ्यात्मक ज्ञान के आधार पर 'सत्य ज्ञान' को मानते हैं।

४. जगत् और प्रकृति—वे 'माया' की सत्ता को मानते हैं और नहीं भी। उनका कहना है कि चूँकि जगत् में माया के विस्तार को देखा-समझा जा सकता है; अत: जगत् की वास्तविकता को नकारा नहीं जा सकता। वे प्रकृति में जड़ और चेतन सभी को पाते हैं, इसलिए उनका कहना है कि प्रकृति को जानना-समझना चाहिए। उनका विचार है—"मनुष्य भी अपना संतुलन ख़ो देगा, यदि वह सर्वव्यापी प्रकृति की गोद छोड़कर मानवता के ही रास्ते पर चले।"

उनकी काव्य-कृति 'वसुंधरा' का परिशीलन किया जाए तो ज्ञान होगा कि प्रकृति के सभी उपादान—पल्लव, पुष्प, दिवा, रात्रि आदि मनुष्य के लिए परमावश्यक हैं। मानव-जीवन के सकारात्मक, नकारात्मक दोनों पक्ष प्रकृति पर ही निर्भर करते हैं।

५. प्रेम-साधना—रवींद्रनाथ टैगोर भक्ति में प्रबल आस्था रखते हैं—फिर भक्ति का अस्तित्व प्रेम के अभाव में होता ही नहीं। इससे सुस्पष्ट होता है कि वे प्रेम-साधना को स्वीकार करते हैं, दोनों ही धरातलों पर—वैचारिक और व्यावहारिक।

उनकी काव्य-कृतियाँ गूढ़ हैं, जो प्रेम-साधना की परिचायक हैं। अपनी—रहस्यात्मकता को बनाए हुए वे विश्व का आह्वान करते हैं कि प्रेम से बढ़कर कुछ भी नहीं है। एक-दूसरे से प्रेम करो। उनका तर्क है कि प्रेम से लय होता है और लय से लीनता। वे प्रेम के उभय पक्षों के प्रति आस्था रखते हैं—संयोग प्रेम-साधना और वियोग प्रेम-साधना।

६. धर्म और नैतिकता—'धर्म' और 'नैतिकता' को परिभाषित करते हुए टैगोर ने स्पष्ट शब्दों में कहा है—"मेरा धर्म मानव का धर्म है, जिसमें अनंत की परिभाषा 'मानवता' है।"

नैतिकता के प्रति अपना विचार वे इस रूप में व्यक्त करते हैं—"पशु का जीवन

नैतिकता से रहित होता है, किंतु मनुष्य में नैतिकता की व्याप्ति अवश्य होनी चाहिए।''

जहाँ तक धर्म और नैतिकता की बात है, दोनों का एक-दूसरे से घनिष्ठ संबंध है। उनके अनुसार—सच्चा धर्म नैतिक चेतना को उन्नत बनाता है। यही कारण है कि वे धर्म और नैतिकता को एक ही दृष्टि से देखते हैं। वे क्षणिक और वासनामय सुख के विरोधी हैं। वे आध्यात्मिक और आत्मिक सुख को 'वास्तविक सुख' की संज्ञा देते हैं। उनका मानना है कि दु:ख के पोषण से नैतिकता में अभिवृद्धि होती है।

□

ईश्वरचंद्र विद्यासागर का जीवन-दर्शन

ईश्वरचंद्र एक ओर जहाँ विद्यासागर थे, वहीं दूसरी ओर दयासागर भी। पीड़ित मानवता के प्रति उनके हृदय में करुणा की भावना थी। उन्होंने कई विद्यार्थियों के अध्ययन का व्यय-भार निर्वहण किया था, कई निर्धनों के अन्न-वस्त्र का प्रबंध किया था। वे किसी ऋणग्रस्त को व्याकुल देखते तो चुपचाप ही उसके ऋण का ब्याज-सहित भुगतान कर देते थे। यदि कोई माता-पिता कन्यादान करने में स्वयं को असमर्थ पाते तो ईश्वरचंद्र के लंबे हाथ सहायता पहुँचाते हुए दिखाई पड़ते थे।

एक घटना-प्रसंग इस रूप में प्राप्त होता है। गरमी के दिन थे। मध्याह्न के समय एक वृद्धा सड़क के किनारे पड़ी अंतिम श्वास गिन रही थी। लोग आते-जाते, मुँह फेरकर उधर से निकल जाते। कौन उस दुर्गंधयुक्त महिला को छूता? संयोगवश उसी मार्ग से ईश्वरचंद्र विद्यासागर निकले पर उन्होंने घृणा से अपनी दृष्टि नहीं फेरी। वे उसके पास गए। उन्होंने सारी स्थिति का अवलोकन किया और उस वृद्धा को गोद में उठाकर अपने घर ले आए। उन्होंने वृद्धा की चिकित्सा कराई और भोजनादि की सारी व्यवस्था की। स्वस्थ हो जाने पर ईश्वरचंद्र ने आजीवन उसके पालन-पोषण की व्यवस्था की।

ईश्वरचंद्र विद्यासागर के विषय में बंगाल के प्रसिद्ध कवि माइकेल मधुसूदन दत्त ने लिखा है—"उनमें प्राचीन भारतीय मनीषियों के समान ज्ञान, अंग्रेजों जैसी स्फूर्ति और बंगाली माँ का हृदय था।"

एक अन्य विद्वान् ने अपना मत इस प्रकार व्यक्त किया है—"विद्यासागर विद्या के ही नहीं, करुणा के भी सागर थे।"

वास्तव में, उनका जीवन मानवता, सेवा और कर्मठता का संगम था। जन-जन में आत्मा के स्वरूप का ही दर्शन करनेवाले ईश्वरचंद्र का जन्म २६ सितंबर, १८२० को बंगाल के मेदिनीपुर जिले के 'वीरसिंह' नामक गाँव में एक ऐसे समय हुआ था, जब भारतीय समाज की दशा अत्यंत विचारणीय और दयनीय थी। ईश्वरचंद्र एक दरिद्र-परिवार में जन्म लेकर और दरिद्र-अवस्था में जीवन व्यतीत करके भी कभी वितृष्णा के

व्यामोह में न फँसे, प्रत्युत अपना संपूर्ण जीवन शिक्षा का प्रचार-प्रसार करने और समाज की कुरीतियों को दूर करने में अर्पित कर दिया। ईश्वरचंद्र विद्यासागर ने उन्नीसवीं शताब्दी के विद्वानों में जो प्रमुख स्थान बनाया था, उसके मूल में उनका कठोर परिश्रम ही दिखाई पड़ता है। ९ वर्ष की अवस्था में संस्कृत कॉलेज में प्रवेश लेकर १३ वर्षों तक सतत अध्ययनशील रहे। उनके इस अध्ययन-काल को यदि 'तप:पूरित' जीवन कहा जाए तो कोई अतिशयोक्ति न होगी। उन्हें अपना खर्च चलाने के लिए दूसरों का भोजना बनाना, बरतन माँजना, सफाई जैसे अनेक कार्य करने होते थे। इन कार्यों के बाद जो समय बचता, वह कॉलेज में निकल जाता था। घर पर अध्ययन करने के लिए दिन में तनिक भी समय नहीं बचता था। निर्धनों ने उनको इतना घेर रखा था कि रात का अध्ययन भी वे अपने कक्ष में शांतचित्त होकर नहीं कर पाते थे। उनके सामने सबसे बड़ी समस्या थी—दीपक के लिए तेल कहाँ से लाएँ। निरुपाय होकर सड़क के किनारे स्थित नगरपालिका की लालटेन की रोशनी में अध्ययन करना होता था। कभी-कभी रात्रि में अधिक नींद सताती तो वे आँखों में सरसों का तेल लगा लेते अथवा अपनी चोटी को पीछे किसी खंभे से बाँध लेते। उनके अध्यवसाय का ही यह परिणाम था कि उन्हें एक दिन 'विद्यासागर' की उपाधि से विभूषित किया गया।

जीवन-वृत्त : एक दृष्टि में

नाम : ईश्वरचंद्र

उपनाम : विद्यासागर

जन्म : २६ सितंबर, १८२० को बंगाल के मेदिनीपुर जिले के वीरसिंह नामक गाँव में।

कार्य और उपलब्धियाँ : संपूर्ण जीवन शिक्षा के प्रचार-प्रसार और समाज की कुरीतियाँ दूर करने में अर्पित, 'विद्यागसागर' की उपाधि से आभूषित, सन् १८४१ में फोर्ट विलियम कॉलेज, कलकत्ता के बँगला विभाग में 'हेड पंडित' के पद पर नियुक्ति, १८४७ में संस्कृत कॉलेज कलकत्ता में सहायक के पद पर नियुक्ति, १८५५ में विद्यालयों के सहायक निरीक्षक पद पर नियुक्ति, संस्कृत कॉलेज के प्राचार्य-पद पर नियुक्ति, १८५६ में 'विधवा विवाह अधिनियम' पारित कराने में श्लाघनीय योगदान, १८५६ में प्रथम विधवा-विवाह संपादित, १८५७-५८ में ३५ बालिका विद्यालयों का समारंभ, संस्कृत की विद्वत्ता के लिए और सी.आई.ई. की उपाधि से विभूषित, स्त्री-शिक्षा के प्रबल समर्थक, बँगला में 'संप्रकाश' और अंग्रेजी में 'हिंदू' तथा 'पैट्रियाट' का प्रकाशन।

प्रकाशित कृतियाँ : 'आख्यान मंजरी', 'वासुदेवचरित', 'ऋतुपाठकथामाला', 'भ्रांतिविलास', 'रामेर राज्याभिषेक', 'सीता वनवास', 'वेताल पंचविशंति (अनूदित) आदि।

मृत्यु : २९ जुलाई, १८९१ को कलकत्ता में।

अध्ययन समाप्त करने के पश्चात् सन् १८४१ में ईश्वरचंद्र विद्यासागर की नियुक्ति कलकत्ता के फोर्ट विलियम कॉलेज में ५० रुपए के मासिक वेतन पर बँगला-विभाग में 'हेड पंडित' के पद पर हुई, किंतु उनकी अभिरुचि संस्कृत के प्रति अधिक थी। सन् १८४६ में उन्हें संस्कृत-व्याकरण लिखने की प्रेरणा मिली तथा १८४७ में वे संस्कृत कॉलेज में सहायक सचिव के पद पर नियुक्त किए गए। अध्यवसाय और ईमानदारी के कारण वे उस कॉलेज के प्राचार्य जैसे महत्त्वपूर्ण पद पर पहुँचे। इसी अवधि में उन्होंने संस्कृत-व्याकरण के प्रथम तीन भाग प्रकाशित किए, जो पर्याप्त लंबे तक पाठ्यपुस्तक के रूप में चलते रहे। तत्पश्चात् मई, १८५५ में उनकी नियुक्ति विद्यालयों के सहायक निरीक्षक के पद पर हुई। संस्कृत के उद्भट् विद्वान् तो थे ही, संस्कृत की विद्वत्ता के लिए उन्हें 'सी.आई.ई.' की उपाधि से समलंकृत किया गया था।

विद्यासागर धोती, चादर और चप्पल के अतिरिक्त और कुछ धारण नहीं करते थे। पराधीन भारत में जन्म लेकर भी उनका स्वाभिमान देखते ही बनता था। जब वे कलकत्ता संस्कृत कॉलेज के प्राचार्य थे, तब एक बार प्रेसीडेंसी कॉलेज के अंग्रेज प्रिंसिपल कैट से मिलने के लिए गए। जब वे उनके कक्ष में पहुँचे तब उन्होंने देखा कि कैट जूते पहने ही अपने पैर मेज पर रखकर बैठे थे। ईश्वरचंद्र के पहुँचने पर भी उन्होंने अपने पैर नीचे नहीं किए। यहाँ तक कि उन्होंने ईश्वरचंद्र विद्यासागर को बैठाने की शिष्टता भी नहीं बरती। कदाचित् उनके मन में आया होगा कि पराधीन देश के नागरिक के सम्मुख किसी प्रकार की भद्रता बरतने की क्या आवश्यकता? ईश्वरचंद्र आवश्यक चर्चा कर अपने कॉलेज लौट आए। कुछ दिनों के पश्चात् उस अंग्रेज प्रिंसिपल को किसी अपरिहार्य कार्यवश संस्कृत कॉलेज में जाना पड़ा। उसने जैसे ही उनके कक्ष में प्रवेश किया, ईश्वरचंद्र ने अपने पैर चप्पल-सहित मेज पर रख लिये और उन्हें बैठने के लिए कुरसी भी नहीं दी। उस अंग्रेज प्रिंसिपल को ईश्वरचंद्र के इस व्यवहार पर बहुत क्रोध आया। स्वयं को अपमानित महसूस करके उसने ईश्वरचंद्र की लिखित शिकायत शिक्षा-परिषद् के सचिव डॉ. मुआट के पास भेज दी। सचिव महोदय ने जब ईश्वरचंद्र से स्पष्टीकरण माँगा तब उन्होंने लिखा—"मैं ठहरा एक अदना सा हिंदुस्तानी। यूरोप के तौर-तरीके भला मैं क्या जानूँ। कुछ दिन हुए, मैं मिस्टर कैट से मिलने गया था, तब मैंने मिस्टर कैट को ठीक उसी शैली में बैठा देखा और वे मुझसे बैठने के लिए कहे बिना वार्त्ता करते रहे। पहले तो मुझे अत्यंत आश्चर्य हुआ; फिर मैंने सोचा कि यूरोप में कदाचित् शिष्टाचार का यही ढंग हो। इस कारण मैंने सोचा कि हम जैसे अर्द्ध-सभ्य लोगों को भी शिष्टाचार के इस ढंग का अनुकरण करना चाहिए। जब वे मेरे यहाँ आए तब मैंने भी उन्हीं की भाँति शिष्टाचार का व्यवहार किया। उन्हें अपमानित करने का मेरा

कोई इरादा नहीं था।''

डॉ. मुआट ने वस्तुस्थिति को समझने के पश्चात् उस प्रकरण को यहीं पर समाप्त कर देना श्रेयस्कर और उपयुक्त समझा।

एक अन्य घटना-प्रसंग से भी विद्यासागर आंतरिक व्यक्तित्व उभरकर आता है।

एक बार उन्हें अपनी माँ का पत्र प्राप्त हुआ, जिसमें छोटे भाई के विवाह के कारण घर आने का आग्रह था। ईश्वरचंद्र का उच्च अधिकारी अवकाश देने को तैयार नहीं था। इस पर वे त्यागपत्र लेकर अपने अधिकारी के पास पहुँच गए। उन्होंने स्पष्ट कहा, ''अंग्रेज साहब की आज्ञा से माँ की आज्ञा उनके लिए अधिक महत्त्वपूर्ण है।'' उस अधिकारी को आश्चर्य हुआ। वह एक क्षण के लिए अवाक् रह गया। उसकी समझ में नहीं आ रहा था कि एक पराधीन देश का व्यक्ति भी कंपनी की नौकरी से इस प्रकार मुँह मोड़ सकता है और इतना अधिक स्वाभिमानी हो सकता है। अंततः उस उच्च अधिकारी को उन्हें अवकाश देना पड़ा।

महिलाओं के प्रति सुधारवादी दृष्टिकोण

उन दिनों बंगाल में एक पुरुष कई स्त्रियों से विवाह कर लेता था। पति की मृत्यु के पश्चात् इन विधवाओं को आजीवन नारकीय जीवन बिताना पड़ता था। किशोरावस्था में पड़ोस की एक विधवा के प्रति लोगों के दुर्व्यवहार को देखकर विद्यासागर का मन इतना द्रवित हुआ कि उन्होंने दीन-हीनों की दशा सुधारने का संकल्प ले लिया। उन्हें बहुत विरोध सहना पड़ा, किंतु वे 'सत्य' और 'न्याय' के लिए लड़ते रहे। अंततः सुखद परिणाम प्राप्त हुआ—बंगाल में ही नहीं, अन्य प्रांतों में भी 'विधवा विवाह' होने शुरू हो गए। ईश्वरचंद्र विद्यासागर के प्रयासों से १९ जुलाई, १८५६ को 'विधवा विवाह अधिनियम' को स्वीकृति दी गई। ७ दिसंबर, १८५६ की तिथि भारतीय महिला समाज के लिए सुधार की दृष्टि से स्मरणीय है। इसी तिथि को बंगाल के २४ परगना जिले में 'प्रथम विधवा विवाह' संपन्न हुआ। दूल्हे थे पं. श्रीशचंद्र विद्यारत्न और दुल्हन थीं कालिमती देवी, जो मात्र १० वर्ष की आयु में विधवा हो गई थीं। इस विवाह को उन्होंने अपने एक मित्र राजकृष्ण बनर्जी के निवास पर संपन्न कराया। इससे समूचे समाज में सनसनी फैल गई। तत्कालीन पंडित भला ईश्वरचंद्र के प्रगतिशील विचारों को अपना समर्थन कैसे दे सकते थे? वे चिढ़ गए। उन्होंने ईश्वरचंद्र के सामाजिक बहिष्कार की घोषणा कर दी और उन्हें यह कठोर आदेश सुनाया—'जो व्यक्ति ईश्वरचंद्र के साथ भोजन करेगा तथा उनके विचारों का समर्थन करेगा, वह भी उनके साथ समाज से बहिष्कृत कर दिया जाएगा।'

इन विरोधों के बावजूद ईश्वरचंद्र अपने जन-मंगलकारी पथ से विचलित नहीं हुए। नारी-उत्थान के जिस मार्ग पर वे बढ़े थे बढ़ते ही चले गए। वे स्त्री-शिक्षा के

समर्थक थे। ईश्वरचंद्र अच्छी तरह से समझते थे कि जब तक समाज के अर्द्ध-भाग को अपंग स्थिति से निकालकर समर्थ नहीं बनाया जाता तब तक समाज की सम्यक् प्रगति नहीं हो सकती। इसके लिए उन्होंने स्त्री-शिक्षा पर बल दिया और इस उद्देश्य की पूर्ति के लिए अनेक कन्या विद्यालयों की स्थापना की।

भारतीय महिलाएँ ईश्वरचंद्र विद्यासागर की सदैव ऋणी रहेंगी। उन्होंने महिलाओं की दशा में सुधार के लिए अवर्णनीय कार्य किए। उस समय बंगाल में लड़कियों की शिक्षा के लिए कोई विद्यालय नहीं था। ईश्वरचंद्र विद्यासागर स्त्री-शिक्षा का महत्त्व समझते थे और देश की उन्नति के लिए इसे अति आवश्यक मानते थे।

उन्होंने सन् १८५७-५८ में ३५ बालिका विद्यालय खुलवाए, जिनमें औसत उपस्थिति १,३०० थी। पुरातनपंथियों ने उनके इस कदम का उग्र विरोध किया। उन्होंने विरोधियों का मुँह, बालिकाओं को स्कूल ले जानेवाली गाड़ी पर 'पुत्रों के समान पुत्रियों को भी शिक्षा पाने का अधिकार है', लिखवाकर बंद कर दिया।

उन्होंने कलकत्ता विश्वविद्यालय से एम.ए. की परीक्षा उत्तीर्ण करनेवाली प्रथम छात्रा चंद्रमुखी बोस को स्वयं पुरस्कृत किया।

ईश्वरचंद्र विद्यासागर ने बाल-विवाह के साथ ही पुरुषों द्वारा बहु-विवाह का भी उग्र विरोध किया था। उन्होंने उदार और सुधारवादी दृष्टिकोण रखनेवाले पुरुषों का एक संघ-गठन कर आंदोलन आरंभ किया। उनके इस प्रकार के प्रयत्नों से स्थिति में बहुत सुधार हुआ।

साहित्यिक प्रतिभा-संपन्न

गुरुदेव रवींद्रनाथ टैगोर ने ईश्वरचंद्र विद्यासागर को 'आधुनिक बँगला-साहित्य का जनक' कहा था। बँगला भाषा का साहित्यिक रूप ईश्वरचंद्र विद्यासागर की देन है। वे आधुनिक भारत में युगानुरूप सुधारों के प्रवर्तक थे। संस्कृत के अद्वितीय पंडित थे। बहुश्रुत शास्त्रज्ञ के रूप में उन्होंने अंतरराष्ट्रीय ख्याति अर्जित की थी, किंतु अपना समस्त जीवन शिक्षा और सामाजिक जीवन में, साहित्य और ज्ञान-साधना के दूसरे क्षेत्रों में, आधुनिक भारतीय भाषाओं को जनप्रिय और उपयोगी बनाने में लगा दिया। बँगला में उन्होंने सभी स्तरों पर पुस्तक-लेखन किया, कई मौलिक साहित्यिक कृतियों का प्रणयन किया।

माइकेल मधुसूदन दत्त जैसे श्रेष्ठ कवि-साहित्यकार के वे संरक्षक थे और उनके अर्थाभाव के दिनों में स्वयं अभाव झेलकर सहायता पहुँचाई। हिंदी के लिए भी उनका योगदान असाधारण है; यद्यपि बहुत कम लोगों को ज्ञात है तथा इसकी चर्चा तो और भी कम होती है। हिंदी को उनका अवदान बहुविध है। आधुनिक शिक्षा में हिंदी को उपयुक्त और सम्मानजनक भूमिका में प्रस्तुत करने में उन्होंने प्रखर विवेक और विलक्षण दूरदर्शिता

के प्रमाण प्रस्तुत किए। वे हिंदी-भाषा और साहित्य के अध्यवसायी अध्येता थे, कुशल शिक्षक थे, हिंदी की उत्तर-पुस्तिकाओं के परीक्षक थे, कबीर पंथियों के इतिहास 'हिस्ट्री ऑफ द कबीर पंथीज' के संशोधक और प्रस्तोता थे, हिंदी की 'बेताल पचीसी' के यशस्वी बँगला-अनुवादक थे और भारतेंदु हरिश्चंद्र के अनन्य मित्र थे। अंग्रेजी और बँगला-भाषाओं में ईश्वरचंद्र विद्यासागर की जो जीवनियाँ उपलब्ध हैं, उनमें हिंदी से उनके निकट सन्निध्य के साक्ष्य फोर्ट विलियम कॉलेज में उनकी नियुक्ति के बाद से प्राप्त होते हैं। सन् १८९१ में उनके निधन के एक दशक पश्चात् अंग्रेजी में सुबलचंद्र मित्र लिखित ईश्वरचंद्र की जो जीवनी 'ईश्वरचंद्र विद्यासागर : ए स्टोरी ऑफ हिज लाइफ एंड वर्क' प्रकाशित हुई थी, उसकी प्रामाणिकता असंदिग्ध और निर्विवाद है। सुबलचंद्र मित्र और अन्य जीवनीकारों ने भी यही रेखांकित किया है कि फोर्ट विलियम कॉलेज में विद्यासागर को विधिवत् हिंदी सीख लेने के प्रयोजन का भी अनुभव हुआ और उन्हें इसका अवसर भी प्राप्त हुआ।

फोर्ट विलियम कॉलेज, कलकत्ता की स्थापना अंग्रेज सिविल सर्वेंट्स को विभिन्न भारतीय भाषाओं—हिंदी, बँगला, उर्दू और फारसी से शिक्षित और प्रशिक्षित करने के उद्देश्य से सन् १८०० में हुई थी। शिक्षण और प्रशिक्षण का यह कार्य अधिकारों की नियुक्ति के पहले होता था। भाषा-परीक्षा में अनुत्तीर्ण व्यक्ति नियुक्त नहीं हो पाते थे और उन्हें इंग्लैंड लौटना पड़ता था। फोर्ट विलियम कॉलेज अधिकारियों की भाषा-शिक्षा का कॉलेज था। तब वे अधिकारी ईस्ट इंडिया कंपनी के 'राइटर' कहलाते थे और जिस भवन में उनका निवास था, वह 'राइटर्स बिल्डिंग' कहलाता था। यह भवन और यह नाम अब तक है। पश्चिम बंगाल सरकार का सचिवालय इसी बिल्डिंग में है।

संस्कृत भाषा की शिक्षा मातृभाषा में दी जाए, इसके लिए उन्होंने स्वयं सरल और सुबोध व्याकरण का प्रणयन किया। उनकी व्याकरण-पुस्तक अतीव लोकप्रिय हुई। संस्कृत कॉलेज में उन दिनों उच्च जाति के लोगों को ही प्रवेश की अनुमति थी। उन्होंने इसका घोर विरोध करते हुए प्रत्येक जाति के लिए प्रवेश की स्वीकृति दिलवाई। ईश्वरचंद्र ने बँगला में 'संप्रकाश', अंग्रेजी में 'हिंदू' और 'पैट्रियाट' समाचार-पत्र प्रकाशित कर सुधारवादी विचारों का प्रचार किया। रूढ़िवादी लोग उनके विचारों का विरोध करते थे, किंतु अपने तर्कों से वे विरोधियों की अनुत्तरित कर देते। उन्होंने 'हिंदू-वसीयत' के नियम में सुधार करने के लिए पहल की; परिणामस्वरूप 'हिंदू वसीयत अधिनियम' बना।

२९ जुलाई, १८९१ को इस मानवधर्मी समाज-सुधारक का हृदय रोग से ग्रस्त होने के कारण शरीरांत हो गया।

□

आचार्य नरेंद्र देव का जीवन-दर्शन

भूमिका

स्वतंत्रता की अवधारणा के प्रति अपनी दो टूक अभिक्रिया व्यक्त करते हुए आचार्य नरेंद्र देव ने अपनी ओजस्वी वाणी में कहा था—"हमारे सामने जो प्रश्न है, उसपर सुगमतापूर्वक दो दृष्टिकोणों से विचार किया जा सकता है। पहला, एक बड़ा प्रश्न है—क्या देश की वर्तमान स्थिति में इस तरह का 'निवारक नजरबंदी अधिनियम' बनाना आवश्यक है? दूसरा, इस तरह के अधिनियम बनाने की आवश्यकता को मानते हुए यह विचार करना है कि हमारे सामने जो विधेयक लाया गया है, क्या उसमें नजरबंद किए गए व्यक्ति को बचाव के पर्याप्त अधिकार दिए गए हैं? साथ ही हमें यह भी देखना है—क्या व्यक्ति की स्वतंत्रता में आपत्तिजनक और उत्पीड़न हस्तक्षेपों की संभावनाएँ न्यूनतम कर दी गई हैं?

"पहले मैं बड़े प्रश्न को लेता हूँ। प्रश्न यह है—क्या ऐसा अधिनियम बनाना आवश्यक है, जो जनता की निजी स्वतंत्रता को निर्बल करनेवाला हो? सामान्य सिद्धांत तो यह है कि इसे सीमित और कम तभी किया जाना चाहिए जब ऐसा करना नितांत आवश्यक हो गया हो। इसी संदर्भ में हममें से कुछ ने ब्रिटिश-अनुभवों और सिद्धांतों से सीख लेने तथा उनकी प्रक्रिया और सिद्धांतों का पालन करने के लिए कहा था।"

आचार्य नरेंद्र देव जीवन के प्रत्येक संभाग को उन्नत होते देखना चाहते थे। वे शिक्षा के महत्त्व को जन-जन तक पहुँचना चाहते थे। एक बार उन्होंने कहा था—"शिक्षा की संपूर्ण प्रणाली को पुनर्व्यवस्थित करना होगा। इसमें सामाजिक जीवन का समावेश करना होगा। शिक्षा को जीवन से अलग नहीं रखा जा सकता और उसे समकालीन समाज की आवश्यकताओं और आकांक्षाओं को पूरा करना ही चाहिए।

जीवन और कार्य

इस महापुरुष का जन्म ३१ अक्तूबर, १८८९ को सीतापुर जिले (उत्तर प्रदेश) में

पंजाबी खत्री परिवार में हुआ था, जो उन्नीसवीं शताब्दी के पूर्वार्द्ध में आज के पाकिस्तानी जनपद स्यालकोट से निकलकर फैजाबाद में बस गया था। उनके पिता बाबा बलदेव प्रसाद धार्मिक प्रवृत्ति के व्यक्ति थे और व्यवसाय से अधिवक्ता थे।

आचार्य नरेंद्र देव का पूरा नाम अविनाशी लाल था, जिसे बाद में परिवर्तित कर 'नरेंद्र देव' कर दिया गया। १० वर्ष की आयु में उन्होंने तुलसीकृत 'रामचरित-मानस' और महर्षि वेदव्यास कृत 'महाभारत' का हिंदी-अनुवाद पढ़ लिया था।

सन् १९०२ में उन्होंने शिक्षा आरंभ की। सन् १९११ में इलाहाबाद विश्वविद्यालय से बी.ए. की परीक्षा उत्तीर्ण की। सन् १९१३ में क्वींस कॉलेज काशी से एम.ए. तथा सन् १९१५ में इलाहाबाद विश्वविद्यालय से विधि की परीक्षा उत्तीर्ण करके उसी वर्ष से फैजाबाद में वकालत करने लगे।

जब कांग्रेस का 'नरम' और 'गरम' दलों में विभाजन हो गया तब आचार्य नरेंद्र देव 'गरम दल' में शामिल हो गए। सन् १९१६ में दोनों दलों का सम्मेलन हुआ तब वे मूल कांग्रेस में लौट आए। सन् १९१६ में ही उन्होंने फैजाबाद में 'होम रूल लीग' की शाखा का गठन किया। सन् १९२१ में अपनी वकालत बंद कर काशी विद्यापीठ में अध्यापन का कार्य प्रारंभ किया। राष्ट्रीय आंदोलन से अत्यंत प्रभावित होकर वे महात्मा गांधी के 'सविनय अवज्ञा-आंदोलन' में सक्रिय रूप से शामिल हो गए; परिणामत: सन् १९३० में वे सविनय अवज्ञा में पहली बार जेल गए। जेल से मुक्त होने के बाद, ब्रिटिश सरकार विरोधी अपनी सक्रिय गतिविधियों के कारण उन्हें सन् १९३२ में पुन: जेल की सजा मिली।

१७ मई, १९३४ को 'आखिल भारतीय कांग्रेस समाजवादी पार्टी' की स्थापना की गई। आचार्य नरेंद्र देव को सम्मेलन का अध्यक्षीय कार्य-भार सौंपा गया। सन् १९३६ में उन्हें यू.पी. प्रांतीय कांग्रेस का अध्यक्ष और कांग्रेस कार्य-समिति का सदस्य मनोनीत किया गया। सन् १९३७ में वे संयुक्त प्रांत विधानसभा के सदस्य निर्वाचित हुए। सन् १९४१ में व्यक्तिगत सत्याग्रह करने के कारण ब्रिटिशों द्वारा उन्हें बंदी बनाया गया। ९ अगस्त, १९४२ को उन्हें कांग्रेस कार्य-समिति के सदस्यों के साथ गिरफ्तार करके अहमदाबाद जेल में नजरबंद किया गया।

सन् १९४६ में उन्हें संयुक्त प्रांत विधानसभा का निर्विरोध सदस्य निर्वाचित किया गया। वे आत्म-विश्वास के अनुसार कार्य करते थे। यद्यपि सन् १९४७ में कांग्रेस को छोड़ने के पक्ष में नहीं थे, तथापि जब समाजवादी दल ने कांग्रेस से अलग होने का निर्णय किया तब सन् १९४८ में नासिक में आयोजित सम्मेलन में कांग्रेस-समाजवादी पार्टी के नासिक निर्णय के अनुसार उन्होंने कांग्रेस और विधानसभा देनों से त्यागपत्र दे दिया। इसी प्रकार सन् १९५२ में उन्होंने 'समाजवादी पार्टी' और 'किसान मजदूर प्रजा पार्टी' के

एकीकरण का विरोध किया।

सन् १९५२ में आचार्य बनारस विश्वविद्यालय के उपकुलपति नियुक्त हुए तथा राज्यसभा में सांसद निर्वाचित हुए। इसी वर्ष चीनी सांस्कृतिक मिशन के साथ वे चीन यात्रा पर गए। सन् १९५२ में आम चुनाव होने तथा 'समाजवादी पार्टी' और 'किसान मजदूर प्रजा पार्टी' के विलय के पश्चात् जब सन् १९५३ में पं. जवाहर-लाल नेहरू ने 'कांग्रेस' और 'प्रजा सोशलिस्ट पार्टी' की संयुक्त सरकार बनाने का प्रस्ताव रखा, तब आचार्य नरेंद्र देव इसके विरुद्ध थे। वे दमा रोग से पीड़ित थे। अस्वस्थ रहने के कारण सन् १९५३ में उन्होंने बनारस हिंदू विश्वविद्यालय के उपकुलपति-पद से त्यागपत्र दे दिया। सन् १९५४ में दमे का उपचार कराने के लिए इंग्लैंड गए। वहाँ से वियना पहुँचकर उन्होंने विभिन्न क्षेत्रों के लब्ध-प्रतिष्ठ व्यक्तियों से भेंट की। उस अवधि में उन्होंने ऑस्ट्रिया, जर्मनी, और युगोस्लाविया की यात्रा की। तद्पश्चात् नरेंद्र देव स्वदेश लौट आए।

दिसंबर १९५५ में गया (बिहार) में 'प्रजा सोशलिस्ट पार्टी' का द्वितीय सम्मेलन आयोजित हुआ, आचार्य नरेंद्र देव ने उसमें भाग लिया। सन् १९५६ में पुनः स्वास्थ्य खराब होने लगा। इलाज के लिए उन्हें पेरेंदुरई (चेन्नई) ले जाया गया। वहाँ उनकी स्थिति बहुत ही गंभीर हो गई। १९ फरवरी, १९५६ को चेन्नई स्थित पेरेंदुरई में आचार्य नरेंद्र देव का निधन हो गया।

आचार्य नरेंद्र देव के निधन पर प्रमुख हस्ताक्षरों ने अपनी निम्नलिखित अभिव्यक्तियाँ दीं—

"आचार्य नरेंद्र देव मेरे नेता और सहयोगी थे। वे एक सच्चे देशभक्त और प्रकांड विद्वान् थे। उनके इस पांडित्य के साथ ही उनमें विनय की गहरी भावना थी। उन्हें क्रुद्ध कर पाना कठिन था। वे सबके मित्र थे। जिनसे उनके गहरे मतभेद होते थे, उनसे भी वे मैत्री और शिष्टता का व्यवहार करते थे।"

—आचार्य जे.बी. कृपलानी

"आचार्य नरेंद्र देव अपने आदर्शों, निष्ठा और स्वतंत्र निर्णय-क्षमता के लिए सुविख्यात थे। वे उस समय समाजवादी थे जब समाजवाद लोक-प्रचलन में भी नहीं आया था। स्वाधीनता संघर्ष के दौरान उन्होंने कांग्रेस के सदस्य के रूप में कार्य किया। कालांतर में वे समाजवादी दल के एक प्रमुख नेता के रूप में सामने आए। शिक्षा के क्षेत्र में उनकी सेवाएँ लंबे समय तक स्मरण की जाएँगी। वे किसी भी रूप में छद्म से सर्वथा दूर थे। उनके विचारों ने हमारी पूरी पीढ़ी को प्रभावित किया और हमारी नीतियों को नई दिशा प्रदान की। हमने एक महान् देशभक्त, एक महान् नेता और एक बहुमूल्य व्यक्तित्व खो दिया है।"

—सर्वपल्ली डॉ. राधाकृष्णन्

''आचार्य नरेंद्र देव की मृत्यु से भारत ने एक विद्वान्, ईमानदार और त्यागी व्यक्तित्व खो दिया, जिसकी देशभक्ति और कर्तव्यनिष्ठा उच्चकोटि की थी। उनकी मृत्यु से देश के सार्वजनिक जीवन में एक ऐसा शून्य पैदा हो गया है, जिसे आसानी से भरा नहीं जा सकेगा।''

—डॉ. राजेंद्र प्रसाद

''नरेंद्र देव के निधन से हमने एक महामानव खो दिया। वे पक्के सिद्धांतवादी थे और सदैव बलिदान को तैयार रहते थे। प्रकांड विद्वान् और शिक्षाशास्त्री के रूप में उनकी कीर्ति सभी ओर फैली थी। विद्यापीठ में उनसे शिक्षा पाने का मुझे गौरव प्राप्त हुआ था।''

—लाल बहादुर शास्त्री

एक बहुआयामी चिंतक

भारत को स्वतंत्रता की प्राप्ति हुई और एक युग का अवसान हो गया। नए युग ने द्वार पर दस्तक दी। इसके साथ ही परिवर्तित अंतरराष्ट्रीय परिस्थितियों, संबंधों तथा विरोधों के प्रभावों का आँकलन करके आचार्य नरेंद्र देव ने त्वरित प्रज्ञा और प्रखर चिंतन का सुपरिचय दिया।

''राष्ट्रीय स्वतंत्रता का लाभ अवश्य हुआ। परंतु प्रजातंत्र जैसे दूर होता जा रहा है। एशिया, अफ्रीका तथा लैटिन अमेरिका, सभी जगह प्रजातंत्र को आत्मरक्षा करनी पड़ रही है। पिछड़ी तथा गत्यावरुद्ध अर्थव्यवस्थाओं पर डाले जानेवाले जातिगत, जनजातिगत, प्रादेशिक तथा भाषाई प्रभाव राष्ट्रीय स्वतंत्रता की प्राप्ति के बाद इतनी धूमधाम के साथ स्थापित की गई प्रजातांत्रिक संस्थाओं को खोखला बनाए दे रहे हैं।''

''तब से दुनिया भी बहुत बदल गई है और भारत भी। जिस दुनिया में हम रह रहे हैं, वह अब द्वि-ध्रुवीय नहीं रह गई है। अटलांटिक और सोवियत संघ दोनों ही गुटों में बहुत कुछ बदलाव आ गया है। फ्रांस का अमेरिकन प्रभाव से मुक्त हो जाना, 'स्वेज (नहर) से पूर्व' की असंभाविता, ब्रिटेन से यूरोप की न दबाई जा सकनेवाली पुकार, पश्चिमी जर्मनी में पूर्व के साथ बातचीत करने की उत्तेजना तथा दक्षिण-पूर्व से चीन का बढ़ता आतंक। इन सबने यूरोपीय गुट की कल्पना को बल दिया है। एक ओर से अमेरिका तथा दूसरी ओर से चीन—ये दोनों इस विस्तृत भू-भाग को, जिसमें प्राचीन रूस के पूर्व और दक्षिण में स्थित प्राचीन एशिया के अनेक बड़े हिस्से शामिल हैं, दोनों ओर से दबाना चाहते हैं।

''नाभिकीय तथा अंतरिक्ष की खोज में लगी जातियाँ, नए बमों की कल्पना से परे विनाशकीय शक्ति, अंतर-महाद्वीपीय प्रक्षेपास्त्रों से सुरक्षा की असंभाविता तथा दूसरी

ओर, चीन का नाभिकीय शक्तिवाले देश के रूप में उभरना, ये दोनों दो महाशक्तियों को इस बात के लिए मजबूर कर रहे हैं कि वे विश्व को समझदारी से काम लेने के लिए प्रेरित करें और इस प्रकार विश्व के रक्षकों की भूमिका अदा करें।

''परिणाम अनिश्चित है, क्योंकि जबकि विकसित राष्ट्र बदलते हुए परिवेश का धीरे-धीरे एहसास करते हुए आपस में पुनर्व्यवस्थापन के प्रयत्न में लगते दिखते हैं, वहीं विकासशील देशों में इस प्रकार की जागृति बहुत कम दिखलाई दे रही है। विकासशील देशों में जो कुछ आगे बढ़ गए हैं, अल्प-विकसित देशों का साथ छोड़कर प्राय: विकसित तथा समुद्र-देशों के संघ में शामिल होने को उत्सुक दिखाई देते रहे, बजाय इसके कि उनको भी अपने साथ लेकर उन्नति के एक नए स्तर पर ले जाएँ। विकसित राष्ट्रों का सदा यह प्रयत्न रहा है कि वह कम विकसित देशों के बीच मनमुटाव पैदा करें और उन्हीं के मूल्य पर उनकी समस्याओं को सुलझाने का दिखावा करें। उनकी शक्ति और साधन-संपन्नता तथा साथ-ही-साथ 'क्या दाँव पर है', इस बात के प्रति जागरूकता ऐसा करने में उनकी सहायक बनती है। अल्प-विकसित राष्ट्र इन निर्णायक कारकों की अनुपस्थिति में अपने को असहाय पाते हैं।''

आचार्य नरेंद्र देव में न तो डॉ. लोहिया जैसी वर्णन-शैली थी और न जय प्रकाश नारायण जैसी प्रोत्साहक स्पष्टता। घुमा-फिराकर बात कहने की उनकी भाषण-विद्या के विपरीत उनकी लेखन-शैली को अलंकारहीन, क्लिष्ट तथा पांडित्यपूर्ण कहा जा सकता है। उन्हें हम वैभवपूर्ण वातावरण में बैठकर काम करनेवाले एक कुशल शिल्पी की बजाय एक 'कारीगर' कहना अधिक पसंद करेंगे।

आत्म-त्याग की एक महान् गाथा

आचार्य नरेंद्र देव की वाक्पटुता जननेता की भाषण-शैली जैसी नहीं थी, प्रत्युत वह बुद्धिजीवियों और सुधीजनों को आकर्षित करनेवाली थी। सार्वजनिक वक्तव्यों में भी वे किसी प्रसंग को एक ऐसे व्यक्ति की भाँति, जो प्रोफेसर और अधिवक्ता रह चुका हो, तर्कपूर्ण और सुव्यवस्थित रूप में प्रस्तुत करते थे। संक्षिप्तता और संश्लेषण की प्रतिभा के कारण वे ऐतिहासिक घटनाओं की स्पष्ट और विशद व्याख्या थोड़े से वाक्यों तथा इस तरह चुनिंदा शब्दों में धाराप्रवाह रूप में प्रस्तुत कर देते थे कि श्रोतागण मंत्रमुग्ध रह जाते थे।

उनका जीवन आत्म-त्याग का एक महान् अनुपम उदाहरण है। उन्होंने स्वयं को देश के लिए अर्पित कर दिया था तथा कभी धन और प्रसिद्धि पाने का प्रयास नहीं किया। यहाँ तक कि स्वाधीनता के बाद जब उन्हें लखनऊ और बनारस विश्वविद्यालयों का उपकुलपति बनाया गया, अपनी आय का एक बड़ा अंश वे विद्यार्थियों की छात्रवृत्ति पर

व्यय कर देते थे। जाहिर है, इसी कारण वे सदैव आर्थिक-कठिनाइयों में घिरे रहे। संभवतः बहुत से लोग यह नहीं जानते कि मृत्यु के समय वे ऋण से ग्रस्त थे, क्योंकि वे एक साथ दोनों उद्देश्यों की पूर्ति नहीं कर सकते थे।

किसानों की भूमिका, सत्ता के विकेंद्रीकरण, भाषा और भाषाई प्रदेशों तथा उतने ही महत्त्वपूर्ण विषय संपत्ति पर अधिकार के बारे में आचार्य नरेंद्र देव ने जो कुछ कहा, वह आज भी इतना ही उपयुक्त है। उदाहरण के लिए, संपत्ति पर अधिकार के लिए उन्होंने लिखा था—"संपत्ति से संबंधित मौलिक अधिकार को इस तरह संशोधित करना है, ताकि केंद्रीय और प्रादेशिक दोनों ही विधायी प्राधिकारियों के लिए यह संभव हो सके कि वे सार्वजनिक हित के लिए संपत्ति का अधिग्रहण कर सकें। उनको वे अधिकार दिए जाएँ, जिनसे वे उद्योगों और अन्य आर्थिक संस्थानों का समाजीकरण कर सके तथा संबंधित कर्मकारों के वर्ग के सामान्य हित में वैयक्तिक संपत्ति और वैयक्तिक व्यवसायों के सार्वजनिक प्रबंध की व्यवस्था कर सकें। ऐसी दशा में यदि मुआवजा दिया जाए तो कितना, इसके निर्णय का अधिकार भी केवल विधायी प्राधिकारी को हो।"

□

ज्योतिबा राव फुले का जीवन-दर्शन

जोतिबा राव फुले ने एक बार कहा था—"परमेश्वर एक है और सभी मानव उसकी संतान हैं। उस परमपिता की भक्ति और पूजा के लिए न तो किसी विशेष व्यक्ति की आवश्यकता है और न ही किसी विशेष स्थान आदि की। शिक्षा स्त्री और पुरुष दोनों के लिए समान रूप से आवश्यक है। "उनका मानना था कि धर्म का उद्देश्य आत्मिक विकास ही नहीं, बल्कि मानवता की सेवा करना भी है।"

उल्लिखित विचारों को आधार बनाकर ज्योतिबा राव फुले ने सन् १८७३ में 'सत्य शोधक समाज' की स्थापना की। 'सत्य शोधक समाज' ने बौद्धिक विकास, सांस्कृतिक उत्थान और न्याय की स्थापना के लिए जन-आंदोलन आरंभ किया। वे मानव-मात्र की समानता के समर्थक थे। जाति, पंथ, धर्म, संप्रदाय, लिंग, भाषा, क्षेत्र आदि के नाम पर होनेवाले भेदभाव के प्रबल विरोधी थे।

बहुत कम लोग इस तथ्य से परिचित होंगे कि महात्मा गांधी से पूर्व महाराष्ट्र में एक ऐसे महान् समाज-सुधारक पैदा हुए थे, जिन्होंने जाति-पाँति, अस्पृश्यता, अशिक्षा आदि सामाजिक कुरीतियों को समाप्त करने और किसानों की स्थिति सुधारने और समाज में महिलाओं को उनके अधिकार दिलाने का उल्लेखनीय कार्य किया था।

जीवन और कार्य

उन्नीसवीं शताब्दी में भारतीय समाज अंधविश्वासी परंपराओं तथा नवीन विचारों के द्वंद्व में उलझा हुआ था। एक ही मानव-समूह सैकड़ों जातियों-उपजातियों में विभक्त था। प्रत्येक जाति के अपने अलग संस्कार और रीति-रिवाज थे। ऐसे ही विषमता भरे परिवेश में पूना की धरती पर एक किसान गोविंद राव के घर एक महान् बालक का जन्म हुआ। उस बालक यानी ज्योति राव का जन्म महाराष्ट्र के जिला सतारा के गाँव 'काटगूँ' में १७ अप्रैल, १८२७ को 'सावता माली' की जाति में हुआ था। 'सावता माली' महाराष्ट्र की संत-परंपरा में एक श्रेष्ठ नाम है। उनके परिवार में माली का काम होता

था। उनकी माता का नाम विमलाबाई था और पिता का नाम गोविंद राव। जन्म के बाद बालक का नाम ज्योति राव रखा गया। उनका एक भाई था, जिनका नाम राजाराम था। ज्योति राव की आयु जब १ वर्ष की थी तब उनकी माता का शरीरांत हो गया। उनके पालन-पोषण के लिए सगुणाबाई नामक एक दासी की व्यवस्था की गई। ७ वर्ष की आयु में उन्हें गाँव की एक पाठशाला में प्रवेश दिलाया गया। तब का समाज ज्योति राव की जाति को अत्यंत हेय दृष्टि से देखा करता था। भारी दबाव पड़ने के कारण ज्योतिराव को उस पाठशाला से बाहर कर दिया गया। ज्योतिराव परिश्रमी तो थे ही, कुछ समय वे अपने पिता के कार्यों में सहयोग देते और कुछ समय निकालकर अपनी पुस्तकें पढ़ते। उनके पिता अंतिम पेशवा के यहाँ बागवानी का काम करते थे। माली का काम करने के कारण उन्हें 'फूल' कहा गया। आगे चलकर फूल का 'फूले' हो गया, जो उनके परिवार का उपनाम बन गया।

सन् १८४० में १३ वर्ष की आयु में 'नाय' नामक गाँव के खंडोजी ने नेबसे पाटिल की ८ वर्षीया पुत्री सावित्रीबाई के साथ उनका विवाह कर दिया। गोविंद राव को लोगों ने समझाया—तुम्हारा पुत्र मेधावी और प्रतिभाशाली है। उसके अध्ययन कार्य को आगे बढ़ाओ। गोविंद राव ने लोगों की बातें मान लीं। इस प्रकार ३ वर्षों तक अध्ययन से वंचित रहने के बाद सन् १८४१ में 'स्कॉटिश मिशन के हाई स्कूल' में ज्योतिबा को प्रवेश दिला दिया। उन्होंने बड़े ध्यान और मनोयोग से अध्ययन किया। ज्योतिबा अपने स्कूल में सदा 'सर्वप्रथम' आया करते थे।

उन दिनों निर्धन और दलितों-पतितों की सामाजिक स्थिति दयनीय थी। उन पर अत्याचार प्रायः होते रहते थे। अधिकांश महिलाओं के साथ तो प्रत्येक स्तर पर बल-प्रयोग किया जाता था। बालिकाओं की बचपन में ही शादी हो जाने के कारण वे अशिक्षित बनी रहती थीं। कम उम्र के कारण उनका न तो मानसिक विकास हो पाता था और न ही शरीरिक। उन्हें घर की चहारदीवारी में कैद कर दिया जाता था। बचपन अथवा युवावस्था में विधवा हो जाने पर वे हर ओर से तिरस्कार और उपेक्षा की पात्र बनती थीं। प्रायः दलितों और अछूतों के साथ शोभनीय व्यवहार नहीं किया जाता था। लिखने-पढ़ने, पूजा-पाठ करने, मंदिर में ईश्वर के दर्शन करने तथा वेद-पाठ सुनने के स्थानों पर उनके लिए प्रतिबंध था। सामाजिक विद्रूपताओं और विसंगतियों की भावना ने ज्योति राव के मन को आंदोलित कर दिया। जब ज्योतिबा ने कारणों के मूल में प्रवेश करते हुए वस्तु-स्थिति का सम्यक् विश्लेषण किया तब ज्ञात हुआ कि समस्त समस्याओं के मूल में महिलाओं तथा दलितों का अज्ञानी और असंघटित रहना है। तभी उन्होंने संकल्प किया कि वे स्त्रियों को समाज में पुरुषों के समकक्ष स्थान दिलवाएँगे; साथ ही उन्हें भारतीय समाज की मुख्यधारा में लाकर राजनीतिक, सामाजिक तथा आर्थिक समानता

पर आधारित शोषण-रहित समाज की स्थापना करेंगे।

विद्यार्थी जीवन में ज्योति राव की मैत्री एक ब्राह्मण युवक से हुई। उसका नाम सदाशिव बाल लाल गोवांडे था। समान विचारधारा होने के कारण दोनों की मैत्री का जीवन-पर्यंत निर्वाह हुआ। दोनों ही 'टामस पाइने' से अत्यंत प्रभावित थे। दोनों ने टामस पाइने की पुस्तक 'राइट्स ऑफ मैन' का गहन अध्ययन किया और बहुत प्रभावित हुए और संपूर्ण सक्रियता के साथ समाज-सुधार के कार्यों में लग गए। उसी समय उनके दो अन्य मित्र बने—मोरा विहल वाल्वेकर और सखाराम यशवंत परांजपे।

एक घटना-प्रसंग ने तो ज्योतिबा की पूरी जीवन-शैली ही बदल दी। ज्योति राव का एक ब्राह्मण मित्र था, उनको उसने अपनी बारात में चलने के लिए निमंत्रित किया। निमंत्रण पाकर ज्योति राव को बड़ी प्रसन्नता हुई। वे सज-धजकर बारात में शामिल हुए और गर्व के साथ अन्य बारातियों के साथ चलने लगे, तभी बारातियों में से एक ब्राह्मण लड़का उनकी ओर बढ़ा और उनके कुरते का कॉलर पकड़ते हुए गरजा, "तुम्हारा यह साहस कैसे हुआ कि तुम हम ब्राह्मणों के साथ-साथ चलो। निकल जाओ यहाँ से और फिर कभी ऐसा करने का साहस न करना।"

ज्योतिराव का बहुत अपमान हुआ। वहाँ तो वे अपमान का घूँट पीकर दबे पाँव अपने घर लौट आए।

इसी घटना से उनकी आँखें पूरी तरह से खुल गईं। तभी उन्हें शिक्षा की महत्ता समझ में आई और उन्होंने दलितों-पतितों तथा अछूतों के लिए एक पृथक् विद्यालय की स्थापना करने का संकल्प लिया।

सन् १८४७ में ज्योति राव ने हाई स्कूल की परीक्षा उत्तीर्ण की। उसके पश्चात् उन्होंने निश्चय किया—मैं सरकारी नौकरी नहीं करूँगा, बल्कि सामाजिक कुरीतियों के विरुद्ध छेड़े गए अभियान को और आगे बढ़ाऊँगा। उन दिनों सामाजिक परंपराओं के अनुसार अछूत बच्चों को शिक्षा नहीं दी जाती थी। उनके लिए शिक्षा की कोई व्यवस्था नहीं थी और न ही उन्हें कोई शिक्षक पढ़ाने के लिए तैयार होता था। इस कठिन समस्या को देखते हुए उन्होंने अपनी पत्नी सावित्रीबाई को घर में ही पढ़ाना शुरू कर दिया और उन्हें इतना शिक्षित कर दिया कि वे अपनी जाति के बच्चों को पढ़ा सकें

अछूतों के लिए अप्रतिम शैक्षिक कार्य

अपने संकल्प को मूर्त रूप देते हुए ज्योति राव ने सर्वप्रथम १ जनवरी, १८४८ को 'बुधवार पेठ', पूना में तात्या साहब भिडे की हवेली में बालिका विद्यालय की स्थापना की। वह किसी भी भारतीय द्वारा स्थापित देश का पहला बालिका विद्यालय था। उनके समाज ने उन्हें अपने समाज के लिए किए जा रहे सद्कार्यों के लिए 'बा' की उपाधि दी।

इस तरह वे ज्योति राव फुले से 'ज्योतिबा' फुले कहलाए। ज्योतिबा की पत्नी सावित्रीबाई फुले उस विद्यालय की पहली शिक्षिका बनीं। इस प्रकार भारत की प्रथम महिला शिक्षिका होने की गर्व-गरिमा अर्जित की। इस विद्यालय को विधिवत् संचालित करने में फुले दंपती को अदम्य साहस और जीवटता का परिचय देना पड़ा। तथाकथित ब्राह्मण-वर्ग ने उनके इस कार्य का प्रत्येक स्तर पर विरोध किया और उन्हें अपमानित किया, पर वे अपने संकल्प-मार्ग पर किंचित् विचलित नहीं हुए। १५ मई, १८४८ को फुले दंपती ने अस्पृश्यों के लिए देश में प्रथम पाठशाला की स्थापना की। इससे दलितों-पतितों तथा अस्पृश्यों और महिला-समाज को शिक्षा के साथ प्रत्यक्ष रूप से आबद्ध कर दिया गया।

दूसरी ओर, गर्हित और संकीर्ण मानसिकतावाला ब्राह्मण तथा उच्च समुदाय ज्योतिबा फुले और सवित्रीबाई फुले के इन लोकमंगलकारी कार्यों का उग्र विरोध करने लगा। इन समुदायों ने ज्योतिबा के पिता गोविंद राव को डरा-धमकाकर पति-पत्नी को घर से बाहर निकलवा दिया। अनेक समस्याओं और कठिनाइयों के कारण ज्योतिबा को एक बार अपना विद्यालय बंद करना पड़ा। अपने जैसी विचार-भावनाओंवाले अपने ब्राह्मण मित्र सदाशिव राव गेवंडे और मुंशी गफ्फार बेग की सहायता से कुछ ही दिनों बाद उन्होंने अपने विद्यालय में अध्यापन कार्य पुनः आरंभ कर दिया। उनके ब्राह्मण मित्रद्वय—सदाशिव राव गोवंडे और विष्णुपंत गत्ते ने उनके विद्यालय में कुछ दिनों तक अध्यापन कार्य भी किया।

१९ नवंबर, १८५२ को ईस्ट इंडिया कंपनी के शासन ने पुणे महाविद्यालय के प्राचार्य मेजर कंठी के द्वारा एक भव्य समारोह में २०० रुपए का महावस्त्र और श्रीफल प्रदान कर ज्योतिबा का सम्मान किया।

सन् १८५२ में ही ज्योतिबा ने दलितों-पतितों के लिए एक वाचनालय की स्थापना भी की। इसके पूर्व वाचनालय की व्यवस्था मात्र उच्च जातियों के लिए थी। १७ फरवरी, १९५२ को उनके विद्यालय में विद्यार्थियों की खुली परीक्षा ली गई। उस समय सैकड़ों की संख्या में स्त्री-पुरुष एकत्र थे।

सन् १८५५ में, ज्योतिबा ने देश के प्रथम संध्याकालीन विद्यालय की स्थापना की। १७ अक्तूबर, १८५७ को उनके विद्यालय का निरीक्षण-कार्य आरंभ हुआ। प्रख्यात वैयाकरण और मराठी स्कूलों के विभागीय सचिव दादोबा पांडुरंग तरबंडकर निरीक्षक थे। दादोबा ज्योतिबा के विद्यालयों का अनुशासन, वहाँ की शिक्षा-पद्धति तथा विद्यार्थी और शिक्षक समुदाय की परस्पर आत्मीयता को देखकर हतप्रभ रह गए। इतना आनंददायी वातावरण! वे कल्पना भी नहीं कर सकते थे। उन्होंने अपनी परीक्षण-पंजिका में ज्योतिबा के विद्यालयों की गति-प्रगति की शानदार टिप्पणी की।

ज्योतिबा का विद्यालय थोड़े ही समय में अत्यंत लोकप्रिय हो गया। विद्यार्थियों

की संख्या तीव्र गति से बढ़ती जा रही थी; स्थान की कमी होती जा रही थी। ज्योतिबा को नया विद्यालय खोलने के लिए कोई हिंदू जमीन देने को तैयार नहीं था। अंत में पुराने विद्यालय की गली में एक मुसलमान-परिवार ने ज्योतिबा को विद्यालय बनवाने के लिए अपनी जमीन दे दी। ३ जुलाई, १८५७ को बुधवार पेठ, पूना के निवासी अन्ना (अण्णा) साहब चिपलूणकर के विशाल भवन में ज्योतिबा ने मात्र बालिकाओं के लिए एक विद्यालय में अध्ययन-अध्यापन का कार्य आरंभ कराया। अपने ढंग का यह विद्यालय 'भारत का प्रथम' विद्यालय था। फुले दंपती ने ये सारे कार्य बिना कोई शुल्क लिये किए।

ज्योतिबा ने सन् १८६३ में एक 'बाल हत्या प्रतिबंधक गृह' की स्थापना की। कोई भी विधवा वहाँ जाकर अपने बच्चे को जन्म दे सकती थी। उसका नाम और उसकी देखभाल गुप्त रखी जाती थी।

२४ सितंबर, १८७३ को स्थापित 'सत्य शोधक समाज' के ज्योतिबा प्रथम अध्यक्ष और कोषाध्यक्ष बने। इस समाज का एकमात्र उद्‌देश्य था—'अस्पृश्यों पर होनेवाले धार्मिक और सामाजिक अन्याय या विरोध'। 'सत्य शोधक समाज' की निम्नलिखित मान्यताएँ थीं—

१. भक्त और भगवान् के बीच किसी 'बिचौलिये' की कोई आवश्यकता नहीं।
२. बिचौलियों द्वारा लादी गई धार्मिक दासता को नष्ट करना।
३. सभी जातियों के स्त्री-पुरुषों को शिक्षा उपलब्ध कराना।

ज्योतिबा ने दलितों-पतितों, किसानों, श्रमिकों तथा अन्य सर्वहारा वर्ग की दबी आवाज को उभारने के उद्‌देश्य से जनवरी १८७७ में एक साप्ताहिक समाचार-पत्र का प्रकाशन और संपादन शुरू किया। उस समाचार-पत्र का नाम 'दीनबंधु' था। उन्होंने किसानों और श्रमिकों की संतोषजनक स्थिति और उनकी उपयुक्त माँगों के लिए उन्हें एकजुट होकर संघर्ष करने के लिए प्रेरित, शिक्षित और संगठित किया। ज्योतिबा के प्रयासों से उन दिनों किसानों और श्रमिकों के हितों की रक्षा तथा 'सत्यशोधक समाज' के प्रचार के लिए 'अंबालहरी', 'दीनमित्र' तथा 'किसानों का हिमायती' नामक समाचार-पत्र प्रकाशित किए गए।

सन् १८८२ में तत्कालीन अंग्रेजी सरकार ने 'हंटर कमीशन' भेजा। 'हंटर कमीशन' के अध्यक्ष सर विलियम हंटर थे। यह आयोग भारत में शिक्षा-व्यवस्था की दशा और दिशा की जानकारी प्राप्त करने के लिए गठित किया गया था। १९ अक्तूबर, १८८२ को ज्योतिबा ने 'हंटर कमीशन' के समक्ष लिखित रूप में अपना वक्तव्य दिया था। उसमें उन्होंने निम्नलिखित विषय-बिंदुओं पर विशेष रूप से बल दिया था—

- ग्रामीण क्षेत्रों के लिए स्वतंत्र शिक्षा-व्यवस्था हो।
- गणित, इतिहास, भूगोल, व्याकरण का प्रारंभिक ज्ञान कराया जाए।

- कृषि संबंधी हर तरह का ज्ञान दिया जाए।
- सामान्य ज्ञान, नीति तथा आरोग्य का ज्ञान भी दिया जाए।

सन् १८८३ में उन्होंने 'सत्सार' नामक एक लघु पुस्तक का प्रणयन किया। यह वही पुस्तक थी, जिसमें ज्योतिबा ने हिंदू-कर्मकांड में निहित गर्हित, गलित और संकीर्ण मान्यताओं-परंपराओं पर युक्ति-युक्त कुठाराघात किया था। उन्होंने अपनी पुस्तक 'किसान का कोड़ा' में किसानों में व्याप्त अंधविश्वास, रूढ़िवादिता, धर्मभीरुता, साहूकारों की अतिवादिता तथा अन्यान्य विसंगतियों पर समुचित प्रकाश डाला है।

ज्योतिबा के ६१ वर्ष तथा सामाजिक व सार्वजनिक जीवन के ४० वर्ष पूरे करने पर मई १८८६ में एक विशाल जनसमुदाय के मध्य इस युगपुरुष को 'महात्मा' की उपाधि से समलंकृत किया गया। जुलाई १८८८ में ज्योतिबा पक्षाघात से पीड़ित हो गए। उनके शरीर का दायाँ भाग निष्क्रिय हो गया। फिर भी उनकी सक्रियता बनी रही। उन्होंने बाएँ हाथ से ही लिखकर अपनी पुस्तक 'सार्वजनिक सत्य-धर्म' को अंतिम रूप दिया। दिसंबर १९८८ में वे पुनः पक्षाघात के शिकार हो गए। अंततः २८ नवंबर, १८९० को उनका देहावसान हो गया।

ज्योतिबा की कोई संतान नहीं थी। उन्होंने एक विधवा ब्राह्मणी के पुत्र को 'दत्तक पुत्र' के रूप में अंगीकार किया। वही बालक डॉ. यशवंत राव आगे चलकर ज्योतिबा का उत्तराधिकारी बना।

भारत के प्रथम प्रधानमंत्री पं. जवाहरलाल नेहरू ने बंबई में 'फुले तांत्रिक माध्यमिक विद्यालय' का उद्घाटन करते हुए महात्मा ज्योतिबा फुले की पुण्य स्मृति में कहा था—''जिस जमाने में महात्मा फुले ने स्त्री और शूद्र-शिक्षा के प्रसार तथा अस्पृश्यता निवारण के लिए तीव्र संघर्ष किया, वह जमाना बहुत कठिन था। ऐसे कार्यों के लिए कहीं से सहायता मिलना संभव नहीं था। भारतीय लोकतंत्र में स्त्री, दलित-शोषित, किसान तथा श्रमिकों की जैसे-जैसे उन्नति होगी वैसे-वैसे महात्मा फुले का व्यक्तित्व अधिकाधिक उभरकर सामने आएगा। महाराष्ट्र के एक किसान परिवार में जनमे महात्मा फुले देश में सामाजिक क्रांति के अग्रदूत रहे हैं। गांधीजी उन्हें 'सच्चा महात्मा' कहा करते थे तथा उन्हें अपना प्रेरणा-स्रोत मानते थे। बाबा साहेब अंबेडकर उनके सामाजिक दर्शन से प्रभावित ही नहीं थे बल्कि उन्हें भगवान् बुद्ध और कबीर गुरुओं के साथ अपना 'तीसरा गुरु' मानते थे।''

□

डॉ. राम मनोहर लोहिया का जीवन-दर्शन

डॉ. राम मनोहर लोहिया के दार्शनिक चिंतन और सामाजिक विश्लेषण की पद्धति में मार्क्सवाद, भारतीय परंपरा, गांधीजी के प्रयोग और उनके शोध-निदेशक प्रसिद्ध जर्मन अर्थशास्त्री बर्नर शुंवाई का स्पष्ट प्रभाव परिलक्षित होता है। वे कार्ल मार्क्स द्वारा प्रतिपादित पूँजीवादी व्यवस्था के अंतर्विरोधों, असमानता, शोषण और अमानवीयकरण को तो स्वीकार करते हैं, किंतु इस बात को स्वीकार नहीं करते हैं कि मार्क्स का चिंतन यूरोपीय समाज के अनुभवों की देन है। सामान्य रूप से एशिया और अफ्रीका के समाजों, विशेष रूप से भारत के संदर्भ में उसका अंधानुकरण गलत दिशा की ओर ले जाएगा।

लोहिया भारत के शोषित जन-समुदाय से अत्यंत आत्मीयता रखते थे। वे स्वभाव से शालीन और मिलनसार थे तथा बाह्य आडंबर से पूर्णत: विमुख। वे नूतन सभ्यता और संस्कृति के द्रष्टा और निर्माता के रूप में विश्रुत थे। उन्होंने 'विश्व नागरिकता' का स्वप्न देखा था। उनकी चिंतनधारा देश काल की सीमाओं तक सीमित नहीं रही। राजनीति के साथ-साथ संस्कृति, इतिहास तथा साहित्य के विषयों में भी उनकी प्रबल विचारधारा होती थी। वे समाजवाद और लोकतंत्र को एक-दूसरे का पूरक मानते थे। वे स्वभाव और कर्म दोनों से विद्रोही थे। अन्याय के विरुद्ध लड़ना उनके सिद्धांत और कर्म की आधारशिला रहा।

'लोग मेरी बात सुनेंगे जरूर, शायद मेरे मरने के बाद' कहनेवाले, समाजवादी-चिंतक डॉ. लोहिया का नाम लेने का अर्थ है—अंग्रेजी हटाओ, दाम बाँधो, जाति तोड़ो और पिछड़ों को विशेष अवसर, खर्च की सीमा बाँधो, पब्लिक स्कूल की समाप्ति, हिमालय बचाओ, संपूर्ण और संभव बराबरी, तटस्थ विदेश नीति आदि।

सन् १९६७ के पूर्व सोशलिस्ट पार्टी की जो हैसियत हिंदुस्तान के राजनीतिक क्षितिज पर थी, उसके पीछे डॉ. लोहिया का चिंतन, परिस्थितियों का सही मूल्यांकन, परिवर्तन के लिए लोक-शिक्षण, जनसंघर्ष तथा कार्य के प्रति निष्ठा और ईमानदारी थी। इन्हीं गुणों के कारण डॉ. लोहिया के जीवन काल में उनके द्वारा स्थापित सोशलिस्ट पार्टी ने अपनी एक पहचान बनाई थी। संसद् हो अथवा सड़क, अपनी बात निर्भीकता के साथ

कहने का साहस आम आदमी में पैदा करने का प्रयास लोहिया ने ही किया था। उसी का परिणाम था कि सोशलिस्टों द्वारा जो भी निर्णय लिये जाते थे, उससे जनता में एक विश्वास पैदा होता था; वहीं सरकार को भी अपनी मनमानी करने पर जन-आक्रोश का शिकार होना पड़ता था।

सी.एम. जोड का यह उद्गार—"समाजवाद एक टोप के समान है, जिसको प्रत्येक व्यक्ति पहनना चाहता है, फलस्वरूप उसकी आकृति खराब हो गई है। कभी-कभी सच प्रतीत होने लगता है। तथाकथित भारतीय वर्ग ने अपने हितों को और मजबूत करने के लिए जिस समाजवाद को विदेशी और अन्य ऐसे ही कई आधारहीन तर्कों से संबोधित किया था, वहीं डॉ. लोहिया ने समाजवाद को भारतीय चिंतन की मूल धारा से जोड़ने का प्रयास ही नहीं किया, बल्कि उसके मूर्त रूप देने का सफल प्रयास भी किया। उसके लिए सोशलिस्ट पार्टी को स्थापना सम्मेलन से लेकर सविनय-अवज्ञा तक की कई मंजिलों से गुजरना पड़ा है।

डॉ. लोहिया की मृत्यु के पश्चात् सोशलिस्ट पार्टी नेतृत्व-विहीन नहीं थी, लेकिन नेताओं के क्रिया-कलाप के कारण उसे आघात जरूर लगा था। उसको आत्म-आलोचना और आत्म-निरीक्षण के द्वारा ही समझा जा सकता है। इसके लिए जरूरी हो जाता है, पिछली गतिविधियों से सबक लेते हुए भविष्य का निर्माण करना।

सन् १९७५ के आपातकाल से लेकर सन् १९७७ और १९८० के आम चुनावों में सोशलिस्टों की रणनीति को सिद्धांत: तो सफलता मिली, लेकिन नेतृत्व की कमजोरी और दिशाहीनता के कारण राजनीतिक सफलता हासिल नहीं हो सकी और उसी का परिणाम रहा कि आपातकाल में जुड़े दल तो अपना दायरा बढ़ा सके, लेकिन खुद लोहियावादी सोशलिस्ट अपना अस्तित्व मिटाते रहे।

सन् १९८० में इंदिरा गांधी के पुन: सत्ता में आने के बाद प्रतिपक्ष ने लोकतांत्रिक समाजवादी मूल्यों के लिए जनसंघर्ष नाममात्र का किया तथा चुनावी राजनीति को अधिक महत्त्व दिया। जिसका परिणाम है—हिंदुस्तान की राजनीति को सिद्धांत-विहीनता की ओर धकेलना। समाजवादियों सहित विरोधी दलों की निष्क्रियता के कारण ही कांग्रेस पंजाब-असम समस्या, सांप्रदायिक राजनीति, आरक्षण जैसी कई समस्याएँ खड़ी करने में सफल रही।

समाजवादी आंदोलन के इतिहास से सबक सीखा जा सकता है कि डॉ. लोहिया के अतिरिक्त, सन् १९५६ में सोशलिस्ट पार्टी, हैदराबाद के स्थापना सम्मेलन में कोई लोकप्रिय नेता नहीं था। सभी बड़े नेता प्रजा समाजवादी दल में थे, उन्होंने कार्यकर्ताओं को सोशलिस्ट पार्टी में जाने से रोकने का भरपूर प्रयास किया था। सरकारी और पूँजीवादी प्रचारतंत्र ने भी डॉ. लोहिया के प्रति आधारहीन प्रचार किया; फिर भी उन्होंने

१०-११ वर्षों में देश की राजनीति को सिद्धांतपरक और अपनी पार्टी को जनभावना के अनुरूप बना दिया था। डॉ. लोहिया को माननेवाले आज भी हजारों की संख्या में हैं।

डॉ. लोहिया ने एक बार कहा था—

"I have nothing with me except that the common man and the poor people of India think that I am perhaps their own man."

एक कुशल समाजवादी के रूप में

डॉ. राम मनोहर लोहिया ने समाजवादी विचारधारा का विवेचन एशिया की विभिन्न समस्याओं को ध्यान में रखकर किया था। उन्होंने अपनी पुस्तक 'मार्क्स, गांधी तथा समाजवाद' में समाजवाद संबंधी अपने विचारों को अभिव्यक्त किया है। गांधीवाद तथा मार्क्सवाद दो परस्पर विचारधाराओं के मध्य डॉ. लोहिया ने ममत्व सूत्र का कार्य किया है। उन्हीं के शब्दों में—"गांधी तथा मार्क्स के पास सीखने के लिए बहुमूल्य कोष है।" डॉ. लोहिया ने अपने विचारों को कभी गुप्त नहीं रखा कि मार्क्सवादी अथवा गांधीवाद को पूर्णत: निर्णायक के रूप में नहीं अपनाया जा सकता। उनका पूर्ण विचार दोनों विचारधाराओं के मध्य समन्वय का मार्ग अपनाने का था। इसी कारण उन्होंने उभय विचारधाराओं के मध्य एक समन्वय-सूत्र पिरोने का कार्य किया। उनकी दृष्टि में मार्क्सवादी अथवा गांधीवादी व्याख्या एक पक्षीय और रक्तहीन थी। पूँजीवाद के विषय में मार्क्सवादी विश्लेषण को अपनाते हुए उन्होंने व्यक्तिगत संपत्ति की मार्क्सवादी उपेक्षा का स्वागत ही किया।

डॉ. लोहिया ने कार्ल मार्क्स की द्वंद्वात्मक भौतिकवादी व्याख्या को अपनाया किंतु उन्होंने मार्क्स के 'वर्ग-संघर्ष' के सिद्धांत को स्वीकार नहीं किया। वे वर्ग-संघर्ष के सिद्धांत को अनावश्यक और असंगत मानते, उनके अनुसार मानवता दो विकल्पों के मध्य जूझती रही है—वर्ग और जाति। जाति और वर्ग में सतत संघर्ष चलता रहा है। यदि जाति दक्षिणपंथी और स्थायी शक्तियों का प्रतिनिधित्व करती है तो वर्ग के द्वारा सामाजिक गतिशीलता का प्रतिनिधित्व होता है। मानव इतिहास जाति और वर्ग के अतर्द्वंद्व की कहानी है। डॉ. लोहिया ने रूसी साम्यवाद की तीव्र भर्त्सना की है, जहाँ व्यक्तिगत स्वातंत्र्य का औद्योगिक विकास के लिए गला घोंट दिया गया। उनकी यह मान्यता थी कि सत्य की विजय घूर्तता और छल-छद्‍म से नहीं हो सकती। अधिनायक तंत्र के माध्यम से लोकतंत्र सफल नहीं बन सकता। इसीलिए डॉ. लोहिया को रूसी साम्यवाद की कार्य-पद्धति स्वीकार न थी। साम्यवाद की स्थापना के लिए सोवियत साम्यवाद की हिंसात्मक शैली का उन्होंने कभी समर्थन नहीं किया। उनकी मान्यता थी कि गांधीवादी सत्याग्रह तथा आर्थिक और राजनीतिक क्षेत्रों में विकेंद्रीकरण को अपनाए जाने की नीति

के माध्यम से ही मार्क्सवाद के लक्ष्य को प्राप्त किया जा सकता है। समाजवाद की विकृति और उसकी गति-विहीनता पर तभी नियंत्रण पाया जा सकता है, जब वह गांधीवाद के निष्कर्षों को अपना ले। इसी प्रकार गांधीवादी विचार-शैली के माध्यम से समाजवाद के मूल उद्देश्य की प्राप्ति संभव नहीं है, वे गांधीवाद की इस बात से सहमत नहीं थे कि आत्म-त्याग और अपने शरीर को कष्ट देकर अनुनय-विनय द्वारा शत्रु का हृदय-परिवर्तन किया जा सकता है। वे गांधीवाद को सामाजिक परिवर्तन लाने की दिशा में एक पूर्ण दर्शन नहीं मानते थे।

आर्थिक विकास की रूप-रेखा

डॉ. लोहिया इस बात को स्वीकार करते थे कि आर्थिक विकास और सामाजिक बुराइयों को दूर करने के लिए गांधीवादी दर्शन से बढ़कर अन्य कोई तकनीक नहीं है। महात्मा गांधी की तरह डॉ. लोहिया भी बड़ी-बड़ी मशीनें लगाने के विरुद्ध थे। उससे समाजवाद के नाम पर पूँजीवाद एक नया रूप लेकर प्रकट होता है। गरीबों की समस्याओं का निराकरण पश्चिमी साम्यवाद के द्वारा नहीं हो सकता। उससे अफसरशाही, तानाशाही तथा सामंतशाही पनपती है। महात्मा गांधी की तरह डॉ. लोहिया लघु उद्योग-धंधों को अपनाकर आर्थिक विकेंद्रीकरण को अपनाए जाने के पक्षधर थे। इनके माध्यम से बेरोजगारी तथा धन के केंद्रीयकरण को रोका जा सकता है। अहिंसा संबंधी गांधीवादी दृष्टिकोण से वे विशेषत: प्रभावित थे। सन् १९५४ में भाषा के प्रश्न को लेकर थान्नुम पिल्लई की सरकार ने शांत प्रदर्शनकारियों पर गोलियाँ चलाईं तो डॉ. लोहिया ने उसका विरोध किया तथा पिल्लई सरकार को त्यागपत्र देने के लिए बाध्य कर दिया; यद्यपि वे इसमें सफल नहीं हो सके। डॉ. लोहिया का विश्वास था, "सत्यं शिवं सुंदरम् के प्राचीन आदर्शों को आधुनिक विश्व के 'समाजवाद', 'स्वातंत्र्य' तथा 'अहिंसा' के उसूलों को इस प्रकार रखना होता है कि वे एक-दूसरे का स्थान ले सकें। यही मानव जीवन का सुंदर सत्य होगा। इस सत्य को जीवन में प्रतिष्ठित करने के लिए मर्यादा-अमर्यादा तथा सीमा-असीमा का ध्यान रखना होगा। मार्क्सवाद भौतिक उत्पादन और संतुष्टि तो प्रदान कर सकता है, किंतु आध्यात्मिक शांति नहीं। भौतिक संतुष्टि समाजवाद का एकमात्र लक्ष्य नहीं है। पश्चिमी समाजवादी यह भूल जाते हैं कि व्यक्ति एक नैतिक प्राणी भी है। पेट तो सुअर भी भरते हैं।"

डॉ. लोहिया चाहते थे कि अर्थ-नीति विकेंद्रित हो तथा ग्रामीण सरकारों की स्थापना हो। वे चाहते थे कि एशियाई समाजवाद के स्वरूप का निश्चय वहाँ के देशों की संस्कृति और ऐतिहासिक अनुभवों के प्रकाश में हो। वे धर्म, दक्षिण पंथीवाद तथा राजनीति को मिलाने के पक्ष में नहीं थे, क्योंकि इससे सांप्रदायिक सद्भाव में तनाव और कड़वाहट पैदा होती है। एशियाई सामाजिक व्यवस्था में नौकरशाही और विशेषज्ञों के

बढ़ते हुए अनुचित प्रभाव से वे चिंतित थे। विकेंद्रीकरण की अनुपस्थिति में वे 'संघटित परंपरावादी समाजवाद' को 'मृत्यु-तुल्य' मानते थे। राष्ट्रीयकरण की समाजवादी व्यवस्था का तो उन्होंने अनुमोदन किया, किंतु उसे समस्त आर्थिक और सामाजिक व्यवस्थाओं की परेशानियों का एकमात्र उपचार स्वीकार नहीं किया।

उन्होंने भारतीय समाज की संरचना में उन निर्णायक तत्त्वों का विश्लेषण किया, जो विशेषाधिकार के आधार पर समाज का शोषण कर रहे हैं। इसी के साथ उन्होंने उन वर्गों को रेखांकित किया, जो इन विशेषाधिकारों के आधार पर अधिक-से-अधिक समाज का शोषण करते हैं। विशेषाधिकारवाले शोषण-वर्ग का वर्गीकरण वे निम्नलिखित रूप में करते हैं—

१. विशेषाधिकारवाला वर्ग—संपत्ति, जाति और भाषा के आधार पर।
२. वर्गों का गठन—(क) नौकरशाह अधिकारी, (ख) उच्च मध्यम वर्ग, (ग) निम्न मध्यम वर्ग, (घ)सर्वहारा वर्ग।

समाज में व्याप्त विसंगतियों को समझने के पश्चात् डॉ. लोहिया ने इन विसंगतियों को दूर करने के लिए ७ नीतियों का प्रतिपादन किया, जो निम्नलिखित हैं—

(१) जाति-नीति, (२) भूमि-नीति, (३) अन्न-नीति, (४) आय-नीति, (५) मूल्य-नीति, (६) राष्ट्रीय श्रम-नीति, (७) भाषा-नीति।

पाँच स्तंभीय विचार

डॉ. लोहिया अपनी समाजवादी व्यवस्था में केंद्रित और विकेंद्रित व्यवस्था के मध्य समवाद स्थापित करने के पक्षधर थे। उनके वे चार स्तंभ हैं—(क) ग्राम, (ख) मंडल (जिला), (ग) प्रांत, (घ) केंद्र-सरकार, (ङ) विश्व सरकार।

वे चाहते थे कि प्रशासन के ये पाँचों स्तंभ व्यावसायिक लोकतंत्र के आधार पर कार्य करें। इस प्रकार के राज्य की प्रमुख विशेषताएँ निम्नलिखित हैं—

१. सरकारी नियोजन के लिए निश्चित धनराशि का एक चौथाई धन ग्राम, जिला तथा पंचायतों द्वारा व्यय किया जाएगा।
२. ग्राम, नगर तथा जिला पंचायतों का पुलिस के ऊपर पूर्ण नियंत्रण होगा।
३. जिलाधीश का पद समाप्त कर उसके कार्यों को जिले के अन्य पदाधिकारियों के मध्य विभाजित कर दिया जाएगा।
४. कृषि, उद्योग तथा संपत्ति के ऊपर जहाँ तक संभव होगा, वहाँ तक ग्राम, नगर तथा जिला पंचायतों का नियंत्रण होगा।
५. लघु मशीनों के प्रयोग के द्वारा आर्थिक और राजनीतिक विकेंद्रीयकरण के लक्ष्य को पूरा करने का प्रयत्न किया जाएगा।

सप्त क्रांति पर एक दृष्टि

डॉ. लोहिया ने ७ क्रांतियों की अवधारणा इस रूप में प्रस्तुत की है—

१. नर-नारी की समानता के लिए।

२. रंग भेद के कारण राजकीय, आर्थिक तथा वैचारिक असमानता के विरुद्ध।

३. संस्कारगत, जन्मजाति, जाति-प्रथा के विरुद्ध तथा पिछड़े वर्गों को विशेष अवसर प्रदान करने के लिए।

४. परदे की गुलामी के खिलाफ स्वतंत्रता तथा विश्व लोक-राज्य के लिए।

५ व्यक्तिगत पूँजी संबंधी विषमताओं के विरुद्ध तथा आर्थिक समानता के लिए।

६. निजी जीवन में अनधिकार आवश्यक हस्तक्षेप के विरुद्ध तथा लोकतंत्रीय पद्धति के लिए।

७. अस्त्र-शस्त्रों के विरुद्ध तथा सत्याग्रह के लिए।

डॉ. लोहिया के शब्दों में—"आज संसार में बड़े-बड़े आंदोलनों और क्रांति का युग है। इनको समझना उतना ही जरूरी है कि हम संसार की उन्नति में अपना हिस्सा बँटाएँ, इसलिए कि हमें आजादी की लड़ाई लड़ने में मदद मिले। हम अपनी क्रांति को विश्वक्रांति के साथ जोड़कर उससे लाभ उठाएँ। संसार के चारों ओर एक बहुत बड़ी जंजीर कसी हुई है। इसकी कुछ कड़ियों में अगर हिंदुस्तान और चीन धँसा हुआ है तो कुछ में इंगलिस्तान और इटली जैसे साम्राज्यशाही या फासिस्ट देशों के मजदूर। अगर इस जंजीर के कड़े कहीं भी टूटते हैं तो उससे सभी दलितों की जंजीर के कड़े कमजोर होते हैं। अब समय आ गया है कि दलितों के सामूहिक प्रयत्नों से यह जंजीर हमेशा के लिए टूटे।"

विश्ववादी व्यक्तित्व

डॉ. लोहिया एक विश्ववादी व्यक्तित्व-संपन्न व्यक्ति थे। वे अंतरराष्ट्रीय एकता पर बल देते थे। वे राष्ट्रवाद के भी पक्षधर थे। वे विश्व-एकता के अधिक्ता थे। उन्होंने अपनी एक अंग्रेजी पुस्तक में लिखा है—"शुद्ध रूप में अंतरराष्ट्रवाद तब तक उत्पन्न नहीं हो सकता जब तक कि उसके समर्थक इस तथ्य को अनुभव नहीं करते कि विदेश-नीतियों का वर्तमान संघर्ष। सभ्यताओं का संघर्ष है और जिसके ऊपर विजय विश्व के मस्तिष्कों को एक करके प्राप्त की जा सकती है।"

एक बार डॉ. लोहिया ने भारत की विदेश-नीति की आलोचना करते हुए कहा था—"वह कल्पनाओं का आवरण मात्र है।" वे इस बात पर बल देते थे कि भारत की विदेश-नीति का आधार होना चाहिए कि सब व्यक्ति बराबर हैं और उन्हें विश्व-संगठन

की रचना सक्रिय रूप से करनी चाहिए। उन्होंने सदैव विश्व-नागरिकता का स्वप्न देखा। उनका विश्व-दर्शन एक आत्मानुशासित जन समूह का आत्मदर्शन है। ऋषित्व के गुणों से परिपूर्ण एक ऐसी कल्पना है, जो जन्म लेकर साकार होने के लिए बेचैन है। उनका विचार था—'संयुक्त राष्ट्र संघ' में स्थायी सदस्यता और वीटो पॉवर (अवरोधक वोट) कुछ बड़ी शक्तियों तक ही सीमित है; इसलिए संयुक्त राष्ट्र संघ से आशा करना कि वह विश्व-नागरिकता की रक्षा करने में समर्थ होगा, नितांत भ्रम पैदा करनेवाला है। आज नहीं तो कल, वर्तमान संयुक्त राष्ट्र संघ का विकल्प हमें खोजना ही पड़ेगा। इसलिए उस दिन के लिए दूसरे विकल्प की तैयारी हमें आज इसी क्षण से करनी चाहिए। वह दिन दूर नहीं है जब विश्व के सभी देश एक स्वर से इस बात को कहेंगे कि संयुक्त राष्ट्र संघ का विकल्प खोजा जाए। यदि हम आज ही से उसी दिशा में कार्यरत रहेंगे तो हम उस निर्णय के क्षण में कह सकेंगे कि हमारा दूसरा विकल्प 'विश्व-संसद्', 'विश्व-सरकार' और 'विश्व विकास समिति' के रूप में तैयार है। जो भी विकल्प चुना जाए, वह इन्हीं आधारों पर गठित हो।

इतिहास-बोध

डॉ. लोहिया के इतिहास-विषयक विचार अरस्तू के सिद्धांत से समानता रखते हैं। उन्होंने मार्क्स के 'आर्थिक विवेचन के सिद्धांत' को अस्वीकार कर दिया है। इतना ही नहीं उन्होंने हीगलवादी दृष्टिकोण को भी स्वीकार नहीं किया। डॉ. लोहिया ने इतिहास के संबंध में अपने विचारों का प्रसार अपनी कृति 'Wheels of History' (१९५५) में किया है। वे इतिहास की प्रगति को एक सीधी रेखा के रूप में स्वीकार नहीं करते। 'अरस्तू' के अतिरिक्त उनके विचार टॉयनबी, सोरोकिन, नॉर्थट्राय और स्पैंगलर के विचारों से मिलते-जुलते हैं।

व्यक्ति की अनंत संभावनाओं और उसकी दुर्बलताओं को ध्यान में रखते हुए डॉ. लोहिया ने 'मानवीय इतिहास' की व्याख्या की। उन्होंने मानवीय सांस्कृतिक उपलब्धियों का भी विशेष अध्ययन किया है। उन्होंने गतिमान काल के साथ संस्कृति को भी गतिशील माना है। उन्होंने अपनी कृति 'Interval during Politics' में योग से लेकर भारतीय पुरातत्त्व, इतिहास, धर्म और अध्यात्म—सबका विवेचन किया है। उन्होंने पत्थरों की भाषा पढ़ने की कोशिश की है। मूर्तियों के माध्यम से मनुष्य की जातीय स्मृति और अभिज्ञान को रेखांकित करने का प्रयास किया है। महात्मा बुद्ध और जैन धर्म के तीर्थंकर महावीर स्वामी की मूर्तियों का परिशीलन करते हुए उन्होंने लिखा है—"महावीर की प्रतिमा में जैन धर्म की तपस्या और कायिक वेदनाओं का तनाव बराबर दिखता है। यह तनाव बुद्ध की मूर्तियों में नहीं मिलता, क्योंकि बुद्ध का मार्ग सहज था और उस

सहजता में बुद्ध की मूर्तियों को देखने से ऐसा लगता है कि सारे तनाव तिरोहित हो गए।'' इसी प्रकार उन्होंने कोणार्क, नालंदा, अजंता, एलोरा आदि में अंकित मूर्तियों और भित्ति-चित्रों में एक दिव्य प्रतिभा के दर्शन किए हैं। एक स्थान पर अजंता के चित्रों में काले रंगों का प्राचुर्य देखकर कहा है कि इन चित्रों में स्थानीयता का समन्वय अतीव कलात्मक शैली में हुआ है।

इस प्रकार हम पाते हैं कि उनके विचारों में अनेकता दृष्टिगोचर होती है। □

भारतीय संस्कृति और उसका भविष्य

डॉ. हजारी प्रसाद द्विवेदी के शब्दों में—''मेरे विचार से सारे संसार के मनुष्यों की एक ही सामान्य मानव-संस्कृति हो सकती है। यह दूसरी बात है कि वह व्यापक संस्कृति अब तक सारे संसार में अनुभूत और अंगीकृत नहीं हो सकी है। विभिन्न ऐतिहासिक परंपराओं से गुजरकर और विभिन्न भौगोलिक परिस्थितियों में रहकर संसार के भिन्न-भिन्न समुदायों ने उस महान् मानवीय संस्कृति के भिन्न-भिन्न पक्षों से साक्षात् किया है। नाना प्रकार की धार्मिक साधनाओं, कलात्मक प्रयत्नों और सेवाभक्ति तथा योगमूलक अनुभूतियों के भीतर से मनुष्य उस महान् सत्य के व्यापक और परिपूर्ण रूप को क्रमशः प्राप्त करता है, जिसे हम 'संस्कृति' शब्द द्वारा व्यापक करते हैं। यह 'संस्कृति' शब्द बहुत अधिक प्रचलित है। इसकी सर्वसम्मत कोई परिभाषा नहीं बन सकी है। प्रत्येक व्यक्ति अपनी रुचि और संस्कारों के अनुसार इसका अर्थ समझ लेता है। परंतु एकदम अस्पष्ट भी नहीं कह सकते, क्योंकि प्रत्येक मनुष्य जानता है कि मनुष्य की श्रेष्ठ साधनाएँ ही संस्कृति है।''

संस्कृति और सभ्यता में घनिष्ठ संबंध है। जिस जाति की संस्कृति उच्च होती है, वह 'सभ्य' कहलाती है और मनुष्य 'संस्कृत' कहलाते हैं। जो संस्कृत है, वह सभ्य है; जो सभ्य है, वही संस्कृत है। अगर इस पर विचार करें तो सूक्ष्म सा अंतर दृष्टिगोचर होता है। प्रत्येक जाति की अपनी-अपनी संस्कृति होती है, पर वे सभी सभ्य नहीं होतीं। संस्कृति अच्छी या बुरी हो सकती है, परंतु सभ्यता सदैव सुंदर होती है। सभ्यता के अंतर में बहनेवाली धारा को हम 'संस्कृति' कहते हैं।

संस्कृति का विकास देश की प्राकृतिक अवस्थाओं, पैदावार तथा जलवायु पर भी निर्भर होता है। प्रकृति का हमारे रहन-सहन, आचार-विचार सभी पर प्रभाव पड़ता है। उत्तम संस्कृति हीनतर संस्कृति को प्रभावित अवश्य करती है, परंतु आत्मसात् नहीं। आर्य-संस्कृति से अन्य जातियाँ बहुत प्रभावित हुईं; जैसे—हूण, कुषाण, शक आदि। उन्होंने भारतीय संस्कृति की अच्छी-अच्छी बातों को ग्रहण किया। संस्कृति और धर्म में

बहुत अंतर है। धर्म व्यक्तिगत होता है। धर्म आत्मा-परमात्मा के संबंध की वस्तु है। संस्कृति समाज की वस्तु होने के कारण आपस में व्यवहार की वस्तु है। संस्कृति धर्म से प्रेरणा लेती है और उसे प्रभावित करती है। धर्म को यदि 'सरोवर' तथा संस्कृति को 'कमल' की उपमा दें तो यह गलत न होगा। मनुष्य के शरीर में आत्मा प्रधान है, शरीर गौण है, फिर भी शरीर आत्मा के लिए अत्यंत आवश्यक है। भारतीय संस्कृति आत्मा को ही मुख्य मानती है। शरीर और मन की शुद्धि भी आवश्यक है। जब तक मनुष्य का बाह्य तथा अंतर शुद्ध नहीं होता तब तक वह त्रुटिपूर्ण विचारों को भी सही मानता रहेगा। शरीर तथा अंत:करण की शुद्धि ही भारतीय आदर्शों की विशेषता है। भारतीय संस्कृति का विकास धर्म का आधार लेकर हुआ है, इसीलिए उसमें दृढ़ता है।

भारतीय संस्कृति व्यक्ति को व्यक्तित्व देती है और उसे महान् कार्यों के लिए प्रोत्साहित करती है, किंतु व्यक्तित्व का चरम विकास यह सामाजिक स्तर पर ही स्वीकार करती है। व्यक्ति की साधना द्वारा सामान्य जनजीवन परिष्कृत बने, यही भारतीय संस्कृति की महान् विशेषता है।

भारतीय संस्कृति के आदि युगों में भी अन्य देश यहाँ के धर्म, दर्शन, आचार-विचार, सामाजिक सहिष्णुता आदि से प्रभावित हुए थे। एशिया के विस्तृत विशाल भू-खंडों में अनेक ऐसी ताम्र, लौह तथा प्रस्तर की मूर्तियाँ, लेख आदि मिले हैं, जो यहाँ के गौरवमय इतिहास, सभ्यता और यहाँ की संस्कृति के द्योतक हैं। भारतीय आवासकों और धर्म दूतों ने साइबेरिया से सिंहल तट तक और सोकोतरा से सेलीबीज तक ऐसा सांस्कृतिक प्रभुत्व स्थापित किया कि आज भी वह अपनी गहरी छाप वहाँ की संस्कृति पर जमाए हुए है। भारतीय संस्कृति की सबसे बड़ी विशेषता उसकी परम उदारता और सहिष्णुता है। धार्मिक, सामाजिक, नैतिक व्यवहारों में भारत की संस्कृति अन्य देशों की अपेक्षा कहीं अधिक उदार है, क्योंकि जैसा कहा जा चुका है, भारतीय संस्कृति की नींव धर्म का दृढ़ आधार लेकर खड़ी हुई है। मिस्र, यूनान तथा चीन देश की संस्कृति को भारतीय संस्कृति ने प्रभावित किया था, इतिहास इसका साक्षी है। भारतीय संस्कृति की एक अन्य विशेषता सुव्यवस्था है, जो हमें सामाजिक और आध्यात्मिक क्षेत्रों तक में प्राप्त होती है।

सामाजिक सुव्यवस्था इस विशाल जन-समूह को चार जातियों में विभक्त करके स्थापित की गई। हमारे ऋषियों ने जीवन की सुव्यवस्था चार आश्रमों में की है; ये आश्रम हैं—(१) ब्रह्मचर्य, (२) गृहस्थ, (३) वानप्रस्थ, (४) संन्यास।

धार्मिक सुव्यवस्था कर्मफल पर आधारित थी, जो इन सबके मूल में थी। कर्मफल के सिद्धांत ने मनुष्य के जीवन में अपूर्व संतोष ला दिया। आज की परिस्थिति और अपने भविष्य से वह संतुष्ट था। वह जैसा कर्म करेगा, उसी के अनुसार इस जीवन और मृत्यु के उपरांत दूसरे जीवन में फल पाएगा। कर्मफल के सिद्धांत का वैज्ञानिक

महत्त्व चाहे कुछ भी न हो, पर उसका सांस्कृतिक महत्त्व भारतीय जीवन पर यथेष्ट रूप में पड़ा है। भारतीय समाज पुनर्जन्म में विश्वास रखता है। ईसवी पूर्व पाँचवीं शताब्दी के सुप्रसिद्ध ग्रीक दार्शनिक पाइथागोरस ने भी संभवत: भारतीय दार्शनिकों से प्रभावित होकर ही पुनर्जन्म के सिद्धांत को माना था। इस प्रकार भारतीय संस्कृति की सुदृढ़ नींव पड़ चुकी थी, जो आज तक इसी रूप में है। भारतभूमि पर अनेक जातियाँ आईं तथा अपनी-अपनी सभ्यता-संस्कृति साथ लाईं। उनका प्रत्यक्ष और अप्रत्यक्ष रूप में हमारी सभ्यता पर प्रभाव पड़ा, फिर भी हम मूल रूप में उन्हीं विश्वासों, उन्हीं आचार-विचारों में जीवित रहे, जो हमारे परंपरागत संस्कारों में पलते गए थे। सांस्कृतिक उत्थान-पतन का युग अपने समय की विचारधाराओं के अनुसार ही होता है।

किसी देश की संस्कृति का भविष्य हम उसके समस्त प्राचीन और वर्तमान इतिहास को देखकर सफलतापूर्वक बतला सकते हैं। जब तक उत्थान और पतन के मध्य आशावादी विचारधारा की प्रधानता रहती है, तब तक हम अपनी संस्कृति का उत्थान करते रहेंगे। हरिदत्त वेदालंकार के शब्दों में—''भारतीय संस्कृति के उत्थान और पतन में दो पृथक् और विरोधी विचारधाराओं का बड़ा हाथ रहा है। पहली आशावादी विचारधारा है, दूसरी निराशावादी। पहली, दुनिया के सुखों को पाना, आपत्तियों-विपत्तियों से जूझना और उनपर विजय प्राप्त करना चाहती है। दूसरी, संसार को दु:खमय समझ उससे भागकर जंगलों में जाने तथा मोक्ष प्राप्त करने का आदेश देती है। पहली के लिए संसार सत्य है, दूसरी के लिए मिथ्या। जब तक पहली विचारधारा का प्राधान्य रहा, हम आगे बढ़ते रहे। छठी शताब्दी ईसवी से दूसरी विचारधारा प्रबल हुई। वैराग्य और परलोकवाद के कारण संसार से घृणा की जाने लगी। अत: संसार ने भी भारत की उपेक्षा की। वह उन्नति की दौड़ में पिछड़ गया। एक हजार तीन सौ वर्षों तक हम मोहनिंद्रा में पड़े रहे। स्वतंत्रता-प्राप्ति के बाद हम एक चौराहे पर खड़े हैं। एक मार्ग का वरण कर हमें आगे बढ़ना है। इसी पर हमारा भविष्य अवलंबित है। क्या हम गतिशीलधारा को अपनाएँगे या वैराग्यमूलक, निवृत्ति-प्रधान वेदांत और भक्तिमार्ग के साथ मोहवश चिपटे रहेंगे? मध्ययुग में भारतवर्ष के अद्य:पतन का एक बड़ा कारण परलोकवाद, भ्रांत विश्वास, दूषित विचारधाराएँ और थोथी आध्यात्मिकता थी।''

मेरी दृष्टि में भारतीय संस्कृति के विषय में ऐसी धारणाएँ अनुचित हैं। मध्ययुग में भी हमारी संस्कृति ने ह्रास नहीं देखा था। वैसे विचारधारा देशकाल और परिस्थिति के अनुसार बदलती रहती है। समाज में अंधविश्वास, अनेक बाह्याडंबर, धार्मिक कर्मकांड, दिखावा, जाति-पाँति, ऊँच-नीच की भावना बढ़ती गई। इधर छोटे-छोटे राज्य आपसी युद्धों में व्यस्त थे। अत: भारत में एक ऐसा युग आया, जो उसके देदीप्यमान उज्ज्वल इतिहास में कलंकस्वरूप था। मध्ययुगीन संतों ने और भक्ति साहित्य के अमर सृजनकर्ताओं

ने समाज की अनेक प्रचलित कुरीतियों की ओर ध्यान दिया और समवेत स्वर में उसका विरोध किया। सहस्रों वर्षों से चली आई संस्कृति में उन्होंने फिर से नवजीवन भर दिया, ठीक उसी तरह जिस तरह समाज के बाह्याडंबरों और छुआछूत का विरोध स्वामी दयानंद ने किया था। महात्मा गांधी के उपदेशों ने समाज में भेदभाव मिटाने का सतत प्रयास किया था। सभी सुधारकों ने भारतीय संस्कृति में, जो सहस्रों वर्षों से धीरे-धीरे त्रुटियाँ आती गईं, उनकी ओर इंगित किया। जनता में प्रचलित अंधविश्वासों और बाह्याडंबरों का प्रत्येक सुधारक ने घोर विरोध किया।

आज की संस्कृति को और भी उन्नत बनाने के लिए यह आवश्यक है कि हमारे जो दोष संस्कृति में घर करते गए, हम उन्हें दूर करने का प्रयास करें तभी सच्चे रूप में उन्नति संभव हो सकती है। आज का युग विज्ञान का युग है। हमें नवीन वैज्ञानिक प्रयोगों से लाभ उठाकर देश की उन्नति करनी है। मिथ्या आडंबर और अंधविश्वासों का युग अब बीत चुका है। यह जागरण का युग है, जिसमें हमें बड़ी सतर्कता से आगे बढ़ना है।

जब कर्मफल या सिद्धांत केवल भाग्यवाद में परिणत हो गया तब मलूकदास की वाणी से यह निःसृत हुआ था—

"अजगर करे न चाकरी, पंछी करे न काम।
दास मलूका कह गए, सबके दाता राम॥"

ऐसे ही अनेक शब्दों ने समाज की अपढ़ जनता को अकर्मण्यता के अतिरिक्त और क्या सिखाया? केवल भाग्य के भरोसे बैठे रहना या अपने अतीत के मिथ्याभिमान में ऐंठे रहना। हमारी उन्नति में बाधक सिद्ध होगा। आज हमें भारतीय संस्कृति के भविष्य को उज्ज्वल बनाने के लिए अपने समस्त सांप्रदायिक वैमनस्यों को भुलाकर सहिष्णु बनाना होगा। भारतीय संस्कृति की उदार प्रवृत्ति ही हमारी संस्कृति के भविष्य को समुज्ज्वल बना सकती है। संस्कृति सतत परिवर्तनशील है, जो जाति इस सत्य को स्वीकार नहीं करती और अपने प्राचीन विचारों के मोह में पड़ी रहती है, संसार के इतिहास से उसका नाम मिट जाता है। हमारा यह सौभाग्य है कि भारतीय संस्कृति परिस्थितियों के अनुसार अपना रूप बदलती रही है। उसका यह गुण उसके उज्ज्वल भविष्य की सबसे बड़ी गारंटी है।

□

भारतीय संस्कृति और उसकी विशेषताएँ

संस्कृति और सभ्यता में घनिष्ठ संबंध है। जिस जाति की संस्कृति उच्च होती है, वह सभ्य कहलाती है और मनुष्य 'संस्कृत' कहलाते हैं। जो संस्कृत है वह सभ्य है, जो सभ्य है वही संस्कृत है। अगर इस पर विचार करें तो सूक्ष्म सा अंतर दृष्टिगोचर होता है। प्रत्येक जाति की अपनी-अपनी संस्कृति होती है, पर वे सभ्य नहीं होतीं। संस्कृति अच्छी या बुरी हो सकती है, परंतु सभ्यता सदैव सुंदर होती है। सभ्यता के अंतर में प्रवहमान धारा को 'संस्कृति' की संज्ञा दी जाती है। किसी देश की आध्यात्मिक, सामाजिक और मानसिक विभूति को उस देश की 'संस्कृति' कहते हैं। भारत के प्राचीन साहित्य में, जिसे आजकल संस्कृति कहते हैं, सामान्य रूप से 'धर्म' शब्द का प्रयोग किया जाता था और जिसे वर्तमान में 'सभ्यता' कहते हैं, उसका अंतर्भाव 'अर्थ' शब्द में था, परंतु समय के साथ-साथ, धर्म और अर्थ—इन दोनों शब्दों का प्रयोग संकुचित होता गया। धर्म केवल विश्वास और कर्म का पर्यायवाची रह गया और अर्थ का दायरा धन-संपत्ति तक परिमित हो गया। इस कारण यद्यपि संस्कृति और सभ्यता शब्दों का वर्तमान प्रयोग हमारी भाषा में नया है, तथापि अभिप्राय को प्रकट करने की दृष्टि से वह उपयोगी और ग्राह्य है।

इस दृष्टांत को समझने का प्रयास कीजिए, दोनों के भेदमूलक अवयवों से आप पूर्णतः अवगत हो जाएँगे।

एक सभागार में दो व्यक्तियों का पाद-प्रक्षेप होता है। उनमें से एक व्यक्ति बहुमूल्य अंग्रेजी सूट में सजा हुआ रॉल्स-रोयस मोटरकार में आता है और उपस्थित सभ्यजनों के अभिवादन का उत्तर 'हैट' हाथ में लेकर देता है; दूसरा व्यक्ति एक सुसज्जित हाथी पर से उतरता है, उसका शरीर अति आकर्षक हिंदुस्तानी वेश—विशेष तंग पाजामा, तिलई के अँगरखे और पगड़ी से सुशोभित है, संभवतः शरीर पर दो-एक आभूषण भी हैं और वह उन्हीं सभ्यजनों के अभिवादन का उत्तर हाथ जोड़कर देता है। दोनों की आर्थिक स्थिति एक-सी है, बाह्य ठाट-बाट में कोई भेद नहीं, परंतु देखनेवालों को यह समझने में जरा भी देर न लगेगी कि एक पश्चिम की संस्कृति का और दूसरा

हिंदुस्तान की संस्कृति का प्रतिनिधि है। इसे यों समझ लें कि किसी भी भौगोलिक प्रदेश में कुछ काल से रहती चली आ रही जब कोई मानव जाति एक निश्चित जीवन-पद्धति अपना लेती है, तब अपनी इसी जीवन-प्रणाली के कारण उत्पन्न विशेषता को उसकी 'संस्कृति' कहा जाता है। सामान्य दृष्टि से इस जीवन-प्रणाली के दो रूप देखे जाते हैं—भौतिकवादी और अध्यात्मवादी। पाश्चात्य देशों में भौतिकवादी जीवन होने के कारण वहाँ की संस्कृति को 'भौतिक संस्कृति' और पौर्वात्य देश भारत में अध्यात्म-प्रधान जीवन के कारण यहाँ की संस्कृति को 'आध्यात्मिक संस्कृति' कहा जाता है। इस प्रकार, पूर्व और पश्चिम में यह सांस्कृतिक अंतर पाया जाता है।

उपर्युक्त दोनों प्रणालियाँ जीवन की प्रवृत्तियाँ हैं जब हम कहते हैं कि पाश्चात्य जगत् भौतिकवादी है और भारत अध्यात्मवादी है, तो इसका यह अर्थ नहीं कि पश्चिम में अध्यात्मवादी नहीं हैं और भारत में भौतिक जीवन का अभाव है।

वहाँ की भौतिकवादी संस्कृति तथा यहाँ की अध्यात्मवादी संस्कृति ये भिन्न नाम उक्त उभय स्थानों में जन-सामान्य द्वारा अपनाए गए जीवन-मूल्यों के कारण दिए गए हैं। भौतिकवादी संस्कृति 'विजय' की भाषा बोलती है। वह कहती है—हमने समुद्र पर विजय प्राप्त की। विजय की इस भाषा में उसका दृष्टिकोण 'भोगवादी' रहता है। इस संस्कृति में संवर्द्धित मानव-प्रकृति पर विजय इसलिए प्राप्त करने का प्रयास करता है, ताकि उसके भोग-साधनों में वृद्धि हो सके। अध्यात्मवादी संस्कृति, इसके विपरीत विजय के स्थान पर सामंजस्य की भाषा बोलती है। वह कहती है—"प्रकृति के ऊपर विजय प्राप्त करने का गर्व छोड़ो। जिसे तुम विजय कहते हो, वह प्रकृति के नियमों को समझाने का फल है। तुम प्रकृति पर क्या विजय प्राप्त कर सकते हो? पृथ्वी की एक ही अँगड़ाई में तुम्हारे द्वारा निर्मित गगनचुंबी इमारतें भू-लंठित हो जाती हैं। एक समुद्री तूफान में तुम्हारा सारा सृजन बह जाता है। तुम प्रकृति के नियमों के विरुद्ध कोई विजय नहीं प्राप्त कर सकते। अत: प्रकृति के नियमों के साथ समरसता की बात करो।"

ये तो रहीं संस्कृति की दो मुख्य धाराएँ, अब मैं 'संस्कृति' शब्द के मूल में आता हूँ। संस्कृति का निर्माण 'संस्कार' से होता है। संस्कार द्वारा जीवन की प्रवृत्तियाँ परिष्कृत होती हैं। भारतीय संस्कृति की विकसित जीवन-दृष्टि हमें बताती है कि यह संपूर्ण आंतरिक जीवन और दृश्य-जगत् हमारे द्वारा शासित होने के लिए है, न कि हम उसके गुलाम बनने के लिए हैं। आज हमारी परिस्थिति कुछ विपरीत मालूम पड़ती है। हमारा विकास इतना अधिक हो गया है कि हमें डर लगने लगा है। हमारे वैज्ञानिक विकास के ढोल में कितना पोल है, यह बात इस वार्त्ता से स्पष्ट हो जाती है। विज्ञानी ने मुझसे कहा था—"विज्ञान ने ऐसे-ऐसे आग्नेय-आयुधों का आविष्कार किया है कि

एक ही विस्फोट में सारी सभ्यता नष्ट हो सकती है।'' ऐसे विकास को विकास कैसे कहा जा सकता है, जिससे मानवता ही डरने लगी हो।

भारत की संस्कृति से यदि साक्षात् किया जाए तो हमें संदेश प्राप्त होगा कि जीवन पूर्ण है, समग्र है और अखंड है। इसे टुकड़े में नहीं बाँटा जा सकता। हमें संपूर्ण जीवन को एक इकाई के रूप में देखना होगा। खेद इस बात का है कि आज हमने जीवन के अनेक टुकड़े कर दिए हैं। तभी तो हम व्यक्तिगत जीवन, पारिवारिक जीवन, सामाजिक जीवन, धार्मिक जीवन, राजनीतिक जीवन आदि अनेक प्रकार के जीवनों की बात करते हैं। जीवन का यह विभाजन हम केवल व्यावहारिक दृष्टि से ही करते हैं, बल्कि ऐसा करने में हमारी चाल होती है। हम जाने-अनजाने समझने का प्रयास तक नहीं करते कि हमारी संस्कृति का मूल स्वर वैदिक है। वेद हमें प्रामाणिक रूप में बताते हैं कि हमारे जीवन का लक्ष्य क्या होना चाहिए और उसे किस प्रकार जीना चाहिए। मनुष्य द्वारा प्राप्त किए जाने योग्य, जीवन के लक्ष्य को 'पुरुषार्थ' उचित ही कहा गया है। ये पुरुषार्थ चार प्रकार के हैं—धर्म, अर्थ, काम, मोक्ष। इन पुरुषार्थों को मनुष्य को इसी जीवन में प्राप्त करना होता है। ऐसा नहीं कि यह उपदेश जीवन के अंत में दिया जाता है। जीवन की पूर्णता को ध्यान में रखते हुए इसकी तैयारी आरंभ से ही की जाती है, इसलिए वैदिक संस्कृति में जीवन के चार आश्रम बताए गए हैं—ब्रह्मचर्य, गृहस्थ, वानप्रस्थ और संन्यास।

भारतीय संस्कृति का इतिहास अतिशय प्राचीन है। यह संस्कृति संसार की प्राचीनतम संस्कृति है। हमारी संस्कृति का यह रूप सहस्रों वर्षों के उपरांत निखर पाया है। इतनी प्राचीन और विशाल संस्कृति की विशेषताओं का उल्लेख करना और वह भी गिने-चुने पृष्ठों में, सुगम कार्य नहीं है, फिर भी उसकी मुख्य-मुख्य विशेषताओं पर यहाँ प्रकाश डाला गया है—

- पुनर्जन्म में विश्वास,
- आध्यात्मिकता,
- सहिष्णुता,
- समन्वयवाद,
- निष्काम कर्म की भावना,
- क्षमाशीलता,
- विश्वबंधुत्व की भावना।

पुनर्जन्म में विश्वास—भारतीय संस्कृति की सर्वप्रथम विशेषता है—'पुनर्जन्म में विश्वास'। यह एक ऐसा सिद्धांत है, जिसे सभी भारतीय मनीषी पूर्ण रूप से अंगीकार करते हैं। कोई दार्शनिक वेदों को पौरुषेय मानता हो अथवा अपौरुषेय, ईश्वर की सत्ता में विश्वास रखता हो या न रखता हो, पर ऐसा कोई भारतीय मनीषी नहीं हुआ, जिसने

पुनर्जन्म के सिद्धांत को स्वीकार न किया हो। यह एक ऐसा सिद्धांत है, जिसने बहुत गहरे तक भारतीय जीवन को प्रभावित किया है। वस्तुत: यह सिद्धांत जीवन से इस प्रकार गुँथा हुआ है कि जीवन पर इस सिद्धांत का प्रभाव पड़ना अनिवार्य है।

पुनर्जन्म में आस्था रखनेवाला व्यक्ति अनिवार्य रूप से आत्मा की नित्यता और कर्मवाद में विश्वास रखता है। उसके अनुसार मनुष्य के भौतिक शरीर का अवसान हो जाने पर आत्मा का अंत नहीं होता। यह आत्मा अनादि और अनंत है; अजर और अमर है। अपने कर्मों के अनुसार आत्मा अलग-अलग योनियों में जन्म लेकर अपने कर्मों का भोग करती है। इसीलिए पुनर्जन्म माननेवाला व्यक्ति इस नश्वर जगत् को ही सबकुछ न समझकर, परलोक के लिए सत्कर्मों का अथवा तज्जनित पुष्पों का चयन करता है। उसके लिए यह संसार अखिलेश परमेश्वर, जो कि सच्चिदानंद स्वरूप है, को प्राप्त करने के लिए सोपान माना है। इस प्रकार के व्यक्ति के लिए यह संसार प्रवंचना-मात्र है।

आध्यात्मिकता—पुनर्जन्म में विश्वास ने भारतीयों को आध्यात्मिक बना दिया है। उसके लिए इस शांत जगत् की अपेक्षा अनंत जगत् अधिक महत्त्वपूर्ण है। वह सांसारिक भोग-विलास को परम पुरुष के दर्शन में बाधक समझता है। जितने विचक्षण या सुधारक हमारे यहाँ हुए हैं, सभी ने संसार की अनित्यता, भोग-विलास की निरर्थकता और संसार से विरक्ति का उपदेश दिया है। आज, पाश्चात्य देशों से प्रभावित होकर हम भले ही संसार को समझने लग जाएँ, पर भारतीय विचारधारा इसके विरुद्ध रही है।

उसने भौतिकता का खंडन करके आध्यात्मिकता पर बल दिया है। मनुष्य की सांसारिक लिप्साएँ कभी पूर्ण नहीं होतीं और इन्हें ज्ञानपूर्वक छोड़ देना ही सच्ची आध्यात्मिकता है।

सहिष्णुता—भारतीय विचारधारा सदैव से सहिष्णु रही है। उसका एकमेव उद्देश्य मनुष्य के दृष्टिकोण को व्यापक बनाना रहा है। उसके अनुसार ज्ञान असीमित है, सीमित नहीं। भारतीय संस्कृति में इसीलिए तर्क की प्रधानता आदिकाल से रही है। यही कारण है कि हमारे यहाँ एक विषय पर भिन्न मतवाले विचक्षण, ऋषि-समभाव से आदृत रहे हैं। छह दर्शनों के रचयिता ऋषियों की विचारधारा बहुत अंशों तक एक-दूसरे के विपरीत पड़ती है, फिर भी उसे दूसरों को सुखपूर्वक खाते-पीते देखकर उतनी ही प्रफुल्लता होती है जितनी कि स्वयं सुख भोगकर होती है, विश्वबंधुत्व का भाव रखनेवाला व्यक्ति किसी राष्ट्र के विनाश की कल्पना कर ही नहीं सकता। यही कारण है कि भारत आज भी इस विषय में संसार का पथ-प्रदर्शन कर रहा है।

समन्वयवाद—समन्वयवाद का अर्थ है—'बीच का मार्ग'। भारतीय संस्कृति की यह एक विशेषता है कि जिसके द्वारा मनुष्य अमानुषिक और पारलौकिक, दोनों प्रकार के कर्तव्यों को विधिवत् करते हुए जीवन को सुखमय बना सकता है। भारतीय

संस्कृति ने इहलोक और परलोक, ज्ञानवाद, कर्मवाद, गृहस्थ, वैराग्य, राजनीति, धर्म आदि सभी विषयों में समन्वय की सम्यक् चेष्टा की है।

निष्काम कर्म की भावना—निष्काम कर्म करने का अर्थ है—कर्म को कर्तव्य समझकर करते जाना और फल की इच्छा न रखना। यदि ध्यानपूर्वक देखा जाए तो हमारे सब कष्टों और असंतोष का मूल कारण हमारी इच्छाओं की अभिवृद्धि है। किसी कार्य की योजना बनाते समय ही हम उसके फल की कामना करने लगते हैं और इसमें थोड़ा सा भी विलंब या थोड़ा सा उलट-फेर हमारे हृदय में उथल-पुथल मचा देता है। यदि हम फल की इच्छा का एकदम त्याग कर दें तो हमें कभी दु:ख हो ही नहीं सकता। फल की इच्छा त्यागकर कर्म करनेवाला सांसारिक दु:ख-सुख के बंधनों से उसी प्रकार ऊपर रहता है, जिस प्रकार उसके ऊपर पानी ठहर नहीं पाता। ऐसा व्यक्ति विपत्तियों को उसी प्रकार सह लेता है जिस प्रकार आँधी और तूफानों को पर्वत की चट्टानें। ऐसा व्यक्ति न सुख से प्रफुल्लित होता है और न दु:ख से मलिन। श्रीरामचंद्र अयोध्या का राज्य मिलने पर न तो हर्षित हुए थे और न वनवास मिलने पर दु:खी। महात्मा गांधी अपने नाम की जयकार सुनकर न प्रसन्न होते थे और न विरोध देखकर अप्रसन्न। 'गीता' में श्रीकृष्ण ने इसी निष्काम कर्म की विस्तृत रूप से मीमांसा की है।

क्षमाशीलता—दूसरों के अपराधों को देखकर उन्हें भूल जाना भी भारतीय संस्कृति की उल्लेखनीय विशेषता है। क्षमाशीलता मनुष्य में उदारता, वीरता और अहिंसा की भावना उत्पन्न करती है। अपराध करनेवाले को क्षमा करना प्रथम श्रेणी की वीरता है। कोई कायर पुरुष इस प्रकार की वीरता की कल्पना नहीं कर सकता। एक विचारधारा के अनुयायी दूसरी विचारधारा के प्रवर्तक ऋषि का उतना ही सम्मान करते हैं। ईश्वर को न माननेवाले महावीर स्वामी उतने ही आदर के पात्र हैं, जितना कि अन्य कोई महापुरुष।

भगवान् बुद्ध वेद और ईश्वर के विषय में वैदिक विचार रखते हुए भी उसी प्रकार ईश्वर के अवतार माने जाते हैं, जिस प्रकार राम और कृष्ण।

भारतीय विचारधारा की इस सहिष्णुता से यहाँ की विचारधारा को विधिवत् विकसित होने का अवसर मिला है। यहाँ किसी भी विरोधी विचारों के प्रति अवज्ञा का भाव प्रदर्शित नहीं किया गया। विचारों की सहिष्णुता हमारी बुद्धि को उर्वरा और परिपक्व बनाती है। ऐसा मस्तिष्क ही नई-नई बातें खोज सकता है। विचारों की संकीर्णता तो संसार की सबसे बड़ी दरिद्रता है।

विश्वबंधुत्व की भावना—भारतीय संस्कृति का दृष्टिकोण इस विषय में भी बड़ा उदार रहा है। वास्तविकता तो यह है कि सभी विषयों में भारतीय विचारधारा ने संसार का नेतृत्व किया है। आज का संसार अपनी समस्याओं से तंग आकर विश्व-संघ की कल्पना करने लगा है, पर भारतीय मनीषियों ने आज से सहस्रों वर्ष-पूर्व विश्वबंधुत्व

'वसुधैव कुटुंबकम्' का पाठ पढ़ाया था। आज का संसार अपार धन-धान्य का स्वामी होते हुए और नरक को भी स्वर्ग का रूप देनेवाले असंख्य आविष्कारों के उपलब्ध रहते भी दुःखी है। बाहर से संतुष्ट दिख पड़ने पर भी उसका अंतर एकदम असंतुष्ट है। इसका मुख्य कारण मानव का छोटी-छोटी इकाइयों में बँट जाना है।

आज प्रत्येक मनुष्य अपने विषय में सोचता है। कुछ ऊपर उठकर कुटुंब के लिए और कभी-कभी भावना के आवेश में राष्ट्र के लिए। इसी कारण मानव अपने से अधिक समृद्ध पड़ोसी को देखकर ईर्ष्या करता है और उसे नुकसान पहुँचाने के सैकड़ों तरीकों पर विचार करता है। एक राष्ट्र दूसरे राष्ट्र के ऐश्वर्य को न सहन कर उसे हड़प कर जाने के लिए संधि के पवित्र बंधनों को ठोकर मारकर युद्ध की घोषणा कर देता है। इसका भी एकमात्र कारण अपने को सब कुछ समझ लेना है। हमारी संस्कृति ने इसीलिए हमें मानवता और उससे भी ऊपर उठकर 'अखिल भूत हितैषिता' का पाठ पढ़ाया है।

जो मानव 'आत्मवत् सर्वभूतेष' का सिद्धांत मानता है, वह किसी दूसरे को कष्ट देने की बात सोच ही नहीं सकता। वह अपने पड़ोसी को धन-धान्य से संपूर्ण देखकर फूला नहीं समाता। भारतीय संस्कृति की यह विशेषता है कि उसका प्रवाह कहीं टूटा नहीं। इस संस्कृति का प्रारंभ बहुत ही प्राचीन काल में हुआ था। तब से अब तक इस पर अनेक प्रभाव पड़े हैं और आघात भी पहुँचे हैं, परंतु वे उसके प्रभाव को भंग करने में सफल नहीं हुए। जैसे कोई बड़ी नदी अनेक छोटी नदियों और नालों के पानी को अपने में समेटती हुई बहती हुई चली जाती है, वैसे ही भारतीय संस्कृति की धारा निरंतर प्रवहमान है।

□

लोक-संस्कृति की अवधारणा

किसी देश की लोक-संस्कृति का महत्त्व उस देश के जीवन में निर्विवाद है। उसका अपना स्वतंत्र प्रवाह होता है, जो निरंतर प्रभावित हुआ करता है और जो बड़ी कठिनता और युगों के प्रयत्न से किंचित् परिवर्तित किया जा सकता है। उसमें स्थायित्व का तत्त्व अधिक होता है और परिवर्तनशीलता की प्रवृत्ति बहुत कम। लोक-संस्कृति लोक अर्थात् जनसामान्य की संपत्ति होती है। समाज का अधिक शिक्षित वर्ग अपनी ऊँची संस्कृति के नशे में शीघ्रता से आगे बढ़ता जाता है और वह परिवर्तन के चक्कर में भी अधिक रहता है।

संस्कृति के क्षेत्र में भी उसे प्रयोग करना अच्छा लगता है, जिसका अवश्यंभावी परिणाम संस्कृति का शीघ्रता से रूप-परिवर्तन होता है, पर लोक-संस्कृति का प्रभाव मंद होता है, साथ ही निरंतरता को स्थायित्व देनेवाला भी। महाकवि से आरंभ करके हमारे साहित्य में, जो संस्कृति का एक प्रमुख विधायक अंग है, अब तक जाने कितने प्रयोग हो चुके हैं। यह उच्चवर्ग की संस्कृति का उदाहरण हुआ, पर लोक-संस्कृति का विधायक अंग, ग्रामगीत न्यूनाधिक अब भी ज्यों-का-त्यों बना हुआ है। उसकी विषय वस्तु में कम-से-कम परिवर्तन दिखाई देता है। उसकी भाव-भूमि अब भी वहीं है, जो शताब्दियों पहले थी। लोक-संस्कृति पर सभ्यता का आवरण नहीं चढ़ा होता।

'नागरिक' संस्कृति पहले अपने छद्म वेश के कारण अधिक आकर्षक हो सकती है, जैसे—वस्त्रभूषण, अलक्तक राग और लिपस्टिक से अलंकृत आधुनिक नारी पर इससे वास्तविक सौंदर्यान्वेषी और रूप-पारखी के लिए मैली धोती में लिपटी रूप और यौवन के उमंग से भोली-भाली ग्रामबाला-सरीखी लोक-संस्कृति का आकर्षण कम नहीं हो जाता। उसका सहज, सरल और अकृत्रिम रूप-माधुर्य अपने सम्मोहनकारी प्रभाव से सहृदयी को रससिक्त बनाए बिना नहीं रहता।

सभ्यता और संस्कृति का भेद स्पष्ट है। संस्कृति किसी देश और जाति की आध्यात्मिक, धार्मिक, साहित्यिक और बौद्धिक साधना का फल होती है। उसका वास्तविक

संबंध जीवन की आंतरिक आवश्यकताओं से है; सभ्यता बाह्य प्रयत्नों का फल है और बाह्य आवश्यकताओं की पूर्ति में ही उसकी सफलता है। आज पश्चिम के देश अपनी सभ्यता पर गर्व करते हैं। यह उचित ही है, क्योंकि अपने बाह्य प्रयत्नों के फलस्वरूप उन्होंने भौतिक सुख-सुविधा और विलास की सभी सामग्री एकत्र कर ली हैं, लेकिन यह कहना गलत होगा कि पश्चिम के देश संस्कृति के क्षेत्र में भी आगे बढ़े। सच तो यह है कि आज का सभ्यताभिमानी पश्चिमी जगत् अपनी सांस्कृतिक प्रेरणाओं के लिए या तो पुरातन यूनान और रोम का मुखापेक्षी होता है या प्राचीन भारतीय संस्कृति का गुण गानकर अपनी आध्यात्मिक भूख मिटाता है। सभ्यता और संस्कृति के अंतर की भाँति 'नागरिक संस्कृति' और 'लोक-संस्कृति' का अंतर भी समझने में कठिनाई नहीं होनी चाहिए। हर समाज में दो तरह के लोग होते हैं—शिक्षित वर्ग और अशिक्षित वर्ग। शिक्षित वर्ग के हाथ में अधिकार होता है, वह समाज का नेतृत्व करता है, जैसे—राजनीति का सूत्र उसके हाथ में रहता है, वैसे ही कला और साहित्य के सृजन में भी वह आगे रहता है। भाषा, साहित्य, संगीत, नृत्य आदि का मानदंड उसी के हाथों निर्धारित होता है। इतिहास उसी की कृतियों के आधार पर तत्कालीन समाज का मूल्यांकन करता है। आदिकाल से ऐसा होता आया है और आज में यही हो रहा है तथा भविष्य में भी ऐसा ही होगा।

शिक्षित वर्ग की तुलना में समाज का अशिक्षित वर्ग मूक अथवा कम मुखर होता है। सचमुच, वह शासित वर्ग द्वारा शोषित वर्ग होता है। उससे आशा की जाती है कि वह शिक्षित और सभ्य-वर्ग का अनुसरण करे। इसमें संदेह नहीं कि अशिक्षित वर्ग को बहुत अंशों में ऐसा करना पड़ता है, परंतु इसमें भी संदेह नहीं कि वह अपनी सत्ता शत-प्रतिशत खो भी नहीं देता। उसकी अपनी स्वतंत्र दुनिया भी होती है। साहित्यिक भाषा को न समझ सकने के कारण वह अपनी बोली में लोकगीत रचता है और उन्हीं को गाकर अपने मन को संतुष्ट करता है। शिष्ट नृत्य की मुद्राओं और भावभंगिमाओं का आनंद वह नहीं ले पाता तो लोकनृत्य की नई अनगढ़ शैली को विकसित करता है। शास्त्रीय संगीत का राग-रागिनियों के सूक्ष्म भेदों का आनंद-स्पर्श उसे नहीं प्राप्त होता, तब वह बिरहा, चैता, फगुआ, चौताल जैसे मुक्त सुरों का आविष्कार कर डालता है। इस प्रकार शिक्षित वर्ग से भिन्न संस्कृति का विकास अशिक्षित वर्ग द्वारा होता है। उसे ही हम 'लोक-संस्कृति' कहते हैं। संख्या की दृष्टि से देखें तो लोक-संस्कृति का यह नाम बड़ा ही समीचीन प्रतीत होता है, क्योंकि लोक अथवा समाज का जितना प्रतिनिधित्व यह करती है, उतना 'नागरिक संस्कृति' नहीं। यह बात अवश्य है कि लोक-संस्कृति का क्षेत्र कम व्यापक और सीमित होता है। किसी देश की नागरिक संस्कृति केवल एक होती है, जबकि देश के विभिन्न भागों की लोक-संस्कृतियाँ भिन्न-भिन्न होती हैं। वैदिक काल से लेकर अब तक पूरा संस्कृत वाङ्मय और मध्यकालीन तथा आधुनिक शिष्ट साहित्य,

दार्शनिक चिंतन, आध्यात्मिक तथा धार्मिक साधना, ललित कलाओं के क्षेत्र की विविध उपलब्धियाँ समष्टि रूप में भारतीय संस्कृति के नाम से अभिहित होती हैं पर लोक-संस्कृति के नाम पर हर प्रादेशिक क्षेत्र की अपनी विशेषताएँ हैं। उनके गीत उनकी लोककथाएँ, उनकी नृत्य-शैली, सबमें भिन्नता मिलेगी।

जब से हमारा देश स्वतंत्र हुआ है तब से हमारे जातीय जीवन के उपेक्षित अंग फिर से मान्यता प्राप्त करने लगे हैं। उनके पुनरुद्धार, विस्तार और संरक्षण के प्रयत्न राष्ट्रीय स्तर पर हो रहे हैं। इन चिर-उपेक्षित अंगों में 'लोक-संस्कृति' भी एक है। आजकल, लोक-संस्कृति का प्रदर्शन लज्जा की बात नहीं समझी जाती, पर कुछ ही समय पहले यह असभ्यता, पिछड़ापन, गँवारपन और यहाँ तक कि फूहड़पन का विषय मानी जाती थी। तब अधिक 'उन्नत' और अधिक 'सभ्य' समाज में 'पॉप म्यूजिक' का प्रचलन था; यूरोपीय संगीत का सम्मान था और यदि बहुत नीचे उतरें तो कथकली या मणिपुरी नृत्य देख लिया और यदि भारतीय संगीत सुनना ही है तो शास्त्रीय संगीत सुन लिया। आज स्थिति बदल गई है। स्थिति यह है कि कोई सांस्कृतिक कार्यक्रम 'लोक-संस्कृति' के अभाव में सफल नहीं समझा जाता। हमारे सबसे महत्त्वपूर्ण राष्ट्रीय पर्व 'गणतंत्र दिवस' के समारोह का मुख्य आकर्षण उसमें प्रदर्शित लोक-संस्कृतियों की अनुपम झाँकियाँ ही होती हैं, जिन्हें देखने के लिए विदेशों के सत्ताधारी भी खिंचकर चले आते हैं।

सभ्य समाज से दूर जंगलों में वास करनेवाली आदिम जातियों की 'संस्कृति' को भी अब स्वीकार किया जाने लगा है। क्यों न हो? उनकी भी युगों-युगों की साधनाएँ और उपलब्धियाँ हैं—उनकी भी विशेषताएँ हैं और जो 'भारत-भारती' के भंडार के अभिन्न अंग के रूप में पहचानी जाने लगी हैं।

इधर, कुछ समय से लोक-संस्कृति की चर्चा अधिक होने लगी है। इस विषय पर आए दिन पुस्तकें देखने को मिलती हैं और कई स्थानों में लोक-संस्कृति शोध संस्थान भी स्थापित हो गए हैं। एक अर्थ में ऐसी जागृति शुभ है, क्योंकि इसके परिणामस्वरूप हमारे ग्रामीण शिक्षित समाज की कलाकृतियाँ प्रकाश में आएँगी और उसके माध्यम से हम उस समाज का वास्तविक जीवन देख सकेंगे।

हाँ, इसमें एक खतरा भी है। लोक-संस्कृति पर अधिक बल देने से प्रादेशिकता या स्थानीयता की भावना को प्रश्रय मिल सकता है, जो भावात्मक एकीकरण के कार्य में लगे हुए देश के लिए घातक होगा। इसलिए देश का कल्याण इसी में है कि लोक-संस्कृति का मान करते हुए, उसके संरक्षण का प्रयत्न करते हुए भी हम उसके महत्त्व को अतिरंजित न होने दें।

□

भारतीय कला के आदर्श

भारतीय साहित्य शास्त्र में कला की गणना उप-विद्याओं की कोटि में की जाती है। इस विभाजन के अनुसार काव्य और कला को दो विभिन्न श्रेणियों में रखा गया है। काव्य को कला से महत्त्वपूर्ण स्थान दिया गया है, किंतु वर्तमान युग के विचारक इस विभेद को स्वीकार नहीं करते हैं। आज कला की सीमा अत्यंत व्यापक मान ली गई है, जिसके अंतर्गत साहित्य, नृत्य, वाद्य, चित्र, मूर्ति आदि सबको समाविष्ट कर लिया गया है। काव्य के आलोचक दंडी ने, 'नृत्यगीत प्रभृत्यः कला कामार्थ संश्रयाः' कहा है। उन्होंने कलाओं की संख्या चौसठ बताई है। शैवागमों में छत्तीस तत्त्व माने गए हैं। उनमें से एक तत्त्व कला भी है। क्षेमराज ने कला की परिभाषा करते हुए कहा है, "नव-नव स्वरूप प्रथोल्लेख-शालिनी संवित वस्तुओं में या प्रमाता में 'स्व' का, आत्मा को परिमित रूप में प्रकट करती है, इसी क्रम का नाम 'कला' है।" क्षेममराज के इस कथन से यह ज्ञात होता है कि 'स्व' या 'आत्मा' को किसी-न-किसी वस्तु के माध्यम से व्यक्त करना ही कला है। इसी 'स्व' को व्यक्त करने के लिए कलाकार, चित्र, नृत्य, वाद्य, मूर्ति आदि का आश्रय ग्रहण करता है और अपनी आत्मा को रूपायित करने का प्रयत्न करता है।

कला की एक स्थूल परिभाषा जान लेने पर यह प्रश्न उठता है कि भारतीय कला ने कई हजार वर्षों की जो दीर्घ यात्राएँ की हैं; भारतीय कलाकारों ने—जो महान् साधना की है, उसकी पृष्ठभूमि में वे कौन से आदर्श हैं या रहे हैं, जिनसे कला अनुप्राणित होती रही है और जिसे आधार मानकर भारतीय कला का विकास हुआ है? भारतीय साधना का इतिहास इस बात का साक्षी है कि इस देश के महात्माओं, दार्शनिकों, तत्त्ववेत्ताओं, कलाकारों और शिल्पियों ने अपने जीवनानुभव के बल पर जीवन और जगत् में निहित 'सत्य' के ही साक्षात् करने और उसे ही व्यक्त करने का प्रयत्न किया है तथा इस सत्य को उन्होंने लोक-कल्याण के लिए नियोजित किया है। इस प्रकार भारतीय कला के मूल में हमें दो प्रधान आदर्शों की स्थापना दृष्टिगोचर होती है—सत्य का साक्षात्कार और लोक का कल्याण। सत्य और लोक-संग्रह की भावना स्वयं में इतनी शक्तिशालिनी,

प्रेरणाप्रद और शाश्वत है कि जिन कलाकारों ने इनको अपनी कला का आदर्श स्वीकार किया, उनकी कला का आज भी इतिहास की लंबी अवधि के कुहासे को चीरकर अपनी प्रभावपूर्ण किरणों का प्रकाश संसार में विकीर्ण कर रही है। यह कहा गया है कि सत्य और लोक-कल्याण की भावना ही भारतीय कला के आदर्श रहे हैं और उन्हीं को व्यक्त करने में उसने अपनी पूर्णता और सफलता का अनुभव किया है। अब यह देखना चाहिए कि भारतीय कला के विभिन्न रूपों में इस सत्य और लोक-कल्याण की भावना की अभिव्यक्ति कहाँ तक हुई है तथा इन आदर्शों को ग्रहण करने का रहस्य क्या है?

हम यह जानते हैं कि भारतवर्ष में प्रत्येक कला के अधिष्ठाता या अधिष्ठात्री के रूप में किसी-न-किसी देवी या देवता को स्वीकार किया गया है। स्वर के साधक संगीतज्ञ तथा काव्य-उपासक कवि सरस्वती को काव्य और संगीत की अधिष्ठात्री मानते हैं। चित्रकला या मूर्तिकला का आदिदेव विश्वकर्मा या ब्रह्मा को स्वीकार किया गया है। इसी प्रकार नृत्य-कला को भगवान् शंकर के तांडव नृत्य से उद्भूत हुआ स्वीकार किया जाता है। इन बातों से यह निष्कर्ष निकाला जा सकता है कि इस देश में कला को एक पवित्रतम साधना के रूप में अपनाया गया और उसके माध्यम से परम सत्य को अभिव्यक्त करने का प्रयत्न किया गया है। भारतीय कला के महत्त्व का मूल्यांकन नहीं किया जा सकता।

काव्य, संगीत, नृत्य आदि को देवताओं का अर्चना-वंदना, उपासना-पूजा और उनकी सेवा का महत्त्वपूर्ण साधन माना गया है, और इस देश में इसी रूप में उनका विकास हुआ है। भारतीय मूर्तिकला में देव-प्रतिमाओं की रचना का जितना अधिक प्रयत्न किया गया है उतना किसी मानव-मूर्ति को अंकित करने का नहीं। अजंता की चित्रकला, खजुराहो और दक्षिण-भारत के मंदिरों की मूर्तिकला तथा शिल्प-विधान भारतीय कला के अध्यात्म-पक्ष के उत्कृष्ट प्रमाण हैं, जिनमें इस देश के मूर्तिकारों की आत्मा का शाश्वत रूप प्रतिभासित हो रहा है। इन कलाकारों ने यह अनुभव किया कि लोक और परलोक का कल्याण अध्यात्म की साधना द्वारा ही हो सकता है। फलत: उन्होंने अपनी तूलिका और टाँकियों द्वारा मानवीय भावों का दिव्यीकरण किया, किंतु इसका यह अर्थ नहीं है कि उन्होंने अध्यात्म की साधना में लोक की उपेक्षा की। उन्होंने हर्ष, प्रसन्नता, करुणा, ममता, क्रोध आदि भावों को विभिन्न मुद्राओं में जो अमरता प्रदान की, वे हमारे लौकिक जीवन से ही संबद्ध हैं। महाकाली की क्रोधावेशित भंगिमा में अत्याचार के प्रति रोष, भगवान् बुद्ध की अभय मुद्रा में शांति और सांत्वना का वरदान तथा राहुल-जननी की मूर्ति में सर्वस्व त्याग के जो भाव अंकित किए गए हैं, वे सर्वथा लौकिक होते हुए भी दिव्य हैं।

भारतीय कला की उपासना की पृष्ठभूमि में जो महान् आदर्श और पवित्र भावनाएँ

निहित थीं, वे कालांतर में समयचक्र के परिवर्तन से क्षीण होती गईं। इस देश के इतिहास के मध्य-काल में विलास, भोग और लोलुपता की एक आँधी प्रवाहित हुई, उसमें कला का पवित्रतम आदर्श अपने स्वरूप की रक्षा न कर सका। सामंतकालीन वातावरण में कलाकार साधना की भूमि छोड़कर राज्याश्रय ग्रहण करने के लिए विवश हुए। सत्य और लोक-कल्याण के पुजारी कलाकार को नृपतियों की इच्छापूर्ति का साधन बनना पड़ा। फलतः कला का उच्च आदर्श पतित हो गया। कलाकार की आत्म-प्रेरणा के स्थान पर आश्रयदाताओं की इच्छा का प्राधान्य हो गया। यही कारण है कि मध्य-काल में थोड़े से अपवादों को छोड़कर साहित्य और कला के क्षेत्र में उच्चकोटि की कलाकृतियों का अभाव पाया जाता है। युग के नैतिक ह्रास ने कला की पवित्रता को कलंकित कर दिया।

भारतीय कला का एक और महत्त्वपूर्ण आदर्श 'समन्वय की भावना' है। साहित्य और कला के क्षेत्र में सहिष्णुता और समन्वय की भावना ने भारतीय कला को विशेषता प्रदान की। तप से क्षीण भगवान् बुद्ध के मुखमंडल पर स्वर्गीय प्रकाश अपने एकमात्र पुत्र राहुल को भिक्षा में देकर यशोधरा की मुखमुद्रा पर त्याग की आभा आदि का जो चित्रण मूर्तिकारों तथा चित्रकारों ने किया है, उससे इस समन्वय की भावना का अनुमान लगाया जा सकता है।

□

सिनेमा में बदलते मूल्य-बोध

सिनेमा वर्तमान सभ्यता का एक अनिवार्य अंग बन गया है। वर्तमान सिनेमा का प्रारंभ उन्नीसवीं शताब्दी में हुआ माना जाता है। विज्ञानियों का यह प्रयास रहा है कि किस प्रकार ऐसे प्रतिबिंब बनाए जाएँ, जिनको कि इस प्रकार दिखाया जाए कि उनमें गति अनुभव हो। कैमरा, फोटोग्राफी इत्यादि का आविष्कार इसी प्रयास का फल है। डब्ल्यू.के.एल. डिस्कन ने अपने अथक प्रयासों से सन् १८९१ में एक ऐसी मशीन का आविष्कार किया था, जिसमें प्रतिबिंबों में गति का अनुभव होता था। इस मशीन का नाम 'किनेटोस्कोप' रखा गया। किनेटोस्कोप का प्रथम व्यावसायिक प्रदर्शन १४ अप्रैल, १८९४ को न्यूयॉर्क में किया गया था।

फ्रांस के लुमियर बंधुओं—आगस्टे तथा लुईस ने इस आविष्कार की संभावनाओं को ध्यान में रखकर इसमें सुधार करके अधिक उपयोगी बनाने का प्रयास किया। इस सिद्धांत में मूवी कैमरा तथा प्रोजेक्टर के सिद्धांतों का समावेश करके एक 'सिनेमेटोग्राफ' का निर्माण किया गया, जिसके द्वारा स्क्रीन पर तसवीरों को चलते-फिरते देखा जा सकता था। लुमियर बंधुओं ने इसका सार्वजनिक प्रदर्शन २२ मार्च, १८९५ को लियोन (फ्रांस) में किया था।

भारत में ७ जुलाई, १८९६ को बंबई के 'वाट्सन होटल' में लुमियर बंधुओं के सिनेमेटोग्राफ द्वारा ४०-४० मिनट के प्रतिदिन चार शो आयोजित किए गए थे। इस आयोजन के साथ ही भारत विश्व का तृतीय तथा एशिया का प्रथम देश बन गया था, जहाँ सिनेमा के आविष्कार के एक वर्ष के अंदर ही इसका प्रदर्शन हो गया था। सन् १८९७ में भारत में एक फिल्म 'कोकोनट फेअर' की एक विदेशी फोटोग्राफर ने सर्वप्रथम शूटिंग की थी। बंगाली ऑपेरा 'दी फ्लावर ऑफ पर्शिया' में से एक नृत्य-दृश्य फिल्म के रूप में कलकत्ता में स्टार थिएटर में ९ फरवरी, १८९८ को प्रदर्शित किया गया था।

फिल्मों के इन प्रदर्शनों से आकर्षित होकर भारत के एक व्यावसायिक फोटोग्राफर हरिश्चंद्र सखाराम भातवाद्रेकर (सावे दादा) ने एक मूवी कैमरा ग्रेट ब्रिटेन से मँगवाया

था। इस कैमरे से उन्होंने दो लघु फिल्मों का निर्माण किया था। भारत में इन दो लघु फिल्मों के निर्माण के साथ ही फिल्म-निर्माण का प्रारंभ माना जाता है।

विख्यात रंगकर्मी आर.जी. टार्नी तथा एन.जी. चित्रे द्वारा सुगठित पटकथा पर निर्मित भारत की पहली फिल्म 'पुंडालिक' १८ मई, १९१२ को बंबई के 'कॉरोनेशन थिएटर' में प्रदर्शित की गई थी। इसके फोटोग्राफर विदेशी थे।

भारतीय फिल्म-इतिहास में सर्वाधिक महत्त्वपूर्ण समय तब आया, जब दादा साहेब फाल्के की पूर्ण स्वदेशी मूक फिल्म 'राजा हरिश्चंद्र' बंबई के कॉरोनेशन थिएटर में ३ मई, १९१३ को प्रदर्शन के लिए रिलीज हुई थी। बाद में इसे पूरे भारत में प्रदर्शित किया गया था। एक अनुमान के अनुसार सन् १९१३ से १९३४ तक लगभग १,३०० मूक फिल्मों का निर्माण हुआ था।

१४ मार्च, १९३१ भारतीय फिल्म इतिहास में स्वर्णिम दिन माना जाता है क्योंकि उसी दिन भारत में निर्मित प्रथम बोलती फिल्म 'आलमआरा' का प्रदर्शन बंबई में किया गया था। इस फिल्म के निर्माता-निर्देशक आर्देशिर ईरानी थे। फिल्म के नायक मास्टर विट्ठल, नायिका जुबैदा तथा खलनायक पृथ्वीराज कपूर थे। इस फिल्म के प्रदर्शन के साथ ही भारतीय फिल्म-उद्योग का परिदृश्य ही बदल गया था। बोलती फिल्मों के निर्माण में प्रतिस्पर्द्धा प्रारंभ हो गई थी। एक वर्ष में ही बाईस फिल्में हिंदी में, तीन फिल्में बँगला में और एक-एक फिल्म तमिल तथा तेलुगु में निर्मित हुई थीं।

दादा साहेब फाल्के को 'भारतीय सिनेमा का पितामह' कहा जाता है। बॉम्बे टाकीज की सन् १९३६ में बनी फिल्म 'अछूत कन्या' भारतीय सिनेमा की पहचान है। अशोक कुमार तथा देविका रानी की जोड़ी ने इस फिल्म से अत्यधिक लोकप्रियता प्राप्त की थी। ऐतिहासिक फिल्मों के निर्माता सोहराब मोदी की सन् १९३९ में बनी फिल्म 'पुकार' तथा सन् १९४१ में बनी फिल्म 'सिकंदर' के संवाद वर्षों तक लोगों की जबान पर चढ़े रहे। व्ही. शांताराम ने सन् १९३९ में 'आदमी' तथा सन् १९४१ में 'पड़ोसी' फिल्में बनाकर सामाजिक और राजनीतिक समस्याओं के निराकरण का प्रयास किया।

चालीस के दशक की महत्त्वपूर्ण फिल्म थी—'किस्मत', जिसमें अशोक कुमार ने 'एंटीहीरो' की छवि को जन्म दिया था। यह परंपरा आज तक हिंदी फिल्मों में अपना प्रभाव बनाए हुए है। चालीस का दशक हिंदी-फिल्मों में गीत, संगीत का युग रहा।

फिल्मों की यह परंपरा निरंतर चलती रही, जिसमें एक-से-एक उच्चकोटि की फिल्मों का निर्माण हुआ था। सन् १९५७ में महबूब खान ने 'मदर इंडिया' बनाई थी, जिसने अंतरराष्ट्रीय ख्याति अर्जित की थी। रंगीन फिल्मों के प्रचलन से फिल्मों का आकर्षण और बढ़ गया था। शम्मी कपूर की नवीन अभिनय-शैली की अनेक फिल्में, जैसे—'जंगली', 'कश्मीर की कली' आदि का निर्माण हुआ। गौतम घोष की 'पार'

(१९८४), केतन मेहता की 'मिर्च मसाला' (१९८४), सुखवंत चड्ढा की 'एक चादर मैली सी' (१९८५) आदि फिल्में अपने अलग किस्म की फिल्में हैं।

सन् १९७५ में सिप्पी द्वारा बनाई गई फिल्म 'शोले' ने फिल्मी दुनिया के सफलता के सारे रिकॉर्ड तोड़ दिए थे। इसके बाद भारतीय सिनेमा में मसाला फिल्मों की भरमार हो गई। इन फिल्मों में सेक्सी नृत्यों का समावेश होता चला गया। वर्तमान में सिनेमा में आए नए कलाकारों में नृत्य के नाम पर कामसूत्र की तमाम भाव-भंगिमाओं को परदे पर दिखाने की स्पर्द्धा चल पड़ी है। अश्लील लोकगीत और लोकनृत्यों को फिल्मों में दर्शकों के सम्मुख प्रस्तुत किया जा रहा है, जिससे हिंदी-फिल्मों का स्तर निरंतर गिरता चला रहा है। यही कारण है कि आज की फिल्मों को अपेक्षित सफलता नहीं मिल पा रही है।

इस प्रकार वर्तमान में भारतीय फिल्मों पर पाश्चात्य सभ्यता का प्रभाव स्पष्ट दृष्टिगोचर होता है। भारतीय अभिनेत्रियों में कला-प्रदर्शन कम और अंग-प्रदर्शन की होड़ अधिक लग गई है। फिल्मों में यथार्थ कम होता जा रहा है। परिणामस्वरूप कला-फिल्मों का निर्माण कम हो गया है।

घटिया फिल्मों के दौर में कुछ फिल्में भारतीय सिनेमा की अस्मिता को बनाए रखने का प्रयास कर रही हैं। फिल्मों में आई इन बुराइयों के कारण ही वर्तमान फिल्मों के कलात्मक स्वरूप को आघात पहुँचा है तथा सामाजिक समस्याएँ अछूती रह गई हैं। इससे युवा वर्ग पर कुप्रभाव पड़ता है।

उचित तो यह होगा कि फिल्में शिक्षाप्रद और मनोरंजक हों, जिनका समाज पर स्वस्थ प्रभाव पड़े। सिनेमा जनशिक्षा का सशक्त माध्यम है। इसमें सभी को प्रभावित करने की असीम क्षमता है। अत: फिल्म-निर्माताओं को व्यावसायिकता के साथ समाज के प्रति अपने दायित्व का भी निर्वाह करना चाहिए।

□

देवनागरी लिपि और उसकी वैज्ञानिकता

भारत की प्राचीन भाषा संस्कृत की लिपि को 'देवनागरी लिपि' कहा जाता है। इस लिपि का प्रयोग वैदिक युग के पूर्व से ही होता आ रहा है। मनुष्य के मुख से जो ध्वनियाँ उच्चरित होती हैं, उनको व्यक्त और व्यवस्थित रखने तथा स्थायित्व देने के लिए ध्वनि-संकेतों के आकार के रूप में लिपि का आविष्कार हुआ और इन संकेतों की रूपरेखा ध्वनि-विशेष के उच्चारण में श्वास के अनुसार बनाई गई, जिसे 'वर्णमाला' कहते हैं।

देवनागरी लिपि का प्रारंभिक रूप पहले सीधा-सादा था। सभ्यता के विकास के साथ इसे भी आकर्षक तथा व्यवस्थित करके वर्तमान रूप में लाया गया। 'पाणिनि' के व्याकरण-ग्रंथ 'अष्टाध्यायी' के अनुसार ११ स्वर और ३३ व्यंजनों का समावेश हुआ। व्यंजन में २५ वर्ण स्पर्श, ४ वर्ण अंत:स्थ और ४ वर्ण हैं। यह देवनागरी लिपि का परिवार है। टंकण सुविधा की दृष्टि से वर्तमान में लिपि-संकेतों में आवश्यक परिवर्तन तथा संशोधन भी किया है। व्यंजनों में स्वराभाव दिखाने के लिए हलंत लगाना पड़ता है। साथ ही वर्णमाला में सभी संभव ध्वनियों के लिए विशेष संकेत भी नियत किए गए हैं। देवनागरी लिपि की सबसे बड़ी विशेषता यह है कि वह ध्वनिपरक है और संकेत, लेखन तथा उच्चारण में कोई भेद नहीं रखती है। पाठक को अपनी तरफ से किसी ध्वन्यांश को मिलाने या छोड़ने की जरूरत नहीं पड़ती है। इसकी वर्णमाला के वर्गीकरण में व्याकरण शास्त्र ने उच्चारण-स्थान उच्चारण में श्वास-गति और जिह्वा की स्थितियों का बराबर ध्यान रखा है। इतनी वैज्ञानिकता विश्व की अन्य किसी भी भाषा में अप्राप्य है। अंग्रेजी में लिपियों का उच्चारण शब्दपरक है तथा उच्चारण और लेखन में कोई व्यवस्था नहीं है। बी यू टी का उच्चारण 'बट' है तो पी यू टी का पुट होता है। एक ही स्वर 'यु' कहीं 'यू' है, 'उ' है तो कहीं 'अ' है। अरबी लिपि में तीन स्वरों से तेरह स्वरों का काम लिया जाता है। देवनागरी लिपि के उच्चारण में परिपूर्ण निर्विलपता के कारण लिखने, पढ़ने और समझने में कठिनाई नहीं होती है। कई कारणों

से देवनागरी लिपि की वैज्ञानिकता पूर्णरूपेण सिद्ध होती है।

देवनागरी वर्णमाला के व्यंजनों के वर्गीकरण में उनके उच्चारण-स्थानों का क्रमिक सामीप्य श्रद्धेय है, साथ ही स्वरों के आधार-निर्धारण में उनके उच्चारण को भी ह्रस्व, दीर्घनुत के रूप में सम्यक् विभाजन किया। देवनागरी लिपि की शिरोरेखा का ध्यान रखने से ही 'ख' और 'रव', 'घ' और 'ध', 'म' और 'भ' और 'स' और अंश 'श' का अंतर समझा जा सकता है। इस प्रकार देवनागरी लिपि के प्रत्येक वर्ण प्रायः निर्दोष हैं। टंकण की सुविधा को ध्यान में रखते हुए देवनागरी लिपि के स्वर, व्यंजन, संयुक्त अक्षर, पूर्ण विराम आदि के लेखन में जो बदलाव लाए गए हैं, इतना तो मानना ही होगा कि उससे लिपि के आकार-गठन का सौंदर्य कम हो गया है। साथ ही संयुक्त अक्षरों की उच्चारण-शुद्धि में भी विकार की संभावना बढ़ गई है। अतः इस दिशा में और भी अधिक सावधानी से संशोधन की गुंजाइश है। जो भी हो, नागरी लिपि अपने वर्तमान रूप में निर्दोष है।

□

पर्यावरण असंतुलन हेतु हम सब जिम्मेदार

यह बात अब सुस्पष्ट हो गई है कि पर्यावरण असंतुलन का मुख्य कारण यह है कि हमारे प्राकृतिक संसाधनों की हर रोज बढ़ती मात्रा अमीरों के उपभोग की सामग्री तैयार करने में झोंक दी जाती है। उपभोग की वस्तुएँ जितनी ज्यादा मात्रा में बन रही हैं उपभोक्ताओं की भूख उतनी ही अधिक बढ़ती जा रही है। नतीजा उस कचरे के रूप में हमारे सामने है, जो हमारे इस ग्रह को दिन दूनी-रात-चौगुनी गति से प्रदूषित करता आ रहा है। यह निश्चित है कि जब तक अमीर देशों द्वारा संसाधनों का औपनिवेशीकरण जारी रहेगा तब तक प्रदूषण का बढ़ना जारी रहेगा।

यही कारण है कि प्रत्येक वर्ष ५ जून को मनाया जानेवाला 'पर्यावरण दिवस' तब तक महज एक औपचारिकता बना रहेगा जब तक मनुष्य समाज की सोच में बुनियादी बदलाव नहीं आ जाता। यही बदलाव हमारे दुर्लभ संसाधनों को सदा-सदा के लिए नष्ट होने से बचा सकता है।

वास्तव में, जिन प्रौद्योगिकियों के खिलाफ शिकायत की जा रही है, उन्हें काफी ऊँची कीमत पर विकासशील देशों को विकसित देशों ने ही बेचा है और अब ये विकसित देश नई प्रौद्योगिकी या तो और भी ऊँची कीमत पर देने का प्रस्ताव कर रहे हैं या फिर आर्थिक और दार्शनिक दलीलें देकर नई प्रौद्योगिकी देने से ही इनकार कर रहे हैं। अगर विकासशील देशों में प्रदूषण रोकना है तो विकसित देशों को बिना किसी शर्त पर्यावरण से संबंधित आधुनिक प्रौद्योगिकी उपलब्ध करानी होगी।

आज यदि विकासशील देश गरीबी, विकास, कर्ज तथा पर्यावरण की एक कड़ी बनाएँ तो विनाश का जीता-जागता प्रमाण सामने आ जाता है। यह एक बहुत कड़वा सच है कि तीसरी दुनिया के सिर चढ़ा ऋण कभी उतरने का नाम ही नहीं लेता। अरबों-खरबों डॉलर फूँकने के बावजूद विकासशील देशों के जीवन-स्तर में पर्याप्त सुधार नहीं हुआ है। यहाँ तक कि कई विकासशील देशों में तो बुनियादी जरूरतों की उपभोक्ता-सामग्री तक में भारी कटौती की जा रही है।

तीसरी दुनिया के लोग विशाल परियोजनाओं के कर्जों का बोझ अपने कंधों पर ढो रहे हैं। वर्तमान विकास का विषमताओं और उपभोक्तावाद पर आधारित यह रास्ता कई स्तरों पर पर्यावरणीय संकट उत्पन्न कर रहा है। वस्तुतः केवल दस प्रतिशत लोगों के जबरदस्त उपभोक्तावाद की आपूर्ति के लिए आम लोगों को तरह-तरह के प्रदूषण और खतरों को झेलना पड़ रहा है। इन दस प्रतिशत अति उपभोक्तावादियों के कारण हमारा ग्रह (पृथ्वी) और यहाँ का जीवन अपने अंत की ओर अग्रसर है।

पर्यावरण के मामले में राष्ट्रीय सीमाएँ इतनी झीनी हो चुकी हैं कि स्थानीय, राष्ट्रीय तथा अंतरराष्ट्रीय महत्त्व के बीच का अंतर अब खत्म हो चुका है। पर्यावरण प्रणालियाँ राष्ट्रीय सीमाओं का सम्मान नहीं करतीं। जल-प्रदूषण समान भाव से पारस्परिक रूप से बँटी नदियों, झीलों और समुद्रों में तैरता चला जाता है। इसके लिए 'राइन' नदी का उदाहरण ही काफी है। पर्यावरण-प्रदूषण को 'एसिड वर्षा' जन्य हवा अपने साथ दूर-दूर तक बहा ले जाती है। बहुत से 'पर्यावरण अर्थव्यवस्था बंधन' भी जो संपूर्ण विश्व में क्रियाशील हैं। भौगोलिक सीमाओं का आदर नहीं करते; जैसे विकसित देशों की आर्थिक सहायता तथा प्रलोभन से युक्त खेती से इतनी ज्यादा पैदावार होती है कि विकासशील देशों के गरीब किसान फसल की गिरी हुई कीमतों तथा पुरानी पारंपरिक पद्धतियों से हुई खेती के कारण उभर ही नहीं पाते, दोनों ही पद्धतियों में भूमि तथा पर्यावरण-संसाधनों का क्षरण होता है।

औपनिवेशिक नीतियों का गरीब देशों के पर्यावरण पर क्या असर पड़ता है, इसके लिए अफ्रीकी देशों को देखना होगा, सन् १९६८-७४ के दौरान वहाँ भयंकर अकाल पड़ा था, जिसकी खबरें दुनिया भर में छाई रहीं। वह फ्रांसीसी उपनिवेशवादी नीतियों का ही नतीजा था। इस अकाल में लगभग एक लाख अफ्रीकी बंजारों ने दम तोड़ दिया था। अपने खाने की जरूरतों को पूरा करने के लिए फ्रांसीसी औपनिवेशिक नीतियों ने पश्चिमी अफ्रीका के किसानों को कर के भारी बोझ से लादकर मूँगफली की खेती करने पर मजबूर कर दिया था। किसानों ने परंपरागत फसलें छोड़कर मूँगफली की खेती करना शुरू किया। जब इसकी खेती से जमीन की उत्पादकता कम होती गई तब इसकी खेती रेगिस्तान में, परंपरा से छोड़ीजाने वाली परती या वनभूमि पर भी शुरू हो गई। इन्हीं जगहों पर बंजारे पशुपालक अपने पशु चराया करते थे। नई खेती शुरू होने से किसानों और बंजारों के बीच का संतुलन टूटा और वहाँ की हरियाली इस नए बोझ को सह नहीं पाई, तब आया सूखा और पड़ा अकाल।

खेतों के संसाधनों को बचाना अब जरूरी हो गया है, क्योंकि दुनिया के बहुत से भागों में सीमांत इलाकों तक खेती पहुँच गई है और मत्स्य-पालन तथा वन-संसाधनों का आवश्यकता से अधिक शोषण होने लगा है। बढ़ती आबादी की जरूरतें पूरी करने के

लिए इन संसाधनों का संरक्षण तथा संवर्द्धन दोनों आवश्यक है। खेती तथा वानिकी के लिए जमीन का उपयोग करने से पहले भूमि की क्षमता, उसकी ऊपरी परत का सालाना स्खलन, मछलियों का नुकसान या वन-संसाधनों की वैज्ञानिक जाँच-पड़ताल करनी चाहिए, ताकि कुल हानि की दर जमीन की पुनः पैदा करने की दर से कहीं आगे न बढ़ जाए, क्योंकि जैसे-जैसे लोगों के पास विकल्पों की कमी होती जाती है वैसे-वैसे संसाधनों पर बोझ बढ़ने लगता है। विकास की नीतियाँ कुछ ऐसी बननी चाहिए, जिनसे आम आदमी के जीवन-निर्वाह के लिए रोजगार के नए आयाम खुल सकें और विशेषतः संसाधन-रहित गरीब परिवारों का जीवन-निर्वाह हो सके।

आजकल विकास का अर्थ हो गया है—प्राकृतिक संसाधनों का शोषण। अपने यहाँ बननेवाले बड़े बाँधों को ही लें, वे वादे झूठे पड़ते जा रहे हैं, जो बड़े-बड़े बाँधों को बाँधते समय किए जाते रहे हैं। विदेशों से बड़ी-बड़ी राशि कर्ज के रूप में लेकर सभी प्रमुख नदियों पर बाँध बनाए जा चुके हैं या बन रहे हैं। आनेवाले और बीस वर्षों तक बाँध बनाने का यह सिलसिला जारी रहेगा, लेकिन पिछले वर्षों से जगह-जगह बाँधों और पन-बिजली का विरोध होने लगा है। टिहरी और नर्मदा का स्थानीय लोगों द्वारा विरोध किया जा रहा है। विकासशील देशों में विकास कार्यों को अगर पर्यावरण से जोड़ा जाए तो भारी-भरकम कर्ज लेकर चलाई जानेवाली बड़ी-बड़ी राष्ट्रीय परियोजनाएँ घर फूँककर तमाशा देखने जैसी ही लगती हैं।

तीसरी दुनिया के देशों में मकान, जल-प्रबंध, सफाई-व्यवस्था तथा स्वास्थ्य की एक-दूसरे से जुड़ी जरूरतें भी पर्यावरण की दृष्टि से बहुत महत्त्वपूर्ण हैं। इनकी कमियाँ अधिकतर पर्यावरण पर पड़नेवाले दबाव का स्पष्ट प्रत्यक्षीकरण हैं। तीसरी दुनिया में इन प्रमुख जरूरतों को पूरा न कर पाने के कारण मलेरिया, हैजा और छूत की बीमारियाँ फैल जाती हैं। बढ़ती आबादी तथा गाँव से शहर भाग जाने की प्रक्रिया के फलस्वरूप ये समस्याएँ और भी भयानक रूप ले लेती हैं। शहर भागने की इस प्रक्रिया को छोटी और सस्ती प्रौद्योगिकियों का विकास करके ही रोका जा सकता है।

अतः अब यह आवश्यक हो गया है कि विदेशों से कर्ज लेकर भारी-भरकम परियोजनाओं को चलाने की बजाय विकासशील देश अपने-अपने संसाधनों के उपयोग को ध्यान में रखकर अपना पैकेज बनाएँ, अन्यथा विकासशील देशों को इसकी भारी कीमत चुकानी पड़ सकती है।

□

औद्योगिक प्रदूषण के बढ़ते खतरे

३० दिसंबर, १९८६ की सुबह लखनऊ स्थित गोमती नदी में औद्योगिक कूड़ा-कचरा गिर जाने से कई टन मछलियों की मृत्यु हो गई, साथ ही नदी का जल पूरी तरह से जहरीला हो गया। इसके लिए 'मोहन मीकिंस' का शराबखाना तथा 'अवध चीनी मिल' संयुक्त रूप से दोषी हैं। इन दोनों औद्योगिक संस्थानों के कारखानों से निकले प्रदूषित जल से गोमती में ऑक्सीजन की कमी हो गई। फलतः मछलियाँ तड़प-तड़पकर मर गईं।

ज्ञातव्य है कि उक्त दोनों कारखानों से 'उत्तर प्रदेश जल-प्रदूषण नियंत्रण बोर्ड' मुकदमा लड़ रहा था। सन् १९८१ में मोहन मीकिंस पर पहला मुकदमा किया गया था और जब सन् १९८६ में मछलियों के मरने की घटना प्रकाश में आई तब उस पर दूसरा मुकदमा दायर किया गया। अवध चीनी मिल पर सन् १९८४ में मुकदमा दायर किया गया था। १२ जनवरी, १९८७ को उत्तर प्रदेश जल-प्रदूषण नियंत्रण बोर्ड के पक्ष में निर्णय किया गया था। न्यायालय ने अपने निर्णय में मोहन मीकिंस तथा अवध चीनी मिल को तुरंत बंद करने का आदेश दिया था।

यह तो एक दृष्टांत है। इससे पूर्व घटित लोमहर्षक औद्योगिक घटना भोपाल गैस कांड का दृश्य-परिदृश्य आज भी हमारी आँखों के सामने बिछ-बिछ जाता है।

इन दुर्घटनाओं के बाद सरकार अब इस बात पर जोर दे रही है कि देश के सभी औद्योगिक प्रतिष्ठान सुरक्षा को प्राथमिकता दें, साथ ही औद्योगिक उच्छिष्टों का निपटान इस प्रकार किया जाए कि वातावरण तथा अड़ोस-पड़ोस को दूषित न करें। दुःख की बात यह है कि हम अधिकतर उच्छिष्टों के निपटान में बुद्धि से काम नहीं लेते और फिर हाय-हाय मचाते हैं कि उद्योगों का बढ़ाना क्या हुआ, बवाले जान हो गया। उद्योगों को वरदान समझा था, पर उनके उच्छिष्ट अभिशाप बन गए।

यह सुविदित है कि कोई भी देश उद्योगों के बिना जी नहीं सकता। अपनी शक्ति भर उद्योगों का विस्तार करने में ही उसका जीवन है; उसकी सुख-समृद्धि है; पर बहुत

से उद्योग ऐसे हैं, जो विषैले प्रदूषण और खतरनाक गैस-रसायन छोड़ते हैं। यहाँ तक कि संपन्न देश तथा बहुराष्ट्रीय कंपनियाँ उन्हें उन गरीब देशों में ही लगाती हैं, जो जोखिम उठाने को तैयार हो जाते हैं। तभी तो खतरनाक पी.सी.वी. संयंत्र अमेरिकी कंपनियों ने मेक्सिको में लगाया; तेलशोधक कारखाने छोटे-छोटे कैरेबियन टापुओं पर लगाए; ऑस्ट्रेलिया के 'एस्वस्ट शोधक कारखाने' इंडोनेशिया में हैं तथा अमेरिका के खतरनाक कीटनाशक कारखाने भोपाल में लगाए गए हैं। संयुक्त राष्ट्र संघ के मुख्य पर्यावरण अधिकारी मुस्तफा कमाल तोल्वा ने अपनी रिपोर्ट में कहा है—''गरीब देश अंतरराष्ट्रीय कचरा-टोकरियाँ बन गए हैं।''

हमें देश में कारखाने और उद्योग तो बढ़ाने हैं, पर यह देखकर कि वे हमारे कितने हित में हैं। कहीं ऐसा तो नहीं है कि विदेशी लाभ के लिए हम उनके खतरे का शिकार बन रहे हैं। जहाँ तक हमारे देश के लिए जरूरी उद्योगों के विस्तार की बात है, उनमें भी पूँजीपति केवल चलाने पर अधिक ध्यान देते हैं; उनसे सुरक्षा, उनसे हो रहे प्रदूषण तथा जनता को हो रही हानियों पर कम ही ध्यान देते हैं। यही कारण है कि साढ़े तीन लाख औद्योगिक दुर्घटनाएँ सरकारी स्तर पर ही दर्ज की गई हैं। हमारे यहाँ उद्योगों से जनता को होनेवाले हानिकर प्रदूषण और समय-समय पर खतरनाक नीतियों के अलावा भी उनमें काम करनेवालों को प्रत्यक्ष नुकसान होते हैं, यथा—करीब दो लाख सूती कपड़ा मिल मजदूर मिलों में उचित सुरक्षा-व्यवस्था न होने से 'वाइसोनोसिस' नामक रोग की चपेट में आते हैं, जो अंतिम चरण में उन्हें पूर्णत: अशक्त कर देती है। कोयले की खानों में काम करनेवाले दस प्रतिशत मजदूर 'न्युमोक्रोनिओसिस' नामक फेफड़े की बीमारी की पकड़ में आ जाते हैं। मध्य प्रदेश में मंदसौर में स्लेट-पेंसिल के कारखानों में काम करनेवाले मजदूर, बच्चे और स्त्रियाँ—श्वास के साथ धूल के शरीर में प्रवेश करने के कारण 'सिलिकोसिस' बीमारी से ग्रस्त हो जाते हैं। गोधरा के क्वाट्र्ज मजदूर, झारखंड के अभ्रक मजदूर, ११ एस्वेस्ट्स फैक्टरियों के ७ हजार मजदूर तथा खदानों में काम करनेवाले लाखों मजदूर मृत्यु की छाया में काम कर रहे हैं। 'नेशनल इंस्टीट्यूट ऑफ ऑक्युपेशनल हेल्थ', अहमदाबाद द्वारा हाल में एक एस्वेस्ट्स टेक्सटाइल्स कारखाने के अध्ययन से पता चला है कि कार्य के समय न्यूनतम सीमा से ज्यादा रंग और धूल के श्वास के साथ जाने से अनेक मजदूर श्वास संबंधी रोगों से ग्रस्त हैं। 'इंडियन कौंसिल ऑफ मेडिकल रिसर्च' के एक सर्वेक्षण से पता चलता है कि रंग-उद्योग में कार्यरत मजदूर कैंसर से पीड़ित हैं। प्रकट है कि इस औद्योगिक प्रदूषण को तत्काल रोकना उन उद्योगों के स्वयं के अस्तित्व के लिए भी आवश्यक है। इन प्रतिष्ठानों में प्रदूषण से सुरक्षा व्यवस्था उनके अस्तित्व के लिए और उनमें काम करनेवालों के लिए भी जरूरी है तथा उनसे हो रहे प्रदूषणों से ग्रस्त हो रही जनता को बचाने के लिए भी जरूरी है।

उद्योगों के अलावा भी आधुनिक सुविधाओं से तरह-तरह के प्रदूषण बढ़ रहे हैं। हमें सर्दी में गरमी (हीटर) चाहिए; गरमी में सर्दी (कूलर) चाहिए तथा बारहों महीने एक ही तापमान (एअर कंडीशनर) का कमरा चाहिए, इन सब विलासिताओं के लिए और प्रत्येक उद्योग, कल-कारखाने के लिए चौबीसों घंटे बिजली चाहिए। इनके लिए बिजलीघर बनेंगे तो कोयला भी फुँकेगा, राख भी उड़ेगी; धुआँ भी फैलेगा। यों तो जल, थल और वायु के प्रदूषण का श्रीगणेश तो हमने हर कदम पर कर ही दिया है, परंतु उनके प्रतिकार पर कोई ध्यान नहीं दिया है। इसके लिए सर्वत्र वृक्षों की बहुतायत होनी चाहिए, जो प्रदूषण को शुद्ध कर सकें, पर अफसोस! आज इस ओर ध्यान देने के बजाय उलटे पेड़ अंधाधुंध काटे जा रहे हैं।

अब रहे उद्योग—कारखाना हाथ का हो या रिफाइनरी का, लोहे की ढलाई का हो या चीनी उत्पादन का, कागज का मिल हो या कपड़े का, चमड़े का हो या प्लास्टिक या रबर का या मिट्टी का ही हो, जो भी होगा, हमारी उत्पादन संपत्ति को बढ़ाएगा ही; लाखों बेरोजगारों को रोजगार देकर बेकारी घटाएगा, मगर साथ ही अपने उच्छिष्टों से प्राणियों का जीना मुश्किल कर देगा। धुआँ हमारे वातावरण को दमघोंटू बना देगा, नदियों में बेहिसाब बहाए गए उच्छिष्ट हमारे पीने के पानी को विषाक्त बना देंगे। खेतों में बिखेरी गई खादें, कीटनाशी दवाएँ तथा अन्य रसायन वर्षा के समय बह-बहकर नहरों, नदियों का धर्म भ्रष्ट कर देंगी, पानी को विषाक्त बना देंगी।

उद्योग न होंगे तो व्यापार न होंगे, खेती-बाड़ी न होगी तो बेकारी का तांडव होगा। बेकारी के कारण चोरियाँ, डकैतियाँ, हिंसाएँ होंगी तथा जन-जीवन तार-तार हो जाएगा, इसलिए उद्योग जितने जरूरी हैं, उच्छिष्टों का उचित निबटान भी उतना ही जरूरी है, आखिर जाएँ तो जाएँ कहाँ? हमें रहना यहीं है। हम प्रकृति की शरण लें, जीवन को संयमित, आवश्यकताओं को सीमित और आहार-विहार को संतुलित रखें। जंगलों के अंधाधुंध विनाश और उसके फलस्वरूप अपनी वन्य पशु-संपदा के भी विनाश को तुरंत रोक दें, बंजर जमीनों को, ऊबड़-खाबड़ टीलों और चंबल जैसे बीहड़ जंगलों को समतल करके आवास-योग्य तथा कृषि-योग्य बनाएँ। रेगिस्तानों को यथासंभव नई वन-संपदा में बदलने की आवश्यकता है।

धुएँ और गैस-रूप के प्रत्येक उच्छिष्ट को फिल्टर करके काफी ऊँची चिमनी के द्वारा इतने ऊँचे और अहानिकर रूप में छोड़ें, जहाँ से वायुमंडल प्रदूषित न होने पाए। जलीय तथा अन्य प्रकार के उच्छिष्टों को भली प्रकार गहराई में दबाने की व्यवस्था करें ताकि जीवनोपयोगी जल तथा थल दूषित न हों। इसके साथ ही खतरनाक उद्योगों को बंद कर देना चाहिए अथवा उनकी सुरक्षा की पक्की व्यवस्था हो जाए तभी चलाए जाने चाहिए। विषैले और खतरनाक उद्योग आबादी के निकटवर्ती भागों

में कदापि न लगाए जाएँ।

इधर घरेलू प्रदूषण को भी रोकें। घरों, गली–मुहल्लों, सड़कों और बाजार–हाट का कूड़ा इधर–उधर और इस प्रकार खुला न फेंकें। कुछ विकसित देशों की एक अच्छी बात यह भी सीखें कि वहाँ घर का कूड़ा पॉलिथीन के बंद थैलों में मुहल्ले में रखे ढक्कन बंद कूड़ादानों में डाला जाता है, जहाँ से कूड़े की बंद गाड़ियाँ सारा कूड़ा उठा ले जाती हैं।

□

भारत में एड्स की स्थिति

भारतीय धार्मिक आख्यान साक्षी है कि 'एड्स' नामक रोग का उल्लेख प्रच्छन्न रूप से अनेक स्थलों पर आ चुका है। महाभारतकालीन एक साक्ष्य प्राप्त होता है, जिसके आधार पर कहा गया है कि भीष्म पितामह के सौतेले भ्राता विचित्रवीर्य की मृत्यु का कारण एड्स ही था। स्वभावत: विचित्रवीर्य उद्दाम काम-पिपासु थे। वे अहर्निश यौन-क्रियाओं में संलिप्त रहते थे।

महाकवि कालिदास की कृति 'रघुवंश' में राजा अग्निवर्मा का जीवन-प्रसंग आता है। वे रघुवंश के अंतिम शासक थे। अग्निवर्मा यौनाकांक्षाओं के वाहक थे। अधिकांश समय काम-क्रीड़ा में रत रहने के कारण वे यौन रोग के शिकार होकर मृत्यु को प्राप्त हुए थे।

भारत में निगरानी-केंद्र

१. मद्रास मेडिकल कॉलेज, चेन्नई (तमिलनाडु),
२. पोस्ट ग्रेजुएट इंस्टिट्यूट ऑफ मेडिकल एजुकेशन एंड रिसर्च, चंडीगढ़ (पंजाब),
३. शेर-ए-कश्मीर इंस्टिट्यूट ऑफ मेडिकल साइंस जम्मू-कश्मीर,
४. राजेंद्र मेमोरियल रिसर्च इंस्टिट्यूट ऑफ मेडिकल साइंसेज, पटना (बिहार),
५. बंगलौर मेडिकल कॉलेज, बंगलौर (कर्नाटक),
६. सेठ जी.एस. मेडिकल कॉलेज, मुंबई (महाराष्ट्र),
७. गवर्नमेंट मेडिकल कॉलेज, नागपुर (महाराष्ट्र),
८. नेशनल इंस्टिट्यूट ऑफ कॉलरा एंड एंटरिक डिसिजेज, कोलकाता (पश्चिम बंगाल),
९. रीजनल मेडिकल रिसर्च सेंटर, भुवनेश्वर (उड़ीसा),
१०. चिकित्सा विज्ञान कॉलेज, कटक (उड़ीसा),
११. चिकित्सा विज्ञान कॉलेज, बेलगाम (कर्नाटक),
१२. चिकित्सा विज्ञान कॉलेज, शिमला (हिमाचल प्रदेश),

१३. चिकित्सा विज्ञान केंद्र, गुवाहाटी (असम),
१४. उस्मानिया मेडिकल कॉलेज, हैदराबाद (आंध्र प्रदेश),
१५. आंध्र मेडिकल कॉलेज, विशाखापत्तनम (आंध्र प्रदेश),
१६. रीजनल मेडिकल कॉलेज, इंफाल (मणिपुर),
१७. जवाहरलाल इंस्टिट्यूट ऑफ पोस्ट ग्रेजुएट मेडिकल एजुकेशन एंड रिसर्च, पांडिचेरी,
१८. मदुरै मेडिकल कॉलेज, मदुरै (तमिलनाडु),
१९. मेडिकल कॉलेज, त्रिवेंद्रम (केरल),
२०. बी.जे. मेडिकल कॉलेज, अहमदाबाद (गुजरात),
२१. एस.एम.एस. मेडिकल कॉलेज, जयपुर (राजस्थान),
२२. गांधी मेडिकल कॉलेज, भोपाल (मध्य प्रदेश),
२३. रीजनल मेडिकल रिसर्च सेंटर, जबलपुर (मध्य प्रदेश),
२४. के.जी. मेडिकल कॉलेज, लखनऊ (उत्तर प्रदेश)।

भारतीय परंपरा के समानांतर 'बाइबिल' में भी कतिपय ऐसे दृष्टांत मिलते हैं, जिनसे ज्ञात होता है कि एड्स का अस्तित्व प्रच्छन्न रूप से इस काल में भी था। 'बाइबिल' के 'जेनेसिस' में 'सोडोम' और 'गोमोरोह' के संबंध में यह वर्णित है कि कैसे वहाँ के निवासियों की अतिकामुक गतिविधियों से खिन्न और क्रुद्ध होकर परमेश्वर ने दोनों नगरों को नष्ट कर दिया था।

ईसा से ३२०० वर्ष पूर्व के एक प्रलेख से प्राप्त कुछ उद्धरणों से यह सुस्पष्ट हो जाता है कि कैसे विषम लैंगिक काम-संबंधों से भयानक यौन रोग फैला था।

...और अब, जब सुदूर अतीत से परे होकर वस्तु-स्थिति को समझने का प्रयास करें तो ज्ञात होता है कि ५ वर्षों में भारत विश्व का सबसे बड़ा एड्स ग्रस्त देश बन जाएगा। वर्तमान में विश्व में एड्स ग्रस्त व्यक्तियों की सर्वाधिक संख्या अफ्रीका में है। इस बात की भी संभावना है कि शेष विश्व की तुलना में भारत में एड्स के अधिक रोगी हों।

इंजेक्शन के रूप में लिये जानेवाले मादक द्रव्यों के बढ़ते इस्तेमाल को रोकने के लिए अगर तत्काल कोई प्रभावी कदम नहीं उठाया गया तो आने वाले वर्षों में भारत का हर दसवाँ व्यक्ति 'एड्स' की चपेट में आ जाएगा। इन इंजेक्शन के इस्तेमाल से 'एड्स' का खतरा बढ़ता है। मादक द्रव्यों के प्रयोग में लाई जानेवाली सुइयाँ 'एड्स' विषाणु एच.आइ.वी. को एक व्यक्ति से दूसरे व्यक्ति तक फैलाने में महत्त्वपूर्ण भूमिका निभाती हैं। जब कोई नशेड़ी एड्स से संक्रमित नशेड़ी द्वारा प्रयोग में लाई गई सुई से मादक द्रव्य लेता है तब वह भी एड्स का शिकार बन जाता है। इंजेशन से मादक-द्रव्यों का प्रयोग करनेवाले नशेड़ियों में से ५० से ६० प्रतिशत एड्स से ग्रस्त हो चुके हैं। एड्स को फैलने से रोकने के लिए 'Injectable drugs' के प्रयोग पर तत्काल रोक लगाना अत्यावश्यक

है। भारत में एच.आइ.वी. संक्रमण की दर इस समय २१.०५ प्रति हजार पाई गई है। भारत में एड्स-वायरस से सर्वाधिक संक्रमित व्यक्ति महाराष्ट्र में हैं। तमिलनाडु का दूसरा स्थान है।

मादक द्रव्य लेने से शरीर की रोग-प्रतिरक्षण क्षमता घट जाती है, जिससे व्यक्ति एड्स और तपेदिक जैसे रोगों से ग्रस्त हो जाता है; इंजेक्शन से लिये जाने वाले मादक द्रव्यों में ब्राउन शुगर, पोथाडिमिन, मार्फिन, फोर्टविन और फर्नागम आदि हैं। देश में इंजेक्शन से लिये जानेवाले मादक द्रव्यों के अलावा एल्कोहल, अफीम, गाँजा, चरस, स्मैक, हेरोइन, एल.एन.डी., मेंड्रेक्स और कंपोज—जैसे मुँह से लिये जानेवाले पदार्थों का व्यापक पैमाने पर इस्तेमाल होता है। इन द्रव्यों की अत्यधिक मात्रा घातक होती है और इसकी परिणति मृत्यु होती है।

भारत में सन् १९८५ से १९९४ के मध्य एड्स-विषाणु के संक्रमण में निरंतर वृद्धि हुई है। वस्तुतः भारत में संक्रमण का सबसे बड़ा कारण एक से अधिक लोगों के साथ यौन-संबंध है; जबकि पूर्वोत्तर राज्यों में इसका मुख्य कारण मादक पदार्थों का इंजेक्शन लेना है। अब तक एच.आइ.वी. संक्रमण के सर्वाधिक प्रकरण महाराष्ट्र, तमिलनाडु और मणिपुर से प्रकाश में आए हैं। इसका एक कारण कंडोम का प्रयोग करने से लोगों में हिचकिचाहट और संकोच भी है।

'भारतीय आयुर्विज्ञान अनुसंधान परिषद्' के मार्गदर्शन में सन् १९८६ में मध्यकाल में भोपाल, इंदौर और जबलपुर में 'एच.आइ.वी. सर्वे सेंटर' की स्थापना की गई। एन.ए.सी.ओ., नई दिल्ली के दिशा-निर्देशों के अनुसार, विश्व बैंक से सहायता प्राप्त 'राष्ट्रीय एड्स नियंत्रण कार्यक्रम' योजना-वर्ष १९९२ की अंतिम त्रयमासिकी से जून १९९७ तक मध्य प्रदेश में लागू किया गया। इसके अंतर्गत 'राज्य एड्स सेल' बनाकर इस रोग की रोकथाम के लिए कार्यक्रम चलाए गए।

भारत में संदर्भ-केंद्र

१. नेशनल इंस्टिट्यूट ऑफ वायरोलॉजी, पुणे (महाराष्ट्र),
२. जे.जे. हॉस्पिटल, मुंबई (महाराष्ट्र),
३. सेंटर फॉर एडवांस्ड रिसर्च ऑन वायरोलॉजी, बेल्लोर (तमिलनाडु),
४. क्रिश्चियन मेडिकल कॉलेज, बेल्लोर (तमिलनाडु),
५. मद्रास मेडिकल कॉलेज, चेन्नई (तमिलनाडु),
६. कलकत्ता मेडिकल कॉलेज, कोलकता (प. बंगाल),
७. अखिल भारतीय आयुर्विज्ञान संस्थान (नई दिल्ली),
८. राष्ट्रीय संचारी रोग-संस्थान (नई दिल्ली)।

अनुसंधान और विकास-कार्यक्रम

वैज्ञानिक दृष्टि से अट्ठारहवीं और उन्नीसवीं शताब्दी का काल अतीव महत्त्वपूर्ण है। इसी काल में विश्व के विज्ञानियों ने 'जीवाणु' और 'विषाणु' की खोज की। इस दृष्टि से रूस के विज्ञानियों ने प्रतिमान-स्थापना की। रूस के वनस्पतिविद् इवानोवस्की ने सन् १८९२ में तंबाकू की पत्ती पर वैज्ञानिक क्रिया करते समय उस पर होनेवाले रोग की जानकारी प्राप्त की। रोग का नाम था—मोजैक। इवानोवस्की ने यह सिद्ध किया कि 'मोजैक रोग' एक प्रकार के सूक्ष्मजीवी द्वारा लगता है।

सन् १८९८ में एम.डब्ल्यू. बेजेरिंक ने उस सूक्ष्मजीवी का नाम 'विषाणु' (Virus) दिया। इसके बाद तो विषाणु की खोज के लिए अनुसंधान और विकास-कार्यक्रम (Research and development programmes) की एक स्वस्थ प्रतिस्पर्द्धा आरंभ हो गई। परिणामस्वरूप तरह-तरह के विषाणु अस्तित्व में आते गए। जैसे—'मोजैक विषाणु', 'बैक्टिरियो फेज विषाणु', 'साइनोफेज विषाणु', 'रेबीज विषाणु' इत्यादि। इसी क्रम में दो प्रकार के ऐसे विषाणु प्रकाश में आए हैं, जो प्राणघातक हैं। वे हैं—एच.आइ.वी.-I और एच.आइ.वी.-II; ये विषाणु संक्रमण क्रिया द्वारा 'एड्स' नामक घातक रोग को जन्म देते हैं।

यौन-रोग, रति-रोग, सुजाक (गोनोरिया), आतशक (सिफलिस), रतिज व्रणाम (शैंकरायड), लिंफोग्रेनुलोमा विनीरियम इत्यादि नामों से तो यह रोग अभिहित था, किंतु 'एड्स' रोग के नाम से नहीं; यद्यपि उल्लिखित यौन-रोगियों में वही लक्षण पाए गए थे, जो एक एड्स-रोग की पहचान होती है। इतिहासविद् और विज्ञानी १९८२ के पूर्व तक उस 'रहस्यमय रोग' के नाम से किंचित परिचित नहीं थे; यद्यपि उसके कुप्रभाव से बहुत अधिक संख्या में लोग मरने लगे। इस रोग की भयावहता और नरसंहार की प्रवृत्ति को देखते-समझते हुए, विश्व के वैज्ञानिक अपने अनुसंधान के प्रति पूर्णतः सतर्क हो गए। इसी प्रक्रिया के अंतर्गत सन् १९८१ में न्यूयॉर्क के चिकित्सक गाटलियाब और कैलिफोर्निया के मान कीन ने अपने सहयोगियों के साथ मिलकर एक 'न्यूमोनिया' की खोज की। वह न्यूमोनिया एक स्वस्थ, किंतु समलैंगिक प्रकृति के पुरुष में पाई गई थी। उसके बाद से एड्स-अनुसंधान के क्षेत्र में अनेक उल्लेखनीय खोजें हुईं। सन् १९८२ में अमेरिका के चिकित्सक डॉ. रॉबर्ट सी. गैलो ने एच.'टी' एल.वी.-I,II (Human 'T' Lymphocite Virus) की खोज की। उस अनुसंधान से इस तथ्य का उद्घाटन हुआ कि शरीर में एच.'टी' एल.वी.-I,II के संक्रमित होने पर एड्स रोग होता है। दूसरी ओर, पेरिस के एक चिकित्सा-विज्ञानी प्रो. लूक मोंटाग्नियर, जो सन् १९४८ से स्वतंत्र रूप से उसी अनुसंधान-कार्यक्रम में सन्नद्ध थे, ने एक अन्य विषाणु की खोज की, जिसका नामकरण हुआ 'एल.ए.वी' (Lymphodenopashy Associated Virus)। प्रो. लूक ने इस विषाणु के

पीछे इस तर्क का प्रतिपादन किया कि इस रोग के शरीर में विभिन्न स्थानों पर निकली 'लसिका शोथ' गिल्टियाँ (Limphnodes) सूज जाती हैं। उल्लिखित तथ्यों से यह सुस्पष्ट है कि दोनों चिकित्सा-विज्ञानी समानांतर रूप से एड्स के विषाणु से संबंधित अनुसंधानों में लगे हुए थे और दोनों ने सफलताएँ अर्जित कीं, किंतु प्रतिस्पर्द्धी मस्तिष्क की विडंबना थी कि प्रो. रॉबर्ट गैलो ने प्रो. लूक मोंटाग्नियर द्वारा प्रतिपादित 'एल.ए.वी.' के सिद्धांत और नाम को नकारते हुए उसका नया नामकरण 'एच.टी.एल.वी.-III' किया। ऐसे में, विरोध का उग्र होना स्वाभाविक था। यह प्रकरण न्यायालय तक पहुँचा। इसके पूर्व कि यह विवादास्पद विषय विश्वव्यापी होता, दोनों देशों के तत्कालीन राष्ट्रपति रोनाल्ड विल्सन रीगन और प्रधानमंत्री जैक्वेस शिक्षक की मध्यस्थता में इसका समाधान हो गया। इस प्रकार सन् १९८२ में एड्स विषाणु का नाम एच.आइ.वी. (Human Immunodeficiency Virus) रखा गया। चिकित्सा-विज्ञानियों ने इसे यौन-रोग से संबद्ध २१वाँ विषाणु माना है।

किसी व्यक्ति के शरीर में एड्स के विषाणु संक्रमित हैं, इसका परीक्षण करने के लिए दो प्रकार की परीक्षण विधियाँ विकसित की गई हैं, जो निम्नलिखित हैं—

ELISA Test : यह Enzyme Linked Immuno Soroven Test का संक्षेपण है। यह परीक्षण पद्धति एड्स-विषाणु के प्रारंभिक परीक्षण के लिए अपनाई जाती है। 'एलिसा' नामक उपकरण में एक प्लेट होती है। उस प्लेट में कई खाने बने होते हैं। उन खानों में पहले रासायनिक पदार्थ डाले जाते हैं तत्पश्चात् परीक्षण के लिए रक्त। इस वैज्ञानिक प्रक्रिया में यदि रक्त में एच.आइ.वी. पॉजीटिव है तो रक्त का रंग-परिवर्तन हो जाता है।

Western Blot Test : एलिसा पद्धति से हुए परीक्षण का परिणाम शत-प्रतिशत विश्वसनीय है। इसका परीक्षण करने के लिए अंतिम रूप से 'Western Blot Test' पद्धति अपनाई जाती है।

पुनर्संक्रमण प्रतिरक्षण-सिद्धांत और वैज्ञानिक प्रयास

आनुवंशिक इंजीनियरिंग और रोग-प्रतिरक्षण-विज्ञान के क्षेत्र में अर्जित उपलब्धियों के कारण अब एड्स और रोगाणुओं से होनेवाले अन्य खतरनाक रोगों के टीकों के विकास की संभावनाएँ बढ़ गई हैं। विश्व में इस समय व्यापक पैमाने पर विभिन्न रोगों के टीकों का इस्तेमाल हो रहा है।

विश्व स्वास्थ्य संगठन का अनुमान है कि संपूर्ण विश्व में करीब ८० प्रतिशत बच्चों को खसरा, पोलियो, तपेदिक, काली खाँसी और टिटनिस जैसे रोगों के टीके लगाकर प्रतिरक्षित किया गया है, लेकिन टीकों के व्यापक इस्तेमाल के बावजूद विज्ञानियों

को किसी रोग अथवा संक्रमण के विरुद्ध शरीर की प्रतिरक्षण-प्रतिक्रिया के बारे में बहुत सीमित जानकारी है। अभी तक इतना भर मालूम हो पाया है कि जब किसी व्यक्ति को पहली बार कोई संक्रमण अथवा रोग होता है और वह रोग ठीक हो जाता है तब व्यक्ति की प्रतिरक्षण-कोशिकाओं में उस रोग को जन्म देने वाले बाहरी जीवाणुओं अथवा विषाणुओं की 'स्मृति' जीवन भर बनी रह सकती है। इस 'स्मृति' के कारण भविष्य में शरीर पर जब पुनः पूर्व के जीवाणुओं का आक्रमण होता है, तब हमारी प्रतिरक्षण-प्रणाली उन्हें तुरंत पहचान लेती है और उन्हें तत्काल नष्ट कर देती है। 'पुनर्संक्रमण-प्रतिरक्षण का सिद्धांत' इसी प्रक्रिया पर आधारित है। यही कारण है कि जब बचपन में कोई संक्रमित हो जाता है, तब भविष्य में भी व्यक्ति उसी संक्रमण से प्रभावित नहीं रहता है। आण्विक जीव-विज्ञानी इसी समझ के आधार पर विभिन्न रोगों के टीके विकसित करते रहे हैं। इस सिद्धांत के आधार पर इस समय दो तरह के टीके बनाए जा रहे हैं। पहले प्रकार के टीकों में जीवित और दूसरे तरह के टीकों में मृत रोगाणु होते हैं। पहले तरह के टीकों में खसरा और पोलियो आदि के टीके तथा दूसरे तरह के टीकों में डिप्थीरिया और टिटनस आदि रोगों के टीके आते हैं। जब व्यक्ति को ये टीके लगाए जाते हैं तब बिना रोग के उसकी प्रतिरक्षण प्रणाली में रोग की 'स्मृति' दर्ज हो जाती है और भविष्य में जब उसी रोग के रोगाणुओं का हमला होता है तब प्रतिरक्षण-तंत्र उन्हें तुरंत पहचानकर नष्ट कर देता है, लेकिन अब विज्ञानियों का मानना है कि आनुवंशिक इंजीनियरिंग में हुई प्रगति के आधार पर अधिक कारगर और कम खर्चीले टीके बनाए जा सकते हैं। यद्यपि एड्स के टीके का विकास करने का विषय बहुत कठिन और अत्यंत जटिल साबित हो रहा है, तथापि आशा है कि अगले कुछ वर्षों में आनुवंशिक इंजीनियरिंग की नई प्रौद्योगिकी से एड्स के टीके का विकास हो जाएगा।

एड्स जैसी उन बीमारियों के टीके 'पुनर्संक्रमण प्रतिरक्षण सिद्धांत' के आधार पर नहीं बनाए जा सकते, जिनसे व्यक्ति एक बार ग्रस्त होने पर उबर नहीं पाता। वैज्ञानिक इस बात को समझ नहीं पाए हैं कि आखिर प्रतिरक्षण-तंत्र शरीर को एच.आइ.वी. से छुटकारा क्यों नहीं दिला पाता। जब एक बार एच.आइ.वी. शरीर की कुछ कोशिकाओं को संक्रमित कर दे और हमारा रोग प्रतिरक्षण-तंत्र एच.आइ.वी. के सामने लाचार हो जाए तब विज्ञानी एड्स-टीके का विकास नहीं कर पाएँगे।

एड्स-टीके के विकास के समक्ष सबसे बड़ी बाधा यह है कि एड्स विषाणु 'टी-लिंफोसाइट्स' नाम की कोशिकाओं को ही बेकार कर देता है। ये कोशिकाएँ प्रतिरक्षण-तंत्र कार्य-प्रणाली में महत्त्वपूर्ण भूमिका निभाती हैं। यही नहीं, एच.आइ.वी. टी-लिंफोसाइट्स को अपने आनुवंशिक प्रतिरूप में डाल देता है, जिससे कोशिकाएँ स्थायी तौर पर संक्रमित हो जाती हैं। इन समस्याओं के बावजूद विज्ञानियों को विश्वास

है कि एड्स के टीके का विकास किया जा सकता है। वैज्ञानिकों के अनुसार, एड्स टीके को कारगर बनाने का एक उपाय यह हो सकता है कि एड्स विषाणु-प्रतिरक्षण कोशिकाओं के एड्स विषाणुओं से संक्रमित होने से पहले ही ये टीके प्रतिरक्षण-तंत्र को उत्तेजित कर दें, ताकि एड्स-विषाणुओं को पहचानकर उन्हें समय से पहले ही नष्ट किया जा सके।

अमेरिका की दो प्रयोगशालाओं में ऐसे टीके तैयार किए गए हैं, जो कुछ मामलों में एच.आइ.वी. के विरुद्ध प्रतिरोध-क्षमता विकसित करते हैं। इन टीकों का नर बंदरों पर प्रयोग किया गया। पहले ये टीके दिए गए और बाद में इन्हें एड्स-विषाणुओं के संपर्क में लाया गया। परीक्षण में पाया गया कि उनमें से आधे बंदर एड्स से संक्रमित नहीं हुए। अमेरिकी विज्ञानी अब इस बात का पता लगा रहे हैं कि कुछ जानवरों को ये टीके देने से एड्स के खिलाफ प्रतिरोध-क्षमता क्यों विकसित हो जाती है तथा कुछ में क्यों नहीं?

उल्लिखित प्रयोगशालाओं में बनाए गए अलग-अलग टीकों में मृत विषाणु और एड्जुवेंट (सहौषध) मौजूद हैं। एड्जुवेंट प्रतिरक्षण-तंत्र को उत्तेजित करता है। ये टीके दो परंपरागत उपायों के आधार पर बनाए गए हैं। ये वैज्ञानिक आनुवंशिक इंजीनियरिंग की मदद से इन टीकों में सुधार कर रहे हैं, ताकि ये कारगर और सुरक्षित बन सकें। इस बीच संयुक्त राज्य अमेरिकी विज्ञानियों ने नई प्रौद्योगिकी से यकृत शोथ (हेपेटाइटिस-बी) के दो नए टीकों का विकास किया है। ये टीके कुछ विकसित देशों में उपलब्ध हैं। नए तरीकों से बनाए गए ये टीके विकासशील देशों के लिए विशेष रूप से उपयोगी साबित होंगे।

विकासशील देशों में, खासतौर पर ग्रामीण और दूर-दराज के इलाकों में प्रशीतन की सुविधा के अभाव में परंपरागत तरीकों से बनाए गए टीके बेकार हो गए हैं, लेकिन नए तरीकों से बनाए गए टीकों को गरम वातावरण में भी रखा जा सकता है। इस तरह से ये पुराने टीकों से अधिक सुरक्षित भी हैं। आनुवंशिक इंजीनियरिंग के क्षेत्र में हुई प्रगति से आण्विक विज्ञानियों को यह उम्मीद बँधी है कि भविष्य में ऐसे सस्ते टीके विकसित किए जा सकेंगे, जिनकी एक खुराक से कई रोगों से जीवन भर के लिए बचाव हो सकेगा।

हेपेटाइटिस 'एफ' विषाणु : भारतीय विज्ञानियों की एक महत्त्वपूर्ण देन

यह विषाणु इंजेक्शन से नहीं, बल्कि दूषित भोजन और जल से फैलता है। राष्ट्रीय संचारी रोग-संस्थान के अनुसंधानकर्ताओं ने इस विषाणु को मानव-मल के प्रतिदर्शों (Sample) और इसका टीका दिए गए बंदरों के मल के प्रतिदर्शों से अलग किया है। 'राष्ट्रीय संचारी रोग संस्थान' के अनुसंधानकर्ता-त्रय : नीरेन देका, माधव शर्मा

और रमा मुखर्जी ने इस विषाणु का नाम 'हेपेटाइटिस 'एफ' वायरस' (एच.एफ.वी.) रखा है। उन्होंने इस खोज की घोषणा 'इंटरनेशनल जनरल ऑफ वायरोलॉजी' में की है। इस खोज के साथ ही 'हेपेटाइटिस' के लिए जिम्मेदार विषाणु की कुल ज्ञात-संख्या छह हो गई है। इससे पिछला हेपेटाइटिस 'ई.' वायरस (एच.'ई.' वी.) को सन् १९९० में खोजा गया था। इस खोज से राष्ट्रीय संचारी रोग संस्थान को अंतरराष्ट्रीय मान्यता के अलावा पेटेंट के जरिए पर्याप्त आर्थिक लाभ भी मिलना आरंभ हो चुका है।

संस्थान विषाणु खोजने के तरीके और इससे पीड़ित लोगों की जेनेटिक परीक्षण की प्रक्रिया को पेटेंट कराने के लिए आवश्यक प्रक्रिया में जुट गया। इस खोज में शामिल प्रमुख अनुसंधानकर्ता नीरेन देका को अमेरिका और फ्रांस की कंपनियों ने अपने यहाँ काम करने का प्रलोभन भी दिया है। उन्हें इस खोज को प्रस्तुत करने के लिए अक्तूबर १९९५ में पेरिस आने का आमंत्रण मिला। उल्लेखनीय है कि संस्थान के विज्ञानियों ने सबसे पहले पेरिस के 'पाश्चर इंस्टिट्यूट' द्वारा प्रेषित मल-प्रतिदर्शों में से इस विषाणु को अलग किया था; फिर पिछले कुछ महीनों में उन्होंने भारत में एकत्र दस मल-प्रतिदर्शों में से छह में विषाणु को पृथक् किया।

असम, तमिलनाडु और केरल में, जहाँ आँत के जरिए फैलनेवाला 'हेपेटाइटिस' ज्यादा है, एच.'एफ.'वी. का प्रकोप हो सकता है। इन राज्यों से आए प्रतिदर्शों में इस विषाणु की खोज का कार्य उनकी प्रयोगशाला ने शुरू कर दिया है। एच.'ई.' वी. और एच.'एफ.' वी. दोनों विषाणुओं का संचार आँत से होता है और दोनों का आकार भी लगभग एक-जैसा है, लेकिन जेनेटिक तौर पर दोनों विषाणुओं में बहुत अंतर है।

हेपेटाइटिस के जिम्मेदार विषाणुओं के परिवार में यह पहला विषाणु खोजा गया है, जो डी.एन.ए. निर्मित है तथा दूषित भोजन और जल के माध्यम से विस्तार पाता है। यद्यपि इस नए हेपेटाइटिस कारक की भूमिका का संदेह इंग्लैंड, इटली, फ्रांस, जर्मनी और अमेरिका में कुछ वर्षों पूर्व किया गया था तथापि इसकी वास्तविक पृथक् पहचान राष्ट्रीय संचारी रोग संस्थान ने की। उल्लिखित भारतीय विज्ञानियों की प्रयोगशाला एच.'एफ.' वी. पीड़ित की जाँच के लिए इस विषाणु के पूरे जेनेटिक क्रम तैयार करने का काम शुरू कर चुकी है। इस समय दूषित सुइयों से फैलनेवाले 'हेपेटाइटिस-बी.' का टीका मौजूद है, जो पश्चिमी देशों में सामान्य रोग है।

ओराश्योर : रक्त दिए बिना एड्स का परीक्षण संभव

'ओराश्योर' नामक विधि के द्वारा अब बिना चिकित्सालय गए अथवा बिना रक्त दिए घर में ही एड्स का परीक्षण करना संभव हो सकेगा। एड्स के इस सुगम परीक्षण का और अल्पव्यय-साध्य विधि का विकास अमेरिका के एफ.सी.डी.सी.पी. (Federal

Centres for Disease Control and Prevention) ने किया है। अमेरिका खाद्य और औषधि प्रशासन इस विधि की समीक्षा कर रहा है। अनुसंधानकर्ताओं का दावा है कि यह विधि कम खर्चीली और आसान तो है ही, इससे एड्स का परीक्षण भी बहुत कम समय में किया जा सकता है।

इस विधि के अंतर्गत एड्स के परीक्षण के लिए विशेष तौर पर बनाए गए एक पैड को मुँह में दो मिनट तक रखा जाता है। यह पैड लार और थूक को सोख लेता है। इस पैड को एक विशेष पात्र में रखकर परीक्षण के लिए प्रयोगशाला भेज दिया जाता है, जहाँ इसका परीक्षण करके ज्ञात किया जाता है कि इसमें एच.आइ.वी. है अथवा नहीं। इस पैड के परीक्षण के लिए वही विधि अपनाई जाती है, जो रक्त के जरिए एड्स के परीक्षण में अपनाई जाती है। परीक्षणों से पता चला है कि यह विधि परंपरागत विधि की तरह ही कारगर है। एड्स-चिकित्सकों का कहना है कि नई विधि से कम समय में अधिक-से-अधिक लोगों का एड्स-परीक्षण संभव हो सकेगा। इस विधि से एड्स के परीक्षण पर लगभग बीस डॉलर का खर्च आता है।

परीक्षण की इस नई विधि से यह पता चल सकेगा कि किसी व्यक्ति के शरीर में एड्स के घातक एच.आइ.वी. हैं अथवा नहीं। इस समय एड्स की जाँच की जो प्रचलित विधि है, उसमें शरीर में एच.आइ.वी. का पता लगाने के लिए शरीर से रक्त लेने की आवश्यकता होती है और विशेष रूप से प्रशिक्षित चिकित्सक ही शरीर से रक्त निकाल सकते हैं। अमेरिका के सरकारी चिकित्सालयों में एड्स-परीक्षण करानेवालों की भारी भीड़ उमड़ती है।

यह नई विधि एड्स की जाँच को अत्यंत आसान बना देगी और घर में बैठे-बैठे एड्स की जाँच की जा सकेगी; लेकिन इसके साथ ही एक नई तरह की समस्या पैदा हो जाएगी। एफ.सी.डी.सी.पी. के सहायक निदेशक वांडा जोनेस का कहना है कि हम सभी इस समस्या से पूर्णरूपेण परिचित हैं, परंतु मुझे विश्वास है कि अगर इस विधि का समुचित ढंग से इस्तेमाल किया जाए तो इससे भी लाभ होगा।

निष्पत्ति रूप में यह सुस्पष्ट हो गया है कि एड्स की संक्रामकता को यदि गंभीरता से समझने का प्रयास नहीं किया गया तो एक दिन वह भी आएगा, जब समूची मानव जाति एड्स से अभिशप्त हो जाएगी और विश्व के चिकित्सक किंकर्तव्यविमूढ़ होकर रह जाएँगे।

□□□